"十四五"职业教育国家规划教材

职业发展和就业创业指导

（第二版）

主　编　李怀康　梁美娜

ZHIYE FAZHAN HE JIUYE CHUANGYE ZHIDAO

中国教育出版传媒集团

高等教育出版社·北京

内容提要

本书是"十四五"职业教育国家规划教材,在第一版的基础上修订而成。

本书分为生涯探索、就业指导、创业指导三个模块共 12 个单元:生涯探索模块包括认识职业生涯、探索职业理想、领略工作世界、绘制生涯蓝图 4 个单元;就业指导模块包括做好就业准备、掌握求职技能、熟悉就业流程、珍惜初次就业 4 个单元;创业指导模块包括储备创业知识、把握创业机会、实施创业计划、关注网络创业 4 个单元。本书注重提升学生的职业生涯规划能力和就业创业能力,注重提升学生的职业核心素养,从而使学生在就业或创业过程中能更好地适应社会发展新的形势。

本书适合作为高等职业院校公共基础课教材,也可作为社会人士学习职业规划知识、就业知识及创业知识的参考用书。

图书在版编目(CIP)数据

职业发展和就业创业指导 / 李怀康,梁美娜主编
. —2 版. — 北京 : 高等教育出版社,2022.1(2024.9 重印)
ISBN 978 - 7 - 04 - 057812 - 6

Ⅰ. ①职… Ⅱ. ①李… ②梁… Ⅲ. ①职业选择-高等职业教育-教材 Ⅳ. ①G717.38

中国版本图书馆 CIP 数据核字(2022)第 017518 号

| 策划编辑 | 雷 芳 赵力杰 | 责任编辑 | 赵力杰 | 封面设计 | 张文豪 | 责任印制 | 高忠富 |

出版发行	高等教育出版社	网　址	http://www.hep.edu.cn
社　址	北京市西城区德外大街 4 号		http://www.hep.com.cn
邮政编码	100120	网上订购	http://www.hepmall.com.cn
印　刷	上海叶大印务发展有限公司		http://www.hepmall.com
开　本	787mm×1092mm　1/16		http://www.hepmall.cn
印　张	19.75	版　次	2022 年 1 月第 2 版
			2018 年 8 月第 1 版
字　数	496 千字		
购书热线	010-58581118	印　次	2024 年 9 月第 13 次印刷
咨询电话	400-810-0598	定　价	42.00 元

编写委员会

主　编：李怀康　梁美娜
副主编：皋玉蒂　陈玉欢　金宝森　张建英
参　编：陈怡舟　李一村　甄冬冬　仇　冬
　　　　王家学　李国涛　章　宏　杨洪军
　　　　巫晓霞　蔡孟妍　黄蕙欢　张　辉
　　　　刘　毅　胡凤麟

资源导航

第二版前言

就业与创业是每一个即将进入社会工作状态的人要直接面对的问题。就业与创业问题不仅关系到每年数百万青年的健康成长以及自身价值的实现,也关系到千万家庭的幸福与和谐,还关系到国民经济的可持续发展与社会的稳定。

党的二十大报告强调,要强化就业优先政策,健全就业促进机制,促进高质量充分就业。抓好就业工作,是保障和改善民生的重要内容。大学生就业工作,既关系到大学生的家庭幸福,又关系到国家的长远发展和社会的和谐稳定。

为了更好地帮助和指导高职毕业生顺利就业,本书编者根据新时代职业教育发展的最新精神,广泛吸收了当下同类教材的优点,精心组织专家学者与经验丰富的优秀教师,联合编写了本书。本书包括生涯探索、就业指导和创业指导三个模块,共12单元,内容涵盖认识职业生涯、探索职业理想、领略工作世界、绘制生涯蓝图、做好就业准备、掌握求职技能、熟悉就业流程、珍惜初次就业、储备创业知识、把握创业机会、实施创业计划、关注网络创业。每个单元都有明确的学习目标和学习指南,每一小节都包括学习目标、知识讲解、活动与训练、思考与讨论四部分。各单元内容的编排尽量体现职业教育的特色,突出案例教学和时间管理能力的培养,对理论知识的讲解尽可能深入浅出,体现较强的针对性和可操作性。

本书紧密结合高职院校学生实际,以应用型人才培养为目标,吸收近年来国内外就业与创业指导的最新研究成果,是一本帮助高职毕业生科学系统地进行就业与创业的启迪用书。同时,本书也可为从事大学生就业与创业辅导的专业人员、高校教师提供借鉴和指导,以帮助他们更好地掌握就业与创业的要点和技巧。本书在编写理念和内容编排方面有以下几个亮点:

1. 注重思政教育,编写理念新颖

职业发展和就业创业指导与思想政治教育工作同心同行,是党的二十大报告对教育"为党育人、为国育才""培养德智体美劳全面发展的社会主义建设者和接班人"的现实要求,更是青年大学生实现成长成才的必经之路。本书通过与思想政治教育相融合,全面贯彻党的教育方针,落实立德树人根本任务,对学生具有激励思想、规范行为的作用;正面引导学生树立正确的就业创业观、为中华民族伟大复兴事业努力奋斗的创业理想、良好的就业创业操守和纯正的就业创业动机,更大限度激发每个学生的潜能潜质,使之成为"德才兼备的高素质人才",切实肩负起新时代赋予的新使命,推进立德树人工作取得新成效、新突破。本书充分体现了职业教育培养学生职业能力的基本特点,突出就业与创业过程中的核心能力的提升,把引导和帮助学生顺利就业或创业作为编写目标。在编排上力求内容简洁、形式新颖、可读性强。

2. 教材呈现形式新颖

本书打破传统的教材编排形式,探寻职业教育教学认识规律,设计并重构教材体系。首先是提出学习目标和学习指南,以增强教学的目的性和学习的有效性。其次是以案例导入的方式进入内容知识的学习,知识讲解过程中穿插案例、知识卡片等进行解释说明,书中还提供对应的信息化学习资源,帮助学生更好地理解书中的知识。

3. 突出实践实训环节

就业与创业都需要学生有较强的实践能力和关键技巧,本书不是单纯的理论说教,而是通过提供大量的求职与创业的实际案例以及案例分析,将学生从枯燥的理论学习中解脱出来,走入鲜活的现实情景中。本书还提供了丰富的活动与拓展训练,紧密结合单元的知识点,通过巧妙的设计保证活动的可操作性和效果,从而激发学生的学习兴趣,从中领会就业与创业的技巧。

4. 创业内容紧跟时代

创业已成为当代学生的一个就业渠道,充分了解创业的相关知识,掌握创业的技巧和方法,积极为创业做好准备,对成功创业非常必要。随着科技的进步和发展,"互联网+"创业成为越来越多学生的选择,本书用较大篇幅较全面地介绍如何选择创业项目、如何创业等知识,开拓学生的创业思维,训练学生的创业技能和技巧,以期帮助学生实现成功创业。

本书由李怀康、梁美娜担任主编,由皋玉蒂(上海思博职业技术学院执行院长)、陈玉欢(广东邮电职业技术学院院长)、金宝森(北京社会管理职业学院)、张建英(大理护理职业技术学院)担任副主编。编写团队的其他人员有:陈怡舟(广东农工商职业技术学院)、李一村(广东农工商职业技术学院)、甄冬冬(广东农工商职业技术学院)、仇冬(烟台黄金职业学院)、王家学(江苏省宿迁经贸高等职业技术学校)、李国涛(南京浦口中等专业学校)、章宏[南京市职教(成人)教研室]、杨洪军(江苏省宿迁经贸高等职业技术学校)、巫晓霞(广东邮电职业技术学院)、蔡孟妍(广东邮电职业技术学院)、黄蕙欢(广东邮电职业技术学院)、张辉(上海思博职业技术学院)、刘毅(上海思博职业技术学院)、胡凤麟(上海思博职业技术学院)。

在本次修订过程中,编者参考和引用了国内外专家、研究者的有关著作、教材、论文和科研成果,在此对这些作者表示诚挚的感谢!由于水平有限,不足之处在所难免,恳请读者批评指正。

编 者

目　录

模块一
生涯探索

第一单元
认识职业生涯

引导语

同学们，当你们背着行囊从祖国的四面八方走进陌生的大学校门时，便开始了人生中新的征程；当你们满怀热情去探索大学生活时，当你们对大学的新鲜感一点一点消失时，你们是否开始思考上大学的意义？面对竞争激烈的就业环境，你们是迷茫、困惑、逃避，还是认真规划好三年的大学生活，规划好学业，找到新的目标和努力方向，充分利用大学平台培养和发展自身技能、提升自身素质，以期顺利就业呢？

或许你们正在思考：在大学里应该怎样学习、生活？怎样处理好学习与其他校园活动的关系？怎样通过规划来实现自己的人生目标？这些都是本单元要与你探讨的问题。

通过本单元的学习，你们可以了解到高等职业教育的特点和作用，了解到什么是职业、什么是职业规划，充分认识到大学生涯和职业发展的关系。

学习目标

1. 掌握职业、职业生涯规划等相关概念。
2. 认识高等职业教育的特点。
3. 利用相关知识对高职学业生活进行合理的规划。
4. 认识职业生涯规划对自身发展的重要意义。

学习指南

一、学习方法

本单元内容宜在阅读和感悟中学习。通过阅读，同学们可以感受和认识到什么是职业、什么是职业规划；通过具体的案例，同学们能够充分思考和理解大学生涯规划和职业生涯规划对人生发展的重要意义。

二、注意事项

（一）参考以下步骤开展学习

（1）明确活动要求。
（2）加深对相关概念的理解。
（3）结合实际进行思考。
（4）完成活动所要求的个人或团队训练。
（5）自我总结、自我评价、小组评价。

（二）多维度思考

在学习过程中，同学们可从多个维度思考高等职业教育的优势、大学生涯与职业生涯发展的联系,特别是要结合现实生活观察和思考专业、职业、行业在经济社会发展中的联系,认识人的职业转换与社会发展的联动性,从而探索未来的职业发展方向。

(三) 在现实环境中学习

本单元的活动均来自同学们的日常生活和实际学习场景,建议同学们围绕大学生涯和职业规划,积极开展走访调研活动。

(四) 主动设计活动项目

建议同学们发挥各自的优势,通过合作进行项目设计。

(五) 认真点评、反馈和总结

每个同学必须按照要求认真完成活动项目,做好个人总结,认真记录老师的点评和其他同学的意见。

1.1　职业与职业生涯

学习目标

1. 掌握职业及职业生涯的概念。
2. 了解职业的特点及职业的分类。
3. 了解职业生涯规划的意义和步骤。

案例

晓丽的遭遇

某高职院校毕业生晓丽,高中毕业时觉得导游能经常游山玩水,于是高考志愿就选择了旅游管理专业。可大学三年读下来,她一点也不喜欢这个专业,毕业后不想当导游,觉得工作太累了。如果转到酒店行业,又觉得酒店普遍工资低。

前些天,家人也帮着她找工作。人家问她想做什么工作,她脑子里却一片空白。"这个我还真没想过!""不知道!""不清楚!""您看我能干什么吧!"她只能这么回答。除了不想当导游之外,对自己要找一份怎样的工作,晓丽还真没有慎重地考虑过。

她只觉得大学毕业后,找份工资 5 000 元左右,不要太辛苦,离家稍微近一点的工作就行了,她没有去规划人生,只想着随遇而安。可如今半年过去了,她的工作还是没着落。从期待到失望,晓丽想找份称心的工作怎么就这么难呢?

分析:

晓丽所学专业不算偏门或是冷门。随着我国旅游业的不断发展,我国对旅游管理人才的需求日渐增加。晓丽求职困难的根本原因是她在大学阶段不知如何准确定位,也没有分析自身的优势、劣势和了解职业环境。大学生应尽早做好职业定位和生涯规划,并针对职业目标不断进行调整和修正,努力打造职业核心竞争力。

知识讲解

一、什么是职业

（一）职业的内涵

职业是人类社会发展到一定阶段的产物，是每个人社会生活的重要组成部分。职业是人的一种社会活动和生活方式，又是一种经济行为，是人们实现人生价值的重要途径。准确把握职业的概念，是正确制订个人职业生涯规划的前提条件。

职业既是人们为社会做贡献的方式、实现人生价值的舞台，也是人们谋生的手段。有稳定、合法的收入，是职业这种特定的劳动区别于其他社会活动的主要特点。

（二）职业的要素

职业主要由以下几个要素构成：

（1）职业名称。它是职业的符号特征，一般由社会通用称谓来命名。

（2）职业主体。从事一定社会分工活动的劳动者，必须具有承担该职业活动所需要的资格与能力。

（3）职业客体。职业活动的工作对象、内容、劳动方式和场所等。

（三）职业的特征

（1）社会性。职业是从业人员在特定的社会生活环境中所从事的一种与其他社会成员相互联系、相互服务的社会活动。不同的职业承担着不同的社会责任，不同职业的人承担着不同的职业角色。

（2）经济性。职业活动是以获取一定的生活来源，取得谋生的经济报酬或物质为目的的。

（3）技术性。任何一个职业岗位，都有相应的职责要求，能胜任和承担岗位工作的人，除了要有岗位职业道德、能承担责任义务、达到服务要求以外，有的还需要有持证上岗的技术水准。

（4）稳定性。任何一种职业都要经历一个从酝酿到形成，从发展到完善，再到消亡的变化过程。一般来说，构成职业存在的社会条件变化相对缓慢，所以职业的生命周期具有相对稳定性。

（5）群体性。职业的存在常常和一定的从业人数密切相关。凡是达不到一定数量的从业人员的劳动，都不能称其为职业。群体性还表现为一定数量的从业人员所从事的不同工序、工艺流程之间的人际协作关系。

（6）规范性。职业必须符合国家法律规定和社会伦理道德准则，同时从业者本身应遵守相应的法律法规。

📧 **知识卡片** •----------------------------

《中华人民共和国职业分类大典》，是依据《中华人民共和国劳动法》规定的"国家确定职业分类，对规定的职业制定职业技能标准，实行职业资格证书制度"编制而成的，由中国劳动社会保障出版社出版。

2015 年 7 月 29 日，国家职业分类大典修订工作委员会全体会议在京召开，会议审议表决通过并颁布了 2015 年版《中华人民共和国职业分类大典》。

2015 年版《中华人民共和国职业分类大典》将职业分为 8 个大类、75 个中类、434 个小类、1 481 个职业。与 1999 年版相比，维持 8 个大类，增加 9 个中类和 21 个小类，减少 547 个职业。

2021 年 2 月 26 日，人力资源和社会保障部的相关负责人在国新办举行的发布会上表示，2021 年我国将启动修订《中华人民共和国职业分类大典》。

二、什么是职业生涯

（一）职业生涯的概念

职业生涯是指个体职业生活的历程，包括职业的维持与变更、职务升迁与职位的变动等。与职业不同，职业生涯是一个发展的概念，是一个动态的过程。它不仅包括一个人的过去、现在和未来那些可以实际观察到的连续从事的职业发展过程，还包括个人对职业生涯发展的见解和期望。

具体来说，职业生涯是以心理开发、生理开发、智力开发、技能开发等对人潜能的开发为基础，以工作内容的确定和变化，工作业绩的评估，工资待遇、职称、职务的变动为标志，以满足需求为目标的工作经历和内心体验的过程。

（二）职业生涯的特点

（1）独特性。每个人从事某种职业的条件是不同的，对未来职业的憧憬是有差异的，对职业评价的角度是不一致的，在职业选择的态度上是多样化的，这就导致了每个人职业生涯的发展历程是独特的。

（2）发展性。职业生涯是一个动态的、变化的、发展的过程，人在不同的发展阶段有着不同的生涯规划和发展任务。

（3）阶段性。每个人的职业生涯发展过程都有着不同的阶段，可以分为不同的时期。人在不同的阶段有着不同的目标和发展任务。一般来说，前一个阶段是后一个阶段的基础，后一个阶段是在前一个阶段上发展起来的，各阶段之间呈现递进关系。

（4）全面性。职业在人的一生中占据了很重要的位置，但是每个人都需要兼顾其他的角色，比如在家庭中作为子女的角色，在学校中作为学习者的角色，在业余时间作为休闲娱乐者的角色。因此，个人在做职业生涯规划的时候，需要综合评估、全面发展。

（5）互动性。个人的职业生涯是个人与他人、个人与环境、个人与社会互动的结果。

三、什么是职业生涯规划

（一）职业生涯规划的内涵

职业生涯规划，是指个体根据职业生涯发展的阶段性特点而设定目标，并为实现这一目标而制订系统的实施计划的过程。职业生涯规划的系统化、合理化程度和可行性等因素决定着职业生涯的成功与否。根据职业生涯的阶段性特点，来制订合理的职业生涯规划并逐步推进是非常重要的。

在设计个人的职业生涯规划时,需要注意以下三点:第一,要尊重自己的潜质及个性;第二,比起外在价值,应更注重内在价值;第三,在设计职业生涯时,要在社会需求的范围内进行。可见,职业生涯规划是指个人根据对自身的主观因素和客观环境的分析、总结和测定,确立自身生涯发展目标,选择实现这一目标的职业,制订相应的工作、培训和教育计划,并按照一定的时间安排,采取必要的行动来实现生涯目标的过程。

(二) 职业生涯规划的意义

据调查统计,大部分人的工作时间占可利用时间的 71%～92%,这意味着职业生涯伴随人的大半生甚至更长的时间。因此,职业生涯规划对个人来说意义重大。

职业生涯是满足人生理想和追求的重要阶段,有规划的职业生涯是个体实现人生理想和目标的重要手段。随着生活水平的提高,人们的自我意识渐渐增强,在渴望拥有健康的体魄、丰富的知识、专业的能力、良好的人际关系的同时,人们也渴望在职业上有所成就,在家庭生活上幸福和谐,在休闲时光中轻松惬意。

具体来说,职业生涯规划的意义主要体现在以下几个方面。

(1) 能够以既有的成就为基础,确立人生的方向,提供奋斗的策略。

(2) 突破生活的束缚,塑造清新充实的自我。

(3) 准确评价个人的特点和强项。

(4) 评估个人目标和现实的差距。

(5) 准确定位职业方向。

(6) 重新认识自身的价值并使其增值。

(7) 发现新的职业机遇。

(8) 增强职业竞争力。

(9) 将个人、事业与家庭联系起来。

(10) 扬长避短,发挥职业竞争优势。

(11) 了解就业市场,科学合理地选择行业和职业。

(12) 提升个人实力,获得长期职业发展优势。

(13) 尽快适应工作,提高工作满意度,实现事业成功。

如图 1-1 所示,在职业生涯规划中,自我剖析与环境分析是基础。自我剖析侧重于内部分析:明晰自己的世界观、人生观和价值观;分析自己的专业知识和技能以及职业素养水平;审视自己的性格、兴趣与人格特征。环境分析侧重于外部分析,包括宏观环境分析和微观环境分析,以及竞争者的挑战和威胁。通过自我剖析和环境分析,逐渐确立职业目标。

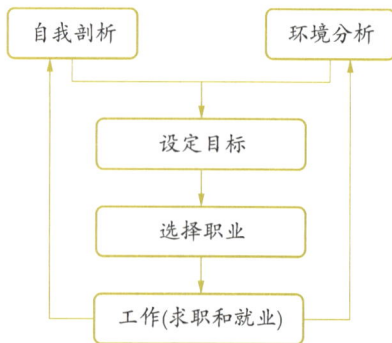

图 1-1   职业生涯规划过程示意

对于高职大学生来讲,应根据职业目标选择职业。在工作中,应围绕目标,努力提高工作业绩,坚持不断学习,为实现目标而努力奋斗。

知识卡片

职业生涯规划关注的四个问题

1. 我是谁？

我是一个什么样的人？我喜欢什么？我能够做什么？我看重什么？

2. 我在哪里？

我处在什么样的环境？我能在这里做些什么？像我这样的人如何在环境中发挥最大作用？我的生活环境、社会群体、工作环境、经济情况如何？

3. 我到哪里去？

我的未来是什么样子的？我如何选择和决定我的生涯目标？怎样才能找到一个安身立命的方向？

4. 我如何到达？

我如何才能成为我想成为的自己？我的生涯路径、生涯规划与行动是什么？

总结案例

小王的职业规划

小王是一名大二的学生，学习信息与计算科学专业。小王当初压根儿就不知道这专业要学些什么，只是看到"信息"二字，认为是与计算机有关的，就填了。到了大学才知道大多是数学课，于是傻眼了。他很厌倦学数学，于是，厌学，上网，就是不把学习放在心上。

当小王感到十分无助的时候，听了职业生涯规划课。于是小王开始思考自己的职业生涯规划，重新审视自己，他打算在这个学期自学完成网站的制作，把数据结构这门课学好，把四级过了，下学期考六级，学好程序设计，精心做一个让自己满意的网站。

当小王仔细思考自己未来的职业目标时，惊奇地发现自己竟然想当一名高中数学老师，看来他并不是真的不喜欢甚至"厌恶"数学，而是错误的主观认识在作怪。但是，现在他对当老师要做些什么准备还不是很清楚，只是听说要考教师资格证，仅此而已。

现在小王把那些令他自己一度着迷的游戏删除了，他不想沉迷于游戏的世界里，他要找回的是一个真实的自我。要不是因为职业生涯规划课，小王不知道自己还会在游戏的海洋中迷茫多久。

分析：

有些人的自我实现不太理想，这是因为他们不了解自己具备哪一方面的潜能，或者是对潜能的认识有所偏差。人的潜能是无限的，只要努力，许多原先没有察觉的能力都可以开发出来。生涯规划可以帮助大学生设立目标、引发行动，使个性得以发展，各方面的潜能得到开发，不断增强职业竞争能力，实现自己的职业目标与理想。

🔗 活动与训练

活动 1‑1　认识你未来的职业

<u>主题：认识你未来的职业</u>

一、活动目标

1. 了解所学专业与将来从事的职业之间的关系。

2. 处理好专业与职业生涯规划的关系，为未来的职业生涯发展做准备。

二、活动时间

30 分钟左右。

三、活动准备

1. 知识准备：通过查找资料，了解行业和职业的区别和联系，明确职业的详细类别划分。

2. 教具准备：白板、板擦、水笔、彩色卡纸、白板夹。

四、活动步骤（如下表）

步　骤	内　　容	活　动
步骤 1	你所学的专业将来能够与什么样的职业对口	教师开放式提问
步骤 2	学生以 4～6 人为一组，小组讨论所学专业对口的职业，并将这些职业按照行业分类，写在彩色卡纸上	小组讨论
步骤 3	各小组选派代表分享讨论结果	分组阐述
步骤 4	学生从中挑选 3～5 种感兴趣的职业并按优势强弱排序，说明理由	个人观点
步骤 5	教师引导学生探讨所学专业与将来从事的职业之间的关系，以及如何处理好专业技能学习和专业能力培养与职业生涯发展的关系	拓展探讨
步骤 6	讨论总结如何为未来的职业生涯发展做准备，教师针对小组结论进行分析、反馈并给予评价	小组总结

活动 1‑2　探究专业与职业的关系

<u>主题：专业与未来职业关系探究</u>

一、活动目标

了解所学专业与未来职业的关系，进而初步确定自己的职业定位。

二、活动时间

60 分钟（课后）。

三、活动步骤

1. 学生课后结合所学专业，对身边的职场人士进行访谈，并进行记录。

姓　名	所学专业	现在从事的工作	工作地点	薪资情况	所学专业对求职的影响

2. 通过访谈，结合自己的实际情况、所学专业，找到未来的职业定位。

我的理想：＿＿＿＿＿＿＿＿＿＿＿＿＿＿＿＿＿＿＿＿＿＿＿＿＿＿

我的专业：＿＿＿＿＿＿＿＿＿＿＿＿＿＿＿＿＿＿＿＿＿＿＿＿＿＿

我想选择的职业：＿＿＿＿＿＿＿＿＿＿＿＿＿＿＿＿＿＿＿＿＿＿

我的职业定位：＿＿＿＿＿＿＿＿＿＿＿＿＿＿＿＿＿＿＿＿＿＿＿

思考与讨论

1. 你对将来想要从事的职业有哪些方面的考虑？你目前所学专业是否有助于你从事将来想要从事的职业？

2. 通过这次讨论，你认为所学专业与将来从事的职业之间是何种关系，你打算如何处理这种关系？

3. 结合这次讨论，你打算通过哪些方式来为未来的职业生涯发展做准备？

4. 什么是专业？什么是职业？结合自己所学专业，谈谈专业与希望未来所从事的职业之间的关系。

1.2　大学生涯与职业发展

学习目标

1. 掌握大学生涯规划的方法。

2. 了解大学生涯规划与职业发展的关系。

3. 根据自己的情况进行大学生涯规划。

☑ 案例

失败的大学生活——一位高职毕业生的反思

时间过得很快，不经意间离开校园近两年了。回想我的大学生活，仍有些怀念，希望能回到我熟悉的校园完成未能完成的心愿。大学三年，我浪费了很多时间，也错过了很多机会。读大学时没有方向、没有目标、意志消沉、精神颓废、停滞不前的我，真的是愧对父母，愧对自己，甚至都不好意思与别人谈起我的大学生活。今天，我想通过反思过去的种种不足,希望别人吸取我的教训,少走弯路,好好珍惜大学时光。

2021年我毕业于某高职院校的国际商务专业,可以说大学期间我根本没考虑或者说就不知道什么是学业规划,更谈不上努力进取了。大一的时候激情满怀,什么都不懂,却对未来充满了信心和渴望。大二的时候经历了一些失败和挫折,逐渐对学习和社会活动失去兴趣,并且沾染了沉迷游戏的恶习。大三上学期我继续沉沦,对学习彻底失去兴趣,除了应付实习任务,就是疯狂地玩游戏,甚至到了因旷课被点名批评的地步。大三下学期我虽然玩游戏有所收敛,但依然找不到努力的方向,根本不知道毕业后要做什么工作。别人都在制作个人简历、争取应聘机会、参加面试,而我则选择了逃避。这就是我的大学生活,这就是我19到21岁的青春,这段青春也曾有过闪光的时刻,但总体的旋律却是迷茫和放纵。

对于就业,我认为是大学生活的结束。企业招聘员工看重的是工作经验,而这是每个应届大学毕业生最缺乏的,也是最明显的一块短板,能否补齐这块短板体现了一个应届大学毕业生的竞争实力。我也一直想通过参加社团活动或者暑期的社会实践来弥补短板,但每次要么因为懒惰而没有迈出第一步,要么因为受了点挫折就退缩。另外,周围的同学很少有人参加社会实践,这一点也影响了我。大三时,学校为我们提供了较好的实习场所和岗位,可我没有好好利用,在浑浑噩噩中错失了提升专业技能、培养就业能力、获取就业信息的好机会。直到现在,我还只能在一家物流公司打工,而与专业岗位无缘。

分析:

这位同学之所以到现在还没有找到满意的工作,有以下几方面的原因:一是没有明确的奋斗目标和努力方向。苏联著名作家高尔基说过:"一个人追求的目标越高,他的能力就发展得越快,对社会就越有益。"这位同学虽然顺利地进入高职院校开始新的学习生活,但目标不明确、方向错位,导致其学习动力不足。二是没有进行学业规划。学业规划对大学生来说至关重要,大学生通过解决学什么、怎么学、什么时候学等问题,可以确保顺利完成学业,为成功就业及开辟事业打好基础。对于在校大学生来说,只有及早制订自己的学业规划,明确学业目标,全面提高素质,才有可能在未来激烈的竞争中把握住机会,获得成功。三是没有认识到大学生活的重要性。大学阶段是一个人求知的关键时期,在良好的学习环境熏陶下,不但要实现知识技能的提升,更重要的是学会为人处世,学会参与,为将来走向工作岗位打下坚实的基础。这位得过且过的同学,既没有充分利用好学校提供的学习平台,也没有抓住实习的机会,一错再错地虚掷了三年的青春时光,毕业后才会追悔莫及。

知识讲解

一、高等职业教育

我国高等教育发展迅速,已经从精英教育进入了大众教育阶段。高等职业教育是高等教育的重要组成部分。

（一）高等职业教育的内涵

高等职业教育，简称高职教育，是指以就业为导向，面向经济社会发展需要，以培养生产、建设、管理、服务一线的高等技术应用型人才为根本任务的教育类型。自 20 世纪 80 年代初我国建立第一所职业大学至今，我国的高等职业教育经历了不平凡的发展历程，已经成为我国高等教育的重要组成部分。目前，高职教育的院校数、在校生数已经占我国高等教育的半壁江山。

（二）高等职业教育的作用

高等职业教育的快速发展，满足了我国人民群众接受高等教育的强烈需求，丰富了我国高等教育的类型，完善了职业教育的层次结构，为我国在 21 世纪初实现高等教育大众化的历史性跨越发挥了重要作用。高等职业教育为国家培养了一大批高素质技术技能型人才，为国民经济建设和社会发展做出了积极的贡献，在我国建设人力资源强国和高等教育强国的伟大进程中发挥着不可替代的作用。

以培养技术技能型人才为目标、与区域经济社会紧密联系的高职教育，是打造"中国教育升级版"的重要推动力量，在区域转型和产业提升的历史契机面前，高等职业教育正被赋予新的使命和要求。"就业好"是高等职业院校的一张名片，高等职业院校的毕业生不仅要将自己推销出去，找到适合自己的工作，更要凭借自己的素质和能力迅速融入职场，得到单位和同事的认可。

（三）高等职业教育的特点

我国的高等职业教育正在形成"专科教育—本科教育—专业学位研究生教育"的人才培养体系。高等职业教育主要有以下几个特点：

1. 突出职业能力培养

通常，高等职业院校都积极与行业企业合作开发课程，根据技术领域和职业岗位（群）的任职要求，参照相关职业技能标准改革教学内容，关注提高学生的实践能力、创造能力、就业能力和创业能力，培养德智体美劳全面发展的社会主义建设者和接班人。

2. 紧贴行业需要，服务社会需求

高等职业教育主动适应国家加快经济发展方式转变、产业结构调整和优化升级、主体功能区定位的要求，坚持以服务为宗旨、以就业为导向，立足区域办学校，围绕行业办专业，结合所在地区的经济社会发展情况和行业岗位需求开设专业，服务经济社会发展。

3. 实行"工学结合"和"校企合作"

高等职业教育以培养学生的技术应用能力为实践教学目标，在专业技术、技能课教学中，讲练结合，理实一体，实行"工学结合"，将课堂搬到模拟实训室、车间等工作环境中，实行"现场教学"，使学生的动手能力和应用技能得到较大的提升。高等职业院校通过"产学合作"与用人单位联合实施灵活开放的"订单式"人才培养模式，实现了人才培养有目标、就业去向有保证的"校企合作"的良性循环。

4. 以"社会化"和"市场化"的评价体系为标准

高等职业教育面向社会办学、面向就业市场培养人才，其教育效果的优劣主要由社会和用人单位来评价和判断。其中，最重要的评价指标包括毕业生的就业率、毕业生从事岗位工作的社会认可度等。

📧 知识卡片 •───────────────────────────

发达国家的职业教育模式

德国的"双元制"职业教育模式,以企业为人才培养的主体,招生就是招工,学习地点在企业与学校间交替进行,学生毕业前需通过行业的技能考核。德国的"双元制"职业教育模式将工作实践与理论学习紧密结合,教学效果明显。

澳大利亚的 TAFE(Technical and Further Education,技术与继续教育)模式,建立了完善的国家职业资格框架体系,并与此配套建立了 100 多个专业的职业教育培训包,覆盖了 90% 以上的职业岗位,实现了职业教育与行业岗位技能需求的"无缝衔接"。国家职业资格框架体系的建立,使得澳大利亚的职业教育在学生培养质量上有了统一的标准。

美国的职业教育主要依托社区学院进行,采用以学校为主体的校企合作教育模式,它的特点是在学制中没有单列的职业教育体系,职业教育与普通学历教育结合在一起,对社区的服务功能相当强大。

韩国职业教育模式已经从早期的政府主导、学校为主的模式逐渐转变为校企合作模式。近年来,韩国政府一方面推行"先就业后升学"的政策,提高了职业教育的社会地位,成为政府促进就业的保障;另一方面积极构筑"国家能力标准"体系,推广"自由学期制",建立现场教学与学分转换机制,确保高职教育的质量,实现学历贯通。

发达国家的职业教育在能力评价方面突出了国家职业资格证书制度的实施;在培养方案和标准的制订方面突出体现了行业的参与和指导作用;在具体操作方面强化了学生的企业实践,体现了企业参与育人的理念。

二、高职生的大学生涯

大学是人生的一个新起点。在这个起点上,每个新生都在展望着自己的未来,规划着自己的大学生涯,思考着自己如何度过大学时光。但是理想和现实还是有差距的,从理想到现实需要经历一个很长的过程,更需要不懈努力。规划好大学生涯,是走好大学之路的第一步。

(一) 高职生的大学生涯规划与职业发展

1. 大学生涯对职业发展的影响

(1)大学生涯是职业发展的前提和基础。当今世界,最激烈的竞争是人才的竞争。在这样的形势下,高职生必须要重视自己的学业,有一定的能力才能为职业发展铺平道路。通过大学阶段的学习,高职生在专业能力、职业素养、身心健康等方面都获得了全面的发展,具备了从事某项职业的能力,也为职业发展做好了准备。

(2)职业发展是大学生涯的导向。高职生要根据自己的职业发展目标制订相应的大学生涯规划。随着就业形势的变化和科技的进步,社会对人才的要求越来越高。高职生要提高自己的就业能力,就要尽早做好规划,努力完善自己。

(3)大学生涯为职业发展做准备。在求职过程中,文化知识素质占有举足轻重的地位,扎实的基础知识、广博的专业知识和熟练的技术知识对成功就业有很大的影响。因此,构建合理的知识结构是十分必要的。知识和能力是相辅相成的,高职生应通过勤奋学习、积极参与、发展兴趣、勇于实践等多种途径培养自己的表达能力、管理能力、动手能力、适应能力、交际能力等基本能力,为职业生涯发展进行积极的准备。

2. 大学生涯规划的准备

大学生涯通常都是从学业规划开始的。高职生应根据自身情况,分析现有条件和制约因素,通过解决学什么、怎么学、什么时候学等问题,以确保自己顺利完成学业,为成功实现就业打好基础。对刚入校的新生来说,只有及早制订自己的学业规划,明确努力方向,全面提高自身素质,将来才能在激烈的竞争中把握住机会、获得成功。高职生在进行生涯规划时,应正确处理以下四种关系:

(1)学业与专业的关系。重视自己的学业,努力培养自己的专业兴趣,将自己的爱好和国家的需要以及社会发展的要求有机地统一起来,掌握专业知识、专业技能和相关能力,培养自己的专业素质。

(2)专业与职业的关系。在学习期间就应注重学以致用,自觉地学好职业知识,培养职业素质,锻炼职业能力,收集职业信息,以期在将来的职业竞争中立于不败之地。

(3)专业与事业的关系。将自己现在的专业、将来从事的事业联系起来,在学习的过程中,充分认识所学专业在国家建设和社会发展中的意义、作用和发展前景,立志献身其中,在工作中充分实现自己的人生价值。

(4)学业与就业的关系。就业与学业存在着密切的关系,就业是学业的导向,学业对就业有重要影响。以就业为学业的导向,有利于高职生的专业选择、学业目标的调整、学习方式的改变、学习外延的拓展以及综合素质的提高。就业是衡量学业成就的重要标准之一。想要成功就业,就必须具备强烈的事业心、广博精深的专业知识、较强的沟通协调能力、良好的心理素质和强健的体魄以及创新精神,这些都应当在完成学业的过程中培养。

> **案例**
>
> #### 张晶的大学生涯规划
>
> 张晶,女,2012年毕业于某高职院校计算机专业,毕业后被推荐到深圳一家全国500强企业工作。在五年多的工作时间里,张晶多次被评为先进个人、优秀共产党员、质量服务标兵,现为该公司的人事主管。
>
> 张晶在工作单位之所以进步得这样快,在较短的时间内取得如此骄人的成绩,原因在于入校之时她就着手规划自己的大学生涯。在老师的指导下,她寻找自己的大学奋斗目标,树立自己的职业理想。她按照规划,一步一个脚印地不断进取:努力学习,潜心钻研,苦练书法,热爱集体,遵章守纪,积极参与各种活动,培养自己的组织能力和处事能力,尤其注意良好行为习惯的养成。她每个学期的平均成绩都排在专业前三名之列,颇受老师器重。在校期间,她先后担任过班长、团委组织部部长、学生会主席。
>
> 张晶刚进公司之时,由于她填写的个人推荐表字迹娟秀,学的又是计算机专业,就被暂时留在了人事部。她工作时总是兢兢业业,满脸笑容,主动做事。她主动维护人事部的计算机,深受领导和同事的好评。公司领导暗示人事主管考察她,人事主管便找了张晶一个所谓的"问题"后,将其派到了后勤部门,让她搞卫生。张晶承受住了"挫折",每天仍然兢兢业业、笑意盈盈,三个月后就被调回人事部,担任人事主管助理,后又升任人事主管。
>
> 张晶并没有安于现状,她正朝着更高的职业目标挺进。

分析：

　　同学们进入大学校园后,就应该及时分析自己的实际情况,结合专业确定大学生涯目标,制订学业规划,解决学什么、怎么学、什么时候学等问题。只有这样,我们才会更加珍惜校园生活,更好地学习,从而满足自身发展的内在需要。张晶同学之所以在五年多的时间内取得了职场的初步成功,就是因为她制订了符合实际的学业规划,并脚踏实地地不断奋斗。

（二）大学生涯规划制订的策略

1. 第一阶段（大学一年级）：探索实践期

这一阶段,大学生应努力适应新环境,正确评估自己,为后续阶段打下坚实的基础。学校在这个阶段一般会开展政治思想教育、大学生活认知教育、入学素养教育、心理健康教育、发展目标教育、国防教育等。学生可以在教师和辅导员的指导和帮助下全面分析自己,确定学习目标。在这个阶段,同学们要尽快熟悉环境,结交朋友,认识教师,建立新的人际关系,积极参加各种社团活动,提升人际沟通能力和文明素养。同时,要完成学习观念和学习方法的转变,摆脱中学阶段形成的对家长、教师的依赖心理,培养自主学习能力,养成以创造性学习为主导、接受性学习与创造性学习相结合的学习习惯。

在大学一年级,同学们应主动学习计算机、英语等基本技能知识,注重人文素质的培养,使自己具有更高的思想境界、道德情操和更强的社会责任心。

2. 第二阶段（大学二年级）：调整发展期

第二阶段,大学生应认真学习专业知识,培养实践能力和创新能力。学校在这个阶段会开设核心的专业技能课,同学们应结合社会需求,注重专业知识的学习,培养自己的专业技能;根据高职教育的特点,加强实践能力的培养,通过校内外各种实践活动全面锻炼自己,提高综合素质。此时,大学生应意识到积极参加实践活动有利于融入社会,比如专业实习、下乡支教等活动,还可以在活动中认识自己的优势与劣势,及时分析成功的原因,保持优势;或者找出失败的原因,不断改进。

在这个阶段,同学们应注重培养自己的创新能力、组织管理与社会活动能力、沟通能力及团队协作精神,尽可能全方位地展示自己的才能。对于基础知识的掌握,在这个阶段应继续向深度和广度两个方向努力拓展,并应注意随时了解本专业科学技术发展的前沿和方向。

3. 第三阶段（大学三年级）：目标实现期

第三阶段,大学生应积极完成实习任务与毕业设计,培养就业能力和创业能力。同学们在大学三年级要到企业生产岗位进行跟岗实习和顶岗实习。在实习期间,应认真接受学校指导教师的辅导和实习单位经验丰富的技术人员与工人师傅的现场指导,从而完成实习计划,为毕业后迅速适应工作打下基础。

在这个阶段,同学们要重视培养就业能力与技巧,通过实习,从宏观上了解企业的运作模式、工作流程;从微观上明确个人的岗位职责与规范。实习是一次全面接触社会的好机会,能使我们既可以在生产实践中运用和检验在学校所学的理论知识,还能学到书本上没有的知识,深化对理论的认知,进一步提升专业技能。同时,大学生应把实习作为一个深入了解社会的过程,预演毕业后走上社会的角色转变,了解学校对学生的要求与单位对员工的要求的区别,掌握更多的社会知识,完善为人处世的方法与技巧。同学们在实习过程中要不断学习、总结、体会、探索,完善自己的知识结构,拓宽求职信息渠道,积极收集工作信息,掌握个人简历、求职信的撰写方法和技巧,掌握面试要点和面试技巧,积极参加招聘活动,提高求职技能,这对最终实现成功就业有很大帮助。

(三) 大学生涯规划的制订步骤

1. 认识自我

(1) 分析自己的兴趣爱好,明确自己想从事何种工作。兴趣是理想产生的基础,认真细致地分析自己的兴趣与爱好,有助于选择适合自己的专业方向和研究领域,发挥所长。

(2) 分析自己的能力、特长,明确自己能干什么。能力既是人的综合素质在现实行动中的表现,又是成就人生价值的一种主导性力量,任何职业都要求从业者掌握一定的技能,所以要在认定自己想干什么的基础上,明确自己已经具备的能力和需要培养的能力。

(3) 分析未来,把握社会需求。同学们要着眼将来,关注社会不断发展变化的趋势,立足未来的需求,不盲目跟风,选择社会需要又最适合发挥自身优势的专业方向和研究领域才是最好的。

找出自己想干什么、能干什么与社会要求自己干什么的结合点,这正是同学们大学生涯规划的关键所在。

2. 确定目标

大学生涯目标有阶段目标和总目标之分。阶段目标是指在一定时间内要达到的目标,总目标则要兼顾职业生涯的发展,是未来职业发展的方向。当大学期间的总目标确定后,需要逐步分解学习目标。一般情况下可遵循以下思路进行分解:三年的总目标——一年目标——一个学期目标——一个月目标——一周目标——一天目标,通过这个方法,有利于总的规划落实到大学生活的每一天,确保每一位大学生能有条不紊地实现自身的目标。

3. 制订实施策略

在制订大学生涯规划时,大学生要多与父母、老师、同学交流,听取他们的建议和意见,取得他们的支持和帮助。许多同学认为,规划容易实施难,诺里斯的“契约学习法”值得大家学习借鉴。诺里斯认为,作出学习的决定只是学习过程中的第一步,困难在于如何将这种决定和计划付诸实践。契约学习法的步骤如下:

(1) 确定学习的需要。需要是你的现状和期望之间的差距。

(2) 确立学习的目标。从结果的角度看,详细说明你想要学的内容。

(3) 寻找资源。这是你达到目标所需要的一切因素,包括人、书本、时间等。

(4) 制订学习计划。选择什么计划或方案。

(5) 规定进程标准。标准能指引你及时评估计划实现的进度。

(6) 找一位导师与你共同规划,导师的作用如同健身教练一般,能客观评估你的现状,指导和鼓励你实施行动。

由于现实环境中多种不确定因素的存在,规划要具有一定的弹性,要定期评估与反馈,分析存在的问题,及时修正目标,变更实施措施。

✉ 知识卡片 •────────

一名新生的学业规划

一、前言

"明其志,方能知其所赴!""少壮不努力,老大徒伤悲。"与其浑浑噩噩地虚度三年光阴,不如抓紧时间为自己充电。为了更有效地完成大学三年的学习,把握好自己的未来,现制订如下学业规划,以便时时鞭策自己,奋发前行。我相信我能够绘出自己向往的绚丽画卷!

二、自我分析

1. 基本情况

(1) 兴趣爱好。阅读军事、人文历史类图书,参加户外活动,看新闻类电视节目等。

(2) 性格。偏外向。

(3) 人生格言。强者制造机会,弱者等待机会。

2. 主要优点

(1) 有理想、有激情、有自信、有原则。

(2) 遵纪守法、尊敬师长、热爱学习;团结同学、乐于助人;严于律己;做事认真、态度端正、有责任感;热爱生活、乐观向上。

(3) 重视"变"有常新,注重"量"的积累,重视"度"的衡量,有自知之明,喜欢别人给自己提意见。

(4) 具备善于学习、自我优化的能力;对他人有真诚的友爱之心,豁达开朗;喜欢动手实践,兴趣广泛,敢于探索。

3. 主要缺点

(1) 运动能力不强。

(2) 口才一般,交际能力有限,无演讲经验。

(3) 英语、计算机应用能力一般。

4. 其他

做事易冲动,常后悔不已,但事后也能够积极反省、对症下药,迅速找到解决办法,避免再次发生类似情况。

三、大学三年的规划

1. 大一阶段

(1) 尽快适应大学生活,培养自主学习能力,学会利用图书馆和网络资源。

(2) 初步了解自己所学的专业以及社会对本专业高职人才的需求情况。

(3) 锻炼身体。每天坚持晨练,积极参加学校的阳光体育活动,比如加入羽毛球俱乐部。

(4) 努力学习计算机相关知识,提高英语水平。大一第二学期通过高等学校英语应用能力考试和全国计算机等级考试。

(5) 继续培养广泛的兴趣爱好,扩大知识面。

(6) 竞选班干部和学生会干部,积极参加学生会、各种社团活动及学校组织的集体活动,增强人际交往能力。

2. 大二阶段

(1) 大二第一学期通过全国大学英语四级考试,争取大二第二学期通过全国大学英语六级考试。

(2) 培养对专业的学习兴趣,努力学好专业课程。

(3) 根据职业岗位要求,学习相关拓展知识。

(4) 积极参加社会实践活动,不轻易放弃任何一个锻炼自己的机会。

3. 大三阶段

(1) 收集各种相关职业信息,积极寻找与发现机会,为就业或创业做好准备。

(2) 认真参加企业顶岗实习,锻炼自己的实际工作能力。

(3) 深入思考,理论联系实际,完成毕业设计或毕业论文。

(4) 学会制作个人简历与撰写求职信,进行面试训练,锻炼求职与应聘能力。

总结案例

王阳的职业梦想

王阳,女,2013 年进入某高等职业技术学院学习。刚入学时,她毫无目标和学习动力,但在就业指导老师的启发和帮助下,她树立了成为一名大学教师的目标。对于她的梦想,很多人表示怀疑,甚至有同学嘲笑她。但是,王阳没有因为他人的异样眼光而放弃自己的梦想。为了实现自己的理想,王阳比其他同学付出更多的努力,以优异的成绩完成了大学专业的学业。由于品学兼优,全面发展,在校期间王阳加入了中国共产党。毕业那年,她以优秀的成绩考入某大学继续学习,随后进入某知名大学继续攻读硕士。2020 年,研究生毕业的王阳被一所大学录用,真的成为了一名大学教师。

分析:

王阳在合理地规划自己的大学生涯后,树立了目标,一步一个脚印地向梦想出发。她深知要成为一名大学教师,硕士研究生的学历是最起码的要求。根据就业指导课上所学的知识,王阳设计了可行的职业发展路径,并付诸行动,可以说是职业生涯规划使王阳梦想成真。

活动与训练

活动 1-3　认识我的大学

主题:大学生涯规划体验

一、活动目标

1. 认识高等教育尤其是高等职业教育的内涵。

2. 明确国家对高职毕业生的具体需求。

3. 明确为了实现目标自己所要付出的努力。

二、活动时间

第 1 项 15 分钟,第 2 项 30 分钟。

三、活动准备

彩色卡纸、A4 纸、红笔、黑笔、磁扣、白板。

四、活动步骤

1. 课堂讨论(如下表)

步　骤	具　体　要　求	注 意 事 项
步骤 1	教师阐明高职教育的内涵,强调高职人才对国家发展的重要性	鼓励学生增强自信
步骤 2	将学生分成若干小组,每组 6~8 人,采用头脑风暴的方式讨论"国家对高职人才所应具备的能力有哪些要求"	鼓励学生开阔思路
步骤 3	小组讨论,按照专业知识技能、自我管理技能和可迁移技能对讨论结果进行分类	教师合理掌握归类标准
步骤 4	请每个学生对照教师归纳的结果,用红笔标出自己已经具备的能力,用黑笔标出自己尚不具备的能力	学生根据自身特点寻找可行的途径和方法
步骤 5	小组讨论在校期间适合不同个体的可以提升能力的途径和方法	
步骤 6	教师点评	

2. 填写下表

我的大学第一年

时　间	目 标 内 容	为实现目标所需付出的努力(请详细列出)
一年后		1. 2. 3.
半年后		1. 2. 3.
5 个月后		1. 2. 3.
4 个月后		1. 2. 3.
3 个月后		1. 2. 3.

续　表

时　间	目 标 内 容	为实现目标所需付出的努力（请详细列出）
2个月后		1. 2. 3.
本月		1. 2. 3.
本周		1. 2. 3.

五、总结评价

1. 树立就读"我的大学"的自豪感，并简述所读专业的学习要求和就业情况。

2. 明确国家对高等职业人才的需求和高等职业教育培养目标，可具体细化到本专业人才的培养目标。

3. 明确自身为达到目标需付出的努力，并以积极的态度采取行动。

思考与讨论

你认为"一个人只要努力奋斗、前进不止就可以获得成功，不一定非要进行规划"这个观点正确吗？请结合你的亲身经历或相关案例进行说明。

第二单元
探索职业理想

引导语

老子曰："知人者智，自知者明。胜人者有力，自胜者强。"认识自我是对自己进行全面分析、自我评价、了解自我的过程，其目的在于探索并发现自己最适合从事的工作。一个有效的职业生涯规划，必须是在充分和正确地了解自我和外界环境的基础上制订的。一个人对自我的了解越透彻，就越容易发现一条能够最大限度发挥自身潜力的职业生涯发展路径。如果在选择职业道路时，能融入自己的兴趣、能力、价值观和个人特质，你将能从未来的工作中得到极大的乐趣和成就感。正确地认识自我是迈向成功的职业生涯的第一步。

学习目标

1. 掌握自我评价的方法。
2. 了解性格、兴趣、价值观和能力与职业生涯规划的关系。
3. 运用自我评价的方法，分析自己的性格、兴趣、价值观和能力，找到适合自己的职业方向。

学习指南

一、学习方法

本单元内容适宜结合自身情况、生活中的实际案例来展开分析：一是参考大学生成功和失败的典型案例分析探索自我的意义；二是运用自我评价、自我测试等方法探索自我，从而发现适合自己的职业类型。

二、注意事项

（一）自我评价要注重收集关于自身的有效信息

自我评价过程是一个充分认识自我的过程，在这一过程中，如果没有获得真实有效的信息，必然会导致自我评价产生偏差。

（二）注意自我测评中的标准化测评工具与非标准化测评工具在使用上的差别

标准化测评工具基于一定的理论和研究基础，其条件、内容、指导语、程序等均是一致的，保证不同的测验对象在机会均等的条件下接受测评；而非标准化测评工具可以根据所测对象的不同、测评目的的不同，选择不同的项目进行测评。在解释测评结果或者将这些结果运用到职业生涯规划和决策中时，要考虑到影响测试结果的各种因素，从而更真实地认识自己的内心世界，制订出符合实际情况的职业生涯规划。

（三）不要过度关注自我

自我评价是一个探索自我、分析自我的过程，其目的是更准确地了解自己，但是也不强调过于关注自我。

(四) 注重总结

要注重对学习内容的总结归纳,认识自我内容的学习要注重案例分析、测评工具的使用。只有做好总结,才能更准确地了解自我。

2.1　自我探索的内涵与方法

学习目标

1. 掌握自我认知的内涵。
2. 认识自我认知的重要性。
3. 掌握自我探索的方法。

导入案例

李蕾的苦恼

　　李蕾是某高职院校大一学生,她在填报高考志愿的时候听说自己所报考院校的会计专业非常热门,所以就毫不犹豫地选择了该校的会计专业。但是到大一下学期真正接触专业课后,她发现学习起来有很大的困难。她自己是一个开朗外向、喜欢与人打交道的人,而会计工作却需要非常安静、耐心、细致。她觉得自己并不适合从事这样的工作,为此,她非常苦恼。她想换一个自己喜欢的专业,但是因为学习成绩不达标,不符合申请转专业的要求。所以,她现在唯一能做的就是坚持学下去,并认真准备专升本考试,试图通过专升本考试,在本科阶段学习自己喜欢的专业。

　　分析:

　　选择专业、成功就业和选择者的自我评估、自我定位密切相关。如果自我评估准确、客观,那么就容易找到适合自己的专业与职业,从而充分发挥自身潜能,实现人生价值。自我评估不当,容易遭遇挫折,可能导致学业或择业上的失败。李蕾同学现在之所以面临困惑,就是因为当初她在填志愿选择专业时没有清楚地认识自我,了解真正适合自己的专业,而是盲目跟风,选择了看似热门但不适合自己的专业。在职业生涯的发展道路上,要做到正确地了解自我,从而扬长避短,使自己未来的职业生涯能够更好地发展。

知识讲解

一、自我认知的内涵

　　自我认知是指个人关于自己的反省与识别,是关于自己是个怎样的人,自己应该有怎样的行为以及他人对自己如何评价的认识。自我认知是主观自我对客观自我的认知与评价,包括自我感觉、自我观察、自我印象、自我分析、自我评价等。自我认知回答的一般问题有"我是谁""我是个什么样的人"等。

从职业生涯规划的范畴来看,自我认知是指从个人职业发展角度对自我进行分析、研究,明确个人的职业发展方向,获得自我价值认同。它是个体进行职业决策的重要前提,可以从兴趣、人格、能力、价值观等几个维度进行探索。

职场箴言

无论在什么时候,永远不要以为自己已经完美了。不管人们对你评价有多高,你永远要记住:人无完人。

二、自我认知的重要性

"人贵有自知之明",在很多情况下,人们对自己的认识常常不清楚,有时候甚至完全错误。我们不知道自己真正适合读什么专业、适合做什么,也不知道自己希望从工作中获得什么。有些人在做重大决策的时候,常常为了取悦他人,如父母、老师、朋友,把决策权交由他人,让别人来帮助自己作出决策。有些人在作出重大决策的时候,听信社会上那些"流行""热门"的信息,追逐着社会的热点走。这些人没有根据自己的实际情况去选择专业、职业,导致自己在未来的大学生活和工作中频频受挫。因此,在大学伊始,积极主动地进行自我探索具有重要的意义。

(一) 自我认知是自信的源泉和依据

我们在自己的生活经历和所处的社会境遇中,能否客观地认识自我、评价自我,从而正确地塑造自我形象,把握自我发展,培养积极的自我意识,将在很大程度上影响或决定着我们的前程。每个人都是独特的,都有自己的优势,也都有自己的不足,只有全面客观地认识自我,才能自主充分地接纳自我,进而树立自信。也就是说,自信是产生在正确认识自我的基础之上的。过于高估自己就是自负,而过于看低自己则是自卑,这些对于职业生涯来说都是不利的。

(二) 自我认知是职业生涯规划的基础和起点

在职业生涯规划中,认识自我就是要使自己明白:我适合干什么——个人特质;我喜欢干什么——职业兴趣;我最看重什么——职业价值观;我能够干什么——职业技能。

自我认知是选择适合自己的职业重要的第一步。它包括认识自己的优势与劣势、自己的独特性和发展潜力;认识自己的生理特点;认识自己的理想、价值观、兴趣爱好、性格等心理特点。人不能超越实际空想自己的职业发展,也不能低估自己的实力,这都不能使人生的职业生涯得到正确的规划。有些人怀才不遇,失去自我发展的良机,以至于在学习、求职、晋升等方面,贻误了自己的机遇和前程。

(三) 自我认知能提升职业满意度

人生就是一连串自主选择的过程,每个人都应该选择一个比较适合自己的生活方式,选择职业更是如此。俗话说:"男怕入错行,女怕嫁错郎。"现代社会中,每个人都在经营着自己的职业,因此男女都怕入错行。

提升职业满意程度的因素包括:有较多锻炼能力的机会,人际氛围好,有较大的成长空间,薪资待遇好等。这些因素涉及能力、兴趣、性格、经济报酬和人际关系,其中最重要的是与自我相关的因素。自我认知可以让我们在入职前认真考虑自身的各种因素,对自己的职业作出正确的选择。

三、自我探索的方法

自我探索的方法有很多,下面是一些经常用到的方法。

(一)内省法

内省法又称为"自省法"。曾子曰:"吾日三省吾身。"说的就是内省。内省法是指个体通过对自己一些成长经历的回顾,发现自己的职业兴趣、能力特点。通过反省,还可以发现自己的成绩和进步,找出存在的不足,明确努力的方向。在使用内省法时,要尽量以客观实际为依据来评价自己,避免因为个人的认识或动机不准确而出现较大的误差。

(二)他人比较法

《旧唐书·魏徵传》中说:"夫以铜为镜,可以正衣冠;以古为镜,可以知兴替;以人为镜,可以明得失。"一个人可以从自身与他人能力和条件的比较当中进行自我认识。经常思考自己与他人的差距,有利于深入认识自我。

(三)橱窗分析法

橱窗分析法是自我探索的一个重要方法,是指一种借助模仿直角坐标系不同象限来自我分析的方法。坐标的横轴正向表示别人知道,负向表示别人不知道;纵轴正向表示自己知道,负向表示自己不知道,如图 2-1 所示。

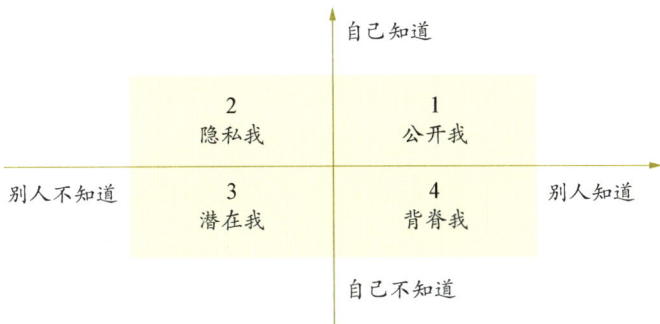

图 2-1　橱窗分析法

纵横坐标把橱窗分成了四个部分,即四个橱窗,它们的含义如下:

橱窗 1:"公开我",是指自己知道、别人也知道的部分,属于个人展现出来、无所隐藏的信息。例如,个人的外貌、身高、性别。

橱窗 2:"隐私我",是指自己知道、别人不知道的部分,属于个人的隐私和秘密。例如,童年往事、痛苦心酸的经历、身上的隐疾、心中的某些不快以及自己不愿意让人知道的信息。

橱窗 3:"潜在我",是指自己不知道、别人也不知道的部分,是潜能巨大、有待开发的部分。例如,从没有上过台讲话的人,可能一直不知道自己的演讲能力很棒。

　　橱窗 4:"背脊我",是指自己不知道、别人却知道的部分,就像自己的背部,自己看不到,别人却看得很清楚。例如,个体习惯的小动作、口头禅,自己很难发现,除非别人告知。

　　通过橱窗分析法进行自我探索,能帮助个体有意识地探索"潜在我"和"背脊我"的内容。对于"潜在我"的探索,需要个体积极主动探索新的领域、尝试新的行动。对于"背脊我",个体只要能够虚心诚恳、真心实意地征询他人的意见和看法,多与家人、朋友、同事等开展交流,就能够了解"背脊我"的部分。

(四) 360 度评估法

　　360 度评估法源自人力资源管理中的绩效考核方法,其特点是评价维度多元化(通常是4 个或 4 个以上)。360 度评估法是由熟悉自己、与自己关系密切的来自不同层面的人员作为评估者,比如家人、老师、朋友、同学,对自我进行多角度的评估。这种方法可以减少盲目的自我评估,当别人对自己的印象都很一致时,这个反馈意见就非常值得重视。要注意的是,在获得很多反馈时,要懂得分辨,尤其是那些反馈差异很大的信息,更需要花一些时间去了解和辨别。

(五) 成就回顾法

　　通过对自己在学习、生活、社会实践、人际交往、文娱、体育等各个方面所取得的成绩来探索自我,可以获得许多关于自己兴趣、能力、性格、价值观等方面的信息。

(六) 职业测评法

　　职业测评法是大学生在进行自我探索时最常用到的方法。学校的就业指导中心和一些专业的人才机构、网站都会提供评估个人性格、兴趣、价值观和能力的标准化测试。这种方法的优点是能够在较短的时间内了解个人某方面的特点。这种方法的缺点是由于职业测评种类繁多、良莠不齐,有些测试的结果和自身的实际差异甚大。当测评结果与自我认知差异较大的时候,建议寻求心理测量领域的专家或职业咨询顾问的帮助来解读测试结果,或者自己通过其他自我探索的方式来对测评结果进行求证和澄清。

(七) 专业咨询法

　　专业咨询法是指寻找心理咨询方面的专业人士或职业指导师提供专业咨询,这也是一种常用的探索自我的方法。对于大学生来说,学校的就业指导中心、心理咨询中心都可以提供咨询。咨询师能整合咨询者提供的信息,运用自身的专业知识、经验,通过科学的咨询技术给咨询者提供帮助。在咨询过程中,咨询者能够获得大量的知识和信息资料,从而对自身有新的认识。更重要的是通过专业咨询,会帮助咨询者提高决策的能力。

总结案例

小陈成功创业的故事

　　深圳某高职院校市场营销专业 2021 届毕业生小陈在校期间担任过系学生会主席,积极参与校内各类市场营销大赛并屡获殊荣。在营销大赛的过程中,由于需要制作 PPT 进行路演,他积极向身边的同学请教 PPT 的制作方法,上网搜索相关的素材和图片,然后每次比赛的过程中,他的 PPT 非常精美、内容翔实得当,逻辑清晰,讲解明确,经常得到校内赛的第一名。他积累了比赛经验之后,在校期间也屡屡接校外公司的单,写营销策划方案,为企业进行推广策划活动,也得到了客户的认可和好评。

毕业之后,他认真分析自己的性格方面特点和自身的能力,果断开始创业,成立文化策划公司。半年后又成立了自己的营销策划公司,公司创办至今,业务规模逐渐扩大。

分析:

小陈在校期间担任过学生会主席,锻炼了自己的组织协调能力与决策能力,运用自己的学习能力,学习了 PPT 的制作方法,培养了快速学习、沟通、搜集信息和文字处理能力,面对生活中新的问题能够迎难而上、有效解决。小陈同学的例子说明他的自我认知是全面而准确的。正确的自我认知促成了他在职业生涯上面的成功。

活动与训练

活动 2-1　认识自我(一)

主题:认识你自己

一、活动目标

通过比较别人眼中的自己和自己眼中的自己,认识一个更加完整、真实的自己。

二、活动时间

30 分钟。

三、活动步骤

1. 教师将学生分成若干组,每组 4~6 人。每人准备 4~6 张纸。

2. 每个学生在一张纸条上写下最能代表自己的 3 个词语,在另外几张纸条上写下最能代表其他几位组员的词语(至少 3 个词语)。

3. 将写给其他组员的词语折叠后,交给对方。

4. 汇总自己手中的纸条,比较一下别人眼中的自己和自己眼中的自己,看看有什么区别,分享一下收获和感想。

活动 2-2　认识自我(二)

主题:我是谁

一、活动目标

认清自我。

二、活动时间

20 分钟。

三、活动步骤

1. 问自己 10 次"我是谁"。

2. 用十分钟写出 10 句"我是……的人",想到什么写什么,要求选择一些最能反映个人风格的语句。

3. 对自己的答案进行分析,并在团队内部分享。

4. 请个别同学发言,班级内部分享。

2.2　探索个人职业性格

学习目标

1. 了解性格与求职择业的关系。
2. 了解性格分类。
3. 运用 MBTI 测试探索个人职业性格。

导入案例

李想的愿望

　　李想是某高职院校毕业生,毕业半年的她一直不开心,原因是入错了行。由于她是独生子女,父母一直都希望李想能找到一份稳定的工作,比如公务员、教师、医生之类。李想是一个乖乖女,也希望能满足父母的愿望。毕业之后,她并没有留在大城市打拼,而是回到小县城考了一个公务员。李想的性格活泼开朗,但没有耐心,一天 8 小时根本坐不住。因为性格与职业不匹配,她时常念叨着北上广深等一线城市的繁华,工作日渐没有动力,少了进取心。

　　分析:

　　一天一共只有 24 个小时,工作就占据了 8 个小时。快乐的工作能丰富人生的内涵,性格与职业相匹配能够让人在职业选择中少走很多的弯路,也能提高工作的效率和职场的幸福感。

知识讲解

一、性格与求职择业

　　人们常说"性格决定命运"。这句话更深的意义是,什么样性格的人适合从事什么样的职业。在职业的选择上,性格和职业相匹配,能够提高人在职业上的幸福感。这也是近年来许多用人单位在招聘选人时加入性格测试的原因。

　　性格是指一个人在对现实的稳定态度和习惯化了的行为方式中所表现出来的个性心理特征。人的性格特点主要表现在态度、意志、情绪、理智四个方面。

　　态度是指个人在处理各种社会关系方面的性格特征,如善于交际或行为孤僻、正直或虚伪、细致或粗心。

　　意志是指人在对自己行为的自觉调节方面的性格特征,如主动或被动、勇敢或怯懦。

情绪主要是指人产生情绪活动时在强度、稳定性、持续性和主导心境等方面表现出来的性格特征，比如情绪起伏波动大或小。人的基本情绪有愉快、惊奇、悲伤、厌恶、愤怒、恐惧、轻蔑、羞愧等。愉快是正面的，惊奇是中性的，悲伤、厌恶、愤怒、恐惧、轻蔑、羞愧都是负面的。在这些基本情绪中，人的负面情绪占多数，因此，人很容易不知不觉地进入不良情绪状态。对于大学生来讲，应塑造阳光心态，把正面情绪调动出来，使自己经常处于积极的情绪当中。

理智是指人在认知过程中的性格特征，如幻想型和现实型。

性格的特征并不是孤立的，而是互相联系的，在个体身上融合为一体，形成一个人不同于他人的"标签"。

每一种职业都对性格特征有特定的要求。例如，驾驶员要具备注意力集中、动作敏捷的职业性格特征；护士要求具备耐心细致、热情待人的职业性格特征。了解自己的性格特征，有利于今后的职业发展。

二、性格类型与职业偏好

性格类型的概念是由瑞士的精神分析家荣格于1920年在他的《心理类型》中提出来的。根据大量的观察，荣格推断不同的行为是源于个人在运用心智方面具有不同的倾向。人们习惯按照各自的倾向行事，就逐渐形成了各自的行为模式。荣格提出，世界上有三个维度和八种性格类型。1942年，美国的两位学者迈尔斯和布瑞格斯在此基础上发展出一个维度，并逐渐形成了MBTI性格类型理论。该理论是目前国际上权威的、广泛使用的理论。它系统地分析了人的性格，也解释为什么不同的人对不同的事物感兴趣、擅长不同的工作，并且有时不能互相理解。

MBTI性格类型理论把人的性格分为四个维度，每个维度有两个方向，共计八个方面，分别是：

精神关注的方向：外向（E）——内向（I）

收集信息的方式：感觉（S）——直觉（N）

决策的方式：思维（T）——情感（F）

行事方式：判断（J）——知觉（P）

这八个方面分别回答行事的不同风格：① 外向（E）和内向（I）：个人与世界的相互作用是怎样的；② 感觉（S）和直觉（N）：个人收集信息的方式是什么；③ 思维（T）和情感（F）：个人如何作出决定；④ 判断（J）和知觉（P）：个人的做事方式是什么。

每个人的性格都落足于每个维度两端中点的这一边或那一边，我们把每个维度的两端称作"偏好"。例如，如果落在外向的那一边，那么就可以说具有外向的偏好；如果落在内向的那一边，那么就可以说具有内向的偏好。

在现实生活中，每个维度的两个方面人们都会用到，只是其中的一个方面用得更自然、更容易、更快捷、更舒适，就好像每个人都会用到左手和右手，有的习惯用左手，有的习惯用右手。同样，性格类型就是一个人用得更自然舒适、更便利快捷的那一面。

由MBTI的四个维度和每个维度的两个方面，一共可以组成16种性格类型，如表2-1所示。

表 2-1　16 种性格类型

性 格 类 型	可能的职业偏好	可能适应的职业环境类型
ISTJ 内向/感觉/思维/判断	会计、办公室管理 工程 警察、法律工作 生产、建设、保健	注重事实和结果 提供安全结构和顺序 能保持稳定的情绪
ISTP 内向/感觉/思维/知觉	科研、机械、修理 农业 工程和科学技术	注重迅速解决问题 目标和行动取向 不受规律限制 着眼于眼前的经历
ESTP 外向/感觉/思维/知觉	市场销售、工程和技术 信用调查、健康技术 建筑、生产、娱乐	注重第一手经验 工作具有灵活性 及时满足需要、技术取向
ESTJ 外向/感觉/思维/判断	商业管理、银行、金融 建筑生产、教育、技术、服务	注重正确高效地做事 任务取向、注重组织结构 提供稳定性和可预知性 实现可行的目标
ISFJ 内向/感觉/情感/判断	保健专业、教学、图书馆工作 办公室管理、个人服务、文书管理	看重有条理的任务 注重安全与隐私 结构清晰、有效率、安静、服务取向
ISFP 内向/感觉/情感/知觉	机械和维修、工厂操作、饮食服务、 办公室工作、家务工作	善于合作、喜爱自己的工作 允许有自己的私人空间 灵活、具有审美能力、谦恭
ESFP 外向/感觉/情感/知觉	保健服务、销售工作、设计交通工作、管理工作、机械操作、办公室工作	注重现实、行动取向 活泼、精力充沛、适应性强、和谐 以人为本、舒适的工作环境
ESFJ 外向/感觉/情感/判断	保健服务、接待员、销售 看护孩子、家务工作	喜欢帮助他人 目标明确的人和组织 气氛友好的、善于欣赏的 有良心的、喜欢按实际条件办事
INFJ 内向/直觉/情感/判断	宗教工作、教学、图书馆工作 媒体专家 社会服务、研究和发展	关注人类的思想和心理健康 协调、安静、有组织的 有情感、喜欢有反省的时间和空间
INFP 内向/直觉/情感/知觉	咨询、教学、文学、艺术 戏剧、科学、心理学 写作、新闻工作室	关注他人的价值 合作的氛围 允许有思考的时间和空间 灵活、安静、不官僚
ENFP 外向/直觉/情感/知觉	教学、咨询、宗教工作 广告、销售、艺术、戏剧 音乐	关注潜能、丰富多彩、积极参与的氛围 活泼的、不受限制的 提供变化和挑战、思想进取
ENTJ 外向/直觉/思维/判断	政界、商业、金融、培训	亲切友好，意志坚强，诚实理性，对自己及他人要求严格，能干果断，做事有条理

性 格 类 型	可能的职业偏好	可能适应的职业环境类型
ENFJ 外向/直觉/情感/判断	销售、艺术、表演 宗教工作、咨询 教学、保健	愿意为帮助他人而改变 社会化的、和谐的 有秩序、以人为本、鼓励自我表达
INTJ 内向/直觉/思维/判断	科学、工程、政治、法律 哲学、计算机	注重长远规划的实现 有效率的、以任务为重 允许独自一人和思考 创造性、多产、有效率
INTP 内向/直觉/思维/知觉	科学、研究、工程 社会服务、计算机程序 心理学、法律	喜欢解决复杂的问题 鼓励独立、隐私 灵活的、不受限制的、安静的 喜欢自我决定
ENTP 外向/直觉/思维/知觉	管理 操作和系统分析 销售经理、市场营销 人事关系	结果取向的、独立的 喜欢解决复杂的问题 目标取向、果断 有效率、有系统 挑战性的、结构性的、顽强的

三、探索职业性格

职业性格的探索可以通过 MBTI 问卷获知。参加测试的人员请务必诚实、独立地回答问题，只有如此才能得到有效的结果。MBTI 展示的是性格倾向，而不是知识、技能、经验。

同时，必须指出 MBTI 提供的性格类型描述仅供测试者确定自己的性格类型之用，性格类型没有好坏，只有不同。每一种性格特征都有其价值和优点，也有缺点和需要注意的地方，清楚地了解自己性格的优劣势，有利于更好地发挥自己的特长，而尽可能地在为人处事中避免自己性格中的劣势，更好地和他人相处，更好地作重要的决策。

本书给出的 MBTI 测试分为四部分，共 93 题，如表 2-2 至表 2-5 所示；大概需要 18 分钟。所有题目没有对错之分，请根据自己的实际情况选择。作出选择后，将 A 或 B 所在的"○"涂黑，例如："●"。

只要认真、真实地填写测试问卷，那么在通常情况下都能得到一个确实和性格相匹配的类型。希望测试者能从中或多或少地获得一些有益的信息。

(一) 哪一个答案最能贴切地描绘你一般的感受或行为?

表 2-2　测试表 1

序号	问 题 描 述	选项	E	I	S	N	T	F	J	P
1	当你要外出一整天,你会 A. 计划你要做什么和在什么时候做 B. 说去就去	A							○	
		B								○

续　表

序号	问　题　描　述	选项	E	I	S	N	T	F	J	P
2	你认为自己是一个 A. 较为随兴所至的人 B. 较为有条理的人	A								○
		B							○	
3	假如你是一位老师,你会选教 A. 以事实为主的课程 B. 涉及理论的课程	A			○					
		B				○				
4	你通常 A. 与人容易混熟 B. 比较沉静或矜持	A	○							
		B		○						
5	一般来说,你和哪些人比较合得来? A. 富于想象力的人 B. 现实的人	A				○				
		B			○					
6	你是否经常让 A. 你的情感支配你的理智 B. 你的理智主宰你的情感	A						○		
		B					○			
7	处理许多事情上,你会喜欢 A. 凭兴趣所至行事 B. 按照计划行事	A								○
		B							○	
8	你是否 A. 容易让人了解 B. 难于让人了解	A	○							
		B		○						
9	按照程序表做事,这会 A. 合你心意 B. 令你感到束缚	A							○	
		B								○
10	当你有一份特别的任务,你会喜欢 A. 开始前小心组织计划 B. 边做边找须做什么	A							○	
		B								○
11	在大多数情况下,你会选择 A. 顺其自然 B. 按程序表做事	A								○
		B							○	
12	大多数人会说你是一个 A. 重视自我隐私的人 B. 非常坦率开放的人	A		○						
		B	○							
13	你宁愿被人认为是一个 A. 实事求是的人 B. 机灵的人	A			○					
		B				○				
14	在一大群人当中,通常是 A. 你介绍大家认识 B. 别人介绍你	A	○							
		B		○						

续 表

序号	问 题 描 述	选项	E	I	S	N	T	F	J	P
15	你会跟哪些人做朋友？ A. 常提出新主意的 B. 脚踏实地的	A				○				
		B			○					
16	你倾向 A. 重视感情多于逻辑 B. 重视逻辑多于感情	A						○		
		B					○			
17	你比较喜欢 A. 坐观事情发展才作计划 B. 很早就作计划	A								○
		B							○	
18	你喜欢花很多的时间 A. 一个人独处 B. 和别人在一起	A		○						
		B	○							
19	与很多人一起会 A. 令你活力倍增 B. 常常令你心力交瘁	A	○							
		B		○						
20	你比较喜欢 A. 很早便把约会、社交聚会等事情安排妥当 B. 无拘无束，看当时有什么好玩就做什么	A							○	
		B								○
21	计划一个旅程时，你较喜欢 A. 大部分的时间都是跟当天的感觉行事 B. 事先知道大部分的日子会做什么	A								○
		B							○	
22	在社交聚会中，你 A. 有时感到郁闷 B. 常常乐在其中	A		○						
		B	○							
23	你通常 A. 和别人容易混熟 B. 趋向自处一隅	A	○							
		B		○						
24	哪些人会更吸引你？ A. 一个思维敏捷及非常聪颖的人 B. 实事求是，具有丰富常识的人	A				○				
		B			○					
25	在日常工作中，你会 A. 颇为喜欢处理迫使你分秒必争的突发事件 B. 通常预先计划，以免在压力下工作	A								○
		B							○	
26	你认为别人一般 A. 要花很长时间才认识你 B. 用很短的时间便认识你	A		○						
		B	○							

(二) 在下列每一对词语中,哪一个词语更合你心意?

表2-3 测试表2

序号	问题描述		选项	E	I	S	N	T	F	J	P
27	A. 注重隐私	B. 坦率开放	A		○						
			B	○							
28	A. 预先安排的	B. 无计划的	A							○	
			B								○
29	A. 抽象	B. 具体	A				○				
			B			○					
30	A. 温柔	B. 坚定	A						○		
			B					○			
31	A. 思考	B. 感受	A					○			
			B						○		
32	A. 事实	B. 意念	A			○					
			B				○				
33	A. 冲动	B. 决定	A								○
			B							○	
34	A. 热衷	B. 文静	A	○							
			B		○						
35	A. 文静	B. 外向	A		○						
			B	○							
36	A. 有系统	B. 随意	A							○	
			B								○
37	A. 理论	B. 肯定	A				○				
			B			○					
38	A. 敏感	B. 公正	A						○		
			B					○			
39	A. 令人信服	B. 感人的	A					○			
			B						○		
40	A. 声明	B. 概念	A			○					
			B				○				
41	A. 不受约束	B. 预先安排	A								○
			B							○	

序号	问 题 描 述		选项	E	I	S	N	T	F	J	P
42	A. 矜持	B. 健谈	A		○						
			B	○							
43	A. 有条不紊	B. 不拘小节	A							○	
			B								○
44	A. 意念	B. 实况	A				○				
			B			○					
45	A. 同情怜悯	B. 远见	A					○			
			B						○		
46	A. 利益	B. 祝福	A					○			
			B						○		
47	A. 务实的	B. 理论的	A			○					
			B				○				
48	A. 朋友不多	B. 朋友众多	A		○						
			B	○							
49	A. 有系统	B. 即兴	A							○	
			B								○
50	A. 想象丰富的	B. 就事论事	A				○				
			B			○					
51	A. 亲切的	B. 客观的	A					○			
			B						○		
52	A. 客观的	B. 热情的	A					○			
			B						○		
53	A. 建造	B. 发明	A			○					
			B				○				
54	A. 文静	B. 爱合群	A		○						
			B	○							
55	A. 理论	B. 事实	A				○				
			B			○					

续　表

序号	问题描述	选项	E	I	S	N	T	F	J	P
56	A. 富有同情心　　B. 合逻辑	A						○		
		B					○			
57	A. 具分析力　　B. 多愁善感	A					○			
		B						○		
58	A. 合情合理　　B. 令人着迷	A			○					
		B				○				

（三）哪一个答案最能贴切地描绘你一般的感受或行为？

表 2-4　测试表 3

序号	问题描述	选项	E	I	S	N	T	F	J	P
59	当你要在一个星期内完成一个大项目，你在开始的时候会 A. 把要做的不同工作依次列出 B. 马上动工	A							○	
		B								○
60	在社交场合中，你经常会感到 A. 与某些人很难打开话匣儿和保持对话 B. 与多数人都能从容地长谈	A		○						
		B	○							
61	要做许多人也做的事，你比较喜欢 A. 按照一般认可的方法去做 B. 构想一个自己的想法	A			○					
		B				○				
62	你刚认识的朋友能否说出你的兴趣？ A. 马上可以 B. 要待他们真正了解你之后才可以	A	○							
		B		○						
63	你通常较喜欢的科目是 A. 讲授概念和原则的 B. 讲授事实和数据的	A				○				
		B			○					
64	哪个是较高的赞誉 A. 一贯感性的人 B. 一贯理性的人	A						○		
		B					○			
65	你认为按照程序表做事 A. 有时是需要的，但一般来说你不大喜欢这样做 B. 大多数情况下是有帮助而且是你喜欢做的	A								○
		B							○	

续　表

序号	问 题 描 述	选项	E	I	S	N	T	F	J	P
66	和一群人在一起,你通常会选 A. 跟你很熟悉的个别人谈话 B. 参与大伙的谈话	A		○						
		B	○							
67	在社交聚会上,你会 A. 是说话很多的一个 B. 让别人多说话	A	○							
		B		○						
68	把周末期间要完成的事列成清单,这个主意会 A. 合你意 B. 使你提不起劲	A							○	
		B								○
69	哪个是较高的赞誉 A. 能干的 B. 富有同情心	A					○			
		B						○		
70	你通常喜欢 A. 事先安排你的社交约会 B. 随兴之所至做事	A							○	
		B								○
71	总的说来,要做一个大型作业时,你会选 A. 边做边想该做什么 B. 首先把工作按步细分	A								○
		B							○	
72	你能否滔滔不绝地与人聊天 A. 只限于跟你有共同兴趣的人 B. 几乎跟任何人都可以	A		○						
		B	○							
73	你会 A. 跟随一些证明有效的方法 B. 分析还有什么毛病,及针对尚未解决的难题	A			○					
		B				○				
74	为乐趣而阅读时,你会 A. 喜欢奇特或创新的表达方式 B. 喜欢作者直话直说	A				○				
		B			○					
75	你宁愿替哪一类上司(或者老师)工作 A. 天性纯良,但常常前后不一的 B. 言辞尖锐但永远合乎逻辑的	A					○			
		B				○				
76	你做事多数是 A. 按当天心情去做 B. 照拟好的程序表去做	A								○
		B							○	
77	你是否 A. 可以和任何人按需求从容地交谈 B. 只是对某些人或在某种情况下才可以畅所欲言	A	○							
		B		○						

续　表

序号	问题描述	选项	E	I	S	N	T	F	J	P
78	要作出决定时,你认为比较重要的是 A.据事实衡量 B.考虑他人的感受和意见	A					○			
		B						○		

（四）在下列每一对词语中,哪一个词语更合你的心意?

表2-5　测试表4

序号	问题描述	选项	E	I	S	N	T	F	J	P
79	A.想象的　　B.真实的	A				○				
		B			○					
80	A.仁慈慷慨的　B.意志坚定的	A						○		
		B					○			
81	A.公正的　　B.有关怀心	A					○			
		B						○		
82	A.制作　　B.设计	A			○					
		B				○				
83	A.可能性　　B.必然性	A				○				
		B			○					
84	A.温柔　　B.力量	A						○		
		B					○			
85	A.实际　　B.多愁善感	A					○			
		B						○		
86	A.制造　　B.创造	A			○					
		B				○				
87	A.新颖的　　B.已知的	A				○				
		B			○					
88	A.同情　　B.分析	A						○		
		B					○			
89	A.坚持己见　B.温柔有爱心	A					○			
		B						○		
90	A.具体的　　B.抽象的	A			○					
		B				○				

续　表

序号	问 题 描 述	选项	E	I	S	N	T	F	J	P
91	A. 全心投入　　B. 有决心的	A						○		
		B					○			
92	A. 能干　　　　B. 仁慈	A					○			
		B						○		
93	A. 实际　　　　B. 创新	A			○					
		B				○				
	每项总分		E	I	S	N	T	F	J	P

（五）评分规则

（1）当你将圆圈○涂成●，把 8 项（E、I、S、N、T、F、J、P）分别加起来，并将总和填在每项最下方的方格内。

（2）请复查你的计算是否准确，然后将各项总分填在下面对应的方格内。

每项总分

外向	E			I	内向
感觉	S			N	直觉
思维	T			F	情感
判断	J			P	知觉

（六）确定类型的规则

（1）MBTI 以四个组别来评估你的性格类型倾向：

"E－I""S－N""T－F"和"J－P"。请你比较四个组别的得分。每个组别中，获得较高分数的那个类型，就是你的性格类型倾向。例如，你的得分是：E（外向）12 分，I（内向）9 分，那你的类型倾向便是 E（外向）了。

（2）将代表获得较高分数的类型的英文字母，填在下方的方格内。如果在一个组别中，两个类型获同分，则依据下边表格中的规则来决定你的类型倾向。

评估类型

同分处理规则　假如　E＝I　　请填上 I
　　　　　　　　假如　S＝N　　请填上 N
　　　　　　　　假如　T＝F　　请填上 F
　　　　　　　　假如　J＝P　　请填上 P

总结案例

李玉的职业探索

李玉毕业于教育专业,曾希望能在幼教领域闯出一番事业。毕业后,她在一所中学担任主课教师。但是,工作了一段时间后,她发现越来越不开心,自己活泼开朗的性格忍受不了一成不变的模式,而且学校对老师的教学方式都有严格的要求,难以体现自己的风格。她觉得自己不太适合教师这个职业,于是她跳槽到教育发展投资公司做市场专员,开始天天跑业务。李玉只用了短短一年的时间就成为公司的业务标兵,升职做了主管。后来,她又担任市场部经理助理。在这个岗位上,李玉充分发挥了自己的性格优势,特别是在市场策划方面显示出她过人的能力,三年后,李玉晋升为市场部经理。

分析:

世事难料,每个人在自己的职业旅途中都会遇到许多难以预测的事情。为了使自己的职业规划能够行之有效,需要结合自己在实现职业目标过程中可能出现的实际情况对职业规划的内容进行评估分析并作出相应的调整。

活动与训练

活动 2-3　认识你未来的职业

主题:学会发现自我

一、活动目标

让学生对自身内在的性格有所认识,结合自己的角色认知,制订帮助自我实现职业生涯目标的行动计划。

二、活动时间

30 分钟。

三、活动准备

A4 白纸、签字笔。

四、活动步骤

1. 随机组成小组,每组 4~6 名学生。
2. 项目 1:发现隐蔽的自我;项目 2:描述你自己。
3. 小组内进行分享和讨论,每个小组选出代表发言。
4. 教师进行集中点评。

活动 2-4　全面认识自我

主题:别人心中的我

一、活动目标

洞悉别人心中的"我"和自己内心的"我"不同。

二、活动时间

30 分钟。

三、活动准备

A4 白纸、彩笔、画笔。

四、活动步骤

1. 随机组成小组,每组 4～6 名学生。

2. 每个同学首先写出自己 5 年的目标(使用三个形容词)。

3. 将纸张轮换着看,别的同学写对纸张中这个同学的印象,并简单描绘出他 5 年后的样子。

4. 轮换一圈后,拿到自己的那张纸。

5. 教师提问,学生谈感想。

2.3　挖掘个人职业兴趣

学习目标

1. 了解兴趣的概念。

2. 了解兴趣类型与职业的关系。

3. 运用霍兰德的职业兴趣理论探索个人职业兴趣。

导入案例

动画:探索职业兴趣

王兰的出路在哪里

王兰是某职业技术学院土木工程检测技术专业大二的学生。但是王兰对专业没什么兴趣,选择这个专业是填报志愿时接受调剂的结果,完全不符合她的意愿。王兰现在十分后悔。王兰出生于经商之家,家里三代从商,她也是在这种氛围下长大的,王兰更希望就读工商管理、市场营销之类的专业,因为她对经商十分感兴趣。她是一个性格活泼、头脑灵活的女孩,但是现在却要每天对着一大堆枯燥的数字、工程图,感到无比难受。每当上课的时候,王兰就"身在曹营心在汉";实训的时候,她就偷懒逃课。一年下来,她的成绩可想而知,几门补考是意料中的事情了。这时候,她才开始着急,再这样下去可能连毕业证都拿不到了。

王兰很想认真学习专业知识,但是这个专业不是她喜欢的,却因没办法转专业被迫读下去。她该怎么办?

分析:

兴趣是最好的老师。但是不少同学就读了专业后发现,自己不喜欢这个专业,并以此为借口放弃专业学习。如何培养自己的专业兴趣,对专业学习有着十分重要的意义。

知识讲解

一、兴趣概述

人各有所好,这个"好"就是兴趣。兴趣是指人们力求认识某种事物或从事某项活动的心理倾向。这种倾向带有稳定、主动、持久等特征。它表现为人们对某件事物、某项活动给予优先注意,并带有积极的情绪色彩。

二、兴趣类型与职业

兴趣本身不是为了从事什么职业而产生和形成的,但它可以根据职业的种类进行分类,这样就出现了职业兴趣类型。不同的职业需要不同的兴趣特征。例如,《加拿大职业分类词典》分析了兴趣类型、特征与适宜从事的职业(表2-6)。

表2-6　10种兴趣类型的特点及相关的职业

兴趣类型	特 征 分 析	相关职业举例
喜欢与具体事务打交道	喜欢接触工具、器具和数字,而不喜欢与人打交道。希望能很快看到自己的劳动成果,并从完成的产品中得到满足	制图员、修理工、裁缝、木匠、建筑工、出纳员、会计员、勘测人员、工程技术人员、机器制造人员等
喜欢与人打交道	喜欢与人交往,一般对销售、采访、传递信息一类的工作感兴趣	记者、推销员、营业员、服务员、教师、行政管理人员、外交联络人员等
喜欢与文字打交道	喜欢有规律的活动,习惯在预先安排的程序中工作,愿意干有规律的工作	邮件分类员、办公室职员、图书管理员、档案整理员、打字员、统计员
喜欢从事农业、生物、化学类工作	喜欢生物、化工方面的实验性活动	农业技术员、饲养员、化验员、制药工、菜农
喜欢从事社会福利和帮助人的工作	喜欢帮助别人解决困难,这类人乐于帮助人,试图改善他人状况,为他人排忧解难	律师、咨询人员、科技推广人员、教师、医生、护士
喜欢做组织和管理工作	喜欢掌管一些事情,以发挥重要作用,希望受到众人尊敬和获得声望,愿做组织管理工作	各级各类组织管理者,如行政人员、企业管理干部、学校领导和辅导员等
喜欢研究人的行为和心理	喜欢涉及人的话题,对个人的行为举止和心理状态感兴趣	研究人、管理人的工作,如心理学、政治学、人类学、人事管理、思想政治教育等研究工作者,以及教育工作者、经济管理工作者、社会科学工作者、作家等
喜欢从事科学技术工作	喜欢通过逻辑推理、理论分析、独立思考和实验去发现和解决问题,对分析、推理、测试活动感兴趣,善于理论分析,喜欢独立地解决问题,也喜欢通过实验得出新发现	生物、化学、工程学、自然科学工作者和工程技术人员等

兴 趣 类 型	特 征 分 析	相 关 职 业 举 例
喜欢从事有想象力和创造力的工作	大都喜欢独立的工作,对自己的学识和才能非常自信。乐于解决抽象的问题,而且急于了解周围的世界	社会调查员、经济分析员、各类科学研究工作者、演员、画家等
喜欢从事操作机器的技术型工作	对运用一定技术操作各种机械、制造产品感兴趣	飞行员、驾驶员、机械制造人员、建筑工人、石油和煤炭开采人员

三、霍兰德的职业兴趣理论

霍兰德是美国著名的职业指导专家,他于 1959 年提出了具有广泛社会影响的职业兴趣理论。该理论认为,职业选择是个人兴趣的延伸和表现;每一个特定兴趣类型的人,会对相应的职业类型中的工作或学习感兴趣;个人的兴趣与工作环境之间的适配与对应,是职业满意度、职业稳定性与职业成就的基础。职业兴趣包括六种基本类型,即现实型(R)、研究型(I)、艺术型(A)、社会型(S)、管理型(E)和常规型(C),并以六边形表示出来,如图 2－2 所示。六个角分别代表六种职业兴趣类型;每种类型与其他五种类型之间有连线,连线距离越短,两种类型的相关系数越大;连线距离越长,两种类型的相关系数就越小。例如,现实型与研究型、常规型的相关程度最高,与艺术型、管理型的相关度较高,与社会型的相关度最低。

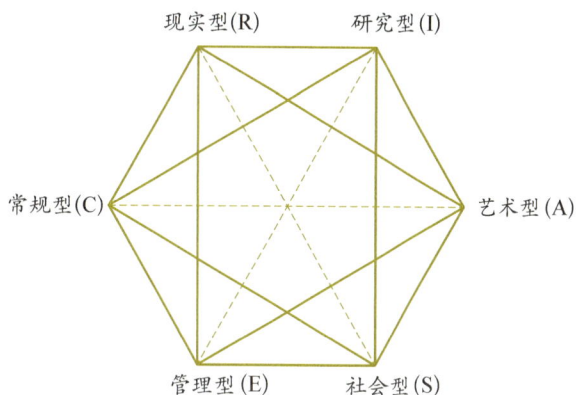

图 2－2　霍兰德职业兴趣的六种基本类型

霍兰德职业兴趣的六种基本类型内容如下。

现实型(R):这类人习惯于发现目标、创造目标。特点是遵守纪律、喜欢安定、感情较为理性、洞察力不够敏锐。他们喜欢操纵工具、机器,能适应客观自然和具有明确任务的环境,重视物质的实际收益。这类人比较适合从事有明确要求和需要一定技能技巧、能按一定程序进行的工作,如农业、机械、电子技术、采矿等行业。

社会型(S):这类人乐于助人、惯于交际、容易合作、重视友谊、责任心强。他们适合要求理解、缓和他人行为的环境。他们对那些为他人直接服务、为别人谋福利、与他人建立和发展各种关系的职业比较感兴趣,如教育、咨询、医疗等行业。

研究型(I):这类人好奇心强、强调分析和反省。他们乐于选择观念革新、具有开拓性的生产环境。他们喜欢需要观察和科学分析的创造性活动与需要探索精神的工作项目,如科研、创作、计算机编程等行业。

艺术型(A):这类人具有丰富的想象力,有理想、好激动、善于创新。他们精于利用情感、直觉与想象来开创艺术形式或创造艺术作品。他们习惯从事非系统的、自由的,要求利用感情和直觉来欣赏、领会或创造艺术形式的行业,如美工、作曲、影视、文学创作。

管理型（E）：这类人充满热忱，具有冒险精神，他们自信、交友广泛、精力旺盛、善于表达自己的意见。管理、生产销售、政治、外交等方面的职业比较适合他们。

常规型（C）：这类人顺从，具有良好自我控制能力，但缺乏想象力。他们喜欢稳定、有秩序的工作环境。他们适合从事对众多信息进行加工和整理的工作，如办事员、仓库管理员、会计。

然而，大多数人都并非只有一种性向（倾向性或适应性）。例如，一个人的性向中很可能是同时包含着社会性向、现实性向和研究性向。霍兰德认为，这些性向越相似，相容性越强，则一个人在选择职业时所面临的内在冲突和犹豫就会越少。

四、挖掘个人职业兴趣

以下给出一个包含 90 道题目的问卷，每道题目是一个陈述句，请你根据自己的真实情况对这些陈述进行评价。如果符合实际情况就在相应的题目前打"√"，不符合则打"×"，请注意不要漏答。

（　　）1. 强壮而敏捷的身体对我很重要。

（　　）2. 我必须彻底地了解事情的真相。

（　　）3. 我的心情受音乐、色彩和美丽事物的影响极大。

（　　）4. 和他人的关系丰富了我的生命，并使它有意义。

（　　）5. 我相信自己会成功。

（　　）6. 我做事必须有清楚的指引。

（　　）7. 我擅长自己制作、修理东西。

（　　）8. 我可以花很长的时间去想通事情的道理。

（　　）9. 我重视美丽的环境。

（　　）10. 我愿意花时间帮别人解决个人危机。

（　　）11. 我喜欢竞争。

（　　）12. 我在开始实施一个计划前会花很多时间去准备。

（　　）13. 我喜欢使用双手做事。

（　　）14. 探索新构思使我满意。

（　　）15. 我希望寻求新方法来发挥我的创造力。

（　　）16. 我认为能把自己的焦虑和别人分担是很重要的。

（　　）17. 成为群体中的关键任务执行者，对我很重要。

（　　）18. 我对于自己能重视工作中的所有细节而感到骄傲。

（　　）19. 我不在乎工作把手弄脏。

（　　）20. 我认为教育是个发展及磨炼脑力的终身学习过程。

（　　）21. 我喜欢非正式的穿着，尝试新颜色和款式。

（　　）22. 我常能体会到某人想要和他人沟通的需要。

（　　）23. 我喜欢帮助别人不断改进。

（　　）24. 我在决策时，通常不愿冒险。

（　　）25. 我喜欢购买小零件，做成成品。

（　　）26. 有时我长时间阅读，玩拼图游戏，冥想生命本质。

（　　）27. 我有很强的想象力。

（　　）28. 我喜欢帮助别人发挥天赋和才能。

（　）29. 我喜欢监督事情直至完工。

（　）30. 如果我面对一个新情境,会在事前做充分的准备。

（　）31. 我喜欢独立完成一项任务。

（　）32. 我渴望阅读或思考任何可以引发我好奇心的东西。

（　）33. 我喜欢尝试创新的概念。

（　）34. 如果我和别人有摩擦,我会不断尝试化干戈为玉帛。

（　）35. 要成功就必须定高目标。

（　）36. 我喜欢为重大决策负责。

（　）37. 我喜欢直言不讳,不喜欢拐弯抹角。

（　）38. 我在解决问题前,必须对问题进行彻底分析。

（　）39. 我喜欢重新布置我的环境,使它们与众不同。

（　）40. 我经常借着和别人交谈来解决自己的问题。

（　）41. 我常想起草一个计划,而由别人完成细节。

（　）42. 准时对我来说非常重要。

（　）43. 从事户外活动令我神清气爽。

（　）44. 我不断地问：为什么?

（　）45. 我喜欢自己的工作能够抒发我的情绪和感觉。

（　）46. 我喜欢帮助别人找可以和他人相互关注的办法。

（　）47. 能够参与重大决策是件令人兴奋的事情。

（　）48. 我经常保持清洁,喜欢有条不紊。

（　）49. 我喜欢周边环境简单而实际。

（　）50. 我会不断地思索一个问题,直到找到答案为止。

（　）51. 大自然的美会深深地触动我的灵魂。

（　）52. 亲密的人际关系对我很重要。

（　）53. 升迁和进步对我极重要。

（　）54. 当我把每日工作计划好时,我会较有安全感。

（　）55. 我不害怕过重的工作负担,且知道工作的重点。

（　）56. 我喜欢能使我思考,给我新观念的书。

（　）57. 我希望能看到艺术表演、戏剧及好的电影。

（　）58. 我对别人的情绪低潮相当敏感。

（　）59. 能影响别人使我感到兴奋。

（　）60. 当我答应一件事情时,我会尽力监督所有细节。

（　）61. 我希望粗重的肢体工作不会伤害任何人。

（　）62. 我希望能学习所有使我感兴趣的科目。

（　）63. 我希望能做些与众不同的事。

（　）64. 我对别人的困难乐于伸出援手。

（　）65. 我愿意冒一点险以求进步。

（　）66. 当我遵循成规时,我感到安全。

（　）67. 我选车时,最先注意的是好的引擎。

（　）68. 我喜欢能刺激我思考的话。

（ ）69. 当我从事创造性的事情时，我会忘掉一切旧经验。
（ ）70. 我对社会上有许多人需要帮助感到关注。
（ ）71. 说服别人依计划行事是件有趣的事情。
（ ）72. 我擅长检查细节。
（ ）73. 我通常知道如何应对紧急事件。
（ ）74. 阅读新发现的书是一件令人兴奋的事情。
（ ）75. 我喜欢美丽、不平凡的东西。
（ ）76. 我经常关心孤独、不友善的人。
（ ）77. 我喜欢讨价还价。
（ ）78. 我花钱时小心翼翼。
（ ）79. 我用运动来保持强壮的身体。
（ ）80. 我经常对大自然的奥秘感到好奇。
（ ）81. 尝试不平凡的新事物是一件相当有趣的事情。
（ ）82. 当别人向我诉说他的困难时，我是一个好听众。
（ ）83. 做事失败了，我会再接再厉。
（ ）84. 我需要确切地知道别人对我的要求是什么。
（ ）85. 我喜欢把东西拆开，看看能否修理它们。
（ ）86. 我喜欢研读所有的事实，再有逻辑地作出决定。
（ ）87. 没有美丽事物的生活，对我来说是不可思议的。
（ ）88. 人们经常告诉我他们的问题。
（ ）89. 我常能借着信息网络和别人取得联系。
（ ）90. 小心谨慎地完成一件事是一件有成就感的事情。

评分办法：表 2-7 的数字代表上列兴趣测验中的题号。

表 2-7 评分办法

现实型(R)	1	7	13	19	25	31	37	43	49	55	61	67	73	79	85
研究型(I)	2	8	14	20	26	32	38	44	50	56	62	68	74	80	86
艺术型(A)	3	9	15	21	27	33	39	45	51	57	63	69	75	81	87
社会型(S)	4	10	16	22	28	34	40	46	52	58	64	70	76	82	88
管理型(E)	5	11	17	23	29	35	41	47	53	59	65	71	77	83	89
常规型(C)	6	12	18	24	30	36	42	48	54	60	66	72	78	84	90

请算出每种类型打"√"的数目，并填在下面：
现实型_____ 研究型_____ 艺术型_____ 社会型_____ 管理型_____ 常规型_____。

将上述分数从高到低依次排好，并填在下面：
第一位_____ 第二位_____ 第三位_____ 第四位_____ 第五位_____ 第六位_____。

请根据以上的探索和测试结果，对照下面霍兰德职业代码，找出与自己职业兴趣类型相符的职业（表 2-8）。

表 2-8　霍兰德职业代码

职业代码		对 应 的 职 业
现实型 R	RIA	牙科技术员、陶工、建筑设计员、模型工、细木工、制作链条人员
	RIS	厨师、林务员、跳水员、潜水员、染色员、电器修理、眼镜制作、电工、纺织机器装配工、服务员、装玻璃工人、发电厂工人、焊接工
	RIE	建筑和桥梁工程、环境工程、航空工程、公路工程、电力工程、信号工程、电话工程、一般机械工程、自动工程、矿业工程、海洋工程、交通工程技术人员、制图员、家政人员、计量员、农民、农场工人、农业机械操作、清洁工、无线电修理、汽车修理、手表修理、管工、线路装配工、工具仓库管理员
	RIC	船上工作人员、接待员、图书保管员、牙医助手、制帽工、磨坊工、石匠、机器制造工、机车(火车头)制造工、农业机器装配工、汽车装配工、缝纫机装配工、钟表装配和检验工、电动器具装配工、鞋匠、锁匠、货物检验员、电梯机修工、幼儿园园长、钢琴调音员、装配工、印刷工、建筑钢铁工作、卡车司机
	RAI	手工雕刻、玻璃雕刻、制作模型人员、家具木工、制作皮革品、手工绣花、手工钩针纺织、排字工作、印刷工作、图画雕刻、装订工
	RSE	消防员、交通巡警、警察、门卫、理发师、房间清洁工、屠夫、锻工、开凿工人、管道安装工、出租汽车驾驶员、货物搬运工、送报员、勘探员、娱乐场所的服务员、起卸机操作工、灭害虫者、电梯操作工、厨房助手
	RSI	纺织工、编织工、农业学校教师、某些职业课程教师(比如艺术、商业、技术、工艺课程)、雨衣上胶工
	REC	抄水表员、保姆、实验室动物饲养员、动物管理员
	REI	轮船船长、航海领航员、大副、试管实验员
	RES	旅馆服务员、家畜饲养员、渔民、渔网修补工、水手长、收割机操作工、搬运行李工人、公园服务员、救生员、登山导游、火车工程技术员、建筑工作、铺轨工人
	RCI	测量员、勘测员、仪表操作者、农业工程技术、化学工程技师、民用工程技师、石油工程技师、资料室管理员、探矿工、煅烧工、烧窑工、矿工、保养工、磨床工、取样工、样品检验员、纺纱工、炮手、漂洗工、电焊工、锯木工、刨床工、制帽工、手工缝纫工、油漆工、染色工、按摩工、木匠、农民建筑工作、电影放映员、勘测员助手
	RCS	公共汽车驾驶员、一等水手、游泳池服务员、裁缝、建筑工作、石匠、烟囱修建工、混凝土工、电话修理工、爆炸手、邮递员、矿工、裱糊工人、纺纱工
	RCE	打井工、吊车驾驶员、农场工人、邮件分类员、铲车司机、拖拉机司机
研究型 I	IAS	普通经济学家、农场经济学家、财政经济学家、国际贸易经济学家、实验心理学家、工程心理学家、心理学家、哲学家、内科医生、数学家
	IAR	人类学家、天文学家、化学家、物理学家、医学病理、动物标本剥制者、化石修复者、艺术品管理者
	ISE	营养学家、饮食顾问、火灾检查员、邮政服务检查员
	ISC	侦察员、电视播音室修理员、电视修理服务员、验尸室人员、编目录者、医学实验定技师、调查研究者

续　表

职业代码		对　应　的　职　业
研究型 I	ISR	水生生物学者，昆虫学者、微生物学家、配镜师、矫正视力者、细菌学家、牙科医生、骨科医生
	ISA	实验心理学家、普通心理学家、发展心理学家、教育心理学家、社会心理学家、临床心理学家、目标学家、皮肤病学家、精神病学家、妇产科医师、眼科医生、五官科医生、医学实验室技术专家、民航医务人员、护士
	IES	细菌学家、生理学家、化学专家、地质专家、地理物理学专家、纺织技术专家、医院药剂师、工业药剂师、药房营业员
	IEC	档案保管员、保险统计员
	ICR	质量检验技术员、地质学技师、工程师、法官、图书馆技术辅导员、计算机操作员、医院听诊员、家禽检查员
	IRA	地理学家、地质学家、声学物理学家、矿物学家、古生物学家、石油学家、地震学家、声学物理学家、原子和分子物理学家、电学和磁学物理学家、气象学家、设计审核员、人口统计学家、数学统计学家、外科医生、城市规划家、气象员
	IRS	流体物理学家、物理海洋学家、等离子体物理学家、农业科学家、动物学家、食品科学家、园艺学家、植物学家、细菌学家、解剖学家、动物病理学家、作物病理学家、药物学家、生物化学家、生物物理学家、细胞生物学家、临床化学家、遗传学家、分子生物学家、质量控制工程师、地理学家、兽医、放射性治疗技师
	IRE	化验员、化学工程师、纺织工程师、食品技师、渔业技术专家、材料和测试工程师、电气工程师、土木工程师、航空工程师、行政官员、冶金专家、原子核工程师、陶瓷工程师、地质工程师、电力工程量、口腔科医生、牙科医生
	IRC	飞机领航员、飞行员、物理实验室技师、文献检查员、农业技术专家、动植物技术专家、生物技师、油管检查员、工商业规划者、矿藏安全检查员、纺织品检验员、照相机修理者、工程技术员、编计算程序者、工具设计者、仪器维修工
常规型 C	CRI	簿记员、会计、计时员、铸造机操作工、打字员、按键操作工、复印机操作工
	CRS	仓库保管员、档案管理员、缝纫工、讲述员、收款人
	CRE	标价员、实验室工作者、广告管理员、自动打字机操作员、电动机装配工、缝纫机操作工
	CIS	记账员、顾客服务员、报刊发行员、土地测量员、保险公司职员、会计师、估价员、邮政检查员、外贸检查员
	CIE	打字员、统计员、支票记录员、订货员、校对员、办公室工作人员
	CIR	校对员、工程职员、海底电报员、检修计划员、发报员
	CSE	接待员、通讯员、电话接线员、卖票员、旅馆服务员、私人职员、商学教师、旅游办事员
	CSR	运货代理商、铁路职员、交通检查员、办公室通信员、簿记员、出纳员、银行财务职员
	CSA	秘书、图书管理员、办公室办事员

续　表

职业代码		对　应　的　职　业
常规型 C	CER	邮递员、数据处理员、办公室办事员
	CEI	推销员、经济分析家
	CES	银行会计、记账员、法人秘书、速记员、法院报告人
管理型 E	ECI	银行行长、审计员、信用管理员、地产管理员、商业管理员
	ECS	信用办事员、保险人员、各类进货员、海关服务经理、售货员、购买员、会计
	ERI	建筑物管理员、工业工程师、农场管理员、护士长、农业经营管理人员
	ERS	仓库管理员、房屋管理员、货栈监督管理员
	ERC	邮政局长、渔船船长、机械操作领班、木工领班、瓦工领班、驾驶员领班
	EIR	科学、技术和有关周期出版物的管理员
	EIC	专利代理人、鉴定人、运输服务检查员、安全检查员、废品收购人员
	EIS	警官、侦察员、交通检验员、安全咨询员、合同管理者、商人
	EAS	法官、律师、公证人
	EAR	展览室管理员、舞台管理员、播音员、驯兽员
	ESC	理发师、裁判员、政府行政管理员、财政管理员、工程管理员、职业病防治、售货员、商业经理、办公室主任、人事负责人、调度员
	ESR	家具售货员、书店售货员、公共汽车的驾驶员、日用品售货员、护士长、自然科学和工程的行政领导
	ESI	博物馆管理员、图书馆管理员、古迹管理员、饮食业经理、地区安全服务管理员、技术服务咨询者、超级市场管理员、零售商品店店员、批发商、出租汽车服务站调度
	ESA	博物馆馆长、报刊管理员、音乐器材售货员、广告商、售画营业员、导游、(轮船或班机上的)事务长、飞机上的服务员、船员、法官、律师
艺术型 A	ASE	戏剧导演、舞蹈教师、广告撰稿人,报刊、专栏作者、记者、演员、英语翻译
	ASI	音乐教师、乐器教师、美术教师、管弦乐指挥,合唱队指挥、歌星、演奏家、哲学家、作家、广告经理、时装模特
	AER	新闻摄影师、电视摄影师、艺术指导、录音指导、丑角演员、魔术师、木偶戏演员、骑士、跳水员
	AEI	音乐指挥、舞台指导、电影导演
	AES	流行歌手、舞蹈演员、电影导演、广播节目主持人、舞蹈教师、口技表演者、喜剧演员、模特
	AIS	画家、剧作家、编辑、评论家、时装艺术大师、新闻摄影师、男演员、文学作者
	AIE	花匠、皮衣设计师、工业产品设计师、剪影艺术家、复制雕刻品大师
	AIR	建筑师、画家、摄影师、绘图员、环境美化工、雕刻家、包装设计师、陶器设计师、绣花工、漫画工

续　表

职业代码		对应的职业
社会型 S	SEC	社会活动家、退伍军人服务官员、工商会事务代表、教育咨询者、宿舍管理员、旅馆经理、饮食服务管理员
	SER	体育教练、游泳指导
	SEI	大学校长、学院院长、医院行政管理员、历史学家、家政经济学家、职业学校教师、资料员
	SEA	娱乐活动管理员、国外服务办事员、社会服务助理、一般咨询者、宗教教育工作者
	SCE	部长助理、福利机构职员、生产协调人、环境卫生管理人员、戏院经理、餐馆经理、售票员
	SRI	外科医师助手、医院服务员
	SRE	体育教师、职业病治疗者、体育教练、专业运动员、房管员、儿童家庭教师、警察、引座员、传达员、保姆
	SRC	护理员、护理助理、医院勤杂工、理发师、学校儿童服务人员
	SIA	社会学家、心理咨询者、学校心理学家、政治科学家、大学或学院的系主任、大学或学院的教育学教师、大学农业教师、大学工程和建筑课程的教师、大学法律教师、大学数学、医学、物理、社会科学和生命科学的教师、研究生助教、成人教育教师
	SIE	营养学家、饮食学家、海关检查员、安全检查员、税务稽查员、校长
	SIC	描图员、兽医助手、诊所助理、体检检查员、监督缓刑犯的工作者、娱乐指导者、咨询人员、社会科学教师
	SIR	理疗员、救护队工作人员、手足病医生、职业病治疗助手

总结案例

郭晶晶的体育之路

　　作为国内运动员的代表，郭晶晶是跳水"梦之队"的领军人物，曾多次获得世界冠军。然而，辉煌的背后是她一步步走过的荆棘之路。5岁开始练跳水，15岁首次参加奥运会一无所获，1998年参加世锦赛仅获女子3米跳板亚军，在之后的几年赛事中，她始终与奥运会冠军宝座失之交臂，只获得了悉尼奥运会3米跳板单人、双人亚军。巨大的压力、残酷的现实，并没有让她意志消沉、打退堂鼓。相反，基于对跳水运动的喜爱，她以坚韧的毅力和不服输的精神，加之更为艰苦的训练坚持着。2004年，她终于从雅典奥运会拿回2枚金牌。在2008年北京奥运上，本可以光荣退役的她再次获得了2枚金牌，演绎了一出完美的落幕。

　　作为一名老运动员，郭晶晶承受着长年伤痛的困扰，在一次次大型比赛中取得了如此辉煌的骄人战绩，是什么让她征战赛场多年却依然保持着良好的成绩？她成功的背后又有什么经历和特质？是什么动力在一路支撑着她？

　　郭晶晶说："因为喜欢，才会投入，才会愿意付出。"

寻找她动力的源泉,可以发现,对跳水的热爱是支持着她战胜种种艰辛、勇往直前的重要支柱。

分析:

郭晶晶在跳板上的成功,是职业与兴趣结合的最佳体现。她喜欢跳水这项运动,为了实现那完美一跳而不停地去修正肢体、动作,不断地在重复练习中改进不足,用她的话说,"正因为喜欢,才会投入,才会愿意付出。"

由此可见,兴趣是成功的奠基石,也是职业能否走向真正成功的重要决定因素,对职业的兴趣能让自己全身心地投入工作中,不计较得失,更能忍受成功前的寂寞,加快职业生涯发展的步伐。

活动与训练

活动 2-5　找出适合自己的职业类型

主题:职业倾向和兴趣探讨

一、活动目标

找出可能适合自己的职业类型。

二、活动时间

30 分钟。

三、活动准备

A4 白纸、彩色笔、白板。

四、活动步骤

1. 同学们随机分组,4~6 人为一组。
2. 讨论:你自己的兴趣和职业倾向是什么。
3. 用笔将自己的答案写在纸上,进行分享。
4. 教师进行点评总结。

活动 2-6　岛屿选择

主题:岛屿度假计划

一、活动目标

探索自己的职业兴趣。

二、活动时间

40 分钟。

三、活动准备

请先阅读以下文字。

假如你获得了一次免费度假旅游的机会,可以去下列 6 个岛屿中的一个。唯一的要求是你必须在这个岛上待满半年的时间。请不要考虑其他因素,按照自己的喜欢程度选出你最想前往的 3 个岛屿。

A 岛:美丽浪漫的岛屿。岛上遍布着美术馆、音乐厅,弥漫着浓厚的艺术文化气息。同时,当地的原住民还保留了传统的舞蹈、音乐与绘画,许多文艺界的朋友都喜欢来这里找寻灵感。

I 岛:深思冥想的岛屿。岛上人迹较少,建筑物多僻处一隅,绿野平畴,适合夜观星象。岛上有多处天文馆、博物馆以及图书馆等。岛上居民喜好沉思、追求真知,喜欢和来自各地的哲学家、科学家、心理学家等交换心得。

C 岛:现代、井然有序的岛屿。岛上建筑物十分现代化,是进步的都市形态,以完善的户政管理、地政管理、金融管理见长。岛民个性冷静保守,处事有条不紊,善于组织规划,细心高效。

R 岛:自然原始的岛屿。岛上留有热带的原始植物,自然生态保持得很好,也有相当规模的动物园、植物园、水族馆。岛上居民以手工见长,自己种植花果蔬菜、修缮房屋、打造器物、制作工具,喜欢户外运动。

S 岛:温暖友善的岛屿。岛上居民个性温和、十分友善、乐于助人,社区均自成一个密切互动的服务网络,人们多互助合作,重视教育,关怀他人,充满人文气息。

E 岛:显赫富庶的岛屿。岛上的居民热情豪爽,善于企业经营和贸易。岛上的经济高度发展,处处是高级饭店、俱乐部、高尔夫球场。来往者多是企业家、经理人、政治家、律师等,财富论坛和其他行业峰会曾多次在这里召开。

四、活动步骤

1. 选择同一岛屿的人组成一组。

2. 同组人交流一下:自己为什么选择这个岛屿,看看大家有什么共同的兴趣爱好,归纳为关键词。

3. 根据大家的交流给自己的小组命名并选取一个标志物和标识,在白纸上制作一张本小组的宣传海报。

4. 每个小组请一位同学用 2 分钟时间展示自己小组的宣传海报,并在全班介绍一下本小组成员的共同特点。

思考与讨论

参考霍兰德职业代码(表 2 - 8),说说你的想法。

2.4　形成个人职业价值观

学习目标

1. 了解价值观、职业价值观的概念。

2. 了解职业价值观的重要性。

3. 运用测评工具澄清个人职业价值观。

导入案例

这是我想要的生活吗?

　　刚刚30岁出头的小惠,在银行工作已有10年,巨大的业绩压力和忙碌的柜员工作,常常让她感觉疲惫不堪。小惠经常用自己为什么对这份职业如此厌倦,这真是自己想要的生活吗?

　　当年,小惠高职毕业考进银行。周围的同学都非常羡慕她,父母也高兴得到处炫耀,连去菜市场也不忘带着她去"巡游"一番。能考进银行,是对自己能力的一种肯定,但是在银行上班的生活却是自己始料不及的。小惠知道自己一直喜欢和人接触的工作,喜欢扮演知心姐姐的角色,帮助大家解决问题。虽然银行的文书工作是她可以做的,而且做得还不错,可是她并不感兴趣。她常常问自己:"这是我想要的生活吗?"

　　分析:

　　许多时候,我们也像小惠一样满足于一份体面的工作和收入良好的白领生活。可是在内心深处,我们却忽略了许多其他有价值的东西,如家庭、友谊、爱情、休闲、健康。工作可以让我们获得金钱、地位和权力,但也常常让我们疑惑拼命工作到底值不值得,这关键取决于人的价值观。所以,我们要了解价值观对人生的意义,通过价值观澄清,明确自己到底想要什么,走出价值困惑,树立正确的价值观。

知识讲解

一、价值观和职业价值观

　　价值观是指个人对客观事物及自己行为结果的意义、作用、效果和重要性的总体评价,是对"什么是好的"总的看法,是推动并指引一个人做出决定、采取行动的原则与准则,是个性心理结构的核心因素之一。

　　职业价值观是指人生目标和人生态度在职业选择方面的具体表现,也是一个人对职业的认识态度以及他对职业目标的追求和向往。理想、信念、世界观对于职业的影响,集中体现在职业价值观上。每种职业都有各自的特性,不同的人对职业意义的认识不同,对职业的好坏有着不同的评价和取向。

二、职业价值观的重要性

(一) 职业价值观关联着职业选择

　　职业价值观具有主观性,代表了个人对好坏、对错的看法。职业价值观通常是与职业选择关联的。如果我们十分在意工作的稳定性,那么当公务员可能是不错的选择;如果我们看重的是创造性,那么市场营销、广告设计等工作会很有吸引力。我们每一个人由于所受的教育不同、所处的环境不同、成长的轨迹不同、对职业的目标和要求不同,在职业活动中,当人们要做出选择时,起到决定性作用的往往就是个人的职业价值观。

(二) 职业价值观推动着职业发展

志存高远,有崇高的追求就有巨大的精神动力。价值观能让我们在面临困境时仍保持斗志。当工作与个人价值观相冲突时,工作就会变成痛苦的来源;当工作与个人价值观相一致,即使其他的条件并不如意,但人们往往也能乐在其中。

一个清楚自己价值观的人,更清楚自己在工作中真正想要的是什么,能够将自己最强烈的需求与不同性质的工作联系在一起,较容易做出明智的选择,最终找到适合自己的职业。

案例

就业还是继续深造

某高等职业院校建筑工程技术专业大三学生小张,正面临着是就业还是继续学习深造的选择。作为建筑类专业的学生,他在顶岗实习阶段就深受用人单位青睐,就业完全不成问题,而且现在是建筑行业比较繁荣的时期,在建筑行业的职业发展前景也相当广阔。但是小张始终心怀一个"学历梦",他想继续提高自己的学历,争取在以后的就业和职业发展中拥有更好的平台。通过深思熟虑,小张选择了参加相关专业的"专升本"考试,希望继续深造以取得更高的学历。

分析:

相信很多同学在面临毕业时,都会遇到是选择直接就业还是继续深造的问题。到底怎么选择,要充分考虑两者的优势和成本。但无论是选择直接就业和继续深造,归根结底都要靠自己的努力才能将理想变为现实。

三、澄清你的职业价值观

(一) 田崎仁职业价值观测评

下列题目中有 A、B 两种观点和态度,试加以比较,选择出同自己平时考虑接近的选项,在括号内打"√",二者都不符合的打"×"。

1. A. 做事果断,认为即使有所损失,以后可以再挣回来。 （ ）
   B. 做事三思而后行,没有切实可靠的取胜把握就不着手做。 （ ）
2. A. 经济力量在发挥作用,从而国家繁荣。 （ ）
   B. 军事力量在发挥作用,从而国家繁荣。 （ ）
3. A. 想当政治家。 （ ）
   B. 想当法官。 （ ）
4. A. 对一个人的了解,始于他(她)的穿着打扮或居住条件。 （ ）
   B. 认识一个人不能够仅从外表进行判断。 （ ）
5. A. 为大刀阔斧地工作,必须养精蓄锐。 （ ）
   B. 必要时愿意随时献血。 （ ）
6. A. 想领养孤儿抚养。 （ ）
   B. 不愿让外人留在自己家中。 （ ）
7. A. 买汽车时会选择买能载全家的大型汽车。 （ ）
   B. 买汽车时比较注重汽车外形和颜色。 （ ）
8. A. 留意他人和自己的服装。 （ ）

    B. 对于自己和他人的事,全都不放在心上。　　　　　　　　　　(　)

9. A. 结婚前首先确保自己有房子。　　　　　　　　　　　　　(　)

    B. 认为眼前的事最重要,不考虑以后的事。　　　　　　　　(　)

10. A. 与他人相处能够照顾到各个方面,被认为是个考虑周到的人。(　)

     B. 认为自己是有判断力的人。　　　　　　　　　　　　　(　)

11. A. 不随波逐流,认为自己的生活方式同他人不一样也无所谓。(　)

     B. 愿意与人攀比,认为其他人家里有的东西自己也应凑齐。(　)

12. A. 为能被授予勋章而努力。　　　　　　　　　　　　　　(　)

     B. 心地善良,暗地帮忙不幸的人。　　　　　　　　　　　(　)

13. A. 时常自以为是,认为自己的想法比别人的都正确。　　　(　)

     B. 比较客观,认为必须尊重他人的价值观。　　　　　　　(　)

14. A. 最好是婚礼能上电视,而且有人赞助。　　　　　　　　(　)

     B. 希望把自己的婚礼搞得比别人更有气派。　　　　　　　(　)

15. A. 被周围的人认为有眼光,能推断将来的事。　　　　　　(　)

     B. 被认为是处事果断的人。　　　　　　　　　　　　　　(　)

16. A. 有事业心,店面虽小,也想自己经营。　　　　　　　　(　)

     B. 不干被人轻蔑的工作。　　　　　　　　　　　　　　　(　)

17. A. 很关心佣金、利息。　　　　　　　　　　　　　　　　(　)

     B. 在陌生的环境里,对自己的能力和适应性十分关心。　　(　)

18. A. 认为人的一生中只有获胜才有意义。　　　　　　　　　(　)

     B. 认为人应该互相帮忙。　　　　　　　　　　　　　　　(　)

19. A. 在社会地位和收入二者中,认为前者更有吸引力。　　　(　)

     B. 认为安定和社会地位相比更实惠。　　　　　　　　　　(　)

20. A. 对社会惯例并不重视。　　　　　　　　　　　　　　　(　)

     B. 善于表达并且有幽默感,经常被邀请主持婚礼。　　　　(　)

21. A. 乐于同独身生活的老人交谈。　　　　　　　　　　　　(　)

     B. 不愿为别人做事,嫌麻烦。　　　　　　　　　　　　　(　)

22. A. 生活中的每一天都过得十分充实。　　　　　　　　　　(　)

     B. 时常得过且过,只要还有生活费就不想干活。　　　　　(　)

23. A. 认为学习在人的一生中很重要,有空闲就想学习充电。　(　)

     B. 时常考虑如何掌握被他人喜欢的方法。　　　　　　　　(　)

24. A. 总想一鸣惊人。　　　　　　　　　　　　　　　　　　(　)

     B. 对生活没有过高的要求,平平淡淡才是真。　　　　　　(　)

25. A. 认为用金钱就能买到别人的好意。　　　　　　　　　　(　)

     B. 在人的一生中,爱比金钱更重要。　　　　　　　　　　(　)

26. A. 对未来有一种恐惧感,一考虑到将来就紧张不安。　　　(　)

     B. 认为将来无论能否成功都不重要。　　　　　　　　　　(　)

27. A. 总是认为自己还有机会,伺机重新大干一番。　　　　　(　)

     B. 关心发展中国家人民的生活情况。　　　　　　　　　　(　)

28. A. 认为应该尽量地利用亲戚们的关系网。　　　　　　　　(　)

B. 亲戚之间应该友好相处，并且互相帮忙。 （　　）
29. A. 如果可以变成动物的话愿变成狮子。 （　　）
　　 B. 如果可以变成动物的话愿变成熊猫。 （　　）
30. A. 生活有规律，严格遵守作息时间。 （　　）
　　 B. 愿意轻松地生活，讨厌忙忙碌碌。 （　　）
31. A. 有空的话想读成功者的传记，以便从中得到启示。 （　　）
　　 B. 有空的话就看电视或者干脆睡觉。 （　　）
32. A. 认为干不赚钱的事是没有意思的。 （　　）
　　 B. 时常请客或送礼给对自己有用的人。 （　　）
33. A. 对于能够决出胜负的事情感兴趣。 （　　）
　　 B. 擅长于改变家室布局和修理东西。 （　　）
34. A. 对自己的行为十分有自信心。 （　　）
　　 B. 认为协作十分重要，所以注意与对方合作。 （　　）
35. A. 常向别人借东西，却不愿意借东西给别人。 （　　）
　　 B. 时常忘记借进或借出的东西。 （　　）
36. A. 认为人生由命运决定是错误的。 （　　）
　　 B. 玩世不恭，认为被命运摆布也很有趣。 （　　）

（二）计算方法

自由型：1A，15A，16A，26A，27A，33A，34A
经济型：1B，2A，14A，17A，25A，28A，32A，35A
支配型：2B，3A，13A，15B，18A，24A，29A，31A，36A
小康型：3B，4A，12A，14B，16B，19A，23A，30A
自我实现型：4B，5A，11A，13B，17B，20A，22A，26B
志愿型：5B，6A，10A，12B，18B，21A，25B，27B
技术型：6B，7A，9A，11B，19B，24B，28B，33B
合作型：7B，8A，10B，20B，23B，29B，32B，34B
享受型：8B，9B，21B，22B，30B，31B，35B，36B

（三）各种职业价值观分析

1. 自由型

（1）特点：在一定程度上不受别人指使，不愿受人干涉，想充分施展本领。
（2）相应职业类型：室内装饰专家、摄影师、作家、演员、记者、诗人、作曲家、编剧、雕刻家、漫画家等。

2. 经济型

（1）特点：认为世界上的各种关系都建立在金钱的基础上，这种类型的人确信金钱的重要性。
（2）相应职业类型：各种职业中都有这种类型的人，商人为甚。

3. 支配型

（1）特点：相当于组织的一把手，无视他人的想法。
（2）相应职业类型：旅馆经理、饭店经理、广告宣传员、调度员、律师、政治家、零售商等。

4. 小康型

（1）特点：优越感强，渴望能有社会地位和名誉，希望常常受到众人尊敬。欲望得不到满足时，由于有过于强烈的自我意识，有时会很自卑。

（2）相应职业类型：记账员、会计、银行出纳、法庭速记员、成本估算员、税务员、核算员、打字员、办公室职员、统计员、计算机操作员等。

5. 自我实现型

（1）特点：不关心平常的幸福，一心一意想发挥个性，追求真理。不考虑收入、地位及他人对自己的看法，尽力挖掘自己的潜力，施展自己的本领，并视此为有意义的生活。

（2）相应职业类型：气象学者、生物学者、天文学家、药剂师、动物学者、化学家、科学报刊编辑、地质学家、植物学者、物理学者、数学家、实验员、科研人员等。

6. 志愿型

（1）特点：富于同情心，把他人的痛苦视为自己的痛苦，不愿干表面上哗众取宠的事，把默默地帮助不幸的人视为无比快乐的事。

（2）相应职业类型：社会学者、导游、福利机构工作者、咨询人员、社会工作者、教师、护士等。

7. 技术型

（1）特点：性格沉稳，做事组织严密，井井有条，并且对未来充满平常心态。

（2）相应职业类型：工程师、飞机机械师、野生动物专家、自动化技师、机械工、电工、火车司机、公共汽车司机、机械制图工等。

8. 合作型

（1）特点：人际关系较好，认为朋友是最大的财富。

（2）相应职业类型：公关人员、推销人员、秘书等。

9. 享受型

（1）特点：喜欢安逸的生活，不愿从事任何挑战性的工作。

（2）相应职业类型：无固定职业类型。

四、大学生职业价值观的困惑与调适

（一）大学生职业价值观的困惑

1. 自我价值与社会价值的冲突

在职业活动中，部分大学生更加注重自我价值的实现，坚持以自我为中心，当个人利益与集体利益发生矛盾时，他们往往会牺牲集体利益选择个人利益。然而，职业的发展取决于社会价值，大学生择业不仅要考虑自身意愿，还要思考社会的需求。所以，大学生在择业时还应把实现自我价值和社会价值统一起来，把社会需求作为选择职业的立足点。

2. 眼前利益与长远利益的冲突

许多大学生面临着眼前利益与长远利益之间该如何取舍的问题。其中，不乏学生仅仅看重眼前的薪酬回报和短期利益，忽视了个人职业生涯的长远发展。这是非常不明智的选择，每个大学生都应树立一个正确的择业观，在充分发挥自己的才能，获得相应回报的同时，力求符合社会需求，符合自己的职业生涯规划。

3. 个人理想与社会现状的冲突

大学生还面临着个人职业理想与社会现状之间的矛盾。有的大学生在校期间对未来的工作生活充满了美好的憧憬,对未来的职业满怀期待,但当他们进入社会后,会因为对自己能力认识不清、社会实践经验缺乏而出现准备不足、适应不良等情况,最终导致有的大学生在职场中举步维艰。

(二) 大学生职业价值观的调适

1. 正确处理好职业价值观与金钱之间的关系

金钱是人们从事职业活动的物质报酬。很多大学生认为读大学是为了获得学历、找到工作,而工作的目的是挣钱,把获得金钱视为工作的唯一奋斗目标。但是,对于刚走出校门的大学生来说,他们拥有的知识、能力、经验和阅历还不足以使他们在社会上获得大量的金钱回报。有些急功近利的学生甚至想"一夜暴富",这些学生很容易被人诱惑、利用,甚至误入歧途。所以,树立健康正确的金钱观是十分必要的,特别是面对现今较严峻的就业形势,同学们更应该认清形势,尽可能地坚持以自我成长与未来发展为求职时的首要考虑因素。

2. 正确处理好职业价值观与个人兴趣、特长的关系

个人在确定职业价值观时,一定要考虑到它是否与自己的兴趣、特长相适应。一个人如果从事一份自己不喜欢的工作,那么,他很难全身心地投入到工作中去;相反,如果选择了一份自己喜欢的工作,那么他可以充分调动自己的积极性,发挥个人潜能,从而获得职业上的成功。

3. 正确处理好职业价值观的排序与取舍问题

每个人的职业价值观都不会只有一个,但是在现实生活中往往"鱼与熊掌不可兼得"。在选择职业时,要找到自己认为最重要的东西,不要患得患失。

总结案例

小玲的职业理想

小玲是某高职院校护理专业的学生。她之所以选择护理专业,主要有三个原因:一是自己对护理专业感兴趣;二是她做事细致,有耐心和责任心,比较适合从事护理工作;三是她妈妈的身体不好,她希望自己可以通过学习医学相关知识,照顾妈妈。

进入大学后,她的职业目标很明确,立志成为一名"白衣天使"。因此,在学校,她努力学习专业知识,因为这是自己感兴趣的专业,她觉得学习是件快乐的事。为了提高自己的综合素质、提升自己的能力,她还加入了学生会。在选择实习地点时,她选择了离家较近的县医院。在实习期间,她勤奋刻苦、任劳任怨,得到老师和患者的一致好评。实习结束后,她就在家准备护士执业资格证的考试和实习单位的招聘考试。最终,她顺利地通过了护士执业资格证考试和医院的招聘考试,实现了自己的职业理想。

分析:

小玲职业理想的实现不是偶然的。首先,她有着明确的职业目标,并且职业目标和自己的兴趣相吻合。其次,在学校期间,她知道自己需要具备哪些素质,以便未来更好地从事护理工作,并对自己欠缺的能力加以锻炼。最后,她努力做好充足的准备,在学习理论知识的同时加强对实践能力的锻炼,在实习期间脚踏实地、勤奋工作。

活动与训练

活动 2-7　谈谈我理想的职业生活

主题：我理想的职业生活

一、活动目标

探索理想的职业生活。

二、活动时间

30 分钟。

三、活动准备

A4 白纸、彩色笔。

四、活动步骤

1. 教师播放使人放松的轻音乐，引导学生想象理想的职业生活。

2. 学生用 150～200 字描述自己理想中的职业生活（例如，我想做什么性质的工作？工作环境是什么样的？我和什么样的人一起工作？每天工作的时间是如何安排的？工作的内容是什么？收入如何？社会地位如何？工作的发展前景如何？）。

3. 与同学分享你的理想职业生活。

活动 2-8　补充句子

主题：澄清我的职业价值观

一、活动目标

澄清职业价值观。

二、活动时间

15 分钟。

三、活动准备

A4 纸。

四、活动步骤

1. 学生完成以下句子：

（1）假如我有一百万，我想＿＿＿＿＿＿。

（2）我想改变世界的第一件事是＿＿＿＿＿＿。

（3）我想我父母最希望我＿＿＿＿＿＿。

（4）假如我的生命只剩下 24 小时，我会＿＿＿＿＿＿。

（5）我会给我未来的子女的忠告将是＿＿＿＿＿＿。

（6）在学校里我做得最好的是＿＿＿＿＿＿。

（7）假如在大火中我只能保存一样物品，那会是＿＿＿＿＿＿。

（8）假如我能改变自己的一样东西，那将会是＿＿＿＿＿＿。

(9) 我一生中最想要的是＿＿＿＿＿＿＿。

(10) 我最想活成某个人的样子,那个人是＿＿＿＿＿＿＿。

2. 学生思考以上句子所反映出的价值观分别是什么,请写下来。请学生按照 4～6 人为一个小组,进行讨论。

3. 教师总结。

思考与讨论

1. 我希望从工作中得到什么?

2. 你最重要的 3 个价值观分别是什么?

2.5　估算个人职业能力

学习目标

1. 了解能力的概念。

2. 了解能力与职业的关系。

3. 运用测评工具评估个人职业能力。

案例

设备易得　技工难求

党的二十大报告强调实施人才强国战略,其内涵更丰富,更具有新时代特色。报告非常明确地把大国工匠和高技能人才作为人才强国战略的重要组成部分。技能人才,特别是高技能人才已成为中国式现代化建设的刚性需求。加快建设国家战略人才力量,既要努力培养更多"大师、战略科学家、一流科技领军人才和创新团队、青年科技人才",也要努力造就更多"卓越工程师、大国工匠、高技能人才"。

长期以来,我国制造业体量巨大但缺乏核心技术,长期处于产业链条的末端。为此,我国近年来大力推进传统制造业转型升级,但却面临"设备易得、技工难求"的尴尬局面。

目前,我国职业培训发展迅猛,既能突出重点群体,如大力实施高校毕业生技能就业行动、开展以提升农民工职业技能为目的的"春潮行动",又能统筹兼顾,着力提升培训的针对性和有效性,逐步构建面向全体劳动者的职业培训体系,为促进就业创业做出了积极贡献。

分析:

我们拥有世界上数量最多、素质较高的劳动力(大量的中等职业教育和大学专科层次职业教育学生),但不少企业却"抱着水缸喊渴",一个重要原因就在于,缺技工,更缺高级技工。"设备易得、技工难求",这一问题早已引起我国国家层面的重视。

其中的原因值得深思。可以说,技工的低待遇、低地位,导致职业教育低人一等;缺乏吸引力和特色的职业教育,无法培养高素质的技工;技工素质难以满足社会对技工的需求,进一步导致技工工资待遇无法提高……我国技工人才的教育与就业陷入恶性循环。

眼下的问题是,必须突破这一恶性循环进入良性循环。

形成高级技工人才教育与就业的良性循环,关键在两方面。首先,应该消除对职业教育的歧视,取消一系列歧视职业教育的教育管理制度与人才评价制度。其次,要落实和扩大学校自主权,促进职业教育办出高质量和特色。

知识讲解

一、能力的内涵

能力是指人们成功完成某个任务所必须具备的个性心理特征。人们要顺利、成功地完成一个任务,总要有一定的心理和行为方面的条件作保证,这种能保证完成任务所需要的基本条件就属于能力。能力是在先天素质的基础上,在生活环境和教育的影响、熏陶下,在个体的人生经历中形成和发展起来的,不论从事任何职业都是十分必要的。

能力按照其获得的方式(先天具有与后天培养),可以分为能力倾向和技能两大类。在现实生活中,个人的能力水平往往是能力倾向和技能两方面相互作用的结果。

二、能力和职业

能力与职业的关系非常密切,是职业选择的重要依据,是大学生开启职业大门的钥匙。因此,我们对自己的能力要有一个清楚的认识,根据自己的能力选择相应的职业,选准与自己职业能力倾向一致的职业,只有这样才能在社会的竞争中立于不败之地。

每个人具备的能力不同,选择的职业就会有差异。从能力差异的角度来看,在选择职业时应遵循以下原则。

1. 能力类型要与职业相吻合

人的能力发展方向存在差异。研究表明,职业可以根据工作的性质、内容和环境划分为不同的类型,并且对人的能力也有不同的要求。首先,要注意能力水平与职业类型基本一致。对一种或一类职业来说,由于所承担的责任不同,可分为不同层次,不同职业层次对人的能力有不同的要求。所以,在根据能力类型确定了职业类型后,还应根据自己所达到或可能达到的能力水平确定相吻合的职业层次。其次,要充分发挥优势能力的作用。每个人都具有一个由多种能力组成的能力系统,在这个系统中,每个人各方面能力的发展是不平衡的,常常是某方面的能力占优势,而另一些能力则不太突出,选择职业时应选择最能运用优势能力的职业。

2. 一般能力要与职业相吻合

一般能力即智力能力,包括注意力、观察力、记忆力、思维能力和想象力等。不同的职业对人的一般能力的要求是不同的,有些职业对从业者的智力水平有绝对的要求。例如,大学教师、科研人员、律师等都要求有较高的智商。智力在很大程度上决定着人们所从事的职业类型。

3. 特殊能力要与职业相吻合

特殊能力又称专业能力,也称特长,是指从事某项专业活动的能力。要顺利完成某项工作,除要具有一般能力外,还要具有该项工作所要求的特殊能力。例如,数学研究需要具有计算能力、逻辑思维能力和空间想象能力;画家需要具备较强的颜色识别能力。一般认为,计算能力、音乐能力、绘画能力、写作能力、动作协调能力、空间想象能力等都是特殊能力。

📧 知识卡片 ●••

职业核心能力

职业核心能力是指人们职业生涯中除岗位专业能力之外的基本能力,它适用于各种职业,适应岗位的不断变换,是伴随人终生的可持续发展能力。德国、澳大利亚、新加坡称之为"关键能力";美国称之为"基本能力",在全美测评协会的技能测评体系中被称为"软技能";在我国大陆和台湾地区,有的称它为"关键能力",我国香港地区则称之为"基础技能""共同能力"等。

1998 年,原劳动和社会保障部在《国家技能振兴战略》中把职业核心能力还分为八项,称为"八项核心能力",包括:交流、与人合作、解决问题、自我提高、信息处理、演算、创新、外语应用。以上八项职业核心能力还可以分为"职业社会能力"和"职业方法能力"两类。

职业社会能力是指与他人交往、合作、共同生活和工作的能力,它既是基本生存能力,又是基本发展能力,是劳动者在职业活动中,特别是在一个开放的社会生活中必须具备的基本素质。职业社会能力包括"交流""与人合作""解决问题""外语应用"等能力。

职业方法能力是指独立学习、获取新知识技能、处理信息的能力,是劳动者的基本发展能力,是在职业生涯中不断获取新的知识、信息、技能和掌握新方法的重要手段。职业方法能力包括"自我提升""信息处理""演算""创新"等能力。

三、评估个人职业能力

职业能力在职业活动中形成和发展,并在职业活动中表现出来。同时,从事某种职业又必须以一定的能力为前提。

(一) 能力测试表

美国的"一般能力倾向测验"被认为是职业能力测试中较好的测验,它鉴定了九种能力,分别是一般学习能力、语言能力、数理能力、判断能力、图形知觉能力、符号知觉能力、运动协调能力、手指灵活度、手腕灵巧度。该测验可以帮助确定在 9 大类、45 小类职业领域内的职业能力(表 2-9)。

表 2-9　职业能力倾向测试

题　　目	能力等级/系数				
	强/1	较强/2	一般/3	较弱/4	弱/5
(一) 一般学习能力倾向(G)					
1. 快而容易地学习新内容					
2. 快而正确地解数学题					
3. 学习成绩					
4. 对课文的字、词、段落篇章的理解、分析和综合能力					

续　表

题　目	能力等级/系数				
	强/1	较强/2	一般/3	较弱/4	弱/5
5. 对学习过的知识的记忆能力					
各等级之和(等级次数×系数)					
(二)语言能力倾向(V)					
1. 善于表达自己的观点					
2. 阅读速度和理解能力					
3. 掌握词汇量的程度					
4. 语文成绩					
5. 文学创作能力					
各等级之和(等级次数×系数)					
(三)数理能力倾向(N)					
1. 做出精确的测量					
2. 笔算能力					
3. 口算能力					
4. 打算盘					
5. 数学成绩					
各等级之和(等级次数×系数)					
(四)空间判断能力倾向(S)					
1. 解决立体几何方面的问题					
2. 画二维度的立体圆形					
3. 看几何图形的立体感					
4. 想象盒子展开后的平面图					
5. 想象三维度的物体					
各等级之和(等级次数×系数)					
(五)形态知觉能力倾向(P)					
1. 发现相同图形中的细微差别					
2. 识别物体的形状差异					
3. 注意物体的细节部分					
4. 观察物体的图案是否正确					
5. 对物体的细微描述					
各等级之和(等级次数×系数)					

续 表

题 目	能力等级/系数				
	强/1	较强/2	一般/3	较弱/4	弱/5
（六）书写知觉能力倾向（Q）					
1. 快而准地抄写资料					
2. 发现错别字					
3. 发现计算错误					
4. 能很快查找编码卡片					
5. 自我控制能力					
各等级之和（等级次数×系数）					
（七）眼手运动协调能力倾向（K）					
1. 玩电子游戏					
2. 篮球、排球、足球一类活动					
3. 乒乓球、羽毛球运动					
4. 打算盘能力					
5. 打字能力					
各等级之和（等级次数×系数）					
（八）手指灵巧度（F）					
1. 灵巧地使用很小的工具					
2. 穿针眼、编织等使用手指的活动					
3. 用手指做一件小工艺品					
4. 使用计算器的灵巧程度					
5. 弹琴					
各等级之和（等级次数×系数）					
（九）手腕灵巧度（M）					
1. 用手将东西分类					
2. 在推拉东西时手的灵活度					
3. 很快地削水果					
4. 灵活地使用手工工具					
5. 在绘画、雕刻等手工活动中的灵活性					
各等级之和（等级次数×系数）					

（二）自评等级计算

将各等级之和除以 5，即自评等级，将自评等级填在表 2 - 10 中。

表 2-10　职业能力倾向自评等级表

职业能力倾向	自评等级	职业能力倾向	自评等级
G		Q	
V		K	
N		F	
S		M	
P			

（三）职业类型匹配

根据结果对照表 2-11，看能否找到适合的职业。

表 2-11　职业能力倾向和职业类型对照表

职　业　类　型	职业能力倾向								
	G	V	N	S	P	Q	K	F	M
生物学家	1	1	1	2	2	3	3	2	3
建筑师	1	1	1	1	2	3	3	3	3
物理科学技术家	2	2	2	2	3	3	3	3	3
物理科学技术员	2	3	3	2	3	3	3	3	3
农业、生物、动物、植物学的技术专家	2	2	2	2	3	3	3	3	3
数学家和统计学家	1	1	1	3	3	2	4	4	4
系统分析和计算机程序编制者	2	2	2	2	3	3	4	4	4
经济学家	1	1	1	4	4	2	4	4	4
社会学家、人类学者	1	2	2	2	3	3	4	4	4
心理学家	1	1	3	3	3	3	4	4	4
历史学家	1	1	4	3	3	3	4	4	4
哲学家	1	1	3	2	2	3	4	4	4
政治学家	1	1	3	4	4	3	4	4	4
政治经济学家	2	2	2	3	3	3	3	3	5
社会工作者	2	2	3	4	4	3	4	4	4
法官	1	1	3	4	3	3	4	4	4
律师	1	1	3	4	4	3	4	4	4
图书管理学专家	2	2	3	3	4	2	3	4	4
职业指导者	2	2	3	4	4	3	4	4	4
大学教师	1	1	3	3	2	3	4	4	4
中学教师	2	2	3	4	3	3	4	4	4
小学和幼儿园教师	2	2	3	3	3	3	3	3	3

职 业 类 型	职业能力倾向								
	G	V	N	S	P	Q	K	F	M
职业学校教师	2	2	2	3	3	3	3	3	3
内科、外科、牙科医生	1	1	2	1	2	3	2	2	2
兽医学家	1	1	2	1	2	3	2	2	2
工业药剂师	2	1	2	3	2	2	3	2	3
营养学家	2	2	2	3	3	3	4	4	4
画家、雕刻家	2	3	4	2	2	4	2	2	3
产品设计和内部装饰专家	2	2	3	2	2	4	2	2	3
舞蹈家	2	2	4	3	4	4	4	4	4
演员	2	2	3	4	4	3	4	4	4
作家和编辑	2	1	3	3	3	3	4	4	4
翻译人员	2	1	4	4	4	3	4	4	4
体育教练	2	2	2	4	4	3	4	4	4
运动员	3	3	4	2	3	2	3	3	3
秘书	3	3	3	4	3	2	3	3	3
会计	3	3	3	4	3	3	3	3	4
办公室职员	3	4	3	4	3	3	3	4	4
商业经营管理	2	2	3	4	3	3	4	4	4
警察	3	3	3	4	3	3	3	4	3
厨师	4	4	4	4	3	4	3	3	3
导游	3	3	4	3	3	5	3	3	3
农业者	3	4	4	4	4	4	4	4	4

活动与训练

活动 2-9　描述我的成就

主题：了解我的职业能力

一、活动目的

通过个人成就,发现自我能力优势。

二、活动时间

15 分钟。

三、活动准备

A4 纸、白板。

四、活动步骤

1. 写下我的成就事件。

请回忆过去曾取得的成就,或者是曾做过自认为比较成功、感觉很好的事情,可以是兼职、学习成绩、商业活动、社会活动、课外活动、领导、人际关系、艺术、运动、协作、研究、社团、家庭、旅游、爱好等方面。请写出这些成功的经历,越详细越好。

我的成就事件

(1) _____

(2) _____

(3) _____

(4) _____

(5) _____

(6) _____

(7) _____

(8) _____

---

2. 分析成就事件中体现出来的能力,并详细列出来。

3. 请将以上成就事件中体现出来的能力依次进行分类,填到下表中相应的地方。

我做得很好	我可以做,但不是很好
我只要努力,可以做得很好	我做不了

活动 2–10　我能做什么

主题：讨论本专业所需要的职业能力

一、活动目的

通过讨论使同学认识到本人潜在的专业能力。

二、活动时间

30 分钟。

三、活动准备

A4 纸、白板。

四、活动步骤

1. 分组。

2. 小组讨论：本专业的毕业生可以从事哪些具体职业？请列出来，并讨论该职业所需要的各方面能力及掌握程度。

职业	学习能力	语言能力	数理能力	判断能力	图形知觉能力	符号知觉能力	运动协调能力	手指灵活度	手腕灵巧度

第三单元
领略工作世界

引导语

"物竞天择,适者生存"。人一生中都身处各种环境之中,环境既是个人职业生涯发展的约束条件,也是推动力,对个人的职业生涯乃至人生发展都有重大影响。大学生只有全盘考量外部环境因素的利与弊,个人的职业定位才会趋于合理。否则,脱离实际的生涯规划只会给个人职业经历带来打击,让人失望。因此,大学生在制订个人的职业生涯规划时,要及时了解社会动态,准确把握时代脉搏,充分认识外部环境的影响。其中,应当着重考虑的因素包括外部环境的特点、环境的发展变化、自己与环境的关系、自己在特定环境中的地位、环境对自己提出的要求和挑战,以及环境给自己带来的有利条件与不利条件等诸多内容。每个大学生都需要正视社会现实,勇于迎接挑战,要善于抓住稍纵即逝的机遇,不失时机地调整目标,有的放矢地提高自身素质,主动适应环境的变化。

学习目标

1. 了解世界发展变化的动态,知晓所处环境的各种资源及其局限和机遇。

2. 掌握最新职业信息的搜索方法,学会将个人情况与外在环境因素结合起来进行思考与实践。

3. 培养自己的观察分析能力、研究判断能力和综合应用能力,以变化的个人适应变化的环境。

学习指南

一、学习方法

在学习本单元时,要确立终身学习的理念,结合自己的专业,了解社会动态,准确把握时代脉搏,充分认识宏观环境和微观环境的变化,全面分析环境对自己的有利影响与不利影响,充分认识自我职业发展的目标,创造有利于自我职业发展的外部条件。

二、注意事项

1. 宏观环境分析和微观环境分析都要从利弊两个方面进行综合分析,避免以偏概全。

2. 宏观环境分析和微观环境分析要紧密结合自己所学的专业进行,要提高分析的针对性。

3. 在分析宏观环境和微观环境时要注意分析趋势,要以发展的眼光看问题。

4. 学会系统地收集信息、整理信息、分析信息,设计典型案例,撰写调查报告,提高综合分析能力。

3.1　认识工作世界

学习目标

1. 了解工作世界中的宏观环境对职业演变的影响和微观环境对职业选择的影响,理解终身学习与职业生涯发展的关系。

2. 具备快速认知社会、适应社会、融入社会的能力。

案例

坚持还是放弃

小陈就读于某高等职业院校五年制高职软件技术专业,主修计算机软件设计、分析、开发、测试、维护管理及技术服务相关课程。在校期间,他拿到了计算机等级证书和程序员资格证书。毕业时,小陈通过朋友介绍,在一家外资企业谋得了一份网络管理的工作。由于小陈的兴趣爱好是程序设计,因此,一年后他就跳槽到当地的一家门户网站从事网站平台的设计策划工作。在新的工作岗位上,小陈发挥特长,施展才华,获得了领导的赞赏和同事的信任,工作第三年便升为设计部负责人。小陈自认为自己已经积累了足够的工作经验和广泛的人脉关系,于是决定自主创业,毅然选择了辞职。由于一时没有好的项目,小陈暂时搁下创业的梦想,当了两年的自由职业者,专门从事互联网技术承包工作。在此期间,小陈觉得为别人打工做软件开发利润低,风险高,竞争大,前途堪忧。

毕业五年后,小陈开始创业,组建了公司。六个月后,因与人合作开发一个网站的项目失败了,导致公司因经营困难被迫转让。半年之后,在家人的支持下,小陈重新组建了公司,并接了一个网站平台开发的项目。因为新公司启动资金少、缺少合作伙伴、研发人员不足,所以平台开发进展缓慢,只得靠外接业务来维持生计。不久,公司就陷入了困境,收支无法平衡。小陈面临两难困境:一方面不甘心放弃创业梦想,害怕前期的投入全都打了水漂;另一方面现实告诉自己,公司根本没有发展壮大的可能,苦苦支撑却只得到微薄的回报。

是立马转行还是继续坚持?小陈十分迷茫,每天都在思考公司该如何发展和自己该怎么抉择。

分析:

小陈自主创业陷入困境,问题的症结在于他对环境分析存在明显偏差。他对茫茫世界中有哪些机遇和威胁,有哪些优势和劣势,都不甚了解。如果小陈在职业生涯规划阶段能够对环境因素有清楚的认识,就能保持职业发展的连续性、持续性和一致性,防止职业轨迹出现偏差,避免核心竞争力的丧失,牢牢把握住职业生涯的发展方向。

知识讲解

近年来,客观环境发生了翻天覆地的变化。我们在制订个人的职业生涯规划时,要及时了解社会动态,准确把握时代脉搏,充分认识外部环境的影响。其中,应当着重考虑的因素包括外部环境的特点、环境的发展变化、自己与环境的关系、自己在特定环境中的地位、环境对自己提出的要求和挑战,以及环境给自己带来的有利条件与不利条件等诸多内容。

一般来说,了解工作环境的变化可以从宏观环境分析和微观环境分析两方面来进行。社会宏观环境即社会大环境,通常是指社会的经济、政治、法律、文化、教育、生态、自然、人口等形势,涉及人们职业权利的管理体制、社会文化与习俗、职业的社会评价及社会时尚等宏观因素。这些环境因素决定着社会职业岗位的数量、结构,决定着新兴职业岗位出现的随机性与波动性,决定着人们对不同职业的认定和步入职场世界、调整职业生涯的决策。每个大学生都需要正视社会现实,勇于迎接挑战,要善于抓住稍纵即逝的机遇,不失时机地调整目标,有的放矢地提高自身素质,从而主动适应环境的变化。

📋 知识卡片

未来社会需要什么人才

未来社会需要什么样的人才?美国劳工部 21 世纪就业技能调查委员会的报告《21世纪美国对人才的要求》中指出,21 世纪美国全体就业人员应具备"三大基础"和"五大能力"。"三大基础"即智力基础(有较高的读、写、算、听、说的能力)、思维基础(有创造性思维,有决策能力及解决问题的能力,有想象能力、学习能力和推理能力)和素质基础(善良、诚实、正派,有责任心,有自尊心,能自律,能协作)。"五大能力"即统筹能力、合作及交际能力、获取并利用信息的能力、系统运作能力和利用多种科技手段工作的能力。2010 年,我国发布了《国家中长期人才发展规划纲要(2010—2020 年)》,文件中特别指出了我国高技能人才队伍的发展目标:适应走新型工业化道路和产业结构优化升级的要求,以提升职业素质和职业技能为核心,以技师和高级技师为重点,形成一支门类齐全、技艺精湛的高技能人才队伍。到 2020 年,高技能人才总量达到 3 900 万人,其中技师、高级技师达到 1 000 万人左右。通过比较中美两国在人才问题上的不同阐述,可以发现美国的人才标准从微观(个人)角度考察,提出人才应该具备的基本素质(通用能力要求);中国对人才的要求从宏观(国家)角度分析,提出未来技能人才队伍建设的方向。

一、工作世界的宏观环境

人们通常把宏观环境分为六大类,即经济发展环境、政治法律环境、科学技术环境、教育文化环境、生态自然环境和人口资源环境。这些因素都会对个人的职业生涯发展产生重大影响。

(一)经济发展环境

经济发展环境包括国家宏观经济和区域经济两个层面。国家宏观经济主要是指一个国家的经济总量及其增长趋势、国民收入、国民生产总值及其变化情况以及通过特定指标能够反映的国民经济发展水平和发展速度。反映国家宏观经济状况的关键要素包括国民生产总值的变化趋势、利率水平、通货膨胀程度及趋势、失业率、居民可支配收入水平、汇率水平等具体指标。区域经济状况主要是指在一定区域内经济发展的状况,主要包括一个地区的经济结构、产业布局、资源状况、经济发展水平以及未来的经济走势等。

我国经济发展的形势对大学生就业的影响很大。国家经济状况的好坏直接影响到就业市场的景气程度。经济高速发展的年份,就业市场对毕业生的需求量就大,就业形势相对较好。相反,经济发展如果处于调整时期,毕业生的就业形势就较严峻。大学生可以通过解读公开的经济数据,研判宏观经济的现状特点与发展趋势,预测就业市场盛衰和涨落的走势。

大学生可以从以下几个方面开展调查研究,对我国经济发展的总体态势有较为全面的了解。

首先,要了解国家经济建设方针、任务和发展战略,了解产业的分类与结构,以及伴随经济发展出现的产业结构调整和变化趋势;了解职业的分类与结构,以及该职业发展的趋势,使自己总揽全局并更好地把握自己,在国家建设的大背景下找到自己的正确位置。

其次,要了解劳动力市场对大学生的需求结构信息,了解职位具体的职责要求和自己就业能力的水平,把自身的优势、能力的信息传递给就业市场,通过就业市场确立自己的价值。

最后,要了解全国各地经济形势,特别要了解与自己专业直接对口或相关的行业、部门和单位的现状和发展趋势,结合自己的实际情况有针对性地选择就业区域,从而使自己的才能得到更好的发挥。

✉ 知识卡片 •————————————————————————

《2020 中国职业教育质量年度报告》发布

2021 年 5 月 21 日,《2020 中国职业教育质量年度报告》发布会召开。建立职业教育质量年度报告制度是提高职业教育发展质量、加强社会监督和扩大宣传引导的重要举措。2012 年以来,我国逐步建立起国家、省级、校级职业教育质量年报制度。

报告显示,为适应区域经济社会发展需求,各省(自治区、直辖市)在国家政策的指引下不断进行职业教育区域布局结构优化调整,2015 年到 2019 年,我国中职学校减少1 124 所、高职专科学校增加 82 所、本科层次职业学校增加 15 所,我国中职学生减少80.2 万人、高职专科学生增加232.1 万人,本科层次职业学校开始招生。

职业教育教学工作得到学生认可,学生基础能力素质和综合素质有所提升。学校重视培育工匠精神,赛教融合提升人才培养质量效果显现,在国际技能大赛中的获奖明显增多。职业教育毕业生就业单位类型多元,就业单位行业分布广泛。2019 年,从就业质量来看,毕业生就业率以及专业对口就业率基本稳定,分别保持在 90% 左右和 70% 以上。毕业半年后的平均月薪有所增长,毕业生就业满意率保持在 90% 以上。从创业情况看,毕业生自主创业比例为 2% 左右,同时呈现明显的区域差异。

职业院校立足区域经济发展,为社会输送大批技术技能人才。中职毕业生的雇主用工满意度大幅提升,高职院校将近 60% 的毕业生留在当地就业,超过 1/4 的毕业生选择在西部地区和东北地区就业,66% 的毕业生在中小微企业就职。高职院校在 2019 年共扩招 116 万人,百万人扩招如期顺利完成,为经济可持续发展积蓄人力资源。职业院校依托创新平台大力研发科技成果,积极开展技术转化服务,各项成果和技术服务较 2018 年均实现新的突破,480 个协同创新中心获得教育部认定。职业院校充分发挥类型教育的特色,依托人才和资源优势,大力开展多种形式的社会培训,服务脱贫攻坚、乡村振兴、军民融合、"东西协作"等重大战略和"一带一路"建设,全国高职院校在 2019 年面向社会人员的培训到款额超过 60 亿元,较 2018 年增长了将近 20%。通过招生报到情况、学生与雇主满意度、社会捐赠和国际影响四个角度,全面展示 2019 年及过去五年我国职业教育社会吸引力情况。从 2019 年职业院校招生和报到人数来看,中职教育已经具有一定吸引力,2019 年全国中职学校招生录取人数为 600.37 万人,比上年增加 43.32 万人,实际报到率达 94.88%,实际报到率超过全国平均水平的有 16 个省份;高职专科学校招生报到率稳步提升,实际报到率为 89.39%,相比 2015 年上升了 2.43 个百分点。与此同时,从学生与雇主满意度均有不同程度的提升、社会捐赠日益深厚和多元、国际影响力进一步扩大和国(境)外认可标准大幅增加等方面也可看出,我国职业教育社会吸引力不断提高。

强化类型特色、优化类型定位是我国职业教育改革发展的重大战略举措,也是我国职业教育高质量发展的关键和根本。《2020 中国职业教育质量年度报告》充分彰显职业教育类型特色,从质量评价视角对新时代尤其是"十四五"时期我国职业教育改革发展提供了智力支持和现实参照。当前,我国正处于"十四五"开局起步的重要阶段。在全面建设社会主义现代化国家新征程中,职业教育前途广阔、大有可为,定能为建设社会主义现代化强国、实现中华民族伟大复兴提供有力人才支持和技能支撑。

(二) 政治法律环境

政治法律环境包括一个国家的社会政治制度、政府的方针政策、法律法规体系等。政治法律环境中的政治体制框架、经济管理体制、人才流动的政策导向等内容对于职业选择和职业生涯发展有重要的影响。大学生应充分掌握国家政治法律环境的动态,如国家公务员招考政策、工时和休假制度、最低工资的强制性规定、户籍管理制度、人事管理制度和社会保障制度。

俗话说:"没有规矩,不成方圆。"政策法律在就业过程中起到宏观调控和规范指引的作用。相关文件虽然会随着时间的推移而不断调整变化,但在相当长一段时间内还是具有高度的稳定性的。现行的大学毕业生就业模式实行的是在国家就业方针及政策指导下毕业生和用人单位双向选择的制度。大学生掌握了就业政策法律,在求职过程中能够减少盲目性和随意性,防止不必要的纠纷和违约现象。

近年来,为缓解高等教育扩招后毕业生人数急剧增加所带来的就业压力,国家针对高等院校毕业生出台了一系列的倾斜政策和措施。国家层面的就业政策法规包括《中华人民共和国劳动合同法》《中华人民共和国教育法》《普通高等学校毕业生就业工作暂行规定》等相关法规和文件。各省、自治区和直辖市在遵循国家总的就业工作指导原则的基础上,都会根据各地的实际情况制定出相应的规范性文件,比如各地接纳高职院校毕业生的地方规定、军队接纳应届毕业生的规定以及各地招考公务员的条件等。个别城市还会对进入本地区的外省市生源制定出一些鼓励或限制性的措施,这些都属于就业方面的宏观信息。

政府就业政策的持续优化将为大学生创造更好的就业环境。政府正在主导建立全国统一的毕业生就业市场,逐步消除对大学生供给与需求的政策抑制,推进实施适度自由的就业制度,削弱在全国范围内对大学毕业生的户口指标限制和人事指标限制以及各种各样显性或隐性的行政限制,打破就业市场的行政分割,促进高职毕业生无障碍就业和自由流动,优化我国高素质、高技能人才的配置机制,提高资源配置效率,维护就业市场稳定,促进经济增长。

　　各高职院校也会根据国家就业政策和本地主管部门公布的就业文件,制定出适合本校毕业生情况的就业实施办法和细则。这些内容包括就业信息的收集管理、就业实习、毕业生的推荐、就业协议的签订、优秀毕业生的评选、毕业生离校手续的办理、自主创业、申请自费出国留学审批流程等。高职毕业生应该积极响应国家政策和学校号召,下基层去锻炼,到西部去就业,踏踏实实从自身做起,勤勤恳恳从小事干起,这不失为一种富有远见的战略选择。

📧 知识卡片

人力资源发展的时代挑战

　　人力资源发展是 20 世纪 80 年代出现的并日益受到全世界重视和关注的一个领域。它已经被全世界的政府、企业和各种组织作为发展的新战略,作为提升竞争力的核心武器。导致这一变化的主要原因在于我们所处的这个时代具有以下几个特征。

　　一是科技革命与知识社会的形成。在现代社会,每一个人都将面临:知识和技能的过时,大量的未知的知识,适应新知识和技术,知识和技术的不断更新,终身教育等。

　　二是信息社会劳动与职业的变化。科技的发展将人类带入了信息社会。信息社会的特征之一在于劳动日益智能化。在农业社会,大多数人在田地里干体力活;在工业时代,他们操控机器;在信息时代,他们则处理信息与知识,数字技能已经成为当今社会劳动者的必备技能。这样,就不得不考虑每个劳动者的知识结构、解决问题的能力和社会适应问题。

　　三是人口的增长和变化。人口的增长是大多数国家所面临的问题,在许多国家,出现了人口老龄化的趋势。考虑到成人人口增加、平均寿命延长,社会老龄化问题对人力资源的开发也提出了新的要求。

　　四是经济对人力资源开发的挑战。人们对教育、人力资源开发与经济的相互作用有了较清楚的认识。人们已经普遍认识到:人力资源开发的前景,是受经济状况的影响的。经济发展中的失业问题、通货膨胀问题,以及出现严重的财政紧缩,尤其是人力资源投资经费的紧张,对人力资源的开发形成了巨大的挑战。这些挑战来源于:如何满足以几何速度扩张和变化的要求以及由此引发的对人力资源投资的增加与财政拮据之间的矛盾。对人力资源开发预算的增加,将取决于各国经济发展的速度以及国家将人力资源开发放在何种优先地位上。

　　目前,在整个世界范围内,人力资源的发展无论在观念形态上,还是在实际行为上,都出现了一些新的趋向。这些趋向反映了世界范围内人力资源发展方向的基本趋势:① 人力资源投资观念的确立与人力资源开发投资的增强;② 终身学习和培训的确立;③ 培训教育的制度化与法制化;④ 学习性组织的建立;⑤ 培训形式与方式的多样化;⑥ 培训的信息化与手段的现代化;⑦ 培训教育的国际化。

(三) 科学技术环境

　　科学技术环境主要包括国家对科技开发的投资方向和支持重点、科技发展动态、科技转移速度和科技产业化程度等。科技的发展会带来职业发展的理论更新、观念转变、思维变革和技能的提升,这些影响深远的要素值得大学生给予特别关注。

对于科技发展的趋势,美国未来学家阿尔文·托夫勒在其《第三次浪潮》一书中将人类社会划分为三个阶段:第一阶段为农业阶段,从约 1 万年前开始至 17 世纪;第二阶段为工业阶段,从 17 世纪末开始至 20 世纪 50 年代;第三阶段为信息阶段,从 20 世纪 50 年代后期开始至今。科学技术在现代社会的价值创造要素中的功效已远远高于人、财、物这些传统的生产要素,成为最基本的核心力量。

为了应对“知识经济”的挑战,国家提出了“科教兴国”的发展战略。各级政府将目标瞄准国家战略和世界前沿,集中力量攻克难关,充分发挥市场和社会需求对科技进步的导向与推动作用,重点解决未来经济和社会发展的基础理论与关键技术问题。产学研各单位大力推广先进技术,促进科技成果的商品化,依法保护知识产权,完善社会化科技服务体系。高新技术企业的迅速增长,极大地提高了中国的产业技术水平,促进了农业、工业和服务业等劳动生产率的大幅度提高,有力地带动了整个国民经济的发展。

科技的发展不仅会带来理论的更新、观念的转变、思维的变革、技能的补充,还会深刻影响人们的职业观念。工业自动化的普及与提高,在全方位提高劳动生产率的同时,给就业市场也带来了一定的冲击。机器取代人工制造产品,自然淘汰旧的工作岗位,影响到传统的用人计划和雇佣观念。产业结构的调整从劳动密集型转化到资本密集型再转化到知识密集型,这给大学生职业生涯的发展既提出新的挑战,也提供了新的机遇。这要求大学生根据环境的变化不断地更新自己的知识结构,适应产业结构的升级改造和社会的科技进步。

(四) 教育文化环境

教育文化环境是影响人们职业期望、职业态度和职业行为的基本因素,包括一个国家和地区的居民教育程度与文化水平、宗教信仰、风俗习惯、审美观念、价值观念等诸多内容。个人的成功渴望得到社会的认可,只有符合社会主体价值观念的职业活动才会被社会接受。大学生进行职业生涯规划时需要认真分析教育文化环境,尤其是社会价值观。社会价值观会随着社会的不断发展和进步而发生不同程度的变化,导致人们对职业的认识和需求发生变化,大学生要与时俱进,作出相应调整以适应环境变化。

教育文化因素与人们的职业取向、职业技能、职业习惯密切相关。个人是在教育文化中成长发展的,任何职业取向和活动都打上了教育文化的烙印。职业技能则是个人通过教育环节后天习得的,并应用于社会实践过程。职业习惯(即职业活动的习惯倾向和行为习惯)体现在职业生涯的各个领域,包括从业方式、思维方式、社交方式、生活方式等,是在一定社会历史条件下形成的。人类自有社会分工以来就形成了职业习惯,并且代代相传,成为社会文化的一部分。社会文化的复杂性决定个人职业选择与职业发展必须要充分考虑国情状况、地域特色、行业氛围、企业内涵等教育文化因素。

良好的学习观是适应社会生存能力的基石。包括基础教育、专业教育、技能教育、职业生涯规划教育等在内的不同阶段、不同内容的高职教育,彼此渗透、相互交叉,促进了大学生整体素质的提高。大学生在未来就业市场上的竞争,其基础取决于在校期间个人学业上的竞争。一个人能否获得竞争优势,关键看能否在求学过程中比别人学得更快、更好、更扎实、更有效,知识、能力和素质水平的提高是否更适应社会就业的需求。因此,大学生应当自觉认识教育文化环境对自己择业意识和择业行为潜移默化的影响,并通过主观努力改变不利因素,全面提高个人素质,为求职择业创造更为有利的条件。

（五）生态自然环境

生态自然环境是指与人类密切相关的、影响人类生活和生产活动的各种自然力量(物质和能量)或作用的总和。党中央高度重视自然资源保护和生态环境维持,党的十九大报告指出,要坚持人与自然和谐共生。建设生态文明是中华民族永续发展的千年大计,必须树立和践行绿水青山就是金山银山的理念,坚持节约资源和保护环境的基本国策,像对待生命一样对待生态环境,统筹山水林田湖草系统治理,实行最严格的生态环境保护制度,形成绿色发展方式和生活方式,坚定走生产发展、生活富裕、生态良好的文明发展道路,建设美丽中国,为人民创造良好生产生活环境,为全球生态安全作出贡献。

当今社会经济发展的必然趋势是把生态环境保护作为消除贫困、创造就业的长期重要手段,使国民经济、社会发展朝着科学发展和可持续发展方向前进。投资于生态环境恢复工程和环境保护基础设施建设等领域的重点建设项目与扩大就业有着密切的直接联系。在节能减排工程方面的环保工程扩大了内需,不仅会建设一批污染治理设施,增强污染治理能力,为改善环境质量提供条件,还将带动相关产业的发展,扩大相关行业的劳动力需求,有效缓解中国目前的就业压力。

2007 年联合国环境规划署、国际劳工组织、国际雇主组织和国际工会联合会共同发起绿色工作倡议。其理念阐释了经济向环境可持续发展、低碳节能、适应气候变化并提供劳动模式的转型。绿色工作致力于减少对能源和原材料的需求,避免温室气体排放,最大化减少废弃物和污染,恢复生态系统的服务功能,例如提供洁净的水源、防治洪涝灾害以及保持生物多样性。其目标是减少企业和经济部门对环境造成的负面影响,实现可持续发展,同时保障安全健康的工作条件。

大学生应当抓住环境保护的历史性机遇,顺应产业结构优化和经济转型升级趋势,积极关注和参与生态环境环保活动。结合自己的学识专长、兴趣爱好和体能状况,以适当超前的意识发掘环保产业的潜能和力量,践行绿色创业和绿色就业。这样做既可维护环境可持续发展,又能进环保产业发展,实现"既要金山银山,又要绿水青山"的美好目标。

（六）人口资源环境

人口资源环境包括人口规模、人口增长、人口结构、人口的地理环境分布密度等。一切职业活动、职业关系、职业现象和职业问题都同人口发展过程相关。我国人口多、底子薄、资源相对不足、环境容量有限、区域发展不平衡、适龄劳动人群规模庞大,解决就业问题仍将是长期而艰巨的任务。

1. 我国人口问题的主要矛盾

2016 年由国务院印发的《国家人口发展规划(2016—2030 年)》指出,未来 15 年特别是2021—2030 年,我国人口发展进入关键转折期。根据预测,人口总量将在 2030 年前后达到峰值,劳动年龄人口波动下降,老龄化程度不断加深,人口流动仍然活跃,家庭呈现多样化趋势。我国人口问题存在的主要矛盾包括以下内容。

(1) 人口结构性矛盾阻碍经济社会发展速度。我国出生人口性别比长期居高不下,老年人口比重不断提高,人口抚养比开始上升,区域间、城乡间人口发展不平衡,人口结构性矛盾对经济社会发展的制约日益深刻。

(2) 人口素质正成为提升国家竞争力的瓶颈。国际产业分工的调整、经济发展方式的转变,对人口素质提出了更高的要求,人力资本对经济增长的贡献率较低正在成为影响我国国际竞争力的重要因素。

（3）人口分布不合理影响城乡区域协调发展。人口空间分布与经济布局不协调，与资源环境承载力不适应。城镇化率偏低，流动人口规模庞大，对社会管理和公共服务等带来一系列挑战。

2. 大学生未来职业生涯中面临的人口问题

大学生未来的职业生涯将要面临的人口问题主要有以下内容。

（1）老龄社会提前到来。老龄化是全人类面临的共同挑战，我国面临的老龄化形势更加严峻。目前，我国老龄人口总量居世界第一，老龄化发展速度也居世界第一。现在越来越多的职业收入并不与劳动时间长短成正比，而是跟知识能力、经验、获取信息的能力、判断信息的能力、创新的能力密切相关。老年人在这些方面并不逊色于年轻人，白发一族大显身手、发挥余热将来说不定会成为主流。

（2）人口红利逐渐消失。改革开放以来，中国经济持续快速增长的一个重要推动力就是人口红利。人口红利拐点的出现，说明中国经济发展的要素支撑条件发生了变化，今后的经济发展要依靠提高劳动者素质和科技创新来提高劳动生产率，以保持经济持续健康发展。面对招工难问题，现在一些企业已经采取了加强生产自动化程度以及加强科技研发提高产品附加值等应对之策，正在走出一条转变经济发展方式的新路。

（3）人才流动趋于频繁。人才流动对现代社会的就业方向和职业发展的影响更加明显。为了获得更好的工作机会，为了自身的职业发展，以青壮年为主体的流动人口大量涌入城市，为城市发展注入了新鲜血液。但人口的激增也同样滋生了不少"城市病"，人口与资源环境的矛盾日益凸显，需要决策者和求职者发挥聪明才智共同解决问题。

大学生应正确看待老龄问题的挑战和人口红利的消失问题。老龄问题的挑战和人口红利的消失意味着未来的人才竞争将不再依靠数量的扩张，而是注重质量的提升。所以，大学生不仅要做一个"通才"（各种基本能力融会贯通），更要做一个"专才"（专业技术水平精益求精）。

二、工作世界的微观现实

除了宏观环境外，社会环境还包括微观环境。社会微观环境即社会小环境，是指个人所在的企业、组织、学校、社区、家族关系、交际圈子等较小的环境。这些微小的社会环境因素对个人的职业生涯有着直接或间接的影响，作用于个人具体的社会活动范围、内容及其所受到的条件限制，影响着个人职业岗位的选择和人生的发展轨迹，从而决定了个人职业生涯的具体际遇。微观环境一般包括企业环境、学校环境、院系环境、家庭环境和人际关系五大类。

（一）企业环境

企业组织环境对个人的职业生涯有直接的影响，所有的职场人士都处于企业的小环境之中，个体的成长与企业的发展息息相关。企业组织环境对大学毕业生职业生涯发展的正面影响主要体现在职业激励上。如果企业文化与社会价值取向保持一致，企业组织的成员彼此间有良好的人际关系，领导善于沟通、宽容、且富有气度，那么个人就会充满集体的归属感并获得极大的发展空间。大学生对企业组织环境进行分析，可以及时了解企业的实际发展状况及前景，将个体的成长与企业的发展联系在一起，并融入企业组织之中，努力实现职业生涯目标。

1. 企业文化

企业文化是指全体员工在长期的生产经营活动中形成并共同遵循的最高目标、价值标准、基本信念和行为规范。企业文化是影响企业经营效益的重要因素,往往左右一个员工的职业生涯。如果一个人的价值观与企业文化有冲突,就难以适应企业文化,最终在组织中无法立足。先进的企业文化能促进员工的发展,比如鼓励员工参与管理的企业文化会比独裁专制的企业文化更能为员工提供更多的发展机会;落后的企业文化则会限制个人的进步,比如渴望发展、追求挑战的员工难以在论资排辈的企业文化中受到重用。所以,企业文化是个人在制订职业生涯时要考虑的重要因素。

2. 企业制度

企业员工的职业生涯发展,归根到底要靠企业的管理制度来保障,其中包含合理的培训制度、晋升制度、绩效考核制度、奖惩制度、薪酬制度等。企业价值观、企业经营哲学也只有渗透到制度中,才能使制度得到切实贯彻和执行。在没有制度或者制度不合理、不到位的企业中,员工的职业生涯发展就难以实现。

3. 企业实力

企业实力主要包括财力、生产能力、技术水平、管理水平、销售能力等。在激烈的市场竞争中,不一定是最大、最强的企业才能生存,而是适者生存,即只有适应环境变化、适应发展趋势的企业才能生存。

4. 领导魅力

企业的文化和管理风格与其领导的素质及价值观有直接的关系,企业经营哲学往往就是企业家的价值观。企业主要领导的抱负及能力是企业发展的关键因素。优秀的管理者善于倾听员工的心声,贯彻以人为本的思想,恰当地引导和激励员工,从而促进企业的良性循环。

企业内部除了正式组织之外,还有非正式组织。非正式组织是指为了满足员工某些心理需求而自发形成的不具有组织结构特点的人际关系群体。其成员由于彼此间情趣相投或有共同的价值取向而自发、自愿、自然形成组织。非正式组织的特点是组织结构一般比较松散,没有正式的组织结构,成员不固定,容易受偶然因素的影响,具有很大的不确定性。非正式组织虽然没有固定的正式结构,没有明确的组织界限,没有严格的规章制度,但对个人的思想和行为有着很大影响,同时也会影响组织管理。企业可以通过建立良性的企业组织文化,创造一种和谐的人际关系,引导非正式组织作出积极的贡献,提高企业员工的凝聚力。

(二) 学校环境

学校环境是指个体所在学校的教学特色与专业优势、课程设置、社会影响力等。其中,办学理念是学校的灵魂,它包括学校的办学宗旨、办学目标、办学策略,具体表现在校训、校风、校规、校歌、建校原则、办学宗旨、育人取向、培养目标、育人途径、学风建设、教师形象、校园文化、工作重心等方面。先进的办学理念对内是凝聚力、向心力,对外就是核心竞争力和品牌效应。高职院校面对严峻的就业形势和巨大的高等教育的扩招压力,应当内外兼修,突出办学特色。

1. 校园文化

校园文化是指以学生为主体、以校园为主要空间,涵盖院校领导、教职员工,以育人为主要导向,以精神文化、环境文化、行为文化和制度文化等建设为主要内容,以校园精神、文明观念为主要特征的一种群体文化。校园文化的本质是一种人文环境和文化氛围。健康的校园文化,可以陶冶学生的情操,启迪学生的心智,促进学生的全面发展。高职院校学生依托学校环境,以学生社团为抓手,创建具有校园特色的人际关系和生活方式,广泛开展群体活动,从而使得校园富有冉冉生机和青春活力。

2. 专业学习

大学学业与基础教育相比，最大的不同就是整个阶段都是围绕着专业学习进行的，专业特色贯穿了学习过程的全部，甚至成为大学生形象识别的标志。学习专业知识、提高专业技能、培养职业素质是大学生的根本任务。大学生要根据社会需要、时代发展和个人兴趣、特长爱好及所学专业等确立自己在大学期间专业学习的目标，并依据制订的规划及早付诸行动。

3. 社团活动

参加社团活动是大学生学习的有益补充，有助于学生拓宽知识面，培养社交能力，提高综合素质，同时培养自己的组织能力和语言表达能力。但是，参加社团活动并不是越多越好，而应该精益求精，每个人都可以根据自身兴趣爱好或自我提高计划的具体内容，有针对性地选择相关活动项目，量身打造专属于自己的社会活动，特别是投身公益活动，这更能体现一个人关心他人、扶助弱小、奉献社会的精神面貌，所以大学生应热情投入，积极表现。

4. 实习兼职

大学生通过毕业之前的课外兼职和实习活动，能够积累丰富的职业经验和社会体验。同时，可以通过实践验证自己的职业生涯规划，判断规划是否适合自己，决定规划是否需要以及如何进行调整。大学生在兼职和实习期间要做个有心人，多结交相关专业的业内人士，积累自己的人脉资源，扩大自己的交际圈子，为今后的初次就业和职业发展铺垫道路。

> **案例**
>
> ### 产教融合下的高职人才培养新模式探索
> #### ——以广东农工商职业技术学院为例
>
> 产教融合是校企合作提升人才培养质量的有效途径。广东农工商职业技术学院在特色专业群建设实践中，建立了具有教学培训与生产服务功能的"校中店"产教融合平台。
>
> 1. "校中店"平台的功能
>
> 建设"校中店"平台，其主要功能包括教学、培训和经营、服务两方面。
>
> （1）教学、培训功能：对企业的岗位任务分析，归纳出学习领域以及行动领域，进而形成基于工作过程的课程体系。"校中店"能按照专业课程的教学标准，承担学生的专业课程实训、职业技能训练、职业素质培训和顶岗实习等；对于参加技能比赛的老师和学生提供系统化的培训；对于参加职业资格考试的学生或社会人员，按照国家职业技能鉴定标准要求提供相应的培训，并承担职业技能的鉴定考核工作。
>
> （2）经营、服务功能："校中店"实现经营与教学的统一。按照企业的运作模式，学生作为"校中店"员工，在老师的指导下以完成企业的岗位任务为目标进行实训。此过程中产生的经济效益可作为"校中店"收入来源。企业根据发展的规划，让教师和学生承接企业生产中的横向课题。通过以上方式，学校向企业提供技术服务，其成果将吸引更多客户。
>
> 2. 平台的运行机制
>
> 学院通过创建校企合作的"产教融合协作委员会"，以实现学院在组织机构上与企业的组织机构对接融合。该委员会的主要有三大职责。
>
> （1）建立校企合作的长效机制，负责校企双方在各种实务上的沟通协调。从学院的角度，其专业建设、课程标准制定、人才培养方案制定等方面事情不能脱离企业的实际需

求;从企业的角度,其人才需求、新产品研发、生产线管理等方面的诉求则需要学校提供源源不断的人才。

(2)协调校企双方共同制定学生的顶岗实习方案,包括实习岗位与企业人员对接、学生专业技能与企业职业技能对接等。

(3)推动实训基地建设,包括校内实训基地和校外实训基地。

3.推进平台建设的举措

(1)制定"双人才培养方案",实施校企共同培养人才。传统人才培养方案将课堂教学与实训教学分开,不利于学生职业技能培养。

(2)开发新型的课程体系,优化课程内容。

(3)制定"双教学培养标准",规范培养过程。课堂教学标准按照学校的课程标准和考核标准进行;实践教学则按照企业的岗位标准要求和职业技能标准进行。

(4)打造双师教学团队,提高教学质量。将学院专业教师和企业技术人员相融合,进行一体化教学业绩和企业人员业绩评估。

4."校中店"平台的实施效果

从实施效果来看,该平台建设强化了学生的职业技能,促进了教师的专业发展,增强了学校的办学实力和影响力。"校中店"平台下设计的专业课程体系优化了教学内容,采用创新的教学模式和手段,激发了学生的学习积极性和主动性。

总之,产教融合的人才培养模式以提高学生的职业能力为核心,融入了行业企业的岗位标准要求,适应当前产业发展的要求。因此,必须完善职业院校与社会各界的合作机制,改善合作渠道,以实现职业院校人才培养与产业转型发展升级的相互衔接。

分析:

近年来,随着高职教育规模的不断扩大,就业形势变得日趋严峻。高职院校通过积极开展工学结合、校企合作的新模式,提升教学质量,服务于学生就业,增强院校实力,促使毕业生迅速融入工作岗位并受到企业的青睐和认可。

(三)院系环境

高职院校一般采用院系二级管理模式,专业建设、教学活动、学生管理、就业指导、社会实践等具体项目主要通过院系开展实施。院系的培养目标是为社会提供具备职业素质、拥有专业技能、掌握操作能力的高职人才。院系建设必须紧跟时代发展,根据市场需求调整专业和课程设置,充分发挥高职教育的职业特色,提高人才培养的教育质量,加强对毕业生的就业指导。就业困境的解决之道是以培养学生的就业本领和创业能力为重点,真正做到"以能力为本位,以服务为宗旨,以就业为导向",加快院系教育教学改革步伐,努力开创高职院校学生就业的新天地。

具体到教学实践过程中,各个院系首先要合理设置专业,调整知识结构。应及时了解社会对人才需求的动向和人才流动的趋势,将信息进行收集、归纳和整理,并及时以此为依据进行专业设置和课程调整,同时针对社会发展,强化专业概念。其次,改革课堂教学模式,强化职业技能、动手能力和创新能力的培养,提高学生的综合素质。课堂教学不仅要随时把高科技、新信息引进来,不断更新学生的知识结构,还应注重培养学生的合作能力、社交能力、应变能力和心理承受能力等非技术性的职业能力。

大学生在院系学习时，要注意以下几点。首先，要提升综合素质。在学习基础知识和职业技能过程中，逐渐培养强烈的事业心和高度的责任感，树立正确的世界观、人生观、价值观。其次，要注重能力培养。能力是一个人素质的外在表现，当前社会需要大学生具有处理复杂信息的能力、处理人际关系的能力、系统分析的能力、与人协作的能力、利用资源的能力、运用技术的能力等。最后，要加强实践活动。大学生可利用课余和假期积极参加社会实践，将所学的理论知识与实际工作相结合，在实践中增加社会认知和积累工作经验，提高自身的逻辑思维能力和处理实际问题的能力，为自己的职业生涯做充分的准备。

（四）家庭环境

家庭是指在婚姻关系、血缘关系或收养关系基础上产生的亲属之间所构成的社会生活单位。家庭作为一个人生活成长的小环境，对大学生生涯规划、未来职业选择有着重要的影响。家庭状况同一个人的职业生涯有着紧密的联系，在很大程度上会影响一个人的职业生涯规划和未来的职业选择。

具体来说，家庭对大学生的影响主要有家庭期望、家庭背景和家庭支持等。

1. 家庭期望

不同家庭对孩子的期望值高低不同。在期望值较高的家庭中，大学生选择的职业往往是社会上的"热门"职业，社会地位和收入等都较高。在期望值较低的家庭中，大学生则容易选择那些与自己爱好、能力等相匹配的职业。

2. 家庭背景

家庭背景，尤其是家庭成员的工作性质，对大学生选择职业也会有影响。父母的职业背景及从业经历必然对学生的职业生涯规划产生影响。如果父母是自己创业的，子女在长期熏陶中也会增强创业的意识，积累创业的技能，尽管所从事的行业有可能与父母不一样。另外，家庭经济状况及其变化不仅影响学生就业和创业的基础，也影响他们对机遇的把握和职业理想的实现。

3. 家庭支持

家庭对大学生选择职业都是给予支持态度的，但支持的力度有很大差别。这主要是由于家庭成员的社会地位、经济条件、社会关系等不同造成的。如果没有家庭的支持或家庭支持的力度太小，学生在选择职业时就较少考虑自己的兴趣、爱好等，而转向较容易进入的行业和较易获得的职位；反之则会寻求更高、更好的职业方向。

（五）人际关系

俗话说："在家靠父母，出门靠朋友。"人际交往是指社会中人与人之间传递信息、沟通思想与交流情感的活动过程。人际关系就是人们在各种人际交往过程中形成的彼此之间较为稳定的心理关系。大学生人际交往的特点是讲求平等、富于理想、注重精神、独立意识强、情感色彩浓、开放程度高。

卡耐基曾经说过："一个人的成功只有15％是靠他的专业能力，而85％要靠人际关系和他为人处世的能力。"人际关系是重要的就业资源，它对职业生涯的影响是多方面的，是发现机遇和把握机遇必须考虑的因素，丰富的人际关系和广泛的合作圈子对大学生未来事业的发展有着极为重要的作用。家人、亲戚、朋友、伙伴、师长、学长、同学、同事、邻里、老乡等人际关系都是有待大学生发掘的一座座人际关系的"金矿"。

人际关系是大学生职业生涯规划中一个非常复杂又极其重要的课题。如今的大学毕业生绝大多数是独生子女,自我意识强烈,在错综复杂的社会环境中,更应在处理人际关系上调整好自己的心态。不注意人际关系培养的学生,在激烈竞争的社会中往往喜欢选择单打独斗,容易自我封闭,不善于与人交流合作,往往会失去成功的机会。大学生应当充满自信,敞开胸怀,热情交往,学会分享,真诚待人,宽容豁达,心怀感恩,构建全面的人际关系网络,实现个人与他人的共赢。

总结案例

从教师编制考试失利到自主创业成功

小李 2013 年进入某高等师范专科学校攻读小学艺术教育专业。在校期间除了认真完成本专业的知识学习外,她还利用课余时间阅读了大量教育培训方面的书籍,并注重培养自己的社会交往能力。大一时,她担任了班团支部书记。大二时,小李通过竞选成为校学生会文艺部部长,同时也是学校舞蹈队和文艺社团的骨干成员,经常代表学校参加省市各级技能竞赛和表演活动。毕业之前,她就拿到了教师资格证书、中国音乐家协会钢琴演奏业余十级、全国书画等级考试六级(硬笔书法)等专业技术证书。她不但掌握了小学音乐和美术教育教学的基础理论知识和基本技能,而且具备了从事艺术教学和社会文艺团体工作的能力。

毕业那年,小李参加了市区的教师编制考试,在应聘过程中因学历处于劣势而被招聘单位拒绝。遭遇重大求职打击的她没有气馁,经过竞争,她进入了当地一家知名的外资教育机构,成为早教中心幼儿部的一名教师。因为教育理念的不同,她感到所学专业与岗位要求不对应,全封闭的教育模式束缚了自己的思路,六个月后,她果断放弃了这份月薪超过 3 000 元的工作,重新站在人生道路的十字路口。

此时,大学期间勤工俭学的经历激发了她创业的灵感。大一时,她做了这样一份兼职家教:短短的三个月时间内要辅导一个毫无基础的小男孩参加电子琴大赛。在她的细心指导和精心调教下,小男孩最终获得电子琴大赛二等奖的好成绩。此后,她做了多份音乐教育方面的兼职,也愈发感觉到艺术培训市场空间极为广阔。小小的成功大大地增强了小李的信心,一种朦胧的创业冲动在她心中埋下了种子。

2018 年初,积蓄了足够创业能量的小李,开始酝酿周密的创业计划。在最初的一个月里,她开着电动车穿行于大街小巷,与门卫保安攀谈,跟大妈聊天。白天外出调查,晚上分析数据,她掌握了小区的入住率和学校的就学率,一丝不苟地完成了前期的市场调查,并撰写了一份厚厚的计划书。父母大力支持小李的创业,拿出 20 万元给女儿以此用作创业的启动资金。当年 2 月,小李注册成立了自己的教育公司,她默默告诉自己:创业只许成功,不许失败。

在公司创立的初期,小李的经历是艰辛和曲折的。首先,寻找客源、开拓市场的压力非常大,很多时候她都要起早贪黑趁上学放学和上班下班的人流高峰时来到附近的小学、小区、集市、超市门口散发宣传单。其次,由于创业经验不足,时常会遇到十分棘手的问题,娇小柔弱的她要去应付租赁店铺选址的难题和门面设计装修等繁重工作。特别是公司发展中遇到的"瓶颈",更让她体会到了创业的艰辛,让她学到了书本中没有的知识。

　　在公司苦苦支撑的紧要关头,两位大学同窗伸出援手,并成为公司合伙人。同学利用社会经验和人脉关系,在公司的不同工作岗位上出谋划策,发挥着各自的作用,从此公司开始步入正轨,规模不断扩大,音乐、美术等艺术教育类的培训开展得如火如荼。2019 年 5 月,公司的第二家连锁门店顺利开张,公司的业务进入了快速成长期。

分析:

小李的创业经验表明:

第一,学生时代必须了解外部宏观环境,认真学习专业知识,努力掌握各种专业技能,这样才能为创业实践打下坚实的基础,成为所在行业的行家里手。每个在校大学生都应充分认识到知识、素质、能力的重要性,切实抓紧在校时间努力学习。

第二,高职院校的教育以就业为导向,大学生不应该满足于只取得一纸毕业证书,应积极参加相关职业资格的培训鉴定和各种专业技能的社会认证。

第三,在校期间注重拓宽知识面,系统学习市场营销理论、经营管理知识,切实提高自己的创业能力素养,使自己具有敏锐的投资眼光、捕捉商机的能力和高效的经营管理水平。

第四,通过实习不断积累经验,将自己置于社会实践的情境中进行锻炼,使自己不但掌握创业能力,而且坚定创业信念,这是创业取得成功不可或缺的重要因素。

活动与训练

活动 3-1　未来的职场

主题:感知宏观环境变化

一、活动目标

提升洞察力,了解科技进步,更多地了解社会发展的特点和现实需求。

二、活动时间

30 分钟。

三、活动准备

彩笔、A4 白纸若干、大卡纸。

四、活动步骤

1. 确定三个理想的行业(最好和专业相关)。

2. 明确想了解的行业信息有哪些。

3. 进行有针对性的信息收集和整理。

4. 小组活动。归纳整理信息,寻找各行业的特点、需求和发展趋势,对某一行业的各类求职信息进行分享。

5. 通过信息的整合和分析,瞄准目标行业,制订发展计划。

6. 课上交流,教师总结。要说明:充分地了解行业信息,有利于学生更好地了解职场,弥补在校学生经验的不足。

活动 3-2 我的可用资源

主题：微观环境的资源整合

一、活动目标

通过回想家庭、学校环境中影响成长的经历，理解微观环境的重要性；学会寻找、整合资源；分析微观环境中的资源，明确可利用的资源。

二、活动时间

30 分钟。

三、活动准备

彩笔、A4 白纸、大卡纸。

四、活动步骤

1. 教师通过求职途径成功率的比较，突出资源对个人成长的重要作用。

2. 将学生分成 6～8 人为一组的若干小组，讨论找出个人成长可利用的资源。可从软环境和硬环境两个角度分析，从学校、家庭等方面考虑，以图示的方式列在大卡纸上。

3. 小组讨论。学生根据个人情况确定哪些是适合自己的资源，哪些是已经具备的资源，哪些是即将开拓的资源。

4. 对于即将开拓的资源，列出可能的开拓途径和方法。

5. 教师总结。资源是可以开拓和发展的，要有发现、利用和整合资源的意识。

3.2 探索工作世界

学习目标

1. 熟悉观察周边环境的办法，创造有利于自我职业发展的外部条件。
2. 认识自己的职业发展目标，增强学习的信心与动力。

导入案例

"千里马"为何跑不起来

小马 2008 年毕业于某高职院校汽车技术服务与营销专业，毕业后就开始创业了，但仅仅两年之后就鸣金收兵，败下阵来。回忆起那段创业经历，小马很是痛苦：付出太多，回报太少。

在创业之前，小马事先做了充分的准备工作。他先在网上收集了汽车消费品相关的项目资料，然后根据实际情况在本地区做了市场调研，精挑细选可以投资的汽车消费项目，最后决定开办一家汽车饰品店。

小马从网站上搜索了经营汽车饰品的代理商的信息，并对各家的产品质量和价位进行了比较，最后选定了温州的一家代理商。经过联系，他和代理商商定好了价格并签订了协议，交了两万元的加盟费后，自己的汽车饰品店就正式开业了。

考虑到租金问题，小马将店铺选址定在城乡结合地带，地理位置靠近省道。店前道路的车流虽然非常大，但绝大部分是货车，基本不会在这样一个地段停车，不可能成为汽车饰品的潜在买家。小马每天早出晚归，商品也物美价廉。开业第一年，他只能勉强维持，惨淡经营。第二年，房租上涨，成本提高，小马的汽车饰品店开始入不敷出，经营困难，于是他只能关门歇业。

分析：

　　作为一个初出茅庐的大学生，社会阅历毕竟还少，人际关系网也比较简单，在创业道路上遇到挫折在所难免。"众人拾柴火焰高"，他不应该单枪匹马闯荡市场，独自承受心理压力。正确的做法是认真分析微观环境的有利和不利因素，汇聚同学、师长、家人、朋友等众人之力，调动一切可以调动的力量。大学生要耐得住寂寞，按捺住渴望创业的冲动，借鉴他人的经验教训，积累一定的物质、经济、人际和心理基础，等待条件成熟时再实施自己的创业计划。

知识讲解

　　不少同学在探索自己的职业生涯时感到很渺茫，不知从哪里做起。在现代经济社会中，谁拥有更多的职业信息，谁的信息更真实有效，谁就能在就业竞争和职业发展中争得主动权。

一、了解职业分类方法

　　在浩如烟海的工作世界中，挑选出与自己相符的工作是一项艰巨的任务，但是，如果我们能按照一定的规则将职业分类，获取必要的信息，那么就可以比较轻松地找到和自己特点相符的工作。

　　《中华人民共和国职业分类大典》是由国家人力资源和社会保障部、原国家质量监督检验检疫总局、国家统计局联合编制的第一部对职业进行分类的权威性文献。

　　2015 年出版的《中华人民共和国职业分类大典》将我国职业分为 8 大类、75 个中类、435 个小类、1 481 个职业。其中 8 个大类如下：

　　第一大类：党的机关、国家机关、群众团体和社会组织、企事业单位负责人，其中包括 6 个中类、15 个小类、23 个职业。

　　第二大类：专业技术人员，其中包括 11 个中类、120 个小类、451 个职业。

　　第三大类：办事人员和有关人员，其中包括 3 个中类、9 个小类、25 个职业。

　　第四大类：社会生产服务和生活服务人员，其中包括 15 个中类、93 个小类、278 个职业。

　　第五大类：农、林、牧、渔业生产及辅助人员，其中包括 6 个中类、24 个小类、52 个职业。

　　第六大类：生产制造及有关人员，其中包括 32 个中类、171 个小类、650 个职业。

　　第七大类：军人，其中包括 1 个中类、1 个小类、1 个细类。

　　第八大类：不便分类的其他从业人员，其中包括 1 个中类、1 个小类、1 个细类。

二、搜索工作信息的渠道

探索工作世界、搜索工作信息还可以有很多的渠道。据调查,目前大学生了解工作信息主要通过互联网、大众传媒、就业指导课及相关讲座。大学生应该根据自己的实际情况,综合运用对自己更有效的渠道和方法,获得最可靠、最有用的工作信息。

常见且有效地获取工作信息的渠道主要有以下几种。

(一) 生涯人物访谈

所谓生涯人物访谈,就是指通过与自己想了解的一个职业中的数位资深工作者的深入交流获取职业信息的一种方法。它能帮助求职者检验和印证以前通过其他渠道获得的信息,并了解与未来工作有关的特殊问题和需要,如隐性的入职标准、核心素质要求、晋升路径和工作者的内心感受等,这些信息通过其他途径是难以得到的。通过生涯人物访谈,在校大学生可以正确认识自己的优势和不足,从而制订更加合理的大学生涯规划。另外,还有一个好处是可以借此建立个人关系,拓展自己的人脉资源。

生涯人物访谈的操作流程如下。

1. 确定访谈的方向

通过了解自己,明确自己希望通过访谈了解哪些方面的信息,列出与自己实际情况相符的未来可能从事的 3~5 个职业。

2. 寻找生涯人物

在每个职业领域寻找 3 位以上的在职人士作为生涯人物,他们既可以是自己的亲人、老师和朋友,也可以是他们推荐的其他人,还可以是通过网络途径寻找到的职场人士。注意每个职业领域的生涯人物的结构,应既有初入职场的人士,也有工作了一定年限的中高层人士。

3. 预约生涯人物

预约方式有电话、微信、QQ、电子邮件等,其中以电话为最好。预约时应先介绍自己,然后说明如何找到生涯人物的、自己的采访目的、感兴趣的工作类型及进行采访时所需要的时间(通常是 30 分钟左右)。如果生涯人物能和自己见面,要表示感谢并确认采访的具体时间、地点等;如果无法应约,可以礼貌地征询能否推荐类似的人选,同时致谢。

4. 结合目标职业信息设计访谈问题

为了提高访谈的效率,要根据不同的访谈对象和内容任务设置不同的访谈提纲。

📧 **知识卡片** •————————————————————————————————

访 谈 提 纲

问题 1：您是如何找到这份工作的?

问题 2：目前,行业内要求从事这份工作的人应该具备什么样的教育和培训背景?

问题 3：您认为做好这份工作应该具备哪些知识、技能和经验?

问题 4：您认为什么样的个人品质、性格和能力对做好这份工作来讲是重要的?

问题 5：这项工作需要的个人品质、性格和能力同别的工作要求的有什么不同吗?

问题6：行业内，单位对刚进入该领域工作的员工一般会提供哪些培训？

问题7：行业内，先从什么样的工作岗位做起，能学到更多的知识，最有益于发展？

问题8：从事这种工作的人在单位或者行业内发展的前景怎样？

问题9：最近这个行业和工作因为科技进步、经济的全球化发生变化了吗？

问题10：您如何看待该单位的组织文化和该领域的工作方式在将来的变化趋势？

问题11：男女工作者在这份工作上机会均等吗？

问题12：在工作方面，您每天都在做些什么？

问题13：您在做这份工作时，什么是最成功的？什么最有挑战性？

问题14：就这种工作而言，您最喜欢什么？最不喜欢什么？

问题15：从事这份工作实现了您的人生价值吗？您的家人对您现在的工作满意吗？

问题16：在您的工作领域里初级职位和略高级别职位的薪水一般是什么水平？

问题17：据您所知，有什么职业杂志、行业网站或其他渠道能帮助我深入了解这个领域？

问题18：您的熟人中有谁能够成为我下次采访的对象吗？可以说是您介绍的吗？

5. 采访生涯人物

采访的方式可以是面对面访谈、电话访谈、QQ 或微信访谈，其中最好的是面谈。在访谈时要随机应变，可以视实际情况适当增加或减少一些问题，不要按照提纲顺序机械提问，要尊重生涯人物的感受，认真倾听。

6. 结束采访

访谈结束时，要礼貌地表示感谢，可以赠送一些自己的作品、所学专业的宣传资料或小礼物给对方；在访谈结束后一天之内，发短信或写一封信表达感谢，并简要总结自己的收获。

7. 整理访谈的结果

访谈结束后，要及时整理、分析和归纳访谈记录，并确定是否要进行后续的其他访谈。

(二) 学校

学校是工作信息的主要来源，不但量大，而且准确度高。学校组织的专场招聘会、供需见面会、学校就业信息网站上的公告、分管毕业生就业工作的老师发布的信息等，都是学生获取工作信息的重要来源。这类信息真实、可靠，且获得就业机会可能性较大。

(三) 个人的社会关系

个人的社会关系包括亲人、朋友、同学、校友等。通过此类方式获取的信息准确、迅速。一方面，亲人、朋友、同学对自己或自己周围所处的行业比较熟悉；另一方面，也对学生本人的情况有一定的了解，所以通过这种途径可以获取比较丰富的与工作相关的信息。

(四) 新闻媒体

高校毕业生的就业是社会关注的焦点。通过报纸、杂志、电视、网络传媒等方式获取的工作信息，具有速度快、涉及面广、信息及时等特点。这类信息具有很强的综合性。

（五）互联网信息

信息技术的发展,加快了信息传递的速度。网络也是我们搜索工作信息的一个便捷的渠道。同学们可以从网上查询到用人单位的招聘信息,用人单位的资质等。

（六）见习、实习、社会实践等活动及其他

到现场去亲身体验这个工作能最直接地获取信息。参加相应的实践活动,可以加深自己对工作世界的体会,也能够近距离观察到职场人士的生活状态。

总结案例

一元奇迹,创造求职成功

一位刚毕业的女大学生到一家大型的民营公司应聘财务会计工作,面试时即遭到拒绝,因为她太年轻,公司需要的是有丰富工作经验的资深会计人员。女大学生却没有泄气,一再坚持。她对主考官说:"请再给我一次机会,让我参加完笔试。"主考官拗不过她,答应了她的请求。结果,她通过了笔试,由人事经理亲自复试。

人事经理对这位女大学生颇有好感,因她的笔试成绩最好。不过,女孩的话让经理有些失望,她说自己没工作过,唯一的经验是在学校掌管过学生会财务。他们不愿找一个没有工作经验的人做财务会计。人事经理只好敷衍道:"今天就到这里,如有消息我会打电话通知你。"

女孩从座位上站起来,向人事经理点点头,从口袋里掏出一元钱双手递给人事经理:"不管是否录取,请都给我打个电话。"

人事经理从未见过这种情况,竟一下子呆住了。不过他很快回过神来,问:"你怎么知道我不给没有录用的人打电话?"

"您刚才说有消息就打,那言下之意就是没录取就不打了。"

人事经理对这个年轻女孩产生了浓厚的兴趣,问:"假如你没被录用,我打电话,你想知道些什么呢?"

"请告诉我,在什么地方不能达到你们的要求,我在哪方面不够好,我好改进。"

"那一元钱⋯⋯"

没等人事经理说完,女孩微笑着解释道:"给没有被录用的人打电话不属于公司的正常开支,所以由我付电话费,请你一定打。"

人事经理马上微笑着说:"请你把一元钱收回。我不会打电话了,我现在就正式通知你,你被录用了。"

就这样,女孩用一元钱敲开了机遇大门。

分析:

在探索职业的过程中,除了渠道和方法外,现代社会要求人们不要沿着自己的思路单线思考,灵活地应对生活中的各种复杂情况;同时,我们还需要有一颗可以打动人心的心。

⚙️ 活动与训练

活动 3-3　帮助找工作

主题：求职广告大搜索

一、活动目标

通过讨论,学会整理简历。

二、活动时间

15 分钟。

三、活动步骤

请从招聘广告中帮助两个人和你自己找到合适的工作。

1. 大山的简历

年龄：24　　学历：大专　　性别：男　　工作经验：3 年　　地点：天津
专长：视频制作和剪辑　　目标：经理　　希望待遇：8 000 元
可考虑的工作是：

2. 晓岚的简历

年龄：21　　学历：大专　　性别：女　　工作经验：无　　地点：成都
专长：商业文书　　目标：稳定收入　　希望待遇：3 500 元
可考虑的工作是：

3. 你的简历

年龄：　　学历：　　性别：　　工作经验：　　地点：
专长：　　目标：　　希望待遇：
可考虑的工作是：

活动 3-4　梳理朋友圈

主题：重整自己的朋友圈

一、活动目标

学习盘点在求职过程中可以帮助到自己的人际关系网。

二、活动时间

30 分钟。

三、活动步骤

关于人际关系的研究里有一条定律叫作六度分离理论（图 3-1），这个理论的基本理念是说地球上随便一个人要与随便另外一个人攀上关系，只需要不超过五个中间人即可达成。请盘点自己的朋友圈，包括亲戚、朋友、老师、同学、老乡等，记一下他们的联系电话。

让小组分享一下，在不同的领域和专业，特别是求职的过程中，有什么方式可以去联络他们。

思考与讨论

哪种信息搜索的方法更可靠、更有效？

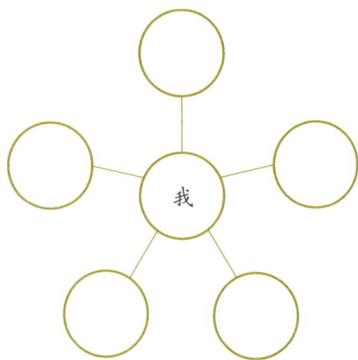

图 3-1 六度分离理论

第四单元
绘制生涯蓝图

📖 引导语

"凡事预则立,不预则废"。规划导航事业,事业成就人生。本单元通过阐述职业生涯目标确立的意义和必要性,指导大学生运用科学的方法确立职业目标,选择职业发展路径,设计并动态调整既适合自己又服务社会的职业生涯规划。

"志不立,天下无可成之事"。从本质上讲,职业生涯设计是一种以职业要求为目标的目标管理,通过让每一个学生明确其预期的目标,使之自觉地按预期目标的要求开发潜能,提高综合素质。大学生要自觉到基层一线去发挥才干,到艰苦的环境里锻炼,到祖国和人民最需要的地方去建功立业,切实走好迈向社会的第一步,开辟事业发展的新天地。英国作家里德说过,播下行为的种子,可以收获习惯之果;播下习惯的种子,可以收获性格之果;播下性格的种子,可以收获命运之果。大学生经历了蓄力的冬天、播种的春天、耕耘的夏天,必然可以迎来收获的秋天。

学习目标

1. 能依据设定职业生涯目标的原则,设定符合自身实际的职业生涯目标。
2. 能根据自身特点与价值观,准确进行职业定位。
3. 能制订出适合自己的职业生涯路线图。
4. 完成职业生涯规划书的设计。

学习指南

一、学习方法

本单元宜采用理论学习与实际操作相结合的方法。在理论学习中掌握职业生涯目标的内涵与意义,以及设立目标的原则和方法;通过实际的活动训练与操作,掌握制订生涯规划路线图、设计生涯规划书的技能。

二、注意事项

(一)注重理论知识的学习

规划职业生涯是一个实践性、个性化较强的学习环节,在学习过程中不能因注重实践操作而忽略了理论知识的指导作用。

(二)确立职业生涯目标

要做好职业定位和职业生涯目标评估,通过加深自我认识,使职业生涯目标更加符合自身实际。

（三）制订职业生涯路线图

实际上是根据自己设定的长远的职业生涯目标，将大目标分解成一些阶段性的具体子目标，按子目标的落实思路和策略制订具体的日程表，再分析实现的步骤、检查办法等，通过一个个小目标的实现，积小胜为大胜，最后实现长远目标。为此，制订职业生涯路线图是一个动态反馈的过程，要突出具体性、操作性和渐进性。

（四）注意与现实生活的结合

职业生涯设计的原则是要与现实生活相结合，规划的设计来源于生活，目的是更好地为生活服务，要注意与现实生活紧密结合。

（五）注重总结与点评

要提高单元练习的完成质量，加强学习后的总结与反思，提高学习的有效性。

4.1　生涯发展目标的设定

学习目标

1. 理解职业生涯目标的内容和意义。
2. 掌握职业生涯目标设定的原则。
3. 设定自己的职业生涯目标。

案例

追逐"梦想"的女孩

小陈是某高职院校中英特色班的学生。她在大二时进入中英特色班学习，而这个班里的学生都是学院内综合成绩排名在前 30 的佼佼者。小陈主修旅游专业，同时她的英语听说读写能力也不错。

在大三实习时，由于成绩优秀，辅导员推荐她去某航空公司下属的旅行社面试。她顺利通过了面试，开始了全新的实习生活。几周的兴奋期过后，小陈渐渐觉得每天的工作就是接待等待转机的外国人，或者把到达的外国人送出机场，有点无聊，好像离她的梦想很远。虽然一周只工作三天，但这三天几乎都是通宵工作，没客人的时候只能窝在机场宿舍的小床上。她开始有了情绪，跟主管抱怨工作环境不好。主管和辅导员都劝她，帮她分析工作上的利弊。辅导员告诉她，这个工作机会来之不易，薪水也相当可观。尽管只是机场接待，但是，每天可以接待来自世界各地的外国客人，既与专业对口，又能很快扩宽眼界，在这个平台上机会很多。退一步讲，即使不想从事这个行业的工作，她还可以利用休息时间准备专升本考试，以期更大的发展。但是，小陈始终觉得这份工作不符合她的理想，最后毅然离开了。

回到老家后，小陈一直没有找到理想中的工作。一次偶然的机会，一个创办了投资咨询公司的中英班同学问她是否愿意来公司做销售。她觉得这个新兴服务业有市场，有技术含量，符合她的预期，于是又从老家回到上海工作。可是不到一周，小陈发觉销售并不像自己想的那么简单,发掘客户是一个令人感到枯燥乏味的工作,而且常常碰壁。何况在校时大家水平、地位差不多,现在一个是老板,一个是员工,业务干不好太丢脸了。于是她没跟同学打招呼,就悄悄离开了。直到现在,小陈还是没有找到合适的工作。

分析:

每个人都有梦想。小陈的梦想是做一个成功的人,但是这个梦想有些宽泛和模糊。实际上,她更应该设定自己的职业生涯目标,让自己的梦想具体化,这样才能有的放矢,在事业上少走弯路。

知识讲解

一、梦想、愿景与目标

每个大学生都是怀揣着梦想步入大学校园的,但当梦想与现实的机会、要求、条件发生激烈碰撞时,很多人没有坚持,没有付诸实施,梦想永远只是梦想,而无法成为现实。真正的梦想应该能被我们真正地看到,应该和生活相关,身边应该有能够帮助自己实现梦想的资源。只有这样,梦想才会成为成长的动力,而不是成长的负担。

愿景是我们每个人心中或脑海中所持有的意向或景象。它的形成来源于个人的价值取向,是个人一生中渴望达成的事情,具有感召人心的力量。愿景既可以是对生活的期待,对实现个人价值的追求;也可以是对社会的奉献,对某个领域的贡献等。当人们为一个自己认为至高无上的目标努力的时候,会产生一种自然的、发自内心的强大力量,就会充满热忱、神采奕奕,即使遭遇挫折也坚韧不拔。

目标是个人所期望的成果。它既代表个体的理想追求,也指引着个体的行动方向。它与梦想的区别是目标更强调实践,更注重结果。它与愿景的不同之处是:愿景是全过程追求的宏观目标;而这里所指的目标则更具体,更有阶段性。大学生从怀揣梦想到构建愿景,再到设定目标,意味着自己正一步步从抽象走向具体,从宏观走向微观,从想象走向行动。

(一) 职业生涯目标

1. 职业生涯目标的含义

职业生涯目标是指个人在选定的职业领域内所要达到的具体目标,是人在职业领域理想的具体化。职业生涯目标正如"心理合同",是对一个美好愿景的展望,是为了实现一个美好目标而制订的计划书。正是这份"心理合同",对一个人的生涯发展起着决定性的作用。

2. 生涯决定水平

生涯决定是指对大学生以后的生涯规划和工作选择起决定性作用的要素。决定者的情况分四种,即生涯未决定者、生涯决定者、不成熟的决定者和成熟的决定者。

(1) 生涯未决定者是指与生涯决定者相反的,对于自身未来的发展意向尚不明确的个体。

(2) 生涯决定者是指对自身以后的生涯以及相关方向有明确目标的个体。具体来说是指对自身专业有明确的选择或者毕业后自己的职业有明确方向的个体。

(3) 不成熟的决定者是指未经历探索的过程而直接对自身未来的选择作出决定的个体。

（4）成熟的决定者与不成熟的决定者相反，是指经过自身的努力，成功度过了危机的决定者。

这四种情况可以视为生涯决定的四个水平。

3. 确立职业生涯目标的意义

大学生设定职业生涯目标能帮助自己认识职业发展，减少在就业过程中的盲目性和不切实际的想法；增强学生的主体意识，明确目标，进而有意识地培养自身的能力，从而更加有效地完成从自身认识到自身实践的转化，实现自己的职业生涯规划目标。

（二）职业生涯目标的分解

1. 按性质分解

按照性质进行分解，职业生涯目标可分解为概念目标和操作目标。概念目标涉及工作职责、自主程度、与他人交往、物质环境以及生活方式等方面。操作目标是指将概念目标具体化为某一特定的工作或职业。

2. 按时间分解

按照时间进行分解，职业生涯目标可分解为短期目标、中期目标、长期目标、人生目标。通常跨度为：短期目标为 1～2 年，中期目标为 3～5 年，长期目标为 6～10 年，人生目标为 10 年以上。

长期目标和人生目标需要个人经过长期艰苦努力、不懈奋斗才能实现。确立长期目标时要立足现实、慎重选择、全面考虑，使之既有现实性又有前瞻性。在大多数情况下，长期职业目标和人生目标不是很明确，也不具体，随着环境变化而变化，所以在制订时宜以勾画轮廓为主。比较理想的是，在确定职业生涯目标后，大学生首先可根据个人素质与社会大环境条件确立人生目标和长期目标。

短期目标和中期目标更具体，对人的影响也更直接，要能够支持长期职业目标。需要注意的是，短期、中期职业目标既要有阶段性，又要体现出前后连贯性。后期职业目标应该以前期职业目标为基础，并且实现难度等应有所提高。每一个目标都应清楚、明确、现实和可行，不能把短期目标只看作一个阶段的终点。

3. 按职业生涯发展分解

按照职业生涯发展进行分解，职业生涯目标可分解为外职业生涯目标和内职业生涯目标。

外职业生涯目标侧重于职业过程的外在标记，如职务目标、经济目标、工作内容目标、工作环境目标、工作地点目标等。内职业生涯目标则侧重于在职业生涯过程中的知识和经验的积累、观念和能力的提高以及内心的感受，主要包括工作能力目标、学习新知识目标、工作成果目标、提高心理素质目标、观念目标等。

案例

小倩的设计师之路

小倩就读于某高职院校艺术设计专业，小时候在电视上看到室内设计师创造出的一个个温馨亮丽的样板屋，总是非常羡慕。可以说，"设计师"这三个字早就埋藏于她的心中。高考后，她选择了高职院校的艺术设计专业。大学期间，她努力学习专业知识。例如，课堂上讲授的 CAD 制图比较基础，不足以满足企业对软件应用的要求，她就利用课余时间到进修班学习。另外,她通过朋友了解到,在进行室内设计时熟识材料的种类十分重要,她就利用网络搜索新型材料,也经常去家具展览会参观学习。

小倩在参加实习前夕就向辅导员咨询了哪家公司更适合自己的发展。她不像一般同学那样看重薪水高的大公司,她更倾向于去那些规模小但有机会参与完成整个设计流程的中小公司。最后,她如愿进入一所业内知名的中型室内设计公司实习。在实习中,她既锻炼了设计实践能力,同时也认识到自己与客户沟通方面的不足。因此,在此后的时间里,她更加努力锻炼设计实践能力,有意识地训练自己的口头表达能力。实习结束后,她的积极表现得到了公司领导的赞赏。毕业后,她顺利进入了这家公司,担任设计师助理一职,她离自己的设计师梦想也越来越近了。

分析:

小倩从小就对职业有朦胧的感知,在学习成长过程中她不断探索自己的职业选择。她的职业目标科学合理,适合自己。难能可贵的是,随着年龄的增长,她的职业目标越来越明确,她也不断学习匹配职业目标的相关知识,积极行动,为实现自己的梦想而奋斗。

二、职业生涯目标的设定

职业生涯目标是明确且可实现的,它指引着人们走向成功。成功与不成功的人主要差别就在于:成功的人有明确的目标,可以无数次修改"航行路线",绕过"暗礁险滩",但绝不轻易放弃目标;而不成功的人往往没有明确的目标,遇到困难就抱怨,只能在大海上漂泊。目标的设定对于一个人的成功与否极其重要。对大学生来说,不设定职业生涯目标,学习、生活就失去了方向和动力,就容易陷入迷茫,就难以获得成功。

案例

目标与成功

每走一步都走向一个最终要到达的目的地,但这并不够,应该每一步就是一个目标,每一步都自有价值。

1984年,在东京国际马拉松邀请赛中,名不见经传的日本选手山田本一出人意料地夺得了世界冠军。当记者问他凭什么取得如此惊人的成绩时,他说了这么一句话:"凭智慧战胜对手。"当时许多人都认为这个偶然跑到前面的矮个子选手是在故弄玄虚。马拉松是考验体力和耐力的运动,只有那些既身体素质好又有耐性的选手才有望夺冠,爆发力和速度都还在其次,说用智慧取胜确实有点勉强。

后来,意大利国际马拉松邀请赛在意大利北部城市米兰举行,山田本一参加了比赛。这一次,他又获得了冠军。记者又请他谈经验。山田本一性情木讷,不善言谈,回答的仍是上次那句话:"凭智慧战胜对手。"这次记者在报纸上没再挖苦他,但对他所谓的智慧仍迷惑不解。

多年后,这个谜终于被解开了,他在自传中写道:"每次比赛之前,我都要乘车把比赛的线路仔细地看一遍,并把沿途比较醒目的标志画下来,比如第一个标志是银行;第二个标志是一棵大树;第三个标志是一座红房子……这样一直画到赛程的终点。比赛开始后,我就奋力地向第一个目标冲去,等到达第一个目标后,我又以同样的速度向第二个目标冲去……40多千米的赛程,就被我分解成这么几个小目标,我最后轻松地跑完了比赛。起初,我并不明白这样做的道理,我把我的目标定在40多千米外终点线上的那面旗帜处,结果我跑到十几千米时就疲惫不堪了,我被前面那段遥远的路程给吓倒了。"

山田本一说的不是假话。心理学家得出了这样的结论:当人们的行动有了明确目标,并能把自己的行动与目标不断地加以对照,进而清楚地知道自己的行进速度与目标之间的距离时,人们行动的动机就会得到维持和加强,就会自觉地克服一切困难,努力达到目标。

分析:

确实,要达到目标,就要像上楼梯一样,一步一个台阶,把大目标分解为多个易于达到的小目标,脚踏实地向前迈进。每前进一步,达到一个小目标,就会体验到"成功的喜悦",这种"感觉"将推动自己充分调动潜能去达到下一个目标。在现实中,我们做事之所以会半途而废,其中的原因,往往不是因为难度较大,而是觉得成功离我们较远。确切地说,我们不是因为失败而放弃,而是因为倦怠而放弃。在人生的旅途中,我们若具有山田本一的这点智慧,一生中也许会少许多懊悔和惋惜。

(一)职业生涯目标设定的指导原则——SMART法则

SMART 是 specific、measurable、attainable、relevant 和 time-based 等五个单词的首字母组合,它是设定生涯目标时被广泛认可的一种通用原则和方法,其具体含义如图4-1所示。

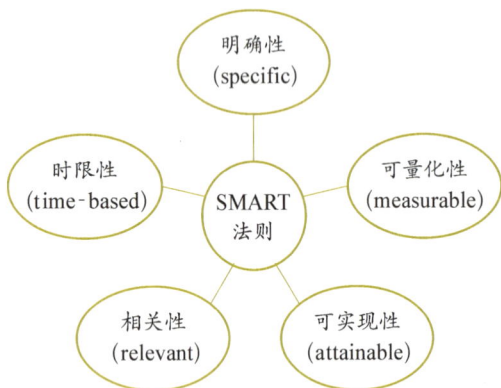

图 4-1 SMART 法则的具体含义

S 代表明确性(specific)。明确、具体的执行方案并不一定会带来成功,但它会让你知道怎样才能成功。处于职业选择阶段的大部分人都知道自己要做什么,比如要找工作,要考公务员。但是很多人会忽视在这样一个宏大目标下的每一个详细、明确步骤所对应的具体实施方案。是否能够拟订明确的方案并遵照执行,往往影响着最终是否能够顺利地达到目标。

M 代表可量化性(measurable)。每一个目标的达到,都需要一个个可实现的环节的积累。这些环节应该尽可能地写出来,变成实际可操作、可沟通、能发展的内容。只有经过缜密思考,在前期把工作内容分解成可以被考量的目标内容,才能使达成目标的进程更快。

A 代表可实现性(attainable)。在日常生活中,"眼高手低"是刚刚进入职场的新人容易出现的问题。制订的目标和计划不能超出自己或可支配资源的能力范围,否则会变成不切实际的奢望。在大学学习期间,及时了解和掌握企业就业环境信息以及就业政策,对自身能力作出合理评测、客观评价,有助于改善人职匹配度,解决职业目标的可实现性问题。

R 代表相关性(relevant)。职业发展诉求是否来自自身的真实愿望,是否与自身具有高度的相关性,这一点在大学生进行职业生涯规划时尤其重要。一般来说,大学生刚进入校园,对专业、职业所包含的内容理解程度有限。一种比较稳妥的方式是,在入学后进行比较系统的职业发展课程学习,从发现自我开始,逐步转向专家指导下的自主职业规划过程。

T 代表时限性(time-based)。每一个美好的计划都需要时间约束,没有时间约束的规划只会是一纸空文。给自己的任务设置一个期限,主要是为了提高进程中的时间效率,把宝贵的时间节省出来。

(二) 职业生涯目标设定的基本原则

1. 符合社会大环境

任何人的发展都离不开社会大环境。在制订职业生涯目标时,要先研究社会的需要,有需要才有发展潜力。

2. 适合自身特点

每个人都有不同的性格、兴趣、特长等,这些特点就是个人的优势,将目标建立在个人优势的基础上,就能处于主动有利的地位。当自己的特点与自己的目标方向一致时,才能事半功倍。

3. 目标要明确

对目标和所要达到的程度要有明确具体的要求。当所需的时间与所要达到的程度匹配时,才能成为明确的目标。

4. 目标不宜过多

同一时间段内只设定一个目标,将多个目标分开设置,设置成一个时期或一个阶段完成一个目标的模式,拉开时间差距,实现一个目标后,再实现另一个目标。

5. 涉及的专业面不宜过宽

职业生涯目标的专业面不宜过宽。专业面越窄,力量越集中,成功的概率越高。

6. 长期目标与短期目标相结合

在职业生涯发展过程中,通过达成短期目标,能体验到达成目标的成就感和乐趣,鼓舞自己为取得更大的成就向更高的目标前进。同时,还应通过制订长期目标来明确方向,使自己不偏离自身的发展方向,激励自己为了远大的理想不断努力。

7. 时间要留有余地

要留出机动时间,当发生某些意外时,能有时间和精力机动处理。实现目标的时间安排要从实际情况出发,在要求不变的情况下,实现目标的时间和做法可以随机调整。只要总的进度不慢,职业生涯目标就能实现。

📧 **职场箴言**

国学大师王国维说:"古今之成大事业、大学问者,必经过三种之境界。"大学生的职业生涯也有类似的三境界。

第一境界:"昨夜西风凋碧树,独上高楼,望尽天涯路"。踏进大学校门,站在职业生涯规划的制高点上,展望实现梦想的艰辛之路,高瞻远瞩地制订计划,并坚定不移地告诫自己:"路漫漫其修远兮,吾将上下而求索!"

第二境界:"衣带渐宽终不悔,为伊消得人憔悴"。为了实现理想,早日达到规划中的目标,我们百折不挠、勇往直前,这是为梦想而奋斗的真实写照。

第三境界:"众里寻他千百度,蓦然回首,那人却在灯火阑珊处"。经过了百转千回的磨难,我们依旧斗志昂扬地向前迈进,终有一天可以实现人生理想。

三、职业生涯定位

(一) 职业锚的含义

职业锚理论又称为职业定位理论,是由美国著名职业指导专家埃德加·施恩提出的。"锚"是使船只停泊定位用的工具。准确的职业定位,是实现自我价值的关键。职业生涯发展过程实际上是一个持续不断的探索过程,在实际工作体验中每个人都在根据自己的天赋、能力、动机、需要、态度和价值等慢慢地形成较为明晰的与职业有关的自我概念。随着一个人对自身了解的深入,这个人就会逐步明显地形成一个占主要地位的职业锚。

职业锚是指当一个人面临职业选择的时候,他无论如何都不会放弃的职业中至关重要的东西或价值观。正如"职业锚"这一名词中"锚"的含义一样,职业锚实际上就是人们选择和发展自己的职业生涯时所围绕的中心,是个人进行职业生涯决策时的核心因素,是判断人们是否达到职业成功的标准。

(二) 职业锚的类型

职业锚包括八种类型,即技术/职能型、管理型、自主/独立型、安全/稳定型、创造/创业型、服务/奉献型、挑战型、生活型,如图 4-2 所示。

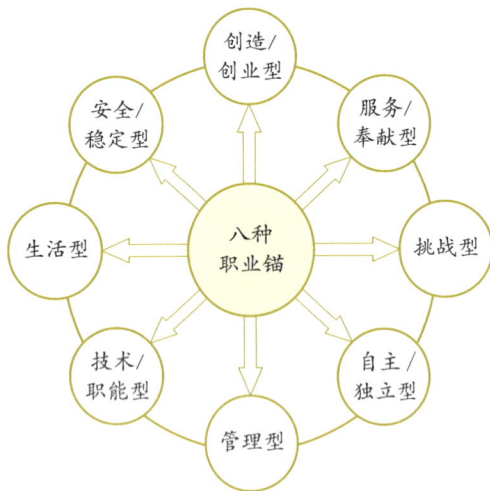

图 4-2 职业锚的类型

1. 技术/职能型

技术/职能型的人,强调实际技术或某项职能业务工作,追求在技术领域的成长、技能的不断提高,以及应用这种技术职能的机会。他们对自己的认可来自他们的专业水平,他们喜欢面对来自专业领域的挑战。技术/职能型的人具有相当明确的职业追求、需要和价值观。

2. 管理型

管理型的人追求并致力于工作晋升,他们愿意担负管理责任,倾心于全面管理。他们会积极从事一个或几个领域的工作,以便更好地展现自己的管理协调能力,争取获得更高职位的管理权力。独立负责一个部门,或是跨部门整合其他人的努力成果是管理型员工的追逐目标。

3. 自主/独立型

自主/独立型的人希望能随心所欲地安排自己的工作方式、工作习惯、生活方式等,他们追求的是自由自在、不受拘束或少受拘束的工作、生活环境。他们渴望能最大限度地摆脱组织约束,追求能施展个人职业能力的工作环境。

4. 安全/稳定型

安全/稳定型的人追求的职业稳定性和安全性主要有两种:一是职业上的安全稳定,他们关注是否可以在职场中获得稳定的成员资格;二是情感上的安全稳定,以及由职场引申出来的情感上的寄托。

5. 创造/创业型

创造/创业型的人要求有自主权、管理能力,能施展自己的才干。他们往往有自己独特的思想,希望用自己的能力去创建属于自己的公司、生产产品或者提供服务,他们愿意去冒险,去克服所要面临的困难。

6. 服务/奉献型

服务/奉献型的人一直追求着他们所认可的核心价值,如帮助他人、改善人们的生活环境等。他们时刻都找寻着这样的机会来实现自身价值。

7. 挑战型

挑战型的人喜欢解决看似无法解决的棘手问题,战胜实力强劲的对手。新奇、变化是挑战型的人所追求的终极目标。

8. 生活型

生活型的人认为,成功不仅是指职业成功,他们还希望自己所处的工作环境能够允许他们平衡个人的需要、家庭的需要以及职业的需要,能把生活的各个方面整合为一个全面的整体。

(三) 职业锚的作用

职业锚在个人的职业生涯与工作生命周期中,在个人与组织的事业发展过程中,都发挥着重要的作用:一是有助于选择职业生涯发展道路;二是有助于确定职业生涯目标,发展职业角色形象;三是有助于提高个人的工作技能,提高职业竞争力。职业锚是个人经过长期寻找所形成的职业生涯的定位。职业锚形成后,个人便会相对稳定地从事某种职业,这样必然会积累工作经验、扩大知识面以及提升专业技能。随着个人工作经验的丰富和积累以及个人知识面的扩展,个人的职业技能将不断增强,个人的职业竞争力也随之提高。

(四) 开发与应用职业锚的意义

如果大学生能开发与利用好职业锚,那么将帮助自己更好地实现自己的职业目标。

1. 提高个体职业适应性

个人的职业适应性要求个体能尽快习惯、认可各种影响因素,在具体职业活动中,将工作性质、类型和条件,与个人需要和价值目标融合,使自身在职业工作生活中获得最大程度的满足。因此,职业适应性强的员工能在较长一段时间内稳定地从事某种职业活动,同时能保持较高的工作效率,有利于员工的全面发展。个体初入职业适应的过程也是搜寻、开发职业锚的过程,开发和应用职业锚有助于提高自身的职业适应性。

2. 发展职业角色形象

个人一旦选定职业目标,就需要使自己具备从事该项职业的充分条件,从而树立良好的职业角色形象。这种职业角色形象是员工个人进行的自我职业素质的全面展现,是个人关于职业素质的一种根本认识。它不仅包括职业精神、事业心、责任心、工作态度、职业纪律等道德方面的素质要求,还包括诸如个体所具有的智力、知识、技能等能力素质的考量。个人职业锚的定位有利于发展各项职业素质要素,塑造符合职业发展的职业角色。

3. 增强自我职业决策的能力

自我职业决策能力,是指个人习得的用以顺利完成职业选择活动所需的知识、技能及个性心理品质。在个人的职业发展过程中,诸如首次择业、选定职业锚、重新择业等,都要求个体具有较强的自我决策能力。决策能力的大小、决策正确与否,往往影响整个职业生涯的发展。

将自我决策能力运用于实际的职业决策时,需要讲求决策技术。如果个体能细化决策的步骤,将有助于其完善整个决策的过程。

✉ 职场箴言 •┄┄┄┄┄┄┄┄┄┄┄┄┄┄┄┄┄┄┄┄┄┄┄┄┄┄┄┄┄┄┄┄┄┄┄┄

> 找到职业锚之前,你只不过是自己人生之舟的水手。找到职业锚之后,你才真正是自己人生之舟的船长。

总结案例

20 岁的创业小老板

张贺文(化名)是广东某高职院校移动商务专业 2019 届毕业生。他从大学二年级第二学期开始创业,成立了电子商务有限公司。他的公司是应市场需求而生的,当时电商正处于好的发展势头,他毕业后,又将企业转成跨境电商。他目前已在广州、深圳、东莞等地成立了三家跨境电商公司,三家公司共 135 名员工,其中很多员工都来自其母校。

张贺文进入这个市场也是偶然的。刚实习的时候,他也经历过一段迷茫期。他先是得到了在教育机构从事商务运营的工作机会。有一次,他跟辅导员说了自己的想法,鉴于他的性格和专业技能掌握情况,辅导员更希望他可以从事本专业的工作。后来,辅导员推荐他到一家大型和小型的电商企业实习。张贺文比较了两家公司的实力,最后决定去小型的电商公司。实习刚开始,鉴于公司的规模小,很多事均由他独立完成。张贺文非常能吃苦,虚心请教的同时更是勇于尝试,不轻易放弃任何机会。为了寻找货源,他从网站上搜索潜在资源,到厂商实地考察。为了平台流量得到进一步推广,他不断地向前辈和同行请教,并且自己钻研专业书籍。他独当一面的能力越来越强,他的业绩也遥遥领先。但他并不满足于只做一个电商运营者,他还慢慢摸索电商中更多的运营流程和诀窍。十个月的实习工作,他从最基层的电商开始做起,从客户服务、熟悉店铺情况、了解上架产品信息、客户接待订单处理、评价管理等慢慢琢磨出了这一行的门道,并看到了这个朝阳行业的广阔前景和巨大市场。

为什么我自己不可以做老板? 张贺文在基本掌握了公司的运营模式后这样问自己。经过仔细考虑之后,这个"00 后"的男生带着初生牛犊不怕虎的冲劲和闯劲真的创业了。凭着熟练的业务能力和不断开拓潜在市场的魄力,他的公司开创 3 个月后就开始有了盈利。他的长期目标是通过扩张打开更大的跨境电商市场。

分析:

首先,张贺文的职业生涯目标并不是一开始就设定了的,而是通过不断寻找机遇然后再设定目标。他的职业锚也是在适应社会经济发展、在工作经验累积中慢慢形成的。其次,他的目标定位清晰,既有打开更大的跨境电商市场的外部目标,也有在母校招聘员工、增加人手的公司内部目标。最后,他的成功还得益于他优秀的职业素养——肯吃苦、能坚持、不断钻研、有闯劲。

活动与训练

活动 4-1 想象 10 年后的自己

主题：生涯幻游

一、活动目标

1. 了解自己理想的生活和工作状态。

2. 更加明确自己的理想和目标。

二、活动时间

15 分钟。

三、活动准备

背景音乐、指导语。

四、活动步骤

1. 放一首舒缓的背景音乐，让学生以舒服的姿势坐好，深呼吸，放松。

2. 教师以缓慢轻柔的语言念出下面的指导语：

想象现在是 10 年后的某一天，一个平常的工作日。早晨，你从一夜的安睡中醒来，想到即将开始的一天，心中充满了兴奋和期待。你起身，从衣橱中挑出你今天上班要穿的衣服。现在你正站在镜子前装扮自己，你穿着什么样的衣服呢？现在你开始吃早饭。有人跟你一起吃早饭吗？接下来，你准备去上班。你是在家里办公吗？如果不是，你工作的地方在哪里？离你家有多远？你乘什么样的交通工具去那里？现在你正走向你工作的地方。它位于什么地方？看起来怎么样？你做些什么工作？你主要是操作器械、工具，还是跟人打交道？你的办公场所是什么样的？是在室内还是在室外？你跟别人一起工作吗？你跟他们会有一些什么交往？到吃午饭的时间了，你准备去哪里吃饭？跟谁一起去？你们会谈论些什么问题？现在回到工作中来，完成这一天的任务。下午的工作与上午的工作有什么不同吗？你什么时候结束工作？离开前完成的最后一项任务是什么？一天的工作结束了，你会怎样度过夜晚的时间？夜里，当你躺在床上回想这一天时，有哪些事情让你感到愉快和满足？为什么？当你准备好时，请睁开你的眼睛，并静静地坐一会儿。

3. 想象 10 年后的生活情景，记录自己在"生涯幻游"中所感受到的细节。

4. 教师点评。

五、总结评价

你想象中的生活方式和现在的生活方式有很大区别吗？如果有，你应当作出哪些改变呢？

活动 4-2 确定你的职业生涯目标

主题：职业生涯目标

一、活动目标

根据 SMART 原则，运用目标设定的指导原则确定你的职业生涯目标。

二、活动时间

15 分钟。

三、活动准备

背景音乐、指导语、纸笔。

四、活动步骤

1. 请同学们思考一下问题,并把问题的答案写在纸上。

（1）我的长期目标是：_____。

（2）我的半年内的目标是：_____。

（3）我在两周内的近期目标是：_____。

（4）在到了你设定的期限时,回答下列问题：你是否实现了你自己的目标？为什么？（请应用目标设定的指导原则加以解释。）

2. 请同学们相互分享和交流。

3. 教师点评。

思考与讨论

进行职业生涯目标评估,是一个不断认识自我的过程。它可以使得我们在评估中加深对自己、对社会的认识,增强逻辑思考和判断的能力,进而得出更合理的职业生涯目标和更为优化的职业生涯规划。请找一位与你的职业目标相同的职场人士,请他对你已制订好的职业生涯目标进行评估。

4.2 职业生涯路径的选择

学习目标

1. 掌握职业生涯路径的类型。
2. 掌握职业生涯路径图。
3. 了解职业生涯路径选择方法。

📖 导入案例

为什么师姐的路我就走不了？

小王上大学时的专业是工商管理,她上大一时就认识了一位同专业的师姐。这位师姐和小王都来自同一所高中,在高中时都是交际能力强的学生干部。每当小王和师姐聊天,总有一种相见恨晚的感觉。转眼,小王上了大二,师姐进入求职阶段。师姐的求职过程,在小王看来,真的是顺风顺水。然而小王大三这一年,却遇到了工商管理专业学生的就业寒潮。

小王茫然了。她想考专升本,但坚持了个把月又动摇了,毕竟准备起来太仓促了。于是又不停地投入大量的时间、精力去找工作,投了大量的简历却如同石沉大海。一切就业情境似乎都不同于师姐当年。小王不禁感叹：为什么师姐的路我就走不了？

分析：

小王的故事告诉我们,由于每个人的情况都不完全一样,外部环境也在变化,因此,简单地模仿甚至照搬他人的做法都是对自己的不负责,最后受到损害的必然是自己。

知识讲解

一、职业生涯路径的类型

基本的职业生涯路径有以下几种类型：

1. 专业技术型

专业技术型即工程、生产、财会、法律等职能性专业方向,需要有一定的专门技术性知识和能力,其相应的职业成就包括技术职称的晋升、技术性成果的认可,以及业内知名度的提高等。

2. 行政管理型

行政管理型即将管理这个职业本身视为自己的目标,需要有良好的个人综合素质、人际关系技巧和领导才能,相应的职业成就包括行政职位的晋升、管理权限的扩大等。

3. 市场销售型

市场销售型即将营销物质产品或精神产品作为自己的职业,需要有敏锐的市场嗅觉和反应能力、出众的表达能力,相应的职业成就包括销售业绩的不断提高,以及随之而来的财富增长。

4. 自我创业型

自我创业型即以开创完全属于自己的事业为目标,需要有充足的资本及条件、正确的市场大局观、过硬的心理素质和综合能力,相应的职业成就包括打造自己的品牌并成功地立足于市场,在经济收入上有丰厚的回报。

以上几种类型,在具体运作上表现出以下三种形态：

1. 单一型(或"直线型")

从业者一生只从事一种职业,不断学习和提高专业技能,积累经验和资历,只在这个职业的一系列职位中发展。如只走专业技术路线或只走行政管理路线。

2. 平行型(或"双重型")

从业者在技术和管理两种路径上齐头并进,大家所熟知的"双肩挑"就是这种情况。

3. 混合型(或"螺旋型")

从业者在职业生涯发展中从事两种或两种以上职业,不断学习和提高多种技能,培养灵活的就业能力,不断积累,提升人力资本,在不同职业甚至不同行业中寻求发展。如先走技术路线,后走管理路线,最后走自主创业路线。

二、职业生涯路径图

典型的职业生涯路径图是一个 V 形图。V 的最低点是开始工作的年龄和起点,V 的线条代表的是不同的职业发展路径和阶段性的目标。

假定一个人 22 岁大学毕业,即 V 形图的起点是 22 岁。按照年龄或时间将路径划分为若干时段,并按专业技术等级、行政管理职务等级或自主创业目标标出,作为自己生涯发展的目标,如图 4-3 所示。

三、路径选择的方法

以下几种方法对确定自己的职业生涯路径是有帮助的。

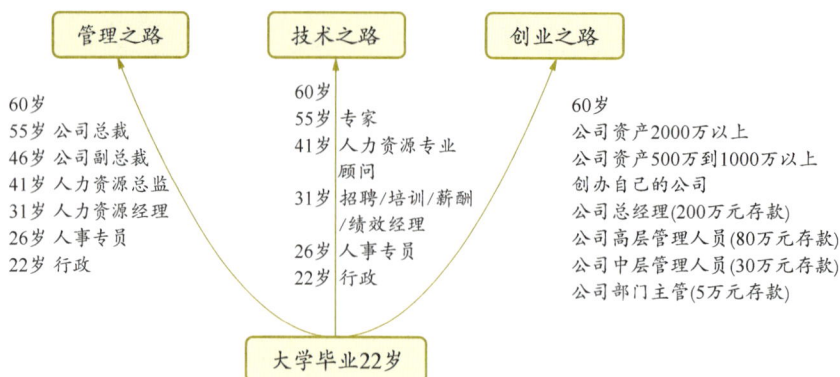

图 4-3　典型的职业发展路径

1. 阅读

通过阅读行业成功人士的传记、采访文章,了解其具体路径以及实现阶段目标的策略方法。

2. 观察

通过观察身边资深职场人士和事业有成人士的发展轨迹,从而归纳出有益的经验。

3. 访谈

通过采访资深职场人士,以获得直接的指点与引导。

4. 创新

通过分析、预测行业、职业、公司发展趋势,从而确定属于自己的职业路径。

四、路径选择的具体问题

对许多非毕业班学生来说,还需要面对和处理一些具体的路径选择问题,如图 4-4 所示。

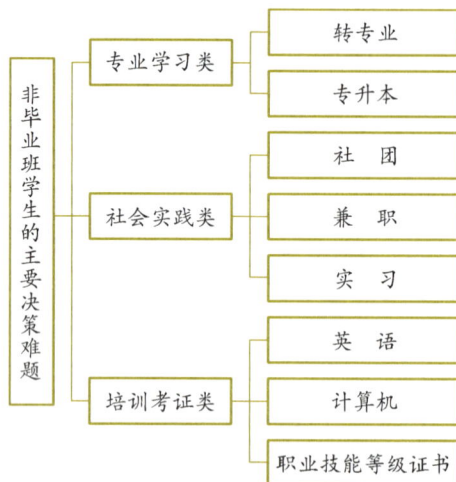

图 4-4　非毕业班学生的主要决策难题

下面以专业学习类为例,讨论一下当专业与兴趣不相符合时的对策。也许你因为各种各样的原因,读了一个你不喜欢的专业,也不打算将来从事相关的职业,你一直为此苦恼,该怎么办呢? 事实上不少同学会面临这样的困境,通常他们想到的方法就是转专业,能转去自己喜欢的专业固然好,可这在很多国内高校都是一件困难的事情。学,学不进;转,转不走。有些同学就在这种境地备受煎熬,无心向学,荒废了大学时光。有些同学"死了"转专业的心,硬着头皮学下去,跟着大流从事起自己不喜欢的职业,进入了另一种"煎熬"状态。

专业和职业理想不相符,通常能做的就是调整专业或者调整专业理想,调整成功当然是个好的结局。其实,除了调整专业和调整专业理想这两个方法外,还可以寻找二者间的结合点,形成自己独特的竞争优势。如图4-5所示。

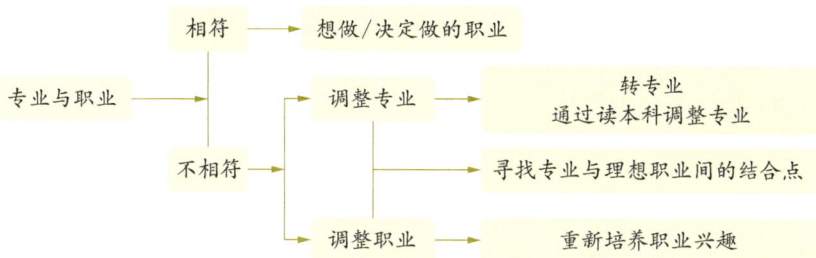

图 4-5　专业与职业关系处理示意图

总结案例

我的翻译之路

陈某是某高职院校外语系学生,想成为一名优秀的英语翻译。

(一)准备阶段(现在至毕业)

1.目标

在毕业前,迅速从校园人成长为职业人,以适应某翻译公司的英语助理翻译的岗位需求。

2.执行方案

(1)充分利用网络学习环境,每天早晨大声朗诵英语单词和商务英语词句,不断练习,坚持不懈。

(2)利用互联网和翻译硕士专业学位方面的书籍改善自己的口语发音和书面的翻译,坚持跟着标准的外语新闻和录音练习,再寻找多个朋友或英语爱好者,利用团队练习法增强口语表达能力。

(3)培养自信心,利用课余时间继续参加翻译兼职,先从普通的英文口语翻译以及英语笔译入手,做好目标职业入职准备。

(4)请教行内人士入职注意事项。

(二)起步阶段(一年)

1.目标:成为助理翻译,提升技能,熟练业务,培养人脉资源。

2.执行方案:

(1)取得助理翻译资格后,在实践中不断提升,争取机会多尝试不同的翻译工作,向英语翻译方向发展。

(2)考取 CATTI 二级口译证。

(3)完成自考本科的学习,争取获得本科毕业证。

(4)阅读企业管理方面的书籍,进修公关技能。开始建立自己的社会关系网,了解社会发展,随时调整规划方案。

（三）发展阶段(三至五年)

1. 目标：在取得助理翻译资格 4 年后,申请英语翻译岗位。

2. 执行方案：

(1) 坚持锻炼身体,协调好家庭和工作之间的冲突,为面对巨大的工作压力和工作量打下基础。

(2) 进修第二语种,完成中级职称评定,考取 NAETI 一级口译证。

（四）成熟阶段(六至十年)

1. 目标：总结行业经验,成为资深翻译。

2. 执行方案：

(1) 关注行业的专业研究,多参与国内外的培训交流。

(2) 考取同声翻译证。应结合有关评审条件,有选择地去学习和工作,尽可能地缩短申报的时间。

分析：

职业路径在于选择,其实更在于执行。严格要求按照不同时期的目标和计划执行,争取早日实现职业梦想。

活动与训练

活动 4-3　我的名片

主题：设计自己的职业名片

一、活动目标

让人在最短的时间内记住你,选择自己毕业后心仪的职业、职务、单位和业务范围。

名片设计要求强调三个字：

一是简：名片传递的主要信息要简明清楚,构图完整明确。

二是功：注意质量、功效,尽可能使传递的信息明确。

三是易：便于记忆,易于识别。

二、活动时间

10 分钟。

三、活动准备

卡纸,彩笔。

四、设计要点

具有视觉冲击力和可识别性,符合自己的身份。

思考与讨论

有一个关于水煮青蛙的实验：把一只青蛙放进装有沸水的杯子,它会马上跳出来。但把一只青蛙放进另一个装有常温水的杯子中,并慢慢加热至沸腾,青蛙刚开始时会很舒适地在杯中游来游去,但它发现太热时,已经没有能力跳出来了。

　　讨论: 该实验给你的启示是什么? 在选择职业生涯路径的时候,如何避免让自己变成那只被温水煮的青蛙?

4.3　拟订职业生涯规划书

学习目标

　　1. 了解职业生涯规划的内涵。

　　2. 了解影响职业生涯规划的因素。

　　3. 能够初步拟订自己的职业生涯规划书。

导入案例

文本:职业生涯规划书

蚯蚓的目标

　　蚯蚓是我从小到大的朋友。蚯蚓不是原名,由于他长得黑矮瘦弱,因而得名。从18岁分开后,我在外为生活四处漂泊奔波,蚯蚓却上了大学,什么事都挺顺当。在这分开的十年里,我们几乎每隔两三年见一次面。每一次我都喜欢问他同一个问题:你将来的目标是什么? 每次得到的答案总是不相同。下面记录的是蚯蚓每次谈及目标的原话:

　　18岁,高中毕业典礼上:我发誓要当李嘉诚第二! 我要当中国首富!

　　20岁,春节老同学团聚会上:我想创立自己的公司,30岁时拥有资产2 000万。

　　23岁,在某工厂当技术员,第二职业是炒股:我正在为离开这家工厂而奋斗,因为在这里工作太没前途了。我将全力炒股,三年内用5万炒到300万元。

　　25岁,炒股失意而情场得意,开始准备结婚:我希望一年后能有10万元,让我风风光光地结婚。

　　26岁,不太风光的结婚典礼上:我想生一个胖小子,不久的将来当个车间主任就行,别的不想了。

　　28岁,所在的工厂效益下滑,偏偏正是妻子怀胎十月的时候:我希望这次下岗名单里千万不要有我的名字。

　　分析:

　　你认为,蚯蚓的目标之所以"不断滑落",原因有哪些? 每个人都有过远大的理想,但是由于没有为理想做好合理的规划,随着时光的流逝,那些远大的理想变得遥不可及,难以实现。蚯蚓的职业生涯轨迹并不是个案,我们身边有不少人都重复着这样的轨迹。从这个例子中可以看出,蚯蚓缺乏职业生涯规划方面必要的知识和能力。虽然在不同的年龄段,他都能说出自己的目标,但这些目标的设定并没有结合自己的实际情况,而且他不懂得适应、利用和改变环境。

知识讲解

一、职业生涯规划简介

（一）职业生涯规划的概念

职业生涯是指人一生中所有与职业相联系的行为与活动，以及相关的态度、价值观、愿望等连续性经历的过程。它是人一生中职业或职位的变迁、工作活动、理想的实现过程。因此，不论职位高低、成功与否，每一个在工作着的人都有自己的职业生涯。

职业生涯规划，也称为职业生涯设计，是指个体对职业发展上的规划与设计，具体可以理解为个人结合自身实际情况，客观认知、分析外部环境，从而确定最佳的职业发展目标，选择职业发展路径，制订相应的学习、工作、培训等计划，再按照一定的时间进程，确定相应的行动方向、行动时间和行动方案实施职业目标的过程。

（二）大学生职业生涯规划的特点

（1）多数大学生对所学专业的满意度较低。

（2）大学生对职业生涯规划还比较模糊，自我认识不够，绝大多数没有明确目标。

（3）大学生对社会人才的需求了解甚少，学生缺少了解就业相关信息的主动性。

（4）大学生的职业期望更注重发展空间和兴趣爱好。

根据上述特点，大学生应该趁早在学校的指导下，认真做好职业生涯规划，为就业做好充分的准备。

> **职场箴言**
>
> 今天的生活状态不由今天决定，它是我们过去生活目标的结果；明天的生活状态不由未来决定，它将是我们今天生活目标的结果。对已经作出的决定，特别是重要事项的决定，不要朝秦暮楚，不要游离不定，只有积极的行动才有助于问题的解决！

（三）职业生涯规划的目的

1. 帮助自己找到真正适合自己的工作

大学生通过职业生涯规划，通过分析自己的学历、经历、能力等，找到个人和岗位的匹配点，最终找到适合自己的工作岗位。

2. 获得职业的发展

通过职业生涯规划，确定出各个阶段的发展目标和措施，有利于稳步提升自己的能力，进而使自己的收入和职位得到提升。

（四）职业生涯规划的分类

按照时间长短划分，可将职业生涯规划分为短期规划、中期规划、长期规划、人生规划四类，如表 4-1 所示。

表 4-1　职业生涯规划分类

类　型	内　容
短期规划 （毕业后两年内）	确定近期目标，规划近期所要完成的任务
中期规划 （毕业后 3～5 年）	最常见的一种职业生涯规划
长期规划 （毕业后 6～10 年）	设定一个长远的职业目标并制订具体实施方案
人生规划	设定整个职业阶段的发展目标及行动规划

（五）职业生涯规划的原则

1. 实事求是原则

要根据实际情况，如实反映客观现实，不夸大不缩小地制订个人职业生涯规划。在进行职业兴趣方向、职业能力、职业环境等分析和预测时，要准确如实客观地认识自我，正确评价自我，对环境的分析既要看到优势也要看到挑战。考虑问题要全面，不要随大流。

2. 切实可行性原则

设计要以自身情况为出发点，以社会客观要求为准绳。所规划的步骤、流程，采取的方法都要有可操作性。力求通过规划设计的实施，达到预期的目标。

3. 循序渐进原则

循序渐进原则要求按照一定的步骤和计划逐渐进行和开展。这要求大学生在职业生涯规划设计过程中不断努力、不断进步。

4. 因人而异原则

在职业生涯规划中，要根据自身的特点，比如性格特质特点、职业兴趣特点、专业特点、个人综合素质和能力特点，还有市场对人才的需求、就业政策方针等情况来制订个人职业生涯规划，切记不可照搬他人的规划。

5. 一致性原则

个人职业生涯规划的目标要与企业的目标协调一致。借助企业来实现自己的职业目标的，离开企业的目标，就没有个人的职业发展。所以，大学生在制订计划时，要考虑与将从事的企业目标协调一致。

6. 发展性原则

这主要是指大学生在制订和实施职业生涯的具体实施方案时，要充分考虑变化与发展性因素，要从促进自身综合素质和能力发展的角度出发，把生涯发展同自己全面协调发展结合起来，使自己在职业生涯规划的实施中受益。

（六）职业生涯规划的内容

职业生涯规划可从个人角度和企业角度划分为以下两个方面的内容：

个人职业生涯规划是个体对自己一生职业发展道路的设想和规划，它包括选择什么职业，以及在什么区域和什么单位从事这种职业，还包括在这个职业队伍中担负什么职务等内容。一般来说，个人希望在职业生涯的经历中不断得到成长和发展。个人通过职业生涯规划,可以使自己的一生职业有个方向,从而围绕这个方向,充分地挖掘自己的潜能,使自己走向成功。

从企业角度来看,企业组织中的绝大多数职员,其中包括受过良好教育的职员,都有在自己现在和未来的工作中得到成长、发展和获得满意感的强烈愿望与要求。为了实现这种愿望和要求,他们不断地追求理想的职业,根据个人的特点、企业发展的需要和社会发展的需要,制订自己的职业规划,这就是个人职业生涯规划。在广大职员希望得到不断成长、发展的强烈要求的推动下,企业人力资源管理与开发部门为了了解职员的个人特点,了解他们成长和发展的方向和兴趣,不断地增强他们的满意感,并使他们与企业组织的发展和需要统一起来,制订与组织需求和发展相结合的员工成长、发展计划,这就是职员职业生涯管理。

因此,职业生涯规划既要体现组织发展的需要,又要满足个人发展的需求。

知识卡片

职业生涯规划设计方案

职业生涯规划设计方案的主要内容应包括以下方面:

1. 题目。包括姓名、年限、年龄跨度、起止日期。
2. 职业方向及总体目标。
3. 社会环境分析结果。包括对政治环境、经济环境、法律环境的分析,还包括对职业环境的分析。
4. 企业分析结果。包括行业分析、企业制度分析、企业文化分析、领导人分析、企业产品和服务分析、发展领域分析。
5. 自身条件及潜力测评结果。
6. 角色及其建议。记录对自己职业生涯影响最大的一些人的建议。
7. 目标分解与组合。
8. 成功的标准。
9. 差距。即自身现实状况与实现目标要求之间的差距。
10. 缩小差距的方法及实施方案。

二、职业生涯规划的步骤

职业生涯规划不是一蹴而就的,需要有科学完整的计划。同时,如果不能得到很好的实施,再好的规划也注定要失败。大学生不应该将大多数时间花费在制订职业生涯规划上,而应该把时间重点花费在规划的实施上。

对大学生来说,要制订切实可行的职业生涯规划,首先必须"知己",即全面了解自己的性格、爱好、特长、职业倾向;同时也要"知彼",即客观分析外部环境,全面获取工作信息。在以上两步基础上作出自己的"抉择",进而制订学习目标和行动方案,并采取行动努力实现自己的生涯规划。具体步骤如下(图4-6)。

图 4-6 职业生涯规划步骤

(一)自我认知

自我认知是职业生涯规划的第一步,是指通过科学的方法与

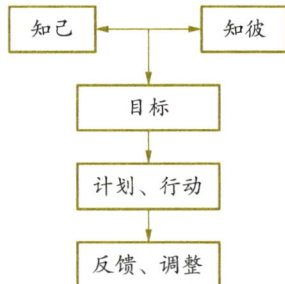

手段,对自己的职业性格、职业兴趣、职业价值观、职业能力等进行全面认识。这实质上就是通过自我分析,认识了解自己,明确自己的优势与特长、劣势与不足,找到适合自己发展的方向。

(二) 环境认知

环境认知包括两个方面:一方面是宏观环境的探索,另一方面是微观环境的探索。了解所处的社会、经济、政治等环境,从而衡量可能影响自己职业选择的环境因素。

(三) 确定目标

根据对自己的特点和职业前景的判断,选择一个确定的职业目标。

(四) 拟订计划并实施行动

在确定职业目标后,就可以有针对性地制订一套具体、可行的行动计划,并实施行动。

(五) 反馈、评估与调整

职业生涯规划的最后一步,是评估实施效果并做适时调整。只有不断对职业生涯规划进行评估与修订,才能保证职业生涯目标更好地实现。

三、影响职业生涯规划的因素

(一) 身心状况

身心状况是指个人的身体和心理状况与职业对其要求是否适应的问题。几乎所有职业都需要健康的身心,同时职业适应也与身心有着很大的关联。有的职业对视力、身高和体重有要求,有的职业对反应速度有要求,有的职业需要足够的耐心和细心,有的职业需要创新能力和创造力,等等。

(二) 受教育的层次

受教育程度是影响职业生涯的一个重要因素。获得不同层次教育的人,在个人职业选择或被选择时,具有不同的能量和作用。一般情况是,接受过较高水平教育的人,在就业以后会有较大的发展,在职业不如意时,再次进行职业选择的能力和竞争力也较强。人们在选择职业、转换职业时往往与所获得的学历层次、所学的专业有一定的联系。在规划职业生涯时,我们可根据自己的学历、学位、职业技能等级证书等情况,合理做职业定位,设定正确的职业起点、发展历程和发展目标。

(三) 家庭负担

家庭条件是影响职业生涯规划不可忽略的要素。家庭负担重的人,家庭责任迫使他有着巨大的就业压力和很强的就业迫切性,甚至要改变原来规划好的职业目标。

(四) 性别因素

虽然社会已经普遍接受了男女平等的观念,但是由于生理差别,部分职业只适合男性从事,部分职业只适合女性从事。在做职业规划时,不管是男性还是女性,都要做好充分的思想和心理准备,寻找与自身相适应的、与理想相统一的职业。

(五)社会环境

社会环境因素决定了社会职业岗位的数量、结构、层次等,同时也决定了大学生对不同职位的接受度、赞誉度或褒贬度,由此影响了大学生步入职业生涯的基本方式、开始职业生涯后的基本态度以及由此引起的职业生涯的变化。

(六)机遇

机遇是影响职业生涯的偶然因素,但对个人的职业生涯而言,有时又具有决定性的作用。机遇是随机出现的,具有偶然性。但机遇只垂青于那些有准备的人。

四、大学生职业生涯规划的常见问题

(一)自我评价和职业发展期望过高

不少大学生只盯住"三大"(大城市、大企业、大机关)、"三高"(高收入、高福利、高地位)的职位。

(二)对工作世界缺乏感性认识

据调查,目前大学生了解工作信息主要是通过间接渠道,如互联网、大众传媒、就业指导课程以及相关讲座。在这些渠道中,互联网因其方便、快捷、信息量大等特点已成为许多大学生了解职业信息的主要方式。但由于大学生对互联网上的职业信息分析辨别能力还不强,过量的工作信息使学生未能及时了解职业市场的真实状态。

(三)职业发展路径设计过于理想

不少大学生选择以考取学位和证书作为发展的主要路径;还有些学生"为了保险起见",准备了四条以上的发展路径,但这些路径的方向差异巨大,路径之间也缺乏内在联系,发展方向和路径的模糊不清,势必导致学生在实际决策中犹豫不决,不利于核心职业目标的实现。

(四)社会实践的方向不够清晰

为了增加"工作经验",不少学生选择在校期间去兼职。家教、促销员和业务员等是他们的主要选择。为了增加就业竞争力,不少大学生选择考证来增加"筹码",比如考取驾驶证、教师资格证、计算机等级证书,整天忙着各种各样的考试;还有的学生花了大量时间参加各种文体活动,只为向用人单位证明其活动能力强。总之,社会实践缺乏职业方向性,漫天撒网,缺乏质量,不仅使学生疲于奔命,还不一定能得到想要的结果。

(五)过于追求所谓的"最佳道路"

有些学生对"用最小成本做最大收益的事情"津津乐道,花费大量时间和精力在寻找"最佳道路"上,期望一次规划解决一辈子的事情。做规划时面面俱到,不愿舍弃,在行动中也不愿从小事做起,碰到困难就不知所措,不会灵活采取调整措施。

总结案例

马宁的模特梦想

某高等职业院校 2015 级君远职业生涯规划试点班的马宁同学,来自该学院旅游管理专业。在参加第一次职业生涯规划讲座的时候,小马向老师反映,其实她并不是特别喜欢自己的专业,她最喜欢的职业是模特,特别崇拜我国某著名模特,希望有一天也能走上巴黎时装周的 T 台。

老师在听了她的叙述后给了她一些建议:一是对所在专业进行深入分析,培养学习兴趣;二是如果确实不喜欢自己的专业也没有关系,高职学习不是人生学习的最后阶段,只要自己努力,完全可以通过继续深造重新选择自己喜欢的专业;三是如果确实喜欢模特职业的话,可以结合自己的身体条件,选择业余时间去锻炼和学习,因为在高等教育阶段毕竟还是要抓紧文化知识的学习和专业技能的培养,现代社会对文凭的要求比较高,即使将来当模特,当一个高学历的模特也会更受欢迎。

小马听了老师的建议后,为自己设计了一份职业生涯规划书,并严格按照自己设计的方案执行。她在大三的时候参加了专升本考试,并顺利考进了南京师范大学的新闻学专业。在 2019 年研究生入学考试中,她又顺利考入了厦门大学。同时,她还在业余时间参加了一些时装走秀活动,以实现她当模特的梦想。

分析:

小马最终实现了自己的梦想,与严格执行职业生涯规划书是离不开的,职业生涯规划对成长成才有重要影响。

活动与训练

活动 4-4　我的人生我做主

主题:人生金字塔

一、活动目标

建立自己的生涯目标;掌握努力方向与目标一致原则。

二、活动时间

20 分钟。

三、活动准备

白板、A4 白纸、彩色笔若干。

四、活动步骤

1. 将学生分组,每组 4~6 人。

2. 教师提出"一生中你想做什么大事""你想成为什么样的人""你想取得什么样的成就""你到底想以什么样的形象来度过自己的职业人生"等问题,提示学生结合自身实际情况积极思考,组织开展小组讨论。

3. 填写如图 4-7 所示的生涯目标金字塔。

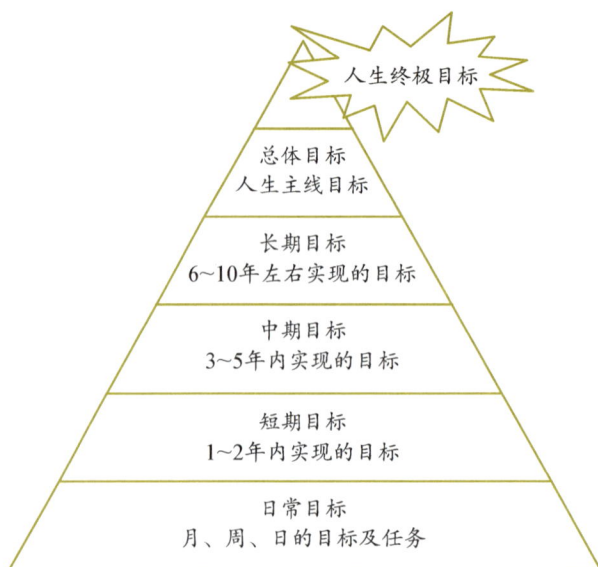

图 4 - 7　生涯目标金字塔

4. 小组讨论与分享：你的独特目标是什么？在现实中你的努力是否指向这些目标？目标是否为系列目标？目标之间是否有断层？

5. 教师总结并给予评价。

活动 4 - 5　制作职业生涯规划书

主题：为自己制作一份职业生涯规划书

一、活动目标

1. 确定自己的努力方向和目标，规划自己的前程和未来。

2. 尽快完成从校园人向职业人的转变，探索自己的职业发展通道。

3. 调整和完善个人的职业生涯规划。

二、活动时间

40 分钟。

三、活动步骤

按照以下步骤独立完成活动，要求论证有据、分析到位、言简意赅、结构紧凑、重点突出、逻辑严密、目标明确合理。

步　骤	具　体　要　求
步骤 1	认识自我，包括个人基本情况、职业兴趣、职业能力及适应性、个人特质、职业价值观、自我分析小结
步骤 2	影响职业生涯发展的社会环境因素分析，包括宏观环境分析（包括经济发展环境分析、人口资源环境分析、科学技术环境分析、政治法律环境分析、教育文化环境分析、生态自然环境分析）以及微观环境分析（包括企业环境分析、学校环境分析、院系环境分析、家族环境分析和人际关系分析）

步　骤	具　体　要　求
步骤 3	职业目标定位
步骤 4	分解与组合职业目标,确定职业生涯路径
步骤 5	差距分析,即分析自身现实状况与要实现的目标之间的差距
步骤 6	找到缩小差距的方法,确定实施计划和方案
步骤 7	评估调整预测:评估的内容、评估的时间、规划调整的原则
步骤 8	完成职业生涯规划书

我的职业生涯规划书:

1. 我的霍兰德职业兴趣类型

符合我自身情况的描述: _____

_____

_____

根据我的兴趣选出的与我的霍兰德职业兴趣类型相对应(或近似)的职业有:

职　　业	霍兰德代码（3 个字母）
(1)	
(2)	
(3)	
(4)	
(5)	
(6)	
(7)	
(8)	
(9)	
(10)	

2. 我的 MBTI 偏好类型

其中,符合我自身情况的描述: _____

_____

_____

根据我的 MBTI 偏好类型,选出我感兴趣的职业有:

(1) _____

(2) _____

(3) _____

(4) _____

(5) _____

(6) _____

(7) _____

(8) _____

(9) _____

(10) _____

在兴趣和人格探索中都曾出现过的职业：_____

_____

_____

（**注意**：这些职业都值得你去深入地研究。你的职业探索最好首先集中在这些职业上，了解这些职业的要求和工作环境等细节。根据目前你对自己的兴趣和个性的了解，考虑一下你将会如何从事这份工作。）

3. 我的价值观

我最重要的五项价值观，并请具体说明它们的含义：

(1) _____

(2) _____

(3) _____

(4) _____

(5) _____

4. 我的技能

我最擅长并愿意在未来职业中运用的技能。

(1) 我最重要的五项自我管理技能（形容词）：

① _____

② _____

③ _____

④ _____

⑤ _____

(2) 我最重要的五项可迁移技能（动词）：

① _____

② _____

③ _____

④ _____

⑤ _____

(3) 我最重要的五项专业技能（名词）：

① _____

②_____

③_____

④_____

⑤_____

5. 继续探索的职业清单

重读前面所列出的所有职业,结合价值观和技能,在下面横线处列出那些想继续探索的职业(可以是上面曾出现过的,也可以是未曾出现但符合上面共同特点的职业)。

_____

_____

(注意: 在选择你想继续探索的职业时,请不要在未对它有任何了解前就轻易地将它排除。在这张清单上,你需要有足够的职业供自己探索,但也要有一定的目标。也就是说,最好不少于 5 个,不多于 10 个。将你的精力集中在上面的这些职业上。)

作为职业探索的一部分,下一步我打算:

(1)收集、研究与特定领域的职业有关的书面信息。

(2)采访有关人士,对我感兴趣的职业领域有进一步的了解。

(3)从职业咨询老师或其他老师那里寻求更多的个人帮助。

(4)通过选修课程来检测自己对某一相关职业领域的兴趣。

(5)通过参加社团活动,来检测自己对某一相关职业领域的兴趣。

(6)通过业余兼职、实习或做志愿者等方式,来检测自己对某一相关职业领域的兴趣。

6. 目标设立与行动计划

(1)我的长期目标:_____

_____

(2)为了做到这一点,我还需要以下信息和帮助:_____

_____

(3)为了实现这一目标,在这一个月内我应该做的事有:_____

_____

四、总结评价

1. 你是否掌握了制作职业生涯规划书的步骤?

2. 目前你处于什么阶段,还需要付出哪些努力?

4.4 职业生涯规划的评估与调整

学习目标

1. 掌握职业生涯规划反馈和评估的方法。

2. 掌握职业生涯规划调整的方法。

3. 运用相应方法评估和调整职业生涯规划。

导入案例

迷途大学生的内心告白

徐某：进入这所全省一流的高职院校，能够减轻家里的负担，我还是非常的高兴。大学缤纷的生活：社团招新、学生会精选等，都吸引着充满理想的我，我非常想在大学里一展身手。大一的时间过得很快，但是这段时间，我却感到了彷徨，因为整个大一，我都在学生活动的繁忙中度过。曾经以为自己的成绩能排在班级前三，没想到却是倒数，这种挫败感让我觉得自己是否选错了专业，是否自己当初应该回去复读，否则就不会有这样的后果了。

分析：

徐某不是能力不足，也不是不够优秀，而是因为不能及时调整自己的人生规划，特别是在转折时期，在环境变迁时期（高中到大学生活适应阶段），要学会及时调整自己的心态和计划，评估自己的想法，这样才能够妥善安排好自己的大学生活。

知识讲解

俗话说"计划赶不上变化"。我们处在一个瞬息万变的时代，计划也需要因变化而调整。要使职业生涯规划行之有效，就必须对职业生涯规划作出定期评估与调整。调整的内容包括：职业目标的重新选择，职业生涯路线的选择，实施措施与计划的变更等。当职业决策实施一段时间后，就要及时进行评估与反馈，评估职业决策，如果有太多负面反馈，就要重新制订职业生涯计划。

一、职业生涯规划的评估

职业生涯规划的评估主要是指对各阶段的预定目标和实际的结果之间的差距进行分析，找出差距产生的原因。

（一）差距产生的原因
目标和结果出现差距的原因主要有以下几种。
1. 目标定得过高或过低
目标定得过高，超过个人实际能力，再努力也是白搭，这时要适当调低自己的目标，否则会遭受很大的挫败感。目标定得过低，自己不需要花费很大精力就可以达成，那么这种目标没什么实际价值，无法激励自己，在这种情况下就要及时调高自己的目标，使自己的能力能够充分发挥出来。
2. 目标适合而行动方案与之不匹配
当目标合适而行动方案与之不匹配时，可能导致目标无法实现，行动与目标南辕北辙。
3. 目标和行动方案都合适，但执行不力
例如，目标是通过大学英语四级，实施方案中安排了英语学习的具体时间，但由于其他事情耽误了英语学习，导致目标没法实现。这是执行过程中存在的问题。
个人全面的职业生涯规划模型如图 4-8 所示。

```
┌─────────────────────────────────────────────────┐
│      意识：存在职业迷茫，需要作出职业决策              │
└─────────────────────────────────────────────────┘

                 找出备选职业/职业前景

┌──────────────────┐  ┌──────────────────┐  ┌──────────────────┐
│    个人情况        │  │    职业信息        │  │    所处环境        │
│  体格             │  │  工作性质、所需教育、 │  │  家庭氛围(家庭、教养方式)│
│  基本特征(性别、性情、│  │  能力、薪酬、工作环境 │  │  重要他人(亲属、老师、朋│
│  性、才能、局限)     │  │  和地点、发展前景、机 │  │  友、同事)          │
│  需求，动机(生理、安全、│  │  会、个人满足感、他人 │  │  社会环境(学校、社会组织、│
│  爱与归属、尊重、自我实现)│  │  的看法、相关职业评估 │  │  其他团体)          │
│  兴趣(确认职业兴趣)  │  │  信息             │  │  政治因素(立法、职业规章、│
│  成就(把自己看作有价值的人)│  │                  │  │  意识形态)          │
│  能力(语言/其他技能)  │  │                  │  │  地理因素(天气、气候、住处)│
│  价值观(确认工作价值观)│  │                  │  │                  │
└──────────────────┘  └──────────────────┘  └──────────────────┘
```

职业决策
作出职业选择（衡量信息、评定备选方案、判断收入水平）

执行决定
完成所需教育
短期工作经验
职位信息来源
写作技能（申请、简历）
研究能力（调查工作环境和组织机构）
表达能力（信息面谈/工作面试）
接受工作
保有工作，使用生存技能

保持　发展　入行

反馈
重新评估所作选择
正面　　负面

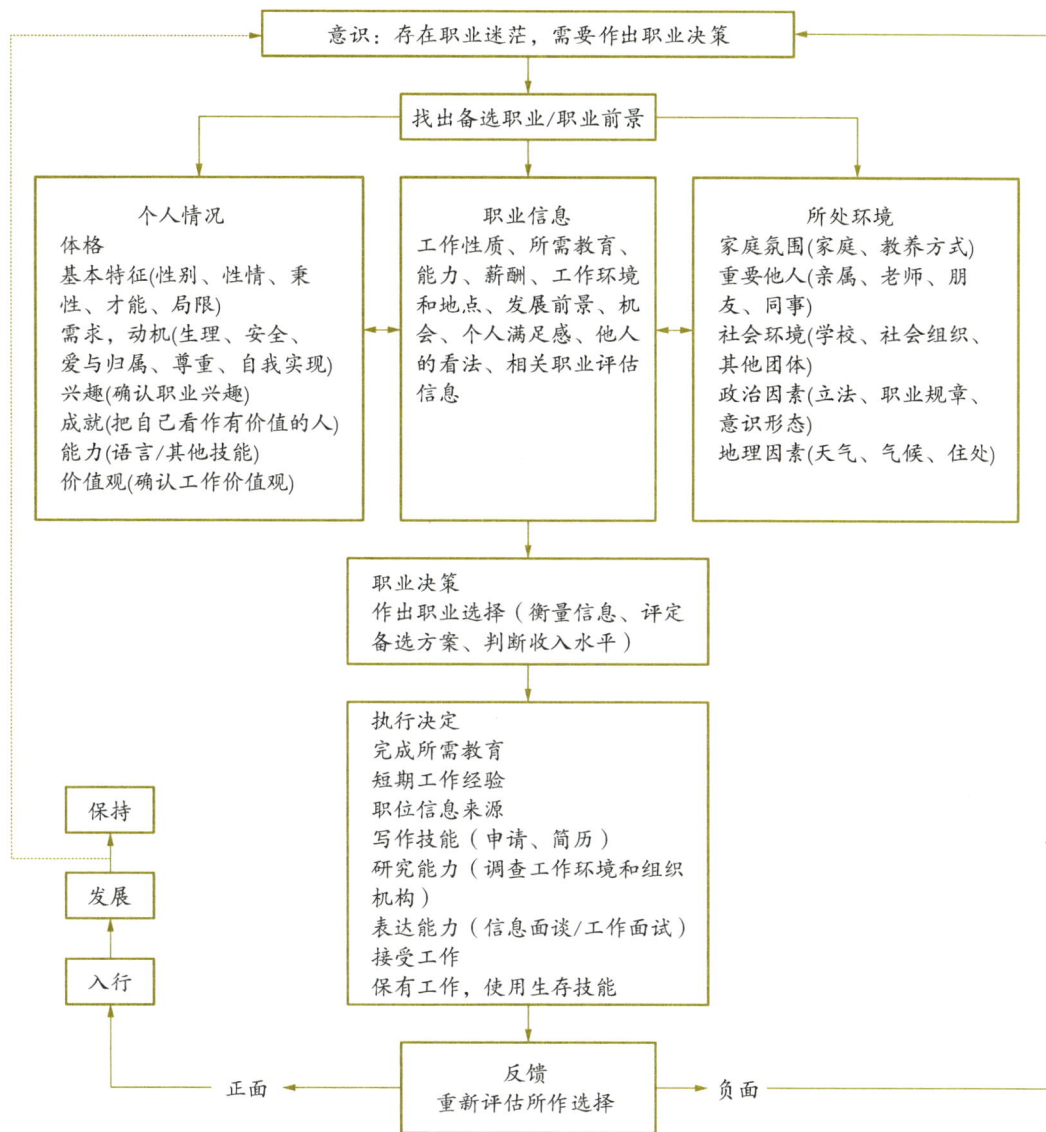

图 4-8　个人全面的职业生涯规划模型

（二）职业生涯规划评估的要点

职业生涯规划的评估可以归结为自我素质和行为对现实环境的适应性判断。通过分析自己的现状，尤其是针对变化了的外部环境，找出规划当中与实际的偏差所在，并作出恰当和及时的调整。

1. 抓住最重要的内容

猎人如果同时瞄准几只兔子，那么他可能一只兔子也打不到。同样，在大学生职业生涯规划的评估中也不可能面面俱到，只要抓住一两个关键的目标和最主要的策略方案进行追踪即可。例如，在大学职业生涯的某一阶段，1～2 年内，或者 3～5 年内，总有一个最重要的目标，其他目标都是围绕这个核心目标的，完全可以通过优先排序，重点评估那些可能使这个核心目标实现的实施方案的执行效果。

2. 分离出最新的需求

针对变化了的环境,要善于发掘最新的趋势和影响。对于新的变化和需求,怎样的策略才是最有效而且最有新意的。大学生在职业生涯规划过程中,要善于抓住环境的最新变化,作出适当的策略,使自己的职业规划不落伍。

3. 找到突破方向

有时候,在某一点上取得突破性的进展将使整个局面发生意想不到的变化。仔细思考一下,在自己先前的规划中,哪一条对于实现核心目标有突破性的影响,现在是否达到了。如果没有达到,该如何寻求新的突破。

4. 关注最弱点

管理学里有个著名的木桶理论,即一只木桶容量的大小,不是取决于最长的那块木板,而是取决于最短的那块木板。在反馈评估过程中,在肯定自己取得的成绩与长处的同时,也要发现自己的"短板",然后想办法调整补足。只有这样,自己的职业生涯这只桶的容量才能更大。

二、职业生涯规划的调整

职业目标往往是基于特定社会环境和条件来制订和实现的,因为这样的环境和条件在不断变化,所以职业目标也应该及时进行调整和更新。

(一)职业生涯规划评估与调整的目的

通过评估与调整,应该达到以下目的。

(1)对自己的强项充满自信(我知道我的强项是什么)。

(2)对自己的发展机会有清楚的了解(我知道自己什么地方还有待改进)。

(3)找出关键的有待改进之处。

(4)为这些有待改进之处制订详细的行动改变计划。

(5)以合适的方式答复那些给予反馈的人,并表示感谢。

(6)实施行动计划,确保能够取得显著的进步和成就。

(二)职业生涯规划调整的内容

作为调整职业生涯规划的参考,对职业生涯规划进行调整的内容应包括以下方面。

(1)职业的重新选择。

(2)职业生涯路径的选择。

(3)阶段目标的调整。

(4)人生目标的调整。

(5)实施措施与计划的变更。

(三)在此过程中应注意回答以下问题

(1)我的人生价值是什么?

(2)我有哪些技能和条件?

(3)我最感兴趣的事情是什么?

(4)我的人格特质是什么?

（5）我是否好高骛远？

（6）我建立了自己的就业信息网络吗？

总之，职业生涯规划拟定并开始实施后，学生应对阶段性的结果进行评估，根据评估的结果找到规划与现实之间的差距，分析差距产生的原因，并针对性地进行调整，再按照调整后的新方案实施行动。

三、职业生涯成功的综合评价

有人把职业生涯成功定义为财富和地位的满足，为达到目的拼命努力，甚至不择手段；有人把职业生涯成功定义为事业的成功，为了事业牺牲了个人健康和家庭幸福；有人把职业生涯成功定义为能够给个人休闲和家庭生活提供基本的保障，小康即安，知足常乐；还有人认为，个人休闲、职业生涯、家庭生活能协调发展，才是职业生涯的真正成功。

究竟如何评价职业生涯的成功？职业生涯成功的标准是什么？按照人际关系范围，我们将职业生涯分为自我评价、家庭评价、企业评价和社会评价等四类评价体系（表4 - 2）。

表4 - 2　职业生涯成功的全面评价

评价方式	评价者	评价内容	评价标准
自我评价	本人	1. 自己的才能是否充分施展 2. 是否对自己在企业发展、社会进步中的贡献满意 3. 是否对自己职称、职务、工资待遇的变化满意 4. 是否对处理职业生涯发展与其他人生活的关系的结果满意	根据个人的价值观念及个人知识能力水平
家庭评价	家庭重要成员	1. 是否能够理解 2. 是否能够给予支持和帮助	根据家庭文化
企业评价	组织、同事	1. 是否有下级、平级同事的赞赏 2. 是否有上级的肯定和表彰 3. 是否有职称、职务提升或职务、职责、权利范围的扩大 4. 是否有工资待遇的提高	根据企业文化及企业总体经验结果
社会评价	社会舆论、社会组织	1. 是否有社会舆论的支持和好评 2. 是否有社会组织的承认和奖励	根据社会文明程度和社会历史进程

如果一个人能在这四类体系中都得到肯定的评价，那么他的职业生涯必定是成功的。虽然职业生涯受到社会环境等因素的影响，但职业生涯的成功，更多是在于个人的素质和不懈努力，即"成功 = 信息 + 目标 + 行动"。

总结案例

小雯的职业生涯规划

小雯是一名高职院校金融学专业的学生,她的职业目标是做一名金融类专业节目的电视台主持人。现在电视台所招聘的主持人都为本科学历,因此小雯有志于在大三毕业之际考取专升本,然后向自己的理想进军。

(1)职业方向的重新选择

如在大三毕业时小雯没有考上专升本,她愿意再用一年时间尝试考专升本,接下来的一年时间就会利用学习之外的时间去网络直播公司、报社等媒体单位工作。如果再考不上,人生目标会发生改变,具体的计划安排也随之改变。

(2)阶段目标的修正

专升本这项任务在计划的实施当中完成,这是能够把握的近期目标。所以要对小雯的学习状况和工作进行考虑,由于小雯现在还在担任学生干部,所以还要考虑学生工作的影响。同时,在制订每天的计划的时候,也要考虑自己的精力和效率问题。

分析:

世事难料,每个人在自己的旅途中都会遇到许多难以预测的事情。职业规划归职业规划,实际归实际。所以,为了使自己的职业规划能够行之有效,结合自己在实现职业目标过程中可能出现的实际情况,应及时对职业规划的内容进行评估分析和作出相应的调整。

活动与训练

活动4-6　发现差距是努力奋斗的开始

主题:你我一起找差距

一、活动目标

通过活动了解本人目前的能力与理想职业之间的差距。

二、活动时间

15分钟。

三、活动步骤

1. 找到3个与你有同样职业理想的同学或朋友,一起来思考你们共同(或相近)的职业理想和岗位。

2. 分享每一个人的知识积累,讨论并对照用人单位所需的职业能力寻找差距。

3. 对照用人单位的要求进行职业能力检视,然后考虑将如何实现自己的职业目标。

主　题	计 划 内 容
目标： 　你理想的职业与职位是什么？	
目前的能力水平： 　你达到什么程度？	
行动步骤： 　你将怎样做？发展方向是什么？ 　谁能帮助你？	
时间表： 　什么时候开始？什么时候完成？	
评估： 　你怎样知道达到了目标？ 　你能在什么方面做得更好？	
总结和重新安排： 　下一个挑战是什么？ 　什么时间会出现？	

活动 4-7　人生的七个关键问题

主题：调整"七问"

一、活动目标

通过调整"七问"启发学生在关键时刻的思考。

二、活动时间

15 分钟。

三、活动步骤

假设同学们现在已经找到心仪的企业，但在工作的过程中遇到了瓶颈，采用角色扮演的方法互问对方几个问题：

1. 你喜欢的工作是什么？
2. 你自己的专长是什么？
3. 现在的工作对你的重要性如何？
4. 你有哪些工作机会可供选择？
5. 你将要怎么做？
6. 你的下一个工作将要做什么？
7. 当你在现在的岗位工作时，将为你下一个工作做什么准备？

四、注意事项

一定是在遇到机遇和困惑，并想不到解决的方式的时候，通过提问题来问自己，从而坚定自己的选择。

模块二
就业指导

第五单元
做好就业准备

引导语

同学们，高职三年的辛勤学习，目的就是可以令自己在求职的道路上披荆斩棘，走出自己的新天地。在临近毕业的时刻，同学们除了认识了自己、认识了职业外，还需要做些什么来实现自己的职业生涯规划呢，那当然就是做好临战前的充分准备了。同学们要了解目前大学生就业市场的特点，找准自己的定位，通过搜寻、分析就业信息找到适合自己的第一份职业和岗位。同时，要带着积极的心态去就业，在职场上扬帆起航，以实现自己的人生价值。

学习目标

1. 了解大学生就业市场的特点。
2. 掌握收集、分类、分析就业信息的技巧和能力。
3. 做好就业的准备。

学习指南

一、学习方法

本单元内容宜在项目活动中学习：一是可以通过活动感性认识在就业的准备过程中将遇到的问题；二是可以通过活动练习如何书写简历、如何应对面试、如何形成创业计划书，达到学以致用的目的。

二、注意事项

学习者应按照如下步骤学习。

（1）按照学习目标的标准并根据自身的特点，对自己提出要求。

（2）分析案例并总结出知识点。

（3）结合实际进行思考。

（4）按照每一节的活动要求进行个人或团队训练。

（5）活动或训练结束时要结合教师的点评作出总结。

（6）根据总结来评估学习前的目标与要求，如未达标可循环训练。

学习者应注意的要点如下。

（1）就业准备强调的不是对知识而是对技能的掌握，所以必须在真实的环境下进行实操并反复训练。

（2）尽管不同的行业、企业、岗位对求职者的要求是不同的，但要更多地关注这些要求之间的共性,这也是学习和训练的基础。

（3）总结和点评是必要的环节,无论是来自个人、团队或是教师的点评都是帮助学习者巩固、提高的关键环节。

5.1 认清就业形势

学习目标

1. 关注、了解目前国内大学生就业市场的特点。
2. 了解、关注当前大学生就业的形势。
3. 掌握收集和利用就业信息的方法。

案例

为什么我总找不到工作

小敏是某高职院校商务英语专业大三毕业生,在校期间她表现平平,既没有什么特别的兴趣爱好,也不喜欢团体活动,对同学们都很热衷的社团工作、实习、兼职都兴致不高。从小到大她都被标签为"乖乖女",除了学习成绩较好外,基本上就是"宅女"一个了。这样的一个从不会令父母"烦恼"的女孩却在毕业前夕找工作时遇到了麻烦。原来小敏并不喜欢商务外贸类的工作,高考填志愿时选择"商务英语"只是为了听从父母的意见,她最喜欢的专业是艺术设计,平时喜欢涂涂画画,喜欢看室内设计的杂志。

三年学习结束,找什么工作好? 小敏完全迷失方向了。她拿着学校发的就业推荐表去人才市场,挤得一身热汗,出来后却毫无结果。她和同学一起在网上投递简历,也接到过几次面试通知,但对方不是嫌小敏的业务水平太差,就是嫌小敏的英语口语水平不够高。因为小敏从小到大,学的都是哑巴英语,四级倒是轻轻松松过了,但面试的时候考官一看到英语四级证就开始跟小敏进行口头英语的对答,几个来回小敏就败下阵来。

曾经有一家小公司给了小敏一个实习的机会,但小敏认为这种实习没有保障便拒绝了。小敏也给一些设计公司投了简历,但全部石沉大海,毕竟小敏完全没有专业背景,对艺术设计专业也只是爱好而已,她对 Auto CAD、CorelDRAW、Painter 等设计软件几乎是陌生的。如果在广州、深圳这些大城市找不到工作的话,小敏就要回家乡那个小县城了,那边的就业机会更少。

在离校的当晚,小敏无奈地在微博上写道:"我觉得现在工作很难找,竞争压力大,单位不是看学历就是看能力! 我是学商务英语的,懂的东西不多,英语口语又差,朋友又少,找了很多工作,不是没人要就是不适合自己。我在学校又没有学到什么精通的技能。谁能告诉我,我该怎么办?"

分析:

从以上的案例可以分析出小敏找工作失败的原因:一是对大学生就业市场了解不充分。小敏认为人才市场、网络、校园招聘就是寻找就业机会的全部途径,其实并不尽然。

视频:国家促进高校毕业生就业宣传片

二是定位不准确。小敏对自己没有准确的定位。大公司她去不了,小公司她又不愿意去;外贸工作她不擅长,艺术设计她一知半解。三是专业技能差。小敏在校期间没有好好学习商务外贸知识,也没有锻炼英语口语能力,而是简单地把专业考试成绩当作考核专业技能的唯一标准。四是缺乏面试技巧。面试前的简历、面试中的着装、礼仪和面试后的跟进都是有技巧的,只有掌握了这些技巧和方法才能在面试过程中达到事半功倍的效果。

知识讲解

大学生就业难是一个现实问题,更是一个社会问题。总体来说,大学毕业生具有较高的人力资本水平,是劳动力市场上的优势群体。但随着全球化的发展与知识经济的冲击,大学生必须具备能够满足新经济要求的核心就业能力才能成功发展,但现有教育培训体系缺乏必要的就业市场需求导向,缺乏对创业行为的深入研究,部分大学生在知识和技能结构上与人才市场的需求存在脱节,大学生就业的结构性矛盾日益突出。随着我国高校教育的发展,大学生的数量急剧增加,大学生就业问题也日益凸显,已成为众多媒体和社会各界关注的热点和焦点问题。解决好这个问题,既能有效促进社会发展和社会稳定,也能真正把知识变成生产力,从而推动一个国家的软实力发展;若解决不好这个问题,也会使教育教学得不到深入开展,不能把人力资源变成社会财富,更是一种损失,也不利于一个国家其他方面的发展。而解决就业不仅仅是国家的责任,也需要社会、高校和学生的共同努力。

我国大学生就业现状如何? 智联招聘平台大数据显示,2019届应届生平均期望月薪为5 331元,低于2017年的5 409元,同比下降1%。每年递增几十万的就业大军让这些年轻人面临的就业压力更大。

2020届高校毕业生规模约为874万人,同比增加40万人,毕业生人数再创新高,就业形势依旧严峻。一方面,整体经济形势下滑,各家企业开启的校招岗位数量有一定减少。另一方面,高考录取人数和考研录取人数逐年增加,这意味着每年的应届毕业生也越来越多。企业招的人更少,学校毕业的人更多,这种不平衡的供需关系就导致了近两年校招的严峻形势。

全国就业市场趋势如何? 据报道称,全国行业市场变化,全面洞察人才就业观,为企业人才招聘提供重要指导意义和参考方向。数据显示,2020年8月全国招聘需求达峰值,前三季度企业平均月薪6 948元;制造业春节后招聘需求环比增长57.84%,三、四线城市招聘需求增幅35%以上;交通运输业月薪8 924元,广东招聘求职需求两旺。

随着国内疫情防控形势的好转,3月全国招聘需求出现明显反弹,环比增长104.62%。受夏季毕业季叠加年中招聘季的影响,招聘需求总量在8月达到峰值。在求职方面,3月,求职供给环比增长107.83%,增速和总供给均达到峰值。7月年中求职季,求职供给又达到一个小高峰,环比上升10.10%。

近年来,受人口红利降低的影响,国内蓝领就业市场总体上存在需求大于供给的现象。数据显示,2020年1—2月,因春节及疫情原因,企业招聘需求有所回落,从3月起,随着企业复工复产,招聘需求随之释放,求职活跃度也有所提高,全国蓝领就业市场供求比持续上升。二季度及三季度末,由于企业面对季末生产经营"节点",对人才的招聘需求再次释放,蓝领就业市场供求比上升较快,9月全国供求比达到3.62。

从薪资水平来看,2020年前三季度全国企业支付月薪为6 948元,相比去年同期增长9.28%。从2月开始,随着复工复产推进,企业招聘需求增长,劳动者工作时间逐渐恢复正常,因此企业支付薪酬也呈现出逐步上升趋势,从2月的6 450元,上升到9月的7 202元,增幅达到11.66%。

我国经济的规模大,市场空间广,有巨大的韧性和潜力,特别是近年来经济对就业的拉动作用日益增强,这些都为稳就业提供了坚实支撑。在我国这样一个有着约14亿人口、9亿劳动力的大国,不断扩大就业、创造更多就业岗位,让劳动者实现体面劳动、全面发展,始终是一个重大战略问题。我们将加大就业优先政策实施力度,稳定就业总量,改善就业结构,提升就业质量,抓好重点群体就业工作,确保零就业家庭动态清零。

一、大学生就业市场的类型和特点

大学生就业市场是大学毕业生和用人单位供需见面、双向交流、双向选择的场所,参与的主体是毕业生和用人单位,可分为有形市场和无形市场两种类型。随着我国经济体制改革、劳动人事制度改革、大学生就业制度改革的不断深入和发展,目前的大学生就业市场形成了不同于其他就业市场的类型和特点。

(一) 有形市场

有形市场是指有固定的场所、具体的时间和地点、特定的参加对象。具体包括以下形式:
(1) 学校举办的各种形式的招聘会、供需见面会、洽谈会。
(2) 学校间联合举办的就业市场。
(3) 企业、行业举办的就业市场。
(4) 行政主管部门、人才交流中心举办的就业市场。

(二) 无形市场

无形市场是指没有固定的场所、没有具体的时间和地点。

目前国家和地方都非常重视大学生无形就业市场的建设,各级就业指导部门和人才市场也在大力推进大学毕业生就业信息化建设工作。目前全国各地的高校基本上都开通了就业网站,超过一半的高校使用了"全国大学生就业信息服务一体化系统"并建立了用人单位信息库和企业精英信息库。网络双向选择招聘服务既可以节省大学毕业生和用人单位的时间、金钱,又可以让双方选择的范围充分的扩大。无形市场有望成为今后大学生就业求职的一种主要渠道。

(三) 大学生就业市场的特点

(1) 群体性。近年来全国各地大学毕业生人数每年均超600万,群体性的特点非常鲜明。
(2) 时效性。我国绝大多数的高校是秋季入学、夏季毕业,毕业时间相当集中,就业的时效性非常强。
(3) 多变性。每年提供给毕业生的岗位随着经济的发展都有着很大的变化,既有新兴的行业,也有夕阳的产业。
(4) 高层次。与其他人才市场相比,大学生整体的知识、技能、素质层次都较高。

（5）年轻化。大学生年纪轻，充满朝气和活力，是社会所需要的新鲜力量。

（6）初次性。对绝大部分大学毕业生来说，这是人生中的第一次择业，也是第一份工作。

📧 **知识卡片**

大学生就业一站式服务系统

　　由全国高等学校学生信息咨询与就业指导中心开发的"大学生就业一站式服务系统"在教育部、省市和高校就业网站上开始投入使用，该系统实现了学生和用人单位一站式注册，求职、招聘信息定向发布和精准配送，并提供了功能强大的线上招聘系统，可以轻松完成交流双选。真正实现教育部、省市和高校就业网站的互联互通。大学毕业生登录可以享受：一站式注册，轻松覆盖各站点；信息专享、共享相结合；多手段实现与用人单位高效交互；权威学籍验证，推动诚信就业；第一时间参与网上招聘会等多项服务。

二、就业信息的收集与利用

（一）就业信息及其重要性

　　就业信息是指所有能为自己提供就业岗位或就业机会的信息。就业信息在求职就业过程中起到十分重要的作用，是求职准备的基础，是通向用人单位的桥梁，是择业决策的重要依据，更是顺利就业的可靠保证。

　　有效的就业信息可以帮助我们实现以下目标。

（1）牢牢把握就业的机遇。

（2）不断调整择业或创业的目标。

（3）及时调整个人需求与社会需求之间的平衡。

（4）增强学习的目标性和主动性。

（二）就业信息的来源与渠道

（1）国家政府部门。国家政府部门及各地区推出的有关就业方面的法律、法规、决议、决定、规划、举措等信息能帮助我们认清就业形势，把握就业时机，调整就业心态，理顺就业思路。

（2）学校就业指导中心。学校就业指导中心的用人单位信息库和就业网上都有大量的用人单位信息和招聘信息，此外，就业指导中心有专业的就业指导老师，他们具备专业的职业指导和职业规划知识，对我们来说有巨大的帮助作用。

（3）人力资源市场。各地区、各行业的人力资源市场每天都有来自全国各地的单位招聘信息，信息量大且集中，能够帮助我们在较短的时间内获取各种职业信息，并与单位进行直接洽谈。

（4）各类招聘会。招聘会主要有面向社会和面向校园两种，对我们来说特别要关注的是校园招聘会，因为无论是校园大型招聘会还是专场招聘会、宣讲会都带有明确的针对性，其信息的准确性和实用性非常强。

（5）各种媒体。我们可以通过网络、报刊、广播、电视等新闻媒体了解就业市场动态，获得用人的信息资料，尤其是网上双选招聘已经越来越普遍、快捷。

（6）人际关系网络。人际关系网络，包括自己的亲戚、朋友、老师、同学以及校友资源等。通常由"熟人"推荐的就业机会，在同等条件下成功率会更高。

（7）社会实践、实习、见习、兼职。我们在校期间所从事的社会实践、实习、见习、兼职等活动,是我们了解用人单位的最好途径。在这个过程中,我们应有意识地去了解工作单位各方面的情况,并且争取在此过程中有突出的表现。

📋 案例

投资黄金梦一场

　　小彭是某高职院校财经系大三的学生,他最近春风得意,在临近毕业前找到了一份让人极其美慕的工作:黄金投资。通过一名老乡的介绍,他到广东某实业投资有限公司工作,从事黄金境外投资操盘手一职,公司老总告诉他做这一行的是高投资高回报,顾客有风险,但操盘手没有任何风险,一进一出挣的都是顾客的手续费。小彭是学财经专业的,对期货也有一定的认识,虽然他对黄金期货买卖并不熟悉,但由于是熟人介绍,而且最关键的是公司办公地点在寸土寸金的天河体育中心,一个月的月租金都要好几十万,他毫不犹豫地入了职。室友们都美慕地看着他每天西装革履出入在甲级写字楼。谁知一个月后,小彭哭丧着脸找到了学校的就业指导中心,向老师哭诉他的遭遇。原来公司某老总告诉新入职的小彭和其他同事们,在成为正式的操盘手之前需要自缴考核金练习操盘,小彭东拼西凑了5万元投入了操作平台,结果这却是个黑平台,这个所谓的老总利用这个平台卷走了所有客户和员工的款项。老师只能带着小彭去报案,但警方以其描述的案情不符合诈骗案件的要求而不予立案。有专业律师认为,目前黄金、外汇期货境外业务在国内并没有放开,在这种背景下,任何的投资都无法核实其真实性和合法性,投资者在钱财损失后的维权也比较困难。专业律师建议大家在新的"专业机构""新兴行业"涌入社会之时,同学们一定要查清楚其专业资格和行业背景,不要轻易交付自己的信任,再三思量,谨防受骗。

　　分析:

　　在小彭的案例中,我们可以看到,就业前收集并了解就业单位的信息有多么重要。对一个公司的考量,我们绝不能只凭其所宣传的内容去判断,还要通过各种渠道对其进行全方位的了解。

✉️ 知识卡片

职 业 信 息

　　职业信息是指与职业分类、职业背景、职业规划、从事职业需求技能和知识、相关行业的职业信息和需求、职业从业竞争状况、职业劳动特点、职业报酬待遇等方面相关的知识与消息。举例来说,大学生在面对一个具体的工作岗位时需要调查清楚:单位的经营业务范围、类别及服务内容;单位的地点、总部及分支机构的业务范围与地理分布;单位的组织结构、规模与行政结构;单位需要的专业人才及对所需人才的具体要求;单位的文化背景、工作环境、单位领导的有关信息、用人单位员工的办事方式和思维方式;单位的财务状况、绩效考核体系、培训体系及薪酬体系(工资、福利、住房、奖金),以及为员工的培训和发展所提供的空间等;单位的发展目标、发展实力(包括规模、效益)、远景规划,以及在整个行业中的排名或在整个社会经济结构中的地位;单位的发展历史与最新动态、客户类型与规模、竞争对手的类型和规模等。

（三）就业信息的筛选与利用

1. 就业信息的筛选应遵循真实、及时、有效原则

（1）真实。这是指要了解信息的真实程度。有些就业信息纯粹是骗人，有些是为了追求广告效应，有些是为了骗取廉价的劳动力，我们要"火眼金睛"识别真伪。通常来说，由政府机关、学校、老师提供的信息可信度较高，一般媒体或一些不知名的网站提供的信息需要甄别。

（2）及时。这是指要判断信息的时效性。就业信息有很强的时效性，越新发布的信息越有价值。如果遇到那些写着"长期有效"的就业信息时，大家就一定要提高警惕了。

（3）有效。这是指对自己有用。就业信息不是越多越好，我们要找准那些与自己的专业、兴趣、能力和特长相匹配的信息，减少那些相关度低甚至无关的就业信息的干扰。

2. 就业信息的利用应遵循挑选、调整、共享原则

（1）挑选。这是指在众多的就业信息中选择适合自己的信息，及时应用，这是收集信息和利用信息的最终目的。

（2）调整。这是指根据信息迅速调整自己的知识、技能结构，弥补不足，化被动为主动。

（3）共享。这是指将那些真实有效但不太适合自己的信息及时与他人共享，这也是减少竞争对手、扩宽自己人际关系网络的好办法。

总结案例

成功的面试准备

小云是某高职院校计算机专业的毕业生，在求职过程中，她非常重视就业信息的收集和整理，因此受益匪浅。在大一、大二期间，她就很留意学校就业指导中心发布的各种信息，包括由学校信息栏、校方微信公众号等发布的信息；课外的职业生涯人物访谈也认真完成，她认为与师兄师姐面对面交流的亲身经历与体验也可以获得宝贵信息；大三时的就业指导课，她会把如何有效利用就业信息等笔记仔细整理；在校园招聘会上她也会认真收集每一次面试的具体信息。在大三找工作的过程中，她收集的信息囊括公司的历史、经营状况、招聘计划、选择的标准等。在她看来，她每时每刻都在收集信息。

有一次，她坐在面试官面前，主动问道："您能否告诉我一些关于贵公司对于新员工的培训计划方面的信息。在我选择公司的时候，会比较注重公司对员工的完善的培养计划，相比于薪资，我更关注未来的发展。"谈到她自己的感受，小云觉得即使自己坐在面试官面前，每一次交谈也都是相互了解的宝贵机会。

分析：

在小云的身上，我们可以发现她非常好学，具有能运用多种手段来收集就业信息的自主学习能力。上课内容、学校网页、就业讲座、社会活动、暑期实践、毕业实习、职业生涯访谈、校园招聘会，甚至面试的每一个步骤，这些都属于信息收集的一部分。收集信息的目的是分析利用信息，小云有自己的主见和观点，在选择企业的时候并不随波逐流，而是理性判断，多方衡量，以便所选企业能够适应自己未来发展的需要。

活动与训练

活动 5-1　寻找身边的就业信息

主题：我找我查我辨别

一、活动形式

分组（每 5 人为一组）。

二、活动时间

15 分钟。

三、活动目的

找到身边的就业市场。

四、活动方法

组内 5 人分好任务，可以分别或共同查找：隶属政府机关的大学生就业信息网至少 10 个、全国有口碑的综合就业信息网至少 10 个、来自各自生源地的人力资源管理部门的网站和实地办公地点、联系电话至少 5 个、来自求学地的省级、市级、区级人才市场的网站和实地办公地点、联系电话至少 5 个、本校校园网和同类院校校园网的就业网站至少 5 个。找到后用 Excel 表格汇总。

五、评价

看哪一组查找到的信息最多即获胜。最后各组共享信息。

活动 5-2　学校人与职业人

主题：换位思考

一、活动目标

区分"学校人"与"职业人"。

二、活动时间

15 分钟。

三、活动形式

分组（4~6 人为一组）。

四、活动方法

请各组利用头脑风暴法通过讨论提出"学校人"与"职业人"的区别，填入下表。

主体项目	角色	社会责任	权利义务	人际关系
学校人				
职业人				

五、总结

以小组为单位，海报总结，参考答案如下。

主体项目	角色	社会责任	权利义务	人际关系
学校人	获取	提高素质、学习知识、训练技能,为从业做准备	依法接受教育,享受他人劳动成果	受教育者,被关心、被爱护,组织和人际关系简单
职业人	贡献	在职业活动中运用知识、技能,创造价值、形成绩效	在职业活动中运用知识、技能,创造价值、形成绩效	被管理者,组织和人际关系复杂

5.2　就业心理准备

学习目标

1. 了解常见的就业心理障碍。
2. 掌握心理压力的缓解方法。
3. 了解求职的动态心理定位。

导入案例

做好就业心理准备

晓莉性格腼腆,学校组织了一次次的招聘活动,晓莉都没有参加。老师找到了晓莉,询问她未来的打算,刚说两句,她竟然哭了起来。原来,晓莉非常想尽快找到一个好工作,可是她总是觉得自己的学习成绩一般,最关键的是,其他同学在招聘活动中都表现得那么优秀,她总怕自己发挥不好,万一失败了怎么办,以至于自己连报名的勇气都没有,可不报名就又一次地错过机会,心里更加焦虑。如此恶性循环,她甚至已经患上了失眠症,整个人几近崩溃。

分析:

晓莉的情况集中反映了个别毕业生在求职择业过程中的众多问题,如对自己缺乏客观的认识、缺乏自信心、害怕挫折、不敢竞争。这类学生应尽快进行心理调适,寻求教师、朋友的帮助,轻装上阵,增强自信心。

知识讲解

一、常见的就业心理障碍

(1) 盲目自信。有的同学认为自己在就业中具备种种优势,如学习成绩优秀、政治条件好、学校牌子响、专业需求旺、求职门路广,因此盲目自信、好高骛远,对就业薪酬、福利等要求较高,他们往往会由于对自己估计过高,对困难估计不足而在就业活动中受挫。

(2) 自卑畏怯。有的同学在大学的学习和生活一直很顺利,也具备了一定的实力和优势,面对激烈的竞争,却觉得自己这也不行,那也不如别人,缺乏竞争勇气,缺乏自信心,走进就业市场就心里发怵,一参加招聘面试,心里就忐忑不安。

(3)急功近利。有些同学在就业时过分看重用人单位的声望,过分看重收入,一心只想去沿海发达地区,到挣钱多、待遇好的单位,而不去分析单位的发展前景,不去制订自己的事业发展规划,不考虑是否能发挥自身的优势等。这些心理可能会使求职者得到一些眼前的利益和满足,但从长远发展看,并非明智的选择。

(4)患得患失。职业的选择往往也是对机遇的一种把握,错过机遇,将会与成功失之交臂。当断不断,患得患失,这山望着那山高,也是许多毕业生陷入就业误区的表现之一。

(5)过分依赖。依赖心理在求职择业中具体表现为两种倾向:一种是从众心理,自己缺乏独立的见解,不是从自己的实际情况作出切合实际的选择,而是人云亦云,见别人都往大城市、大单位挤,自己也跟着凑热闹;另一种是依赖政策、依赖他人的倾向,不主动选择、积极竞争,与激烈竞争的社会现实格格不入。

二、心理压力的缓解方法

(1)自我反省。在面对矛盾和冲突时不要冲动,要冷静、理智地进行思考。一方面要客观地分析就业环境,把面临的情况搞清楚;另一方面要思考自我,找到自己的准确位置。

(2)松弛练习。这是一种通过练习,在心理上和躯体上放松的方法。放松训练可以帮助人们减轻或消除各种不良的身心反应,如焦虑、恐惧、心理冲突、入眠困难、血压升高、头痛等,见效较快。毕业生在遇到心理压力时,可以在有关人员的指导下做一些放松练习。

📧 知识卡片

腹 式 呼 吸 法

边听使人放松的轻音乐,边做腹式呼吸法:

(1)深吸气 3～5 秒,吸气深长而缓慢,腹部慢慢鼓起。请注意一定是用鼻吸气。

(2)屏息 1 秒。

(3)慢慢呼气 6～10 秒,同样是深长而缓慢,腹部逐渐凹进去。呼气可以用鼻也可以用口。

(4)再次屏息 1 秒。

如此循环,每次进行 10～15 分钟。

(3)心理测验。通过心理测验,了解自己的心理特点和问题,从而有针对性地调节情绪,克服心理弱点,发挥优势。例如,高职毕业生可以进行智力测验、人格测验、职业心理测验、能力测验,根据测验的结果,来决定自己的职业选择或调整自己的情绪,使之达到良好的状态。

(4)自我转化。有些时候不良情绪是不易控制的,这时可以把自己的情感和注意力转移到其他活动中去。例如,学习一种新的技能,参加有趣的活动,进行郊游,都可使自己没有时间沉浸在不良情绪中,以求得心理平衡。

(5)聊天和写作。解除苦恼的最好办法便是找人聊天,及时疏导,排遣郁闷。当脑海里的一个念头影响睡眠的时候,不妨试试把纠缠自己的想法写下来。

(6)专家咨询。人的心理出现矛盾,特别是有较大的心理负担之后,内心冲突激烈,自我调节难以奏效,外来力量的帮助就显得非常重要。毕业生可以求助于心理咨询专家,帮助消除择业挫折带来的焦虑、烦恼、抑郁等不良情绪。

三、求职的心理定位

1. 正确认识自我

大学生要对自己所学专业、工作能力、爱好特长、优劣势有一个完整的认识,对自己有个准确定位,这样才能在就业中发挥优势、击败对手,做到人岗相适,找到自己较满意的职业。

2. 积极调适自己的职业意向与职业抱负

有些大学生职业期望过高,不切实际。在找工作的过程中,他们往往觉得自己是最优秀的,好的单位就应选择自己。他们选择单位的条件是薪酬高、福利好、离家近、是名企。当用人单位没选择他们时,他们就怨天尤人、心理失衡。高职毕业生在就业过程中,应不断调整自己原有的不切实际的就业取向,使自己的心理定位与择业目标、要求相适应。

3. 适时调整就业心理

找工作往往不能一蹴而就,要随时调整自己的心理状态,保持心理平和,总结上次竞争失败的教训,做好充分的准备。也可以和心理专家、朋友、家人、老师一起探讨自身失败的原因和在竞争中存在的问题。

4. 用发展的眼光看待职业和企业

大学生由于缺乏就业经验,往往只看眼前,只考虑企业的薪酬待遇。而在事实上,有些职业目前发展较好,但从长远看实际上已经是"夕阳职业",而有些职业却相当有发展潜力。所以,应对企业进行动态分析,对职业及单位的发展前景有准确的认识。

总结案例

正确地认识自己

小许性格内向,不敢与用人单位交流,每次匆匆放下简历就走。她在面试前更是紧张得睡不好觉,在现场也不能很好地发挥。眼看毕业临近,她的就业问题还没解决,由于心理压力过大,只好去心理咨询中心寻求帮助。

老师听了她的倾诉后,首先教给她一些舒缓情绪的方法,然后帮她一起分析、挖掘自身的优势,告诉她自身吃苦耐劳的品质、朴实无华的内在素质,是不少企业看重的。老师的话给她很大启发,回去后她在同学面前演练面试过程,解决面试紧张的问题。一周后,重新有了自信的小许又开始参加招聘会,最后终于顺利签约了。

分析:

就业成功的关键是要能够正确地认识自己。有时要纠正过低的自我评价,大胆地去尝试。不要觉得谁都比自己优秀,要克服自卑心理,树立自信,要知道"天生我材必有用",不要总将自己的弱项和别人的长项比,要发挥自己的优势,最终到达胜利的彼岸。

活动与训练

活动 5-3　保持乐观的心态

主题：建筑工人的三个故事

一、活动目标

人们在做同一件事情的时候心理上有不同的差异，希望同学们能在求职的过程中及时调适自己的就业心理。

二、活动时间

15 分钟。

三、活动步骤

1. 教师向学生提供以下文字材料：

一名心理学家来到一所正在建筑中的大教堂，他对现场忙碌的敲石头的工人进行访问。

心理学家问他遇到的第一位工人："请问你在做什么?"这个工人很烦躁地说："你没有看到吗? 我在用这个重得要命的铁锤来敲石头，石头特别硬，我的手都酸了，这真不是人干的工作!"

心理学家又找到第二位工人："请问你在做什么?"第二位工人无奈地回答道："为了每周500 元的工资，我才会做这份工作，若不是为了一家人的温饱，我才不要干这种敲石头的重活。"

心理学家又问第三个工人："请问你在做什么?"第三位工人眼中闪烁着喜悦的神采："我正参与兴建这座雄伟华丽的大楼。落成以后，这里可以容纳许多人来工作。虽然敲石头的工作并不轻松，但我想到以后无数的人将来到这儿快乐工作，心中就感到特别有意思。"

2. 阅读完毕后分小组讨论(5 分钟)。

3. 教师提问：为什么三个工人在做同一份工作，却有不同的心情和感悟呢?

四、参考答案

做同样的事情，在不同的人身上有不同的反映。故事中的第三位工人，他没有不耐烦，而是很有责任感，他享受这工作中的乐趣，视工作为快乐。在就业的过程中难免挫折，你是愿意和第一、第二个工人一样谩骂、埋怨、发牢骚，还是愿意像第三个工人一样乐观生活，这些都取决于你的心态。

思考与讨论

1. 面对当前严峻的就业形势和激烈的求职竞争，你认为高职毕业生需要具备什么样的心理素质?

2. 在校期间提升自己的心理素质，你是如何安排的?

3. 如果即将面临就业，你在心理方面需要做哪些准备?

4. 求职遇到挫折时，你认为该如何应对?

5.3　大学生就业渠道

学习目标

1. 了解大学生有哪些就业渠道。
2. 根据实际情况选择自己的就业渠道。

导入案例

杨某的困惑

杨某,某高职院校艺术设计专业学生。2018年他毕业后,在一家小报社里当美编。报纸的发行量不足10万份,而且是黑白的,几乎没有什么版式设计要做。他的工作和薪水都很少。和他同时毕业的同学有的去做平面广告设计,有的搞婚纱摄影,都干得风生水起,收入也很可观。可他的工作既不能给他带来专业上的提升,也不能给他多一些的报酬,他实在是不想再干下去了,认为也许转行才是唯一的出路。可他既不喜欢婚纱摄影,也没兴趣做广告设计,不知道做哪一行才好。

分析:

现今,大学生就业的渠道很多,但是同学们也要结合之前学习的内容,理性认识自我,根据自己的实际情况来选择自己的就业渠道。人生总有顺境、逆境,在顺境中要踏实工作,在逆境中要思考改变自我的方法,调整自己的认知以适应社会。

知识讲解

一、主要就业渠道

(一)灵活就业

灵活就业是指在劳动时间、收入报酬、工作场地、保险福利、劳动关系等方面不同于建立在工业化和现代企业制度基础上的传统的就业方式的各种就业形式的总称。

(二)到基层就业

1. 农村教师特岗计划

特岗教师政策是指中央实施的一项对西部地区农村义务教育的特殊政策,通过公开招聘高校毕业生到西部地区"两基"攻坚县、县以下农村学校任教,引导和鼓励高校毕业生从事农村义务教育工作,创新农村学校教师的补充机制,逐步解决农村学校师资总量不足和结构不合理等问题,提高农村教师队伍的整体素质,促进城乡教育均衡发展。

2. "三支一扶"计划

"三支一扶"工作,即"支教、支农、支医和扶贫工作"的简称。"三支一扶"计划自2006年实施以来,已累计选派43.1万名高校毕业生到基层服务。2020年是国家启动"三支一扶"计划的第十五年。根据人力资源和社会保障部最新部署,2020 年约有 3.2 万名高校毕业生投身基层支教、支农、支医和扶贫等工作。2021 年 5 月 28 日,中央组织部、人力资源和社会保障部、教育部、财政部、水利部、农业农村部、国家卫生健康委、国家乡村振兴局、国家林业和草原局、共青团中央决定,实施第四轮(2021—2025 年)高校毕业生"三支一扶"计划,引导和鼓励高校毕业生到西部去、到基层去、到祖国最需要的地方去,支教、支农、支医、扶贫,为促进农村基层教育、农业、卫生、扶贫等社会事业的发展、建设社会主义新农村和构建社会主义和谐社会做出贡献。

3. 大学生志愿服务西部计划

2003 年,共青团中央、教育部、财政部、人力资源社会保障部根据国务院常务会议和全国高校毕业生就业工作会议精神,联合实施大学生志愿服务西部计划。西部计划包括全国项目和地方项目。全国项目由中央财政支持,面向普通高等学校应届毕业生或在读研究生,按照公开招募、自愿报名、组织选拔、集中派遣的方式,招募选派 2 万名西部计划全国项目志愿者到西部地区基层工作。西部计划志愿者服务期为 1 至 3 年,服务协议一年一签。各地方项目具体内容可以各省项目办发布的详细通知为准。

按照中共中央办公厅、国务院办公厅《关于进一步引导和鼓励高校毕业生到基层工作的意见》《关于统筹实施引导高校毕业生到农村基层服务项目工作的通知》《关于做好艰苦边远地区公务员考试录用工作的意见》等有关文件规定,西部计划志愿者可享受相应优惠政策。

(1)服务 2 年以上且考核合格的,服务期满后 3 年内报考硕士研究生的,初试总分加 10 分,同等条件下优先录取。

(2)参加西部计划项目前无工作经历的志愿者服务期满且考核合格后 2 年内(研究生支教团志愿者自研究生毕业时开始计算),在参加机关事业单位考录(招聘)、各类企业吸纳就业、自主创业、落户、升学等方面可同等享受应届高校毕业生的相关政策。

(3)服务期满考核合格的,按规定符合相应条件的,可享受相应的学费补偿和助学贷款代偿政策。

(4)服务期满考核合格的,依实际服务年限计算服务期及工龄(参加工作时间按其到基层报到之日起算),并在服务证书和服务鉴定表中体现。

4. 大学生村官

大学生村官工作是国家开展的选派项目。大学生村官岗位性质为"村级组织特设岗位",系非公务员身份,其工作、生活补助和享受保障待遇应缴纳的相关费用由中央和地方财政共同承担。大学生村官的工作管理及考核比照公务员有关规定进行,由县(区、市)党委组织部牵头负责、乡镇党委直接管理、村党组织协助实施;人事档案由县(区、市)党委组织部管理或县(区、市)人力资源和社会保障部门所属人才服务机构免费代理,党团关系转至所在村。

大学生村官选聘工作由省(区、市)组织人事部门定期、统一组织实施,或者由省、市两级组织人事部门共同组织实施。选聘工作一般通过发布公告、个人报名、资格审查、考试、组织考查、体检、公示、决定聘用、培训上岗等程序进行。由县(区、市)组织、人力资源和社会保障部门与大学生村官签订聘用合同,聘期一般为 2~3 年。大学生村官主要通过留村任职工作、考录公务员、自主创业发展、另行择业、继续学习深造等"五条出路"有序流动。

(三) 报考国家公务员和事业单位

2007 年 11 月 6 日中共中央组织部、人事部制定《公务员录用规定》,2019 年由中共中央组织部修订。该规定明确录用公务员,采取公开考试、严格考察、平等竞争、择优录取的办法。录用政策和考试内容应当体现分类分级管理要求。

国家公务员考试简称"国考",是指中央、国家机关公务员考试,时间相对比较固定,笔试时间一般为每年 11 月的第四个星期日。国考是国家部、委、署、总局招考中央国家机关工作人员的一种方式,招考条件相对严格。

中央、国家机关的公务员考试包括笔试和面试。无论什么岗位都需要经过《行政职业能力测验》和《申论》考试,针对不同岗位的《行政职业能力测验》试题有所不同。

(四) 国家发展战略开拓的就业岗位

1. "一带一路"倡议

2013 年秋天,习近平主席在访问哈萨克斯坦、印度尼西亚期间,先后提出共同建设"丝绸之路经济带"与"21 世纪海上丝绸之路",共同构成"一带一路"重大倡议。它将充分依靠中国与有关国家既有的双多边机制,借助既有的、行之有效的区域合作平台,"一带一路"旨在借用古代丝绸之路的历史符号,高举和平发展的旗帜,积极发展与沿线国家的经济合作伙伴关系,共同打造政治互信、经济融合、文化包容的利益共同体、命运共同体和责任共同体。

共建"一带一路"倡议提出以来,"一带一路"建设在合作中不断发展,已经成为范围最广、规模最大的国际合作平台和最受欢迎的国际公共产品。随着合作不断深入,"一带一路"建设正沿着高质量发展方向不断前进。截至 2021 年上半年,172 个国家和国际组织与中国签署了200 多份共建"一带一路"合作文件,推动建立了 90 多个双边合作机制。2013—2020 年,中国与沿线国家货物贸易额累计达 9.2 万亿美元。

2. 中国制造 2025

国务院于 2015 年 5 月 8 日印发《中国制造 2025》。《中国制造 2025》提出,坚持"创新驱动、质量为先、绿色发展、结构优化、人才为本"的基本方针,坚持"市场主导、政府引导,立足当前、着眼长远,整体推进、重点突破,自主发展、开放合作"的基本原则,通过"三步走"实现制造强国的战略目标:第一步,到 2025 年迈入制造强国行列;第二步,到 2035 年中国制造业整体达到世界制造强国阵营中等水平;第三步,到新中国成立一百年时,综合实力进入世界制造强国前列。

《中国制造 2025》涵盖了五大工程,具体是制造业创新中心(工业技术研究基地)建设工程、智能制造工程、工业强基工程、绿色制造工程以及高端装备创新工程。辐射了十个领域,包括新一代信息技术产业、高档数控机床和机器人、航空航天装备、海洋工程装备及高技术船舶、先进轨道交通装备、节能与新能源汽车、电力装备、农机装备、新材料、生物医药及高性能医疗器械十个重点领域。

《中国制造 2025》的颁布,势必带动相关产业的发展,带来大量的就业岗位。

3. 长江经济带

长江经济带是指沿江附近的经济圈。长江经济带覆盖上海、江苏、浙江、安徽、江西、湖北、湖南、重庆、四川、云南、贵州 11 省市,面积约 205 万平方千米,人口和生产总值均超过全国的 40%。

2016 年 9 月,《长江经济带发展规划纲要》正式印发,确立了长江经济带"一轴、两翼、三极、多点"的发展新格局:"一轴"是以长江黄金水道为依托,发挥上海、武汉、重庆的核心作用,"两翼"分别指沪瑞和沪蓉南北两大运输通道,"三极"指的是长江三角洲、长江中游和成渝三个城市群,"多点"是指发挥三大城市群以外地级城市的支撑作用。

长江经济带战略作为中国新一轮改革开放转型实施新区域开放开发战略,是具有全球影响力的内河经济带、东中西互动合作的协调发展带、沿海沿江沿边全面推进的对内对外开放带,也是生态文明建设的先行示范带。

4. 京津冀协同发展

京津冀协同发展,核心是京津冀三地作为一个整体协同发展,要以疏解非首都核心功能、解决北京"大城市病"为基本出发点,调整优化城市布局和空间结构,构建现代化交通网络系统,扩大环境容量生态空间。推进产业升级转移,推动公共服务共建共享,加快市场一体化进程,打造现代化新型首都圈,努力形成京津冀目标同向、措施一体、优势互补、互利共赢的协同发展新格局。

京津冀地区当前总人口已超过1亿人,面临着生态环境持续恶化、城镇体系发展失衡、区域与城乡发展差距不断扩大等突出问题。实现京津冀协同发展、创新驱动,推进区域发展体制机制创新,是面向未来打造新型首都经济圈、实现国家发展战略的需要。京津冀空间协同发展、城镇化健康发展对于全国城镇群地区可持续发展具有重要示范意义。

京津冀协同发展拥有国家政策的大力支持,发展前景光明,对改进大学生就业状况也有重要的意义。

5. 粤港澳大湾区

粤港澳大湾区是指由广东省广州、佛山、肇庆、深圳、东莞、惠州、珠海、中山、江门9市和香港、澳门两个特别行政区形成的城市群。它是继美国纽约湾区、美国旧金山湾区、日本东京湾区之后的世界第四大湾区,也是国家建设世界级城市群和参与全球竞争的重要空间载体。

2017年3月5日召开的十二届全国人大五次会议上,国务院总理李克强在政府工作报告中提出,要推动内地与港澳深化合作,研究制定粤港澳大湾区城市群发展规划,发挥港澳独特优势,提升在国家经济发展和对外开放中的地位与功能。

2017年4月7日,国家发改委制定印发了《2017年国家级新区体制机制创新工作要点》。其中,广州南沙新区的工作要点为深化粤港澳深度合作探索,推动建设粤港澳专业服务集聚区、港澳科技成果产业化平台和人才合作示范区,引领区域开放合作模式创新与发展动能转换。创新与港澳在资讯科技、专业服务、金融及金融后台服务、科技研发及成果转化等领域合作方式,推进服务业执业资格互认,吸引专业人才落户。完善"智慧通关"体系,构建国际国内资源双向流动的投资促进服务平台。探索建立法院主导、社会参与、多方并举、法制保障的国际化、专业化、社会化多元纠纷解决平台,优化法治环境。

(五) 自主创业

"自主创业",是指劳动者主要依靠自己的资本、资源、信息、技术、经验以及其他因素自己创办实业,解决就业问题在今后的就业工作中,全社会应形成牢固的自主创业意识,使自主创业成为就业的主渠道。政府方面应把主要精力放在研究自主创业思路,指定自主创业政策,开发自主创业门路上,同时,要在工商办照、税款减免、场地申办、办理信贷、资金支持等各个环节上简化程序,提高效率,为劳动者自主创业、自谋职业提供便利。

创业是解决就业的有效手段;创业能够促进社会财富的增长;创业能够促进科技创新;创业可以最大限度实现个人的人生价值;创业可以获得财富,使自己的生活更富裕。

二、毕业后其他去向

(一) 继续深造

1. 升学

普通高校"专升本"教育始于 2001 年,是指普通院校的专科学生结束专科阶段的课程学习之后,通过参加由各院校公布招生人数、各省级行政部门统一组织的考试,按原专业或相关专业升入本科院校继续进行正规本科教育的制度。接受"专升本"教育的学生在本科学习期满并达到普通本科毕业水平时获得"专升本"毕业证书,而且本科院校对符合相关要求条件的学生授予相应专业的学士学位,普通高校"专升本"考试通常为一年一次,学费也与普通本科生的学费相同。这一教育政策架起了专、本学历的桥梁,为广大专科学生提供了进一步学习和取得本科学位的机会,同时满足了社会对高学历人才的需求。

统招专升本学生毕业时授予普通高等教育本科学历证书和学位证书,属于国家计划内统一招录(统招),列入当年普通高校招生计划,享受与普通四年制本科同等待遇。

学习形式为普通全日制,有别于自考、成人高考、网络教育、电大等非普通全日制学历。

2. 出国留学

根据全球化智库(CCG)与西南财经大学发展研究院共同研究编著的《中国留学发展报告(2020—2021)》蓝皮书,我国出国留学人数继续保持正增长,新冠肺炎疫情并未明显影响出国留学的实际需求。留学人员回国人数持续增加,拥有国际视野成为海归群体新的核心竞争力。

(二) 入伍

大学生入伍是指部队每年从在校大学生和大学毕业生中招收义务兵,国家鼓励大学生应征入伍服义务兵役,这里的"大学生"指根据国家有关规定批准设立、实施高等学历教育的全日制公办普通高等学校、民办普通高等学校和独立学院,按照国家招生规定录取的全日制普通本科、专科(含高职)、研究生、第二学士学位的应(往)届毕业生、在校生和已被普通高校录取但未报到入学的学生。征集的大学生以男性为主,女性大学生征集根据军队需要确定。从 2020 年开始征兵工作改为"一年两征",时间调整为 3 月、9 月入伍。

1. 征集对象

男性普通高等学校在校生为年满 17 至 22 周岁、大学毕业生放宽到 24 周岁。女性普通高等学校在校生和毕业生为年满 17 至 22 周岁。

2. 报名流程

(1)网上报名预征:有应征意向的高校毕业生可在征兵开始之前登录"全国征兵网"(网址为 https://www.gfbzb.gov.cn)进行报名,填写、打印《应届毕业生预征对象登记表》和《高校毕业生应征入伍学费补偿国家助学贷款代偿申请表》(以下分别简称《登记表》、《申请表》),交所在高校征兵工作管理部门。

(2)初审、初检:毕业生离校前,在高校参加身体初检、政治初审,符合条件者确定为预征对象,高校协助兵役机关将《登记表》和《申请表》审核盖章发给毕业生本人,并完成网上信息确认。初审、初检工作最晚分别在 2 月和 7 月完成。

(3)实地应征:高校应届毕业生可在学校所在地应征入伍,也可在入学前户籍所在地应征入伍。

（4）组织高校应届毕业生在学校所在地征集的,结合初审、初检工作同步进行体格检查和政治审查,在毕业生离校前完成预定兵,3月初和9月初学校所在地县(市、区)人民政府征兵办公室为其办理批准入伍手续。政治审查以本人现实表现为主,由其就读学校所在地的县(市、区)公安部门负责,学校分管部门具体承办,原则上不再对其入学前和就读返乡期间的现实表现情况进行调查。

（5）在入学前户籍所在地应征入伍的,高校应届毕业生7月30日前将户籍迁回入学前户籍地,持《登记表》和《申请表》到当地县级兵役机关参加实地应征,经体格检查、政治审查合格的,3月初和9月初由当地县(市、区)人民政府征兵办公室办理批准入伍手续。

3. 服役期间的有关就学政策

（1）保留入学资格或学籍

① 入伍高校新生可以申请保留入学资格。退役后两年内,可以在退役当年或者第2年高校新生入学期间,持《保留入学资格通知书》和高校录取通知书,到录取高校办理入学手续。

② 现役军人入伍前已被普通高等学校录取或者是正在普通高等学校就学的学生,服役期间保留入学资格或者学籍,退出现役后两年内允许入学或者复学。

（2）享受学费资助

国家对应征入伍服义务兵役或直接招收为士官的高校学生在校期间缴纳的学费实行一次性补偿,对获得的国家助学贷款实行代偿,退役后复学或入学的实行学费减免。本专科生每人每年最高不超过8 000元,硕士研究生每人每年最高不超过12 000元。

（3）大学生士兵退役后享受升学优惠政策

① 高职(专科)学生入伍经历可作为毕业实习经历。

② 退役大学生士兵入学或复学后免修军事技能训练,直接获得学分。

③ 退役大学生士兵专升本实行招生计划单列。高职(专科)学生应征入伍服义务兵役退役,在完成高职学业后参加普通本科专升本考试,实行计划单列,录取比例在现行30%的基础上适度扩大,具体比例由各省份根据本地实际和报名情况确定。

④ 放宽退役大学生士兵复学转专业限制。大学生士兵退役后复学,经学校同意并履行相关程序后,可转入本校其他专业学习。

⑤ 具有高职(高专)学历的,退役后免试入读成人本科,或经过一定考核入读普通本科;荣立三等功以上奖励的,在完成高职(专科)学业后,免试入读普通本科。

⑥ 应征入伍的高校毕业生退役后报考政法干警招录培养体制改革试点招生时,教育考试笔试成绩总分加10分。

（4）大学生士兵退役后享受就业安置优惠政策

2020年11月11日,《中华人民共和国退役军人保障法》已由中华人民共和国第十三届全国人民代表大会常务委员会第二十三次会议通过,自2021年1月1日起施行,该保障法对退役军人就业安置做了明确规定。

① 对退役的义务兵,国家采取自主就业、安排工作、供养等方式妥善安置。以自主就业方式安置的,领取一次性退役金。以安排工作方式安置的,由安置地人民政府根据其服现役期间所做贡献、专长等安排工作岗位。以供养方式安置的,由国家供养终身。

② 公共人力资源服务机构应当免费为退役军人提供职业介绍、创业指导等服务。国家鼓励经营性人力资源服务机构和社会组织为退役军人就业创业提供免费或者优惠服务。退役军人未能及时就业的,在人力资源和社会保障部门办理求职登记后,可以按照规定享受失业保险待遇。

③ 机关、群团组织、事业单位和国有企业在招录或者招聘人员时，对退役军人的年龄和学历条件可以适当放宽，同等条件下优先招录、招聘退役军人。退役的军士和义务兵服现役经历视为基层工作经历。

④ 各地应当设置一定数量的基层公务员职位，面向服现役满五年的高校毕业生退役军人招考。服现役满五年的高校毕业生退役军人可以报考面向服务基层项目人员定向考录的职位，同服务基层项目人员共享公务员定向考录计划。各地应当注重从优秀退役军人中选聘党的基层组织、社区和村专职工作人员。

⑤ 军队文职人员岗位、国防教育机构岗位等，应当优先选用符合条件的退役军人。

⑥ 县级以上地方人民政府投资建设或者与社会共建的创业孵化基地和创业园区，应当优先为退役军人创业提供服务。有条件的地区可以建立退役军人创业孵化基地和创业园区，为退役军人提供经营场地、投资融资等方面的优惠服务。退役军人创办小微企业，可以按照国家有关规定申请创业担保贷款，并享受贷款贴息等融资优惠政策。

⑦ 退役军人从事个体经营，依法享受税收优惠政策。

⑧ 用人单位招用退役军人符合国家规定的，依法享受税收优惠等政策。

⑨ 退役军人服现役年限计算为工龄，退役后与所在单位工作年限累计计算。退役军人服现役年限与入伍前、退役后参加职工基本养老保险、职工基本医疗保险、失业保险的缴费年限依法合并计算。

总结案例

"2016 感动中国十大人物"大学生村官秦玥飞事迹

秦玥飞 2005 年取得美国耶鲁大学的全额奖学金，赴美留学。2011 年，在耶鲁大学完成了经济学和政治学两个专业的学习，取得文科学士学位。当 20 岁的秦玥飞以优异成绩考入耶鲁大学，许多人以为这是一条穿西装、拿高薪的富贵路。令人意外的是，26 岁的秦玥飞从耶鲁毕业后，却来到湖南一个小山村，走上一条进基层、当村官的实干之路。

他是一个喝过"洋墨水"的城里孩子：重庆长大的他在高中毕业时，以托福满分的成绩考入美国耶鲁大学，享受全额奖学金，获得双学士学位。以优异成绩毕业的他，没有去跨国公司做都市白领，而是来到湖南衡山脚下的一个小山村，做了一名大学生村官，仅仅一年，无钱无背景的他，帮村民引进 80 万元资金建起了新敬老院等多个公共项目。村民们都亲昵地称他"耶鲁哥"。

正式上岗的第一天，早上起床后秦玥飞像在大学时一样准备去洗澡，在从宿舍到澡堂的路上，他热情地和碰到的每一个人打招呼。但这天下午，有村民就议论起来："留过洋的人是嫌我们这里脏不咯？""早上洗澡，好浪费水呀。"这让心思细腻的秦玥飞惶恐不安，他开始明白："村民不会关心我从哪所学校毕业，他们只关心我是不是自己人。"秦玥飞说，从那以后最想做的就是"尽快成为村民中的一分子"，他再也没有一天洗两次澡。

他还开始长期穿着老乡送的一双解放胶鞋。夏天的 T 恤衫稍微花哨，便反过来穿。为了能让村里的老人记住自己，秦玥飞还会尽量以固定颜色和样式的穿着出现在老人面前。

一个月后，开始有村民上门找他修电器。接着，有人找他写信，甚至有村民让秦玥飞到地里帮忙干活，秦玥飞成了贺家山的人。

有朋友形容秦玥飞是理想主义者,他自己则更正为是"有理想的践行者"。困难再多,一个个去克服,要找对方法,杜绝一切拍脑袋的决定。

村里准备修水渠,因为涉及各自利益,几个村民小组争得不可开交。秦玥飞自己掏钱买了几包烟,一次次上门做工作,张口一声伯伯,闭口一声叔叔,最后竟然说通了。

"农村社会的复杂性超乎我的想象,但我觉得这是个大课堂,我不能把它看作是不正常的现象。在村里做事遇到困难是正常的,只要学会去适应、学习、分析,就有可能找到解决方案。"秦玥飞说。

除了修水渠,秦玥飞所做的事还包括敬老院改造、街道硬化和照明、为村里几所学校搭建信息化教学平台。他说,任何一个项目都会做好详尽的预算和规划。他不自作主张替村民做任何决定,但只要是村民要办的事,绝不允许自己办不到。

如今"耶鲁哥"已小有名气,但他说,在耶鲁的学习只是人生的一个阶段,"面对基层,面对村民,我仍是一个学生,所有的一切,都需要学习。"

几个月前,秦玥飞在3 547名选民投票中获得85%的选票,被村民直选为县人大代表,代表证和当选通知书被他挂在书桌上方。在他看来,这两样东西的意义不亚于耶鲁大学的录取通知书。

村民陈春桃说:"小秦跟我们处得好,又为我们干了这么多事。如果光挂个名,尾巴翘得老高,是没人选他当代表的。"在当选代表后,秦玥飞在县人大会上提交了有关农村校车安全的议案,并且会继续推进乡里校车项目的实施。

如今,自己"要在公共服务领域干点事儿"的追求已经小有成绩,这个梦想也越来越坚定。"大学生村官生涯还有一年多就结束了,这是千金不换的经历。还没想过以后要干什么,但肯定会在公共服务的路上一直走下去。"秦玥飞说。

2012年10月底,他以85%的选票光荣当选为衡山县第十二届人大代表。2013年5月,湖南省人民政府授予秦玥飞"一等功"奖励,共青团湖南省委授予秦玥飞第十五届"湖南青年五四奖章"。2017年2月8日,秦玥飞获得"感动中国2016年度人物"十大人物。

分析:

职业探索过程中的渠道很多,但是只有坚守自己的信念,才能最终获得成功,实现人生的价值。

活动与训练

活动5-4　就业渠道抢答赛

主题:就业渠道抢答赛

一、活动目标

加深同学们对就业渠道的认识。

二、活动时间

10分钟。

三、活动准备

按班级人数分为几个小组,胜出的小组教师给予奖励。

四、活动步骤

1. 真正进入社会后,我们会知道自己未来要走的道路有哪些,下面,我们来一场擂台赛,看看哪个小组回答得快?

2. 参考题目

(1) 国家"三支一扶"计划的"三支"具体是指什么?"一扶"是指什么?

(2) 大学生村官是否属于公务员?

(3) 大学生志愿者服务西部计划对自己的成长有什么作用?

(4) 你有什么方法可以找到国家不同领域的就业政策?

活动 5－5　到基层去就业

主题：观看《焦点访谈》20170215 期《到基层去》

一、活动目标

体会社会责任感、激发同学们去基层就业的兴趣。

近年来,我国每年大学毕业生中的 70％去向都是基层。在人们印象中,基层工作又苦又累又穷,很多大学生对于去基层就业都有顾虑。怎样能把大学生更多、更好地吸引到基层?

二、活动步骤

先用 15 分钟观看视频,然后教师引导学生谈感受。

第六单元
掌握求职技能

引导语

"十年磨一剑，霜刃未曾试。"站在毕业的路口，也许很多同学已期盼良久，跃跃欲试；而有些同学却彷徨茫然，不知所措。面对高校扩招及其他客观因素的影响，加之应届毕业生没有工作经验，使得求职愈加艰难。不少毕业生经历的是一个"希望、竞争、等待、失望"不断循环的求职过程。然而，机遇偏爱那些有准备的人，要想在充满荆棘的道路上找到自己的职业目标和方向，就需要不断完善、充实、提高自己。

为了帮助同学们在求职过程中少走弯路，早日找到满意的工作，本单元将介绍打磨求职技能和掌握应聘技巧等内容，力图从心态和技巧上给予大家一些帮助。

学习目标

1. 完成有效的求职信、简历和相关材料制作。
2. 掌握适当的求职技巧，树立个人职业形象。

学习指南

一、学习方法

（1）通过角色扮演、模拟面试等实践教学环节，亲身体验面试的过程，自己发现问题、解决问题。

（2）通过正、反面案例分析，正确把握应对求职面试的方式方法，掌握求职技巧。

二、注意事项

在参加每项活动时，要多思考、分析总结，从而发现问题、解决问题。

6.1　制作求职材料

学习目标

1. 掌握求职信的撰写要领，能准确填写就业推荐表。
2. 掌握简历的主要内容和制作方法。
3. 注意其他求职材料的准备。

两手空空的王凯

王凯是一名大三的学生,专业是舞蹈表演。对于自己的专业水平,他可谓信心满满。临近毕业,有一家用人单位来学校进行招聘,王凯对该单位非常感兴趣。但是,该用人单位要求他提供完整简历的要求却难住了他。他平时对就业问题不太重视,一时间不知该怎样制作一份完整、专业的简历。用人单位还希望他能提供一些演出的视频资料,也令王凯非常为难,因为他平时并不注意这些资料的收集和保存。

分析:

很多学生在专注自己专业学习的同时,忽略了求职简历制作的学习,又不注重资料的收集与整理,导致要用简历的时候却两手空空。现在的用人单位希望员工不仅有过硬的专业知识,还要有全面的职业素质,而要了解这些信息,阅读求职材料是一个很好的途径。所以每一个学生必须会做求职材料。

知识讲解

一、求职材料简介

在求职择业时,毕业生为了便于用人单位了解自己,必须准备一套介绍自己的书面材料。这套说明毕业生本人有关情况的个人材料,就是求职材料。它一般包括求职信、就业推荐表、个人简历、学历证明、职业技能等级证书、获奖证明材料等。

求职材料非常重要,它是毕业生与用人单位之间交流信息的载体。对毕业生来说,可以通过求职材料向用人单位介绍自己的情况和就业意向,表达对用人单位所提供的职位感兴趣的原因和努力工作的决心。这是争取就业机会的重要步骤,是通往就业之路的"敲门砖"。

二、求职信

(一)求职信的分类

1. 有目的地向单位进行自我介绍

求职信是在已经知道了某个单位招聘人才的情况下写的。它具有高度的针对性。在求职信中,称呼和内容都要针对特定单位的特定人,主要表述自己的主观愿望和特长,以吸引招聘者的注意,取得面试机会。

2. 广泛适用的求职信

求职信不分职业、单位和对象,没有求职的具体目标,带有一定的盲目性,成功率相对较低。它主要向用人单位介绍自己的概况,让单位了解并对自己感兴趣,普遍使用在供需见面会和人才市场招聘会上。

(二)求职信的内容和格式

1. 标题

求职信的标题通常只有文种名称,即在第一行中间写上"求职信"三个字。

2. 称谓

称谓是对收信人的称呼,写在第一行,要顶格写单位名称或个人姓名,在称谓后附上冒号。求职信的称呼比日常书信所用称呼要正规。通常,写给国家机关、事业单位时,可以用"尊敬的××处长(或科长等)"称呼;写给外资企业时,可以用"尊敬的××董事长(或总经理等)"称呼;如果写给一般性企业,可用"尊敬的××厂长(或经理等)";若写给学校,则以"尊敬的××教授(或校长、老师等)"称呼。

3. 正文

正文要另起一行,空两格后写求职信的内容。正文内容较多,要分段写。

(1) 求职的原因。首先简要介绍求职者的基本情况,如姓名、年龄、性别、学校、专业。接着要直截了当地说明从何渠道得到有关信息以及写此信的目的。这段是正文的开端,也是求职的开始,介绍有关情况要简明扼要,对所应聘的职务的态度要明朗。为了吸引收信者有兴趣读下去,开头要有吸引力。

(2) 对所谋求的职务的看法以及对自己的能力的客观评价,是求职信的重点。要着重介绍自己应聘的有利条件,特别突出自己的优势和"闪光点",以使对方信服。语言要中肯,恰到好处。态度要谦虚诚恳,不卑不亢,达到见字如见其人的效果。要给对方留下深刻印象,进而相信求职者有能力胜任此项工作。特别是文字要有说服力。

4. 结尾

求职信的结尾应该包含两部分内容:盼回复和祝福语。例如,先写"期盼得到您的回复""静候佳音";然后另起一行,空两格,写表示敬祝的话。例如,写下"此致",然后换行顶格写"敬礼"。不必过多寒暄,以免"画蛇添足"。

5. 署名和日期

写信人的姓名和成文日期写在信的右下方,成文日期写在姓名下面。

6. 附件

有说服力的附件是鉴定求职者的凭证,是不可忽视的组成部分。附件不需太多,但必须有分量,足以证明自己的才华和能力,比如自己的外语等级证书复印件(或扫描件)、计算机等级证书复印件(或扫描件)、获奖证书复印件(或扫描件)。附件可在信的结尾处注明。

(三) 撰写求职信的注意事项

1. 篇幅尽量简短

只有篇幅简短、重点突出的求职信才会引起用人单位的注意,才能收到良好效果。

2. 突出个性

面对不同的招聘单位和不同职位,求职信在内容侧重点上要有所不同,必须有很明确的针对性,切忌千篇一律,没有自己的特色。只有突出自己的特长,并很好地找到招聘岗位要求和自身条件的匹配点的求职信,才能被招聘者赏识。

3. 实事求是

要不卑不亢,适度的谦虚会让人产生好感,但过分的谦虚则容易给人留下缺乏自信的印象;与此相反,虚假浮夸的表述很容易被招聘者识破。因此,陈述要客观真实,适度修饰。由于文化上的差异,一般对外资企业需要充分地展示自己的能力,充满自信,而对国企、国家机关以及事业单位则应适当内敛,着重介绍自己的知识和能力,语气要适度含蓄。

4. 语句通顺,文字流畅

求职信一般要求打印,做到文字工整、美观,不要出现错别字,语句流畅通顺,文字通俗易懂,切忌用华丽的辞藻进行堆砌,少讲大话、空话和套话。

5. 尽量不要谈薪酬

如果没有被要求,不宜在求职信中谈论薪酬待遇。如果招聘者要求应聘者提供薪酬要求,那么就适度地说明,比如不低于五千元,或者参照行业薪酬标准的中等水平,并且注明这是可以协商的。

6. 仔细检查

写完后认真阅读修改,然后请周围的人帮助修改,避免有歧义的表述,避免重点不突出或者表述层次不清等疏漏,使求职信更能准确地表达求职者的信息。

下面提供一份求职信,供大家参考。

求职信(示例)

尊敬的××经理:

  您好!

  我是××职业技术学院××系生化制药专业2021届高职毕业生,近期在××网上获悉贵公司正在招聘员工。我拟申请贵公司的"医药代表"职位,我自信符合贵公司的招聘要求。三年的专科教育,为我打下了扎实的药学专业基础,同时使我具备了良好的实践能力和创新能力,大学期间我还担任班长、校围棋协会副会长,通过组织和参与大型活动,我具备了良好的组织协调能力和团队协作能力,尤其是我热情外向的性格,使我能够更好地面对困难和挑战。

  此外,在大学期间,我多次获得各项奖学金和荣誉称号,参加过2021年上海进博会志愿者等多项志愿者活动,培养了很强的社会责任感。我的大学英语六级成绩为504分,通过了国家计算机水平二级考试,具备了工作所必需的英语和计算机能力。

  很希望能加盟贵公司,发挥我的特长和潜力,为贵公司的发展贡献自己的一份力量。

  随信附有我的简历。期待您的回复!

  此致

敬礼!

求职人:×××

2021 年 7 月 25 日

---

7. 可以用中、英文两种文字写求职信

现在有很多用人单位非常重视求职者的英语水平。因此,用中、英文两种文字写求职信,可以使自己的英语水平得到展现。如果求职的单位是一个中外合资企业或外资企业,那么中、英文求职信就更有必要了。

三、个人简历

如何从日益激烈的求职竞争中脱颖而出?首先要制作好个人简历,它是求职者介绍自己、

推销自己的"人才说明书"。无论是通过哪一种招聘渠道——招聘会、网络申请或他人推荐,都需要提供个人简历。

通过阅读个人简历,招聘人员可以从以下几方面来考量求职者。

一是求职者的能力。招聘者根据求职者受教育的程度、有无相关工作经历、取得过何种成绩等来判断求职者的基本能力和素质,因此,简历中需列举具体事实来证明求职者能胜任招聘岗位。

二是求职者的职业诚信。招聘者很看重求职者的职业诚信,会注重求职者工作的稳定性及材料表述的真实性,如果频繁跳槽或经历表述中有隐瞒、欺骗的信息,就会使招聘人员对求职者的职业诚信有所怀疑,影响求职者的求职。

三是求职者的思维特征。招聘者可通过简历表述的层次性、逻辑性、准确性及文字写作能力,来判断求职者的思维特征。

招聘人员往往先通过阅读个人简历对众多求职者进行初步的筛选,精心准备的简历更容易通过初审。

(一) 简历的类型
常见的简历一般分为以下两类。

1. 文字型简历
文字型简历是用文字描述自己的经历,比如个人基本情况、做过什么工作、有何成绩、获过什么奖励。现在一些用人单位并不排斥用有经验、有教训、失败过的人,关键是看应聘者能否从失败中找到原因,是否具有敢于担当的勇气。

2. 表格型简历
它是以表格的形式分栏目介绍个人情况,比较简练,一目了然。特别是经计算机处理后的表格型简历,非常规范、美观。在 Word 文档中有很多简历模板,基本上可以满足需求。简历的样式不要太花哨,能够突出个人信息即可。针对设计类的职位,则需花一些时间制作有个性的简历,充分展示自己的设计水平。

(二) 简历的内容
简历通常包括以下八个方面的内容:

1. 个人基本情况
包括姓名、性别、民族、出生年月、政治面貌、籍贯、学校、系别、专业、照片、爱好、特长等。个人基本情况的介绍并非越详细越好。

2. 联系方式
一定要清楚地标明自己的详细联系方式,如电话号码(写清楚区号)、手机号码、电子邮件地址、通信地址。

3. 求职意向
简短、清晰地表明本人对什么岗位、什么行业感兴趣。这部分内容必须能够回答"你想做什么"或"你能给公司提供什么价值"。最直接的方式就是写出职务名称。

4. 主修课程
学习情况是必不可少的,但不要写得过多,要突出那些与应聘职位相关的课程,让用人单位感到求职者的学历、知识结构与招聘条件相吻合。

5. 实践活动和社会工作经历

因为大部分毕业生没有工作经验,所以毕业生在校期间的实践活动情况很重要。这部分可分为校内和校外两方面进行说明。校内方面主要是担任班干部,参加学生社团、社会公益组织等。校外方面可将参加兼职活动、寒暑假实习、企业顶岗实习、技能培训项目等情况简要地写出来,说明项目名称、时间、地点、收获、实习单位的评价及所获取的技能等级,以便让用人单位全面了解求职者的实践技能和工作能力。

6. 获奖情况

包括获得奖学金的情况及获得三好学生、优秀学生干部、优秀团员、优秀党员、社会实践优秀个人、优秀社团负责人等称号的情况。

7. 技能证书

可列出自己获得的职业技能等级证书,比如专业技能证书、英语等级证书、计算机等级证书、汽车驾驶证。证书最好与应聘的工作直接相关,或者能证明自己的能力。

8. 自我评价

将自己的知识、能力和素质作简明扼要的总结,列出代表自己核心竞争力的内容,要与自己应聘的岗位相符合,要突出重点,切忌全面罗列。此外,注意描述必须具体,比如主持能力、演讲能力、培训能力、领导力、团队合作精神。

(三) 简历制作的注意事项

1. 真实

简历最主要、最基本的要求就是真实。诚实地记录和描述,能够使阅读人首先产生信任感,而用人单位对求职者最基本的要求就是诚实。个人简历不能弄虚作假、编造经历。

2. 简练

招聘人员每天要面对大量的求职简历,一般在粗略地进行阅读和筛选时,在每份简历上所用时间不超过一分钟。如果简历篇幅很长,阅读者缺乏耐心,难免漏看部分内容,这对求职者是很不利的。

3. 突出重点

重点突出才会给人留下深刻的印象。个人的优势部分是整份简历的点睛之笔,是最能吸引人的地方。

4. 自己动手,切勿过度包装

自己的情况自己最了解,简历要亲自动手制作。从实际效果来看,多数用人单位更看重应聘者的真才实学,对过度包装的简历不会有特别的好感。

5. 有自己的特色

用人单位在招聘期间,通常都会收到大量简历。如何让负责招聘的人对你的简历留下深刻印象,并决定给你一个面试的机会?这就需要我们在简历中针对应聘单位的性质和应聘职位突出自己的特色。

下面提供一份简历,供大家参考。

个人简历(示例)

★基本信息

　　姓名：李文欢　　　　　　　　性别：女

　　出生年月：2020 年 7 月　　　　籍贯：湖北省武汉市

　　E-mail：×××@×××.com　　　电话：×××××××××××

　　地址：×××学院×××系　　　　邮编：430000

★教育背景

　　时间：2018 年 9 月—2020 年 7 月

　　院校：×××学院

　　专业：软件测试

　　主要专业课成绩：Java 应用软件开发 84 分,C 语言程序设计 90 分,软件性能测试 93 分,ASP. NET 应用开发 87 分,数据库原理 96 分,数据结构与算法 92 分。

　　课业成绩优秀：综合测评排名第一,核心专业课成绩排名第二。2018 年获得校级二等奖学金,2019 年获得校级一等奖学金。

　　积极参与学院管理,在校期间担任了学院团委组织委员、班级学习委员,具有优秀的沟通管理能力。

★工作经验

　　2018 年 7 月,在"2018 年国际电子商务论坛及展览会"上担任×××股份有限公司软件产品展示员,介绍网络应用软件《沟通大师》和《沟通精灵》,以耐心、负责、讲解明晰透彻受到公司的好评。

　　2018 年 11 月—2019 年 3 月,在××××信息技术有限公司实习期间,独立完成了嵌入式门禁系统的模块测试工作。

★外语水平与计算机应用水平

　　国家英语四级考试成绩为 496 分。具有较强的英文阅读、写作能力,良好的英语听说能力,熟练掌握专业英语。

　　全国计算机等级考试二级合格,××市计算机应用水平测试成绩优秀。

　　熟练使用 Office 系列办公软件,如 Word、Excel、Powerpoint、Frontpage。精通动画软件,如 3ds Max。

★自我评价

　　个性坚韧,能吃苦耐劳,工作认真,有突出的钻研、开拓精神。

　　为人热情乐观,兴趣广泛,适应性强,人际关系和睦。

　　有优秀的组织、协调能力,善于沟通,有良好的团队协作精神。

　　上面这份简历内容不多,分量却很重,以大量的信息来证明自己是一名品学兼优的高素质人才。

(四) 简历的投递

1. 简历的投递途径

简历制作完成后,下一步就要投递简历了。在招聘会、网络这两种求职渠道中,如何投递简历才能使得求职的命中率最高?

(1)招聘会。与招聘人员沟通,了解更多信息。毕业生在招聘会现场投简历时,应搜寻适合自己的岗位信息,并事先准备好问题,与招聘人员积极沟通。建议看到与自身条件相吻合的职位时再投简历,明显不符合要求的岗位就不必浪费精力了。

(2)网络。在信息的筛选上下工夫。要提高网络求职的有效性,首先,要选择信誉好的知名网站,尤其是和毕业生求职有关的网站,如本校的就业信息网、社会上专业的人才招聘网站等,这样获得有效信息的概率大,求职效率高。其次,要仔细筛选信息,网上的职位信息量大,要学会分类,学会使用职位搜索器等工具,筛选出与自己的目标行业、目标职位相关的信息,并过滤掉那些过期信息。最后,要按照招聘单位要求的方式投递简历,如应聘大公司,最好采用其网上投递简历系统,或按要求给招聘者发送电子邮件,并要注意对方要求发送哪些材料。

2. 简历的投递小窍门

投递简历要注意以下几个小窍门。

(1)统一复印装订。简历后面所附的整套求职文件的复印件,如奖学金证书及其他荣誉证书等,复印时最好统一使用白色的 A4 纸,避免大小不一,同样颜色和大小的纸张会给招聘者一种专业的感觉,还要保证打印和复印的质量。另外,应将各类资料装订在一起,防止这些材料在传递过程中丢失。

(2)写好联系方式,注意在简历和求职信上写好应聘的岗位和联系方式,方便用人单位进行反馈。

(3)将已投递简历的单位建档,包括单位名称、联系人、联系方式及投递的材料等,同时记住已经投递简历的单位名称,以免某天接到招聘单位的电话时手忙脚乱。

(4)在打印的求职信上,签上自己的名字,以示诚意和尊重。

四、就业推荐表

现在使用的就业推荐表,是由学校毕业生就业指导服务中心统一印制的,其栏目有姓名、性别、民族、出生年月、政治面貌、学校名称、专业、学历、培养类别、外语水平、健康状况、学校地址、特长、奖惩情况、在校表现、院系推荐意见、学校毕业生就业指导中心意见等。

📇 **知识卡片**

就 业 推 荐 表

就业推荐表是毕业生和用人单位达成意向后,毕业生在签订就业协议前递交给用人单位的一份正式文件,用人单位应该妥善保存。毕业生如果因种种原因和用人单位解除了录用关系,应该索回就业推荐表,以便与下一个单位签约,遗失后要及时到学校就业主管部门补办手续,以免耽误求职。

(一)就业推荐表填写的注意事项

1. 不能涂改

就业推荐表具有代表校方的作用,加盖了有关部门的公章。因此,填表的时候一定要细心、认真。特别是成绩单、院系推荐意见等部分,一旦有涂改的痕迹就可能引起用人单位的误解。因此,当发现错误时,应当换一张重新填写。

2. 在备注栏中叙述自己的突出优势

自己具有的一些突出优势可以在备注栏里展示，比如发表的重要作品，或者突出的外语能力、突出的工作经历。

3. 保证就业推荐表的唯一可信性

就业推荐表的原件不可仿制，更不可谎称遗失而重新补办。这样做，会影响学校的声誉，从而造成不良影响。毕业生在"双向选择"的过程中可以使用就业推荐表的复印件进行"自我推销"。只有与用人单位签订协议时，才向用人单位或人事主管部门交出就业推荐表的原件。所以一定要保管好本人的就业推荐表。

（二）就业推荐表示例

就业推荐表示例，如表 6-1 所示。

表 6-1　××职业技术学院 2018 届毕业生就业推荐表

基本信息	学号		姓名		性别		照片
	民族		出生年月		培养方式		
	生源地				政治面貌		
	家庭地址						
教育经历	院系			入学时间			
	专业			辅修专业			
	学制		学历		预计毕业时间		
联系方式	手机号码						
	联系地址						
	电子邮件						
外语能力							
计算机能力							
个人经历（自高中起）							
奖励荣誉							
社会工作与社会实践							
自我评价							
求职意向							
院系推荐意见							

五、求职材料的制作

求职材料的制作，不是求职信、个人简历、毕业生就业推荐表和各类证书的简单装订，而应当是一份吸引用人单位、展示自我才能的精美手册。

（一）封面设计

封面相当于求职材料的"脸"，封面设计既要美观、有个性，又要突出主要内容，不可过于花哨。成功的设计会给用人单位留下良好的第一印象。

一个好的封面应包括：学校名称（可附上学校的标志性图案）、专业名称、"求职材料"字样、个人姓名、联系方式（包括通信地址、手机号码、电子邮件地址等）。

为了不显得单调，可以在封面的右下角设计一个简单的图案。但切不可把图案当成封面的主体，否则就会喧宾夺主。

（二）求职材料制作的注意事项

1. 认真审核各类材料

（1）学历证明，如毕业证书、参加过的社会培训的结业证书、自考本科证书。

（2）学校或政府、社会机构颁发的荣誉证书，如"三好学生""优秀学生干部""优秀团员""优秀毕业生"的证书。

（3）英语等级证书、计算机等级证书、各类奖学金等级证书。

（4）校级以上社会实践、征文比赛、文艺演出、体育运动会、社团活动等各类活动的获奖证书。

（5）在正式出版物发表过的文学作品、科研论文、美术设计作品、音像作品、摄影作品及各类小制作、小发明、小创作的图像资料等。

（6）达到一定水平的实训成果，如软件产品、手工作品。

用人单位对能证明毕业生工作能力的材料都会特别重视，如果自己在某方面有特长，一定要以有说服力的材料充分展示出来。

2. 在制作自我推荐材料时，特别要注意做到五个"切忌"

一是切忌封面太华丽，美观大方即可；二是切忌太长，能短则短，能说清楚就行；三是切忌假大空，要做到符合实际，诚信是推荐材料的关键；四是切忌谈薪水，能做到按单位要求和国家法定原则定岗定级就行，即使面试人问起，也应巧妙回答；五是切忌个人材料不加分类地堆砌到一起，毫无逻辑性可言，让面试官感觉毫无章法。

总结案例

胸有成竹的小刘

小刘是某高职院校市场营销专业大三学生。大三一开学，已进入大学最后实习阶段的他，和众多同学一样开始寻找工作。在 9 月 23 日举行的市人才市场大型招聘会上，他应聘了早就瞄准了的市内某大型商场品牌家电的销售岗位。为了应聘成功，他利用招聘会举办前的一周时间，对该品牌的家电产品进行了细致的市场调查，内容涉及市场份额、产品性能、竞争对手情况等，拿出了一份翔实的市场调研报告。最后，他击败了众多高学历的竞聘者而被录用。

分析：

　　用成果证明自己的能力是最有效的。小刘针对目标公司和岗位,结合自己的专业知识,拿出了一份市场调研报告。这一份调研报告对他的竞聘成功起了决定性的作用,因为用人单位最希望的就是招聘到的人能踏踏实实干工作,能给单位创造价值。

活动与训练

活动 6-1　撰写我的求职简历

主题：个人简历设计大赛

一、活动目标

掌握个人简历的制作技巧,能够设计适合自己的个人简历。

二、活动时间

课外 + 课上共计 30 分钟。

三、活动步骤

1. 学生利用课余时间制作个人简历,然后在课堂上展示。
2. 学生投票评选出优秀作品 4 个,制作者上讲台介绍自己的简历。
3. 其他同学提问和点评。
4. 教师现场颁发奖品予以鼓励。

活动 6-2　自我介绍

主题：一分钟自我介绍

一、活动目标

如何在一分钟内展示自己的简历特色。

二、活动时间

15 分钟。

三、活动步骤

1. 给学生展示优秀的一分钟自我介绍,提前挑选简历设计大赛中优秀的 4 个作品进行准备。
2. 要求必须给自己的名字做一个好的介绍,并在一分钟时间内展示自己的最大优势。
3. 其他学生给点评。

思考与讨论

1. 在求职信息和简历中应该突出自己的哪些优势?
2. 假设你现在是用人单位的面试官,你在一个求职者的求职信和简历里面最想看到的是什么信息呢?

3. 在填写就业推荐表的时候要注意什么?

6.2　掌握应聘技巧

学习目标

1. 了解笔试的种类和应答技巧。
2. 了解面试的种类,掌握面试中常见问题的回答技巧。
3. 掌握面试过程中的礼仪。

导入案例

不同的回答,不同的结果

在一次面试中,招聘者先后问两位求职者同样的问题:"我们单位是集团公司,下面有很多子公司,凡被录用的人员都要到基层去锻炼,基层条件比较艰苦,请问你们是否有思想准备?"毕业生 A 说:"吃苦对我来说不成问题,因为我从小在农村长大,我很乐意到基层去,只有在基层摸爬滚打,才能积累丰富的工作经验,才能为今后的发展打下基础。"毕业生 B 则回答:"如果要到基层去锻炼,我会尽一切努力克服困难,好好工作,但作为年轻人,总希望有更好发展的机会,不知贵公司安排我们下去的时间多长? 还有可能上来吗?"结果前一个学生被录用。

分析:

招聘者通过考察求职者对问题的回答,进而了解求职者对工作的态度。毕业生 A 对下基层态度端正、诚恳,令主考官欣赏;而毕业生 B 在思想上明显有顾虑,尽管是人之常情,但他的回答却不合时宜。显然,毕业生 A 对应聘技巧的掌握要好于毕业生 B。

知识讲解

一、笔试

笔试是用人单位对应试人员的一种考核办法,目的是考核应聘人员的文字能力、逻辑思维能力、创新能力、知识面和综合分析问题的能力。它通常用于对专业技术要求、对员工素质要求比较高的大型企事业单位,如一些涉外部门、对技术要求很高的专业公司以及国家机关、事业单位等。

(一) 常见的笔试种类

(1) 专业考试。这种考试主要是检验求职者担任某一职务时是否能达到所要求的专业知识水平和相关能力。例如,外资企业要考应聘者的外语,招聘护士时要考核基本的护理知识和技能,国家机关招录公务员要考行政管理和法律知识。从答卷中,可看出求职者的文字表达、问题分析和逻辑思维等方面的能力。

（2）心理测试。求职者的心理素质如何，也是招聘者关心的问题。因此，有的单位会请求职者完成一套心理测试题，以此来判断求职者的心理素质。

（3）技能测验。技能测验主要是对应聘者专业能力的考核。例如，招聘护士时，招聘方要求应聘者演示重症监护仪器的使用。

（4）命题写作。这种考试的目的在于考察求职者的文字表达能力、分析问题能力和逻辑思维能力。例如，根据背景材料限时写出一份请示报告、会议通知或工作总结。

（二）笔试的技巧

笔试的主要内容首先是基础知识和专业技能知识，其次是心理及能力测试，最后是与用人单位有关的某些知识。求职者在参加笔试时要特别注意以下几点。

（1）增强自信心。笔试怯场，大多是由于缺乏自信心所致。客观冷静地对自己进行正确的评估，就能克服自卑心理，增强自信心。

（2）做好笔试前的准备。提前熟悉考场环境，有利于消除应试时的紧张心理。除携带必备的证件（如身份证、学生证、准考证）外，一些考试必备的文具（如钢笔、铅笔、橡皮、直尺）也要准备齐全。

（3）掌握科学的答卷方法。拿到考卷后，首先应通览一遍，了解题目的多少和难易程度，以便掌握答题深度和速度。其次按照先易后难的原则排出答题顺序，先做简单的题，最后再攻克难题。这样就不会因为攻克难题费时太多而没有时间做会答的题目。最后，要尽可能留出时间对易出错的地方进行复查，特别注意不要漏题。

（4）节省时间，争取主动。在笔试过程中，求职者应尽量提高效率、节省时间、争取主动。在做完题目并经过仔细复查确认无误后，应迅速上交试卷。因为在答题的准确率基本相当时，谁交卷早就证明谁的反应快、效率高，他就会在众多的求职者中占据主动地位。

二、面试

面试是用人单位招聘时最重要的一种考核方式，是供需双方相互了解的过程，是一种经过精心设计，以交谈与观察为主要手段，了解应试者信息和能力的一种测评方式。多数大学生因为面试经历少，不懂面试技巧，信心不足，常常不知所措。掌握面试技巧是大学毕业生求职择业面临的新课题。

（一）面试的主要类型

根据面试的实施方式，可将面试分为以下五类。

（1）一对一的个别面试。常用于第一轮面试，主要目的是排除一些素质相对较差者。

（2）多对一的主试团面试。由多个部门组成主试团，考核应聘者的人格素养、业务素质、行为风格等。

（3）多对多的小组面试。面试对象有多个，便于对应聘者进行比较。

（4）小组讨论面试。由应聘者组成一个临时工作小组，讨论给定的问题并作出决策。目的是考核应聘者的领导能力、组织能力、口头表达能力、说服力、洞察力、处理人际关系的技巧等。

（5）评估中心面试。专业化程度高的外企通常会用一两天的时间通过评估中心进行人才选拔。评估中心将进行一系列综合性的考核,包括在公众人物前发表演讲、无主题的讨论、团队创建游戏、辩论等,目的是考核应聘者的适应能力及在一个全新的、毫无准备的情境中处理问题的能力。

(二) 面试前的准备

面试是求职的关键环节,需要事先做好准备,主要包括以下几个方面。

(1) 研究用人单位。俗话说,"知己知彼,百战不殆",面试前对用人单位进行充分的了解,对能否通过面试是非常重要的。求职者要通过多种渠道(如宣讲会、网站、社会关系),设法了解自己所应聘公司和职位的情况,了解公司所在地、规模、背景、经营状况和发展前景,还要了解公司对员工的工作要求、待遇、培训情况。了解企业文化有助于判断公司的环境是否良好,知道公司需要招聘什么样的员工,可以帮助自己恰当地回答问题。

(2) 审视自己。面试最重要的还是充分了解自己,面试前要梳理一下自己的情况,对照应聘岗位的招聘要求,问一问自己:我是否对这个岗位感兴趣?我参与竞争的优势是什么?劣势是什么?如果被问到劣势方面,如何应对?

(3) 物品准备。在面试前,应把自己准备带去参加面试的文件包整理好,带上必需用品。带好求职简历、求职信、各种荣誉证书和成绩单的复印件等。多带一份简历,有备无患。

(4) 面试训练。应届毕业生缺乏面试经验,在面试前有必要进行面试的学习和训练,先了解各种面试形式,学习他人的经验,并可向学长请教,还可以 3～5 人一组,轮流扮演面试官和求职者,模拟面试的过程,锻炼展示自我的能力,积累面试的实战经验。

(5) 心理准备。面试的过程是一个复杂的心理变化过程,成功的关键在于自己优秀的素质以及良好的临场发挥。在择业前要进行心理调适,克服紧张情绪,并排除心理干扰。在面试时要放松,这样才能发挥出最佳的水平,取得理想的面试效果。还要注意保证足够的睡眠,保持良好状态。

(三) 面试常见问题的回答技巧

在面试前,了解一些常见问题的回答技巧是很有帮助的。下面每一个问题有五种可能的答案供选择,请求职者选择答案,然后参考对五种答案的点评。

1. 进行自我介绍(考察表达能力)

问题:招聘人员引导语结束后,一般会让你简要进行一下自我介绍。

(1) 针对所聘职位要求,重点突出、简要介绍自己。

(2) 不过于炫耀自己的学历,要重点介绍自己的应聘优势。

(3) 充分准备,突出重点。

(4) 不妄自菲薄。

(5) 把握时间,不拖沓。

点评:进屋后,要和考官礼节性打招呼,当考官让自己就座后再坐下。坐姿要占半个左右的椅子,身子要稍微前倾,眼神要直视考官。介绍自己时要把握语音语速,切忌太快或太慢,声调要有变化,要在有限的时间内介绍好自己。

2. 考察应聘动机

问题:你为何应聘我单位?

(1) 贵单位在某一方面存在问题,我愿意帮助解决。

（2）我还没有认真思考过，请问下一个问题好吗？

（3）贵单位收入较高，或本人性格内向，或贵单位工作相对稳定。

（4）从该职位的社会功能、本人的专业特长，特别是对该项工作的兴趣和热情等方面回答。

（5）因为看到了贵单位的招聘启事，而且贵单位离我家很近（或专业比较对口等）。

点评：这是很多单位必问的一个问题，应聘者应认真做好充分准备。（4）的回答容易得到考官的认同，因为（4）既涉及专业特长，又涉及工作兴趣和热情；（1）的回答使自己变得好像一个"救世主"；（2）回避问题的回答不可取；（3）（5）的回答涉及收入高、工作稳定、离家近、专业对口等，理由不够充分，缺乏对应聘职位的兴趣和热情。

3. 是否了解招聘单位

问题：你对我单位有何了解？

（1）我做过一些调查，较详细地了解了贵单位的发展战略、奋斗目标、工作成就及工作作风等，例如……。

（2）没有多少了解，但相信工作一段时间后会有更多认识。

（3）我了解到贵单位工作条件和效益都很好，自己来了以后可以充分发挥特长。

（4）有一些了解，但不全面。例如，贵单位的主要产品是……，贵单位的广告是……。

（5）贵单位有住房，还有出国进修的机会，有利于实现我的远大理想。

文本：常见面试问题的回答思路

点评：这个问题的实质是考察求职者是否有诚意。（1）间接地表现了对职位的渴求，给人"未进某某门，已是某某人"的感觉，容易引起考官的关注和好感；（3）（5）容易给人"单向索取"的不良印象，但不排除确有真才实学的人才对自我价值的肯定和实现职业理想、安心工作的意愿；（5）则显得求职诚意不足。

4. 优点和特长展示

问题：欢迎你应聘会计职位，你有何优点和特长？

（1）本人的优点是好静、稳重、办事认真，特长是计算机操作能力较强。

（2）我是会计专业毕业生，专业学习成绩较好。

（3）我的特长是英语口语较好，优点是热情开朗，喜欢和人打交道，喜欢旅游和运动。

（4）特长谈不上，优点是心直口快、待人热情。

（5）我比较注重专业能力的培养和提高，无论在实习期间还是在日常工作中都在不断钻研业务。

点评：答案（1）符合会计工作的性格要求，而且较强的计算机操作能力正是会计工作所需要的；答案（5）强调自己的专业能力强，表现出从事会计工作的长远打算。答案（1）（5）都容易引起考官的关注和好感；答案（2）强调自己专业对口，成绩较好，是典型的"学生腔调"，但也具有会计工作的发展潜力；答案（3）（4）则是答非所问，甚至与会计工作的内在要求相违背，热情开朗、心直口快可能引起用人单位的疑虑和担心。

5. 对自己缺点的认识

问题：你有何缺点和不足？

（1）我的适应性较差，不善于处理人际关系。

（2）我的缺点很多，如对自己要求不太严格、纪律性较差。

（3）缺乏实践经验，而且在知识结构上还需要进一步充实完善。

（4）我的性格外向，办事急于求成，有时忽略细节；或我的性格内向，办事过于求稳，有时效率不高。

（5）我觉得我很适合这项工作，如果有缺点和不足，希望你能提醒一下好吗？

点评：这是每位应聘者都难以回答而又必须回答的问题。因为当招聘者问及这一问题时，一般说来都是对求职者产生了兴趣，所谓"褒贬是买主"，作为应聘者，应做到"人贵有自知之明"，正确认识自己的不足，有改进的愿望和行动。答案（3）比较符合这一要求。答案（4）比较客观地分析了自己：前者坦诚自己有时急躁，但隐含热情高、办事效率高的优点；后者则包含办事认真、一丝不苟的工作作风。（1）（2）两种答案直率坦诚，但对某些职位来讲，可能是致命的缺点，不能被录用。答案（5）闪烁其词，大有"外交家"的风度，但缺乏自知之明，忘记了"金无足赤、人无完人"的道理。职业指导专家提醒求职者在面试前要正确地认识自己，既要认真总结优点和长处，也要客观地认识自己的缺点和不足，并提出改进的措施，还要针对职位要求，有的放矢地回答。

6. 工作计划

问题：如果我们单位录取你，你打算怎样开展工作？

（1）希望录用以后再详细谈，好吗？

（2）还没有考虑，希望给我一段时间认真考虑一下。

（3）服从分配、努力工作。

（4）贵单位有很多优势，但也存在一些不足，我愿对此加以改进。

（5）有准备地说明做好某些工作的初步打算或详细计划。

点评：答案（5）表现出对工作的热情和追求这一职位的强烈愿望，容易得到考官的赞同，这一点来自事先的认真准备；答案（3）直接表达上述愿望，但明显准备不足；答案（4）有可能引起用人单位的好奇和关注，但也可能引起反感；答案（2）显得求职诚意不足，但也给人留下办事稳妥的印象；答案（1）则显得"自视清高，待价而沽"。

7. 对单位的要求

问题：如果我们录用你，你有何要求？

（1）没有什么要求。

（2）我家在外地，希望解决住宿。

（3）我还没有考虑好，不过要求婚后解决住房问题，工资和福利待遇较为合理。

（4）自己目前没有家庭负担，如果谈要求的话，希望给予更多的任务，在工作中不断提高自己的能力。

（5）希望有较好的工作条件，以便发挥自己的专业特长。

点评：求职择业是一种"双向选择"的过程，应当满足双方的客观需要。答案（1）显得缺乏自信，不切实际；答案（2）（5）实事求是地提出自己的要求，无可厚非；而答案（4）则更容易得到用人单位的认同；答案（3）虽然也无可厚非，但要求解决婚后住房问题可能有些困难。

8. 薪酬水平要求

问题：如果公司录用你，你希望月薪多少？

（1）我是××专业的毕业生，因此每月工资应在 8 000 元以上。

（2）公司无论开多少工资，我都能接受。

（3）希望公司按国家有关规定或公司的惯例发工资。

（4）不能低于 5 000 元。

（5）具体工资多少我不在意，只是希望公司以后能按工作成绩或工作效率合理发放工资。

点评：求职者的薪金待遇是"双向选择"中一个必不可少的话题。答案(3)(5)显然有所考虑，比较理智地回答了这一"难以启齿"的问题，其中(5)的回答更是具有挑战性，既表现了干好这一工作的自信心，也表现出维护自身权益的意识；相比之下，(1)(2)(4)的回答则显得有些轻率。

9. 如何面对失误

问题：如果你的工作出现失误，给本公司造成经济损失，你认为该怎么办？

(1) 如果是我的责任，我甘愿受罚。

(2) 我本意是为公司努力工作，如果造成经济损失，我没有能力负责，希望公司帮助解决。

(3) 我办事一向谨慎、认真，我想不会出现失误吧。

(4) 我想首先找出原因，尽力把损失降到最低，然后总结经验，以免他人重蹈覆辙，最后要勇于承担责任。

(5) 我认为首要的问题是想方设法去弥补或挽回经济损失，其次才是责任问题。

点评：这是一个具有挑战性的问题。(1)坦诚接受处罚；(2)企图逃避责任，但是如果损失重大，(2)也逃脱不了；(3)则认为自己不会出现这种情况，是一种不切实际的回避；(4)从发展的角度理智地说出了如何处理问题的想法，并积极实施，同时一切为公司着想，又敢于担当，这是应聘单位需要的人才；(5)的态度较可取，先尽力挽回损失，表现出较强的责任心。

(四) 面试中的应对策略

(1) 积极主动，简洁明了。千万不可寡言少语，既不作答又不提问，这样有损自己在招聘者心目中的形象。在回答问题、分析问题时，也要表现出积极主动的态度，以乐观向上的精神面貌出现在招聘者的面前。在一般情况下，招聘者不希望应聘者只用"是""不是"或仅仅一句话来回答问题。例如，招聘者问及做过什么社会工作时，求职者不仅要举简短的例子，还要简单地介绍工作内容，以及自己得到的锻炼等。

(2) 强化自信，沉着冷静。面试中无论遇到什么情况，求职者都不能失去自信心。有时招聘者会提出一个求职者意想不到的问题，目的是想考察求职者的应变能力。这时，求职者要保持冷静，千万不可乱了分寸，在情绪上受到大的干扰。

(3) 开拓思维，有理有据。在面试中，求职者偶尔会被问到一些近乎怪异的非常规问题，这类题目一般都具有不确定性，这也给了求职者发挥想象的空间，要充分利用自己掌握的知识，用例子说服人，以非常规回答应对非常规问题，就能出奇制胜。

(4) 把握时间，留有余地。应聘者要注意运用语言表达技巧，留有回旋余地，如回答："我认为这个问题应抓住以下几个要点。"在此用"几个"，而不用具体的数字"3""4"或"5"来回答，给自己预留了发挥的空间，可以边回答、边思考、边补充。

(5) 目标明确，注重逻辑。回答招聘者关于下一步发展思路的问题时，很多大学生都是只有目标而没有措施。例如，当被问及"未来5年的职业发展目标是什么"时，求职者应回答"我希望5年之内达到……为了实现该目标，我的具体措施是……"这样的回答具有较强的逻辑性。

(五) 面试案例分析

下面介绍两个面试的小案例。

案例

艳丽着装,适得其反

小李是某职业院校文秘专业应届毕业生。在同学们的眼中,她的择业优势太多了。一家著名大公司要招聘文秘人员,小李递交了个人简历,很快公司通知她面试。小李面试时选定了时下最流行的那套"韩装",精心地搭配了一副同样是时下最流行的金光闪闪的耳环,连她自己都觉得镜中的人太酷了! 小李满怀信心地走进面试间,镇定地回答了几位招聘者的提问,她觉得自己势在必得。但她万万没有想到,正是那套"韩装"和那副金光闪闪的耳环令她应聘失败。

分析:

在面试时,穿着职业装能给人留下良好的印象,但如果过于注重打扮,就会适得其反。多数公司都不喜欢员工在上班时间"摆酷",在面试时保守一点的着装更加有利。

闲 谈 面 试

小蓝在参加面试时,觉得凭借自己刻苦学习所掌握的专业知识和一年多的实习经验,一定会在面试中有较好的表现。令小蓝始料不及的是,在面试时,面试官并没有问她所精心准备的专业知识,而是问了一大堆好像与应聘职位无关的事情。例如,"你在实习的一年中有没有遇到非常难忘的事?""你喜欢怎样安排业余时间?"面试后,小蓝心里一点底儿都没有。

分析:

在面试时,许多单位不仅要考查一个人的专业能力素质,还要根据职位的需要,考察应聘者的沟通能力、交往能力、责任心、自信心等。因此,要保证面试的成功,应聘者一定要做多方面的准备。

三、职业形象设计

塑造良好的仪容形象,有助于建立好的人际关系,在职业发展中也将助你一臂之力。特别是在面试过程中,职业化的形象和得体的举止能反映求职者良好的素养,会赢得招聘者的好感。所以,求职者的化妆与发型很重要,在面试前要整理好自己的仪容。

(一)塑造良好仪表形象

整洁美观的服饰是人们能用以改变自己或烘托自己的最好的、使用最频繁的"武器"。

1. 男士面试的仪表

(1)西装。男士的西装首先要合身,颜色应当以黑色、灰色或深蓝色为主,在价格上符合学生身份即可。西装上衣可以敞开穿,但双排扣西装上衣一般不要敞开穿。在扣西装扣子时,如果穿的是两个扣子的西装,不要把两个扣子都扣上,一般只扣上面一个;如果有三个扣子,则只扣中间一个或上面两个。西装裤兜内不宜放沉重的物品。

(2)衬衫。以白色或浅色为主,这样较好配领带和西装,面试前应熨平整。衬衫在西装袖口露出少许,显得很专业。

(3)皮鞋。以黑色为宜,要擦亮。穿皮鞋要配上合适的袜子,不要穿白色或颜色特别浅的袜子。

(4)领带。男士参加面试通常要在衬衫外打领带,要干净整洁。领带的长度要适当,以达到皮带扣处为宜。如果穿毛衣或毛背心，应将领带下部放在毛衣领口内。系领带时，衬衫的第一个纽扣要扣好，如果佩带领带夹，一般应在衬衫的第四、五个纽扣之间。

2. 女士面试的仪表

（1）套装。女式套装的花样可谓层出不穷，每个人可根据自己的喜好来选择，但原则是必须与准上班族的身份相符，切忌过于花哨。如果选深色西服套装，会给招聘者留下职业化的印象。

（2）衬衫。如选西服套装，建议选白色衬衫。

（3）皮鞋。鞋跟不宜过高，夏日最好不要穿露出脚趾的凉鞋。在面试时，不要穿长而尖的高跟鞋，中跟鞋是最佳选择。

（4）袜子。袜子不能脱丝。时装设计师们普遍认为，商务着装中肉色袜子是最合适的。为保险起见，应在包里放一双袜子备用，以便袜子脱丝时能及时更换。

（5）皮包。女士的皮包最好是挎肩包。在多数面试场合，携带公文包比手提小包更能体现权威。可以在手提包中放进一个无带小提包，但不要把包塞得满满的。如果身体较矮小，则包不宜过大，否则会极不协调。

（6）首饰。面试时佩戴首饰要符合学生身份的打扮，切忌太夸张。首饰尽量少戴。耳环应当小巧且不引人注目。

（7）眼镜。眼镜会使一些人外表增色，也可能显得不协调。尽量选择适合自己的镜框，式样较新为好。另外，千万不可戴太阳镜去面试，当然更不能戴反光镜。

（8）围巾。一条漂亮的围巾或丝巾有画龙点睛的妙用。一些女士喜欢蓝灰色服装，但穿蓝灰色衣服往往会使面部发暗，如果配上一条色彩浓郁、风格热烈的尼龙围巾，就能达到生机勃勃的效果。

（二）应聘中的体态

仪态，又称"体态"，是指人的身体姿态和风度。人的姿态能透露和传递出各种各样的信息。从人的姿态可以看出一个人的心态、修养、素质、文明水准等，所以不可忽视。

1. 站姿

人一般的站姿为立正、稍息与跨立。站姿的基本要求是头端、肩平、胸挺、腹收、身正、腿直、手垂。

男士站姿：一般应双脚平行，大致与肩同宽，全身正直，双肩稍微向后展，头部抬起，双臂自然下垂伸直，双手贴放于大腿两侧。

女士站姿：女士在站立时，通常应当挺胸、收颔，目视前方，双手自然下垂，叠放或相握于腹前，双腿基本并拢，不宜叉开。

2. 坐姿

（1）就座：即走向座位直到坐下来等一系列过程，它是坐姿的前奏，也是其重要的组成部分。在就座过程中要注意四点：注意顺序，就座时要讲究先后顺序，礼让尊长；讲究方位，在正式场合一定要遵守"左进左出"的原则；落座无声，在就座的整个过程中都不应发出嘈杂之声；离座谨慎，离座时要注意礼仪顺序，不要弄出声音。

（2）坐定：在正式场合和有尊者在的情况下，坐下之后不应坐满位子，大体占据三分之二的位置即可。挺直上身，头部端正，目视前方，不可身靠座位的背部。在正规场合，上身与大腿、大腿与小腿应当均为直角。男士就座后双腿可张开一些，但不应宽于其肩宽；女士就座后，特别是身着短裙时一定要并拢大腿。正坐时应掌心向下,叠放于大腿之上;侧坐时,双手以叠放或相握的姿势放置于身体侧向的那条大腿之上。

3. 走姿

对于走姿的总体要求是轻松、矫健、优美、匀速。行走时,应以正确的走姿为基础,并且要全面、充分地兼顾六个方面:全身伸直,昂首挺胸;起步前倾,重心在前;脚尖前伸,步幅适中;直线前进,自始至终;双肩平稳,双臂摆动;全身协调,匀速前进。

4. 手势

(1)垂放:垂放是最基本的手姿。其做法有二:一是双手自然下垂,掌心向内,叠放或相握于腹前;二是双手伸直下垂,掌心向内,分别贴放于大腿两侧,多用于站立之时。

(2)背手:多见于站立。

(3)鼓掌:以右掌心向下,有节奏地拍击掌心向上的左掌。

(三)应聘中的表情姿态

1. 学会微笑礼仪

在面试中,保持微笑有以下几个方面的作用。

(1)表现心境良好。面露平和欢愉的微笑,说明心理愉快、充实满足、乐观向上,这样的人才会产生吸引别人的魅力。

(2)表现充满自信。面带微笑,表明对自己的能力有充分的信心,以不卑不亢的态度与人交往,使人产生信任感,容易被别人真正地接受。

(3)表现真诚友善。微笑反映自己心底坦荡、善良友好、待人真心实意,而非虚情假意,使人在与其交往中自然放松,不知不觉地缩短了心理距离。

(4)表现乐业敬业。能在工作岗位上保持微笑,说明热爱本职工作、恪尽职守。在面试中,要把握每个机会展露自信而自然的笑容。

2. 学会倾听

参加面试,一定要集中精神,细心地听对方讲话。倾听对方说话的神情也很重要,听招聘者说话时,眼睛望着地下,或嘴巴微张,甚至重复发问好几次,都会给人不好的印象。有人常会轻率地问:"刚才这个问题,能解释一下吗?"或者说:"我不太明白刚才这个问题的意思。"这些发问对面试者都是不利的。可以聪明一点地表示:"据我听到的,您的意思是否是这样?"即便真的没听懂,或听漏了一两句,也千万别在对方说话时突然提出问题,必须等到他把话说完。

3. 学会用眼睛说话

眼睛是心灵的窗口,在面试时,一定要注意眼神的交流,这不仅是相互尊重的表示,更是坦然无惧的一种表现。在一对一的面试当中,无论是回答问题还是自我介绍,都应该与招聘者进行眼神交流。在一对多的面试中,如果是自己在进行自我介绍,主要看居中的招聘者,兼顾旁边的招聘者;在回答问题的情况下,谁提问题则以看谁为主,兼顾其他人。无论是看谁,目光都要自然、柔和、亲切、真诚。切忌眼神游离不定、带有攻击性,或者太过热情,给人很不自在的感觉。

四、面试基本礼仪

1. 较强的时间观念

提前 10～20 分钟到达面试地点,既表示诚意,又可调整自己的心态。

2. 出入场要有礼貌

应试者应先敲门,在得到允许后才可以进入面试现场。应向用人单位问好致意,并作自我介绍,此时可以顺手递一份自荐材料,得到用人单位许可后方可入座。坐姿要端正,不要有小动作。离去时应说"再见"。

3. 认真聆听

在交谈过程中要认真聆听,不要左顾右盼,不要随意走动,提前关掉手机,不要因为自己的不注意而影响面试效果。举止要文雅大方,谈吐谦虚谨慎,态度积极热情。

4. 面试时的打扮要大方得体

勿穿新衣,勿浓妆艳抹,不要标新立异。整洁最重要,头发和指甲要干净,衣服要整齐,皮鞋要擦亮。

5. 握手要有技巧

注意姿势、伸手的顺序、握手的力度。

6. 恰当运用肢体语言

一颦一笑,一举手一投足,这就是肢体语言。相关调查表明,在面试者给人的印象中,用词内容占 7％,肢体语言占 55％,剩下的 38％来自语音语调。因此,在面试中,不妨谨记以下这些小细节:切忌目光躲闪,仔细聆听,面带微笑,措辞严谨,回答简洁明了;精神风貌乐观积极。

7. 在面试后的一两天内,可给某个具体负责人写一封电子邮件

感谢他提供面试机会和为自己所花费的精力,再简短地谈谈自己对这个职位的兴趣和特长等。

8. 如果两个星期之内没有收到任何回音,可以给主试人打个电话询问

一般不宜直接问自己是否被录取之类的问题,而应婉转地问结果是否已经出来了。这个电话可以表示出自己的兴趣,还可以从他的口气中听出自己是否有希望入选。

总结案例

一次成功的面试

小李经历的第一次面试是失败的,后来又参加了一个大型国企的面试。这次是进行无领导小组讨论,发言时小李慷慨陈词,表述很有条理,并指出了一个同组的求职者发言中的不当之处,尽管他觉得自己表现得很出色,可最终还是落选了。事后,他询问招聘者才知道,对方更看重团队协助精神。小李吸取教训,做足功课,参加了另一个单位的面试,不仅很好地回答了考官的问题,还就产品性能谈了自己的见解。最后,小李顺利得到了该单位的录用函。

分析:

面试前不但要总结自己各方面的情况,熟悉常见的面试形式,而且要研究、了解用人单位的情况,做到有的放矢。同时,要不断总结经验,为下一个面试机会做好准备。

活动与训练

活动 6-3　面试

主题：模拟面试

一、活动目标

掌握面试的技巧并体验面试。

二、活动时间

90 分钟。

三、活动步骤

1. 活动环节

（1）自我介绍：每人用 3 分钟的时间进行自我介绍。

（2）结构化面试：选手从组织方准备好的问题中随机抽取一个问题进行回答，限时 3 分钟。

（3）情景面试：选手根据评委提出的问题进行作答，意在考验选手的反应能力，限时 3 分钟。

2. 模拟面试环节的具体操作事项

（1）会场布置。可分为选手演讲台、评委席、观众席三大部分。评委席应设置 5～8 名评委，由学生担任。可以邀请相关领导、老师现场指导。

（2）对评委的要求：身着正装，普通话流利、标准，有一定应变能力，可以为选手的表现给出客观合理的评价与建议。

（3）面试所包含的细节问题，由工作人员共同商讨决定。

（4）发动宣传力量，制作海报，打印分发传单。鼓励尽可能多的同学前来参与活动。

3. 评分标准（满分 100 分）

姓　名	语言表达	举止仪表	应变能力	综合分析能力	优　点	缺　点	总　评

4. 面试结果

最终评出本次面试的前 3 名，并颁发纪念品。

5. 教师点评与总结

活动 6-4　一次不完美的面试

主题：如何展示自己的"不完美"

一、活动目标

如何正确地对自己简历中的某些缺陷进行自圆其说。

二、活动时间

15 分钟。

三、活动步骤

1. 采取一对一模拟方式,一人充当考官,一人充当面试者,考官可以围绕以下问题提问(可以补充)。

(1) 成绩偏科如何解释?

(2) 缺少专业相关实习经历如何自圆其说?

(3) 因参加学生活动,而自己成绩不及格怎么办?

(4) 学校并不出名怎么办?

2. 面试者进行回答,每个问题 2 分钟。

四、活动建议

人无完人,我们如何在真实的简历中述说和描述自己的不完美,即如何突出自己的优势,淡化自己劣势。对几种常见的问题,大家以小组为单位,以头脑风暴的方式说出自己的解决方案。

思考与讨论

1. 常见的笔试种类有哪些?

2. 面试的常见形式有哪些? 如何准备?

3. 面试应注意的问题具体包括哪些?

第七单元
熟悉就业流程

引导语

我国实行"市场导向、政府调控、学校推荐、学生与用人单位双向选择"的就业机制。近年来,社会上一些非法机构利用大学毕业生对就业相关法律、法规、政策知识的不熟悉和就业焦虑心理,采取欺骗手段,使一些毕业生上当受骗。同时,在高校大学生毕业之时,由于自身法律概念的模糊和对相关概念理解得不准确,对就业流程不了解,直接影响了就业效率。本单元对大学生毕业、就业的基本概念进行了梳理,对不同的去向选择给出了流程图,对我国现行就业政策和法规中涉及毕业生权利、义务方面的知识进行了介绍。

学习目标

1. 掌握毕业、就业、肄业的相关概念。
2. 熟悉毕业去向选择、就业报到等有关流程。
3. 熟悉劳动法、劳动合同法等相关内容。
4. 了解毕业生首次就业及建立劳动关系后的维权注意事项。

学习指南

一、学习方法

(1)通过搜索互联网、听讲座等方式了解就业的法规和流程,与往届毕业生以及即将毕业的学长多交流,了解就业时的注意事项。

(2)根据对就业领域、所学专业及自身情况的了解,从职业发展的角度出发,初步确定自己的毕业去向,并做相关准备工作。

二、注意事项

学习过程中要注意将理论知识与本地区、本校、本人的实际情况相结合,多听取教师、学长的意见和建议。

7.1 就 业 流 程

学习目标

1. 掌握毕业、就业、肄业的相关概念。

2. 熟悉毕业去向选择、就业报到、出国（出境）留学、自主创业等有关流程。

导入案例

王小龙该怎么办？

2017 年 6 月，王小龙从某职业技术学院顺利毕业。在毕业前，他已经与沈阳市某公司签订了由教育部门统一印制的就业协议书，并由用人部门签署了意见，加盖了公章，并口头商议了工资及福利待遇。7 月 1 日，他到该公司报到后，被分配到后勤服务中心，并签订了劳动合同。这份劳动合同规定，王某的服务期限为 3 年，3 年未满而离职，要承担 1 万元的违约责任金。王小龙发现，劳动合同中对工资及福利的规定比当初口头商议的要少。那么，就业协议书与劳动合同哪个更能帮助王小龙主张权利呢？

分析：

这个案例中涉及大学生毕业、毕业时间、就业协议书、劳动合同等概念，还涉及王某毕业就业的流程和岗位待遇的认定。应该说，了解必要的法律概念和就业流程，能够很好地帮助大学生维护自身权益。

知识讲解

一、毕业（就业）相关事宜

（一）毕业、结业和肄业

毕业是指具有正式学籍的学生，在规定的时间内完成全部教学计划规定的课程，并且考试合格，准予毕业。毕业证书由学校颁发，报教育主管部门备案登记。

结业是指具有正式学籍的学生，在规定的时间内完成全部教学计划规定的课程，但其中有一门（含）以上主要课程不及格。结业生由学校颁发结业证书。取得结业证书的学生一般可在结业后 1 年内向学校申请补考，补考及格者可换发毕业证书（具体见各校规定）。结业也可以办理就业手续，但必须注明"结业生"字样。

肄业是指具有正式学籍的学生，在未完成教学计划规定的课程情况下中途退学。肄业生由学校发给肄业证书和学习经历证明。对肄业生，国家不负责为其办理就业手续，由学校将其档案和户口转回其生源所在地，自谋职业。

（二）生源地和生源地变更

生源地是指学生参加高考时的户籍所在地。生源地与在什么地方上大学、现在的户口所在地没有任何关系。生源地不随户籍的改变而改变。对于多次以不同户籍参加过几次高考的学生来说，以最后一次参加高考时的户籍所在地为生源地。

生源地变更是指学生在校就读期间，其父母双方或一方的户籍迁转到另一省市，毕业生要向所在学校提出申请，由学校上报教育主管部门，经审核同意后方可办理生源地变更手续。生源地变更情况适用于户口和档案关系的转移，尤其是对于毕业时未落实工作单位、二分回省的学生，要进行生源地变更，以便将户口和档案转回现家庭所在地。

（三）就业报到事项

1. 就业推荐表和就业协议书

就业推荐表是指由毕业生所在省市教育主管部门统一印制并通过学校发放给毕业生的就业推荐制式表，是学校正式推荐毕业生的书面材料，具有很高的权威性和信誉度。表中所填内容反映了学生的个人信息、学习成绩、奖惩情况、社会实践经历等方面的情况，是用人单位选择人才的重要依据。该表一般由三部分组成：毕业生本人的情况介绍；毕业生所在院系的推荐意见；毕业生所在学校就业主管部门的推荐意见。就业推荐表是毕业生具有派遣资格的证明文件，是毕业生申请户口、报考公务员等的必需材料。

就业协议书俗称"三方协议"，是由教育部高校学生司统一制订，各省市（自治区）教育主管部门统一印制、统一编号，由毕业生、学校、用人单位三方签订，明确三方权利义务关系的书面凭证。就业协议书一式三份，内容包括以下方面。

（1）由毕业生本人填写的本人基本情况和就业意见。

（2）由用人单位填写的单位基本信息、毕业生档案转寄地、户口迁移地等。用人单位要填写意见并加盖公章。

（3）由学校就业主管部门填写的学校两级就业部门意见、毕业生培养方式、毕业生就业部门联系人等，并加盖公章。

就业协议书对三方当事人具有同等的法律约束力，具有民事法律上的合同效力，需要三方当事人严格遵守执行。

📧 知识卡片

就业协议的签订注意事项及解除

1. 关于违约金

目前国家有关部门对就业协议中的违约金数额没有明确规定，学生应该在协商中力争将违约金降到最低。要向用人单位交纳违约金的，由毕业生和签约单位在协议中约定。

2. 利用好"备注"

现行的就业协议属于"格式合同"，但备注部分允许三方另行约定各自权利义务。毕业生可将签约前达成的福利待遇（如休假、保险等）在备注中加以说明。如发生纠纷，可以及时向法庭举证，维护自己的合法权益。

3. 就业协议的解除分为三方解除和单方解除

三方解除是指毕业生、学校、用人单位之间经过协商，同意消除原先订立的协议，此类解除因三方当事人真实意思表示一致，三方均不承担法律责任。三方解除应在就业计划上报主管部门之前进行，如在就业派遣计划下达后解除，还须经教育主管部门批准办理调整改派手续。单方解除包括单方擅自解除和单方依法或依协议解除。单方擅自解除协议属违约行为，解约方应对另两方承担违约责任。单方依法或依协议解除就业协议，是指一方解除就业协议有法律上或协议上的依据。例如，学生未取得毕业资格，用人单位有权单方解除就业协议，此类单方解除，解除方无须对另两方承担法律责任。

2. 就业报到证

就业报到证是"全国普通高等学校本专科毕业生就业报到证"的简称，是指由教育主管部门统一印制并签发,是毕业生签订了就业协议书后经过上报审批而核发的毕业生就业报到的书面通知。

2023年,国家印发《关于做好取消普通高等学校毕业生就业报到证有关衔接工作的通知》,明确不再发放就业报到证,取消就业报到证补办、改派手续,不再将就业报到证作为办理高校毕业生招聘录用、落户、档案接收转递等手续的必需材料。

3. 违约责任

违约责任是指就业协议书无法正常履行,分为用人单位违约责任和毕业生违约责任。用人单位违约应该承担相应的责任,并为毕业生出具正式声明或书面退函等。用人单位违约的原因一般包括:因单位经营困难导致的裁员;因用人计划发生重大变动导致的岗位撤销。毕业生违约的原因一般包括:对用人单位工作条件不满意而单方违约;私自与其他单位达成就业意向;准备继续升学或出国。毕业生违约也应承担协议书约定的违约责任。因此,建议毕业生在签订就业协议书时要慎重考虑毕业去向,避免违约。

(四) 其他毕业事宜

1. 毕业去向类别

毕业去向类别直接决定了毕业生人事关系转接手续的办理方式。一般来说,毕业去向类别主要有:就业派遣、待分、二分和升学(专升本或考研)、出国(出境)留学、应征入伍、自主创业等。

2. 统分、定向和委培

统分是指通过全国普通高等学校招生考试,按照高考招生办法的规定制定招生标准并统一录取本专科学生,以及通过全国研究生入学考试,按照国家确定的分数线统一录取研究生的培养方式。

定向是指国家为帮助边远地区、少数民族地区和艰苦行业培养人才而制定的一项招生政策。定向培养的高校毕业生要严格履行所签订的定向就业协议。

委培一般是指某单位为满足对专业人才的需求,委托高校或科研单位对人员进行培养。毕业生要履行委托培养协议约定的责任义务。

3. 派遣和改派

派遣是指毕业生在毕业离校前落实接收单位,签订三方协议,办理就业报到证,毕业后将其人事档案关系转入接收单位或人才服务机构的就业形式。

改派是指学校上报了就业方案并由教育主管部门核发了就业报到证后,但毕业生本人提出申请进行单位变更的一种做法。

4. 灵活就业

灵活就业是一种非正规就业形式,是指大学毕业生在劳动力市场中从事动态性、非固定性的就业活动。一般来说,灵活就业雇佣双方签订的劳动合同关系是临时的,劳动者的工作岗位不固定或为多个雇主打工。

5. 试用期和见习期制度

试用期是用人单位与毕业生约定的相互适应的一个时间段,试用期的开始也是劳动关系的开始。《中华人民共和国劳动合同法》(简称《劳动合同法》)第十九条对试用期作出明确规定:"劳动合同期限三个月以上不满一年的,试用期不得超过一个月;劳动合同期限一年以上不满三年的,试用期不得超过两个月;三年以上固定期限和无固定期限的劳动合同,试用期不得超过六个月。同一用人单位与同一劳动者只能约定一次试用期;以完成一定工作任务为期限的劳动合同或劳动合同期限不满三个月的,不得约定试用期。"

见习期制度一般存在于行政事业单位和国有企业,用人单位对刚毕业的大学生进行一定时期的考察,进而在思想、业务等方面给予针对性的指导和帮助,使毕业生尽快适应工作岗位的要求。

知识卡片

试用期和见习期的区别如下。

1. 期限不同

试用期根据劳动合同签订时长,一般在1~6个月之间。通常本专科学生的见习期是一年。

2. 法律效力不同

试用期不具有强制力,毕业生与用人单位之间可以约定试用期长短,也可以没有试用期。见习期具有强制性,毕业生必须经过见习期才能转为国家干部编制。

二、就业相关流程

1. 毕业生办理就业手续流程

大学毕业生办理就业手续流程如图7-1所示。

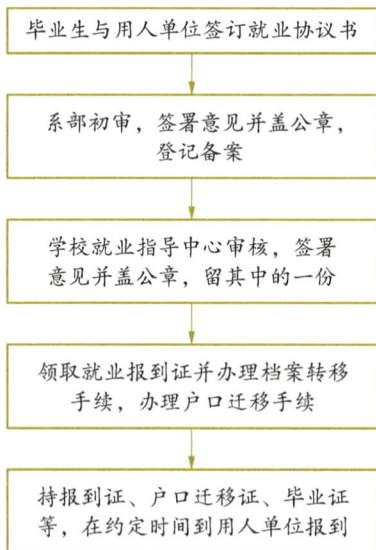

毕业生与用人单位签订就业协议书

系部初审,签署意见并盖公章,登记备案

学校就业指导中心审核,签署意见并盖公章,留其中的一份

领取就业报到证并办理档案转移手续,办理户口迁移手续

持报到证、户口迁移证、毕业证等,在约定时间到用人单位报到

图7-1 办理就业手续流程

2. 申请出国(出境)留学流程

大学毕业生申请出国(出境)留学流程如图7-2所示。

3. 自主创业流程

大学毕业生自主创业流程如图7-3所示,具体内容详见本书模块三。

联系国外(境外)学校 → 了解户档政策、落实户档去处 → 填写书面申请 → 办理户档转出 → 出国(出境)未成行

收到录取通知,决定申请留学,不参加就业派遣

符合条件学生可将户档转移到教育部留学服务中心,也可转到生源地正规人才服务机构

申请自费留学的应届毕业生应在当年6月1日前提交《申请出国留学不参加就业派遣申请表》

户档转入教育部留学服务中心的,回国后符合条件的,可以由教育部留学服务中心办理派遣手续

户档存入人才服务机构的,由学校为其办理派遣手续,毕业生凭就业报到证到生源地人才落户存档

出国未成行,需及时向学校申请参加就业派遣,重新落实户档去处

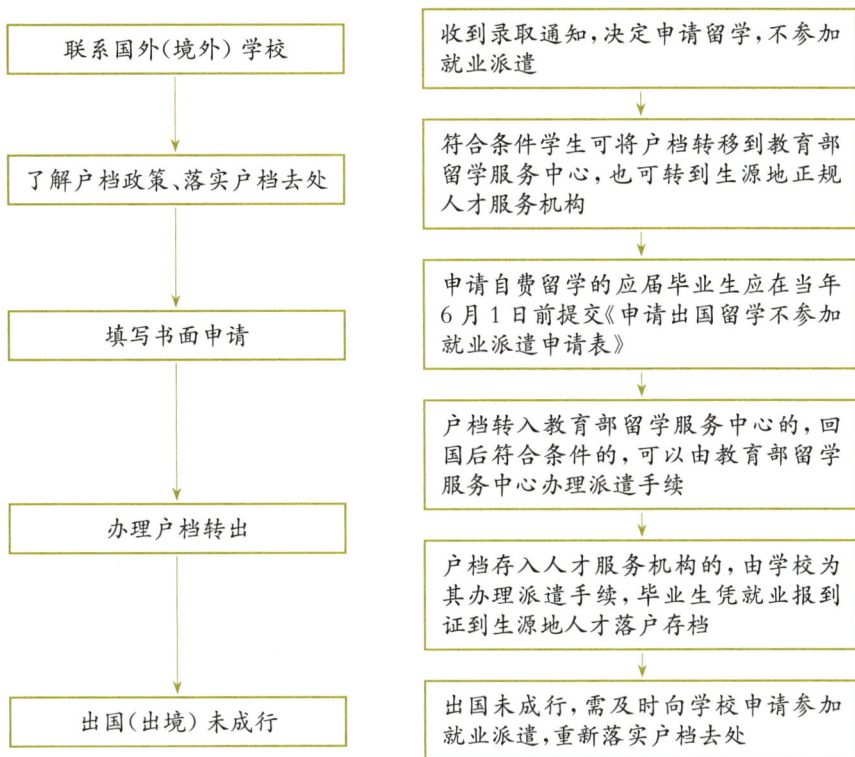

图 7 - 2   申请出国(出境)留学流程

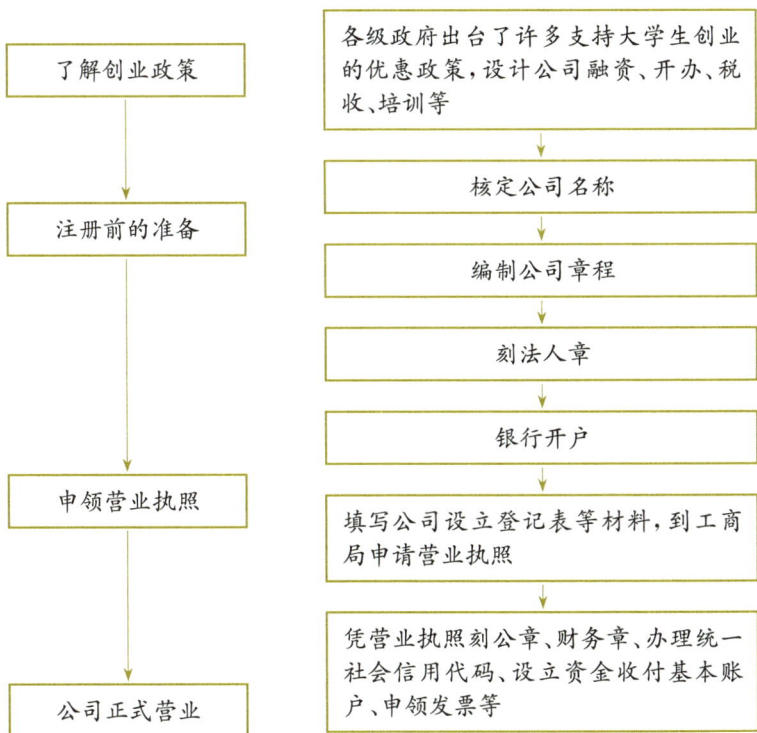

了解创业政策 → 注册前的准备 → 申领营业执照 → 公司正式营业

各级政府出台了许多支持大学生创业的优惠政策,设计公司融资、开办、税收、培训等

核定公司名称

编制公司章程

刻法人章

银行开户

填写公司设立登记表等材料,到工商局申请营业执照

凭营业执照刻公章、财务章、办理统一社会信用代码、设立资金收付基本账户、申领发票等

图 7 - 3   自主创业流程

总结案例

试用期离职无需支付违约金

钱文华是某职业技术学院 2019 届毕业生,在一个招聘会上与一家电子企业初步达成了就业意向。双方签订了普通高等学校毕业生就业协议书,约定服务期为 3 年,试用期从 2019 年 4 月 1 日开始,期限 2 个月。协议书中约定了 5 000 元的违约金,双方均签字确认。

钱文华到该公司实习两周后,发现公司的工作环境并不理想,希望在毕业前重新找一份工作,于是向负责就业工作的老师咨询是否需要支付 5 000 元的违约金。该老师告诉他不需要支付违约金。

分析:

毕业生钱文华已经按照就业协议的约定,在约定的时间到岗。到岗后,试用期就自动起算。两周后他希望离开用人单位,属于在试用期内与用人单位解除劳动合同。根据我国的《劳动合同法》,劳动者在试用期内可以在离职前提前三日通知用人单位解除劳动合同,而无须支付违约金。

活动与训练

活动 7-1 了解就业流程

主题:关于就业相关流程的理解和掌握

一、活动目标

掌握就业(毕业)阶段的相关重要事宜,熟悉就业相关流程,并能灵活运用。

二、活动时间

30 分钟。

三、活动步骤

1. 教师介绍案例:孙某是 2019 届的大学毕业生,他于 2019 年 3 月 1 日到某国企面试,并于 4 月 30 日与该单位签订了就业协议书。但是到了 5 月 20 日,用人单位突然通知他,因招录指标的限制而不能录用他,需要单方解除就业协议。为此,双方发生了纠纷。

2. 教师将学生分成若干小组,每组 4～6 人。

3. 教师在黑板上绘出(或通过投影仪展示)如下表:

事 件 方	权 利	义 务

请各组讨论后,填写表格。

4. 每个小组选出一个代表进行汇报,其他同学可进行点评,最后由教师进行总结。

提示：这个案例涉及该生的毕业时间、签订就业协议书、就业协议解除、违约责任等一系列概念,签订就业协议书的三方为毕业生本人、学校和用人单位。

活动 7–2　绘制就业流程图

主题：就业流程信息梳理

一、活动目标

掌握就业流程。

二、活动时间

30 分钟。

三、活动步骤

1. 请同学们根据本次课程所学内容,画出高校毕业生办理就业手续流程图。
2. 运用 XMind 工具画出。
3. 运用"101 教育"App 进行投影。
4. 教师展示一份优秀的完整流程,让学生进行讲解。

思考与讨论

1. 签订就业协议书时,如果求职者无法按时取得毕业证书,应该怎么办?
2. 如果用人单位不解决存档问题,应该怎么办?

7.2　就业权益保护

学习目标

1. 熟悉劳动法、劳动合同法、就业促进法的相关内容。
2. 了解劳动者权益保护的相关知识。
3. 了解毕业生首次就业及建立劳动关系后的维权注意事项。
4. 了解劳动安全和劳动保护的相关知识。

导入案例

小赵的烦恼

小赵是一名 2019 届高职院校毕业生。2018 年 12 月,他通过校园招聘会得到了一家公司的青睐,并被要求到公司实习。公司的招聘负责人告诉小赵,要等他 2019 年 6 月毕业后才能与他签订劳动合同。小赵听说过由于没有及时签订劳动合同而自身权益受到侵害的事例,他担心如果公司不与自己签订劳动合同,那么 2019 年 6 月前这段时间自己的社会保险怎么办呢?

分析：

　　我国现行的劳动用工制度和档案管理制度大多数是一一对应的模式。小赵从入学到2019年6月毕业前的身份是全日制在校大学生，他的档案在学校。他在毕业期间以实习生的身份在企业工作，但无法与用人单位建立劳动关系，企业也无法为其交纳社会保险，因为社会保险是基于建立劳动关系基础上的。只有当小赵从学校毕业后，才可以与用人单位签订劳动合同，这样社会保险、公积金等才可以开户交纳。

知识讲解

一、就业权益保护相关法律法规

（一）劳动法

　　《中华人民共和国劳动法》（以下简称《劳动法》）是自1995年1月1日起施行的，是为了保护劳动者的合法权益，调整劳动关系，建立和维护适应社会主义市场经济的劳动制度，促进经济发展和社会进步而制订的。《劳动法》分为13章，具体包括总则、促进就业、劳动合同和集体合同、工作时间和休息休假、工资、劳动安全卫生、女职工和未成年工特殊保护、职业培训、社会保险和福利、劳动争议、监督检查、法律责任、附则。

（二）就业促进法

　　《中华人民共和国就业促进法》（以下简称《就业促进法》）是自2008年1月1日施行的。大学毕业生是我国青年就业群体的重要组成部分，事关社会安定、国家发展。这部法律将就业工作纳入法治化轨道，从法律层面形成了更有利于大学生就业的社会环境。内容涉及转变就业观念，提高就业能力；强化依法管理，加大资金投入；规范就业市场，打击违法行为；鼓励自主创业，加强就业援助；反对就业歧视，营造公平环境等几个方面。因此，大学生在就业中遇到用人单位的就业歧视，既可以向相关政府部门反映，也可以直接向人民法院提起诉讼。

　　下面介绍几个《就业促进法》应用的典型案例。

1. 乙肝病毒携带者可以平等就业

　　毕业生小汪找到了一份满意的工作，但入职体检剥夺了他的工作机会，因为他是乙肝病毒携带者。小汪是国际贸易专业的，学业很优秀，选择从事进出口贸易工作是他的理想。他疑惑的是，因为他是乙肝病毒携带者，用人单位是否就可以拒绝录用他？

　　《就业促进法》虽然没有提到乙肝病毒携带者的具体字眼，但在第三十条作了概括性规定：用人单位招用人员，不得以是传染病病原携带者为由拒绝录用。但是，经医学鉴定传染病病原携带者在治愈前或者排除传染嫌疑前，不得从事法律、行政法规和国务院卫生行政部门规定禁止从事的易使传染病扩散的工作。

　　据统计，我国目前有1亿多人是乙肝病毒携带者。有关医学资料显示，一般的乙肝病毒携带者传染性很小，对健康危害也不大。按照《就业促进法》的有关规定，除了前述规定情形外，任何机关或单位设置禁止录用乙肝病毒携带者的规定都是无效的，用人单位不得以小汪是乙肝病毒携带者为由拒绝录用。

2. 职业中介机构不得向大学毕业生收取押金

小郭毕业离校后还没有找到工作,他来到了一家职业介绍中介机构。工作人员表示可以给小郭联系一家专业对口的单位,条件是需交 200 元押金,如果介绍成功了按照 100 元交中介费,失败了则只需交 10 元服务费,押金退回。小郭面试时发现工作环境差,而且待遇较低,于是没有与单位签约。但当他到中介机构索要押金时,工作人员只退给他 100 元,理由是已经按照他的意向为其找好单位,是他自己不愿意去的,中介机构介绍工作已经成功。

《就业促进法》规定了职业中介机构未经许可和登记,不得从事职业中介活动。此外,还特别规定了职业中介机构不得扣押劳动者的居民身份证和其他证件,或者向劳动者收取押金。如果扣押劳动者居民身份证等证件,由劳动行政部门责令限期退还劳动者,并依照有关法律规定给予处罚。如果向劳动者收取押金,由劳动行政部门责令限期退还劳动者,并以每人五百元以上二千元以下的标准处以罚款。因此,大学毕业生在求职时要规避一些职业中介机构设置的陷阱,促使其按照法律规定兑现承诺。

文本: 劳动合同范本

3. 就业困难人员和家庭将得到就业援助

小周和妹妹已经大学毕业,但一家四口的生活依然举步维艰。由于严峻的就业形势,小周和妹妹毕业后始终没有找到合适的工作。父母曾多次到有关部门寻求帮助,但因提供的岗位不合适而始终没有进展。

《就业促进法》第五十六条规定,县级以上地方人民政府采取多种就业形式,拓宽公益性岗位范围,开发就业岗位,确保城市有就业需求的家庭至少有一人实现就业。法定劳动年龄内的家庭人员均处于失业状况的城市居民家庭,可以向住所地街道、社区公共就业服务机构申请就业援助。街道、社区公共就业服务机构经确认属实的,应当为该家庭中至少一人提供适当的就业岗位。

(三) 劳动合同法

《中华人民共和国劳动合同法》(以下简称《劳动合同法》)自 2008 年 1 月 1 日起施行。适用范围:中华人民共和国境内的企业、个体经济组织、民办非企业以及国家机关、事业单位、社会团体等组织。《劳动法》和《劳动合同法》的区别在于:《劳动法》是大法,《劳动合同法》是专门规范用人单位与劳动者建立劳动关系,订立、履行、变更、解除或者终止劳动合同的法律。

新修订的《劳动合同法》自 2013 年 7 月 1 日起施行。其中,明确规定了"临时工"享有与用工单位"正式工"同工同酬的权利,并赋予人力资源与社会保障部门依法开展经营劳务派遣业务行政许可的权利。新修订的《劳动合同法》强化了对大学生就业的法律保护,其作用主要有:一是签订劳动合同构建起大学生就业的维权基础。《劳动合同法》强调了劳动合同签订的强制性,并明确了用人单位是签订劳动合同的责任主体;明确了用人单位对劳动条件、劳动内容、工资报酬、职业危害的告知等法定义务,指导用人单位与劳动者签订内容规范的劳动合同。二是有利于维护职业稳定,促进大学毕业生的人权保障。《劳动合同法》有助于制约合同短期化行为,防止滥用试用期,限制随意设置违约金,增加解雇成本。三是规范劳务派遣用工形式,保护大学生权益。《劳动合同法》严格限制劳务派遣的岗位范围,提高劳务派遣单位的准入门槛,劳务派遣违法行为将受到处罚。

✉ 知识卡片 •--

劳动合同订立的主要内容

　　根据《劳动合同法》的有关规定,劳动合同订立双方应当遵循合法、公平、平等自愿、协商一致、诚实信用的原则。

　　劳动合同应当具备以下条款:① 用人单位名称、地址、法人代表或主要负责人;② 劳动者姓名、住址、居民身份证或其他有效证件号码;③ 劳动合同期限;④ 工作内容和工作地点;⑤ 工作时间和休息休假;⑥ 劳动报酬;⑦ 社会保险;⑧ 劳动保护、劳动条件和职业危害防护;⑨ 法律法规规定应纳入劳动合同的其他事项。

下面介绍几个《劳动合同法》应用的典型案例。

1. 试用期工资有保障,不签合同每月付双薪

　　小李是 2018 届大学毕业生,他于 2019 年 6 月应聘到一家电子集团公司工作,但直到 2019 年 11 月,上班已经 5 个多月的他始终没能与单位签订正式劳动合同。单位每月发给小李实习工资,理由是小李仍在试用期。

　　《劳动合同法》第七条规定:"用人单位自用工之日起即与劳动者建立劳动关系。"同时,第二十条规定:"劳动者在试用期的工资不得低于本单位相同岗位最低档工资或者劳动合同约定工资的百分之八十,并不得低于用人单位所在地的最低工资标准。"第八十二条规定:"用人单位自用工之日起超过一个月不满一年未与劳动者订立书面劳动合同的,应当向劳动者每月支付二倍的工资。"这就意味着即便用人单位未与小李签订劳动合同,但实际上双方已建立了劳动关系,可以适用《劳动法》和《劳动合同法》的相关规定。

2. 跳槽赔偿金额有限制

　　小王 2020 年 6 月毕业后在一家 IT 公司当市场运营助理。2021 年 3 月,他选择跳槽进入一家传媒公司。原公司认为小王是公司培养出来的业务骨干,跳槽后可能对公司不利,便向小王索赔 10 万元。

　　《劳动合同法》第二十二条规定,劳动者违反服务期约定的,应当按照约定向用人单位支付违约金。违约金的数额不得超过用人单位提供的培训费用。用人单位要求劳动者支付的违约金不得超过服务期尚未履行部分所应分摊的培训费用。第二十三条规定,劳动者违反竞业限制约定的,应当按照约定向用人单位支付违约金。也就是说,《劳动合同法》对劳动者支付违约金的情况作了严格的限制,即仅限于违反服务期协议以及竞业禁止协议两种情形,其他情况下对劳动者解除劳动合同收取违约金是不允许的。因此对于用人单位来说,要依靠违约金来约束劳动者跳槽的时代已经结束,如希望留住人才,防止员工跳槽,用人单位应在管理方式和理念上进行相应调整。

✉ 知识卡片 •--

毕业生违约的不良后果

　　一些毕业生在毕业季往往同时联系多家单位,为了保险起见,常常勉强与不太满意的单位签订就业协议。但是,一旦遇到自己中意的单位,就纷纷违约。这往往会带来一些不良的后果,主要表现在以下方面。

第一,对于学校而言,会影响用人单位对学校教育工作的信任,进而影响学校和用人单位的长期合作关系。

第二,对用人单位而言,毕业生违约后,用人单位需要重新物色其他毕业生,浪费了宝贵的时间和相关资源。

第三,对其他毕业生而言,当初希望到该用人单位的其他毕业生由于违约毕业生的缘故,错过了录用时间,造成就业信息的浪费,影响了他们的就业。

因此,毕业生在就业过程中不仅要考虑自身利益,还应考虑学校、用人单位和其他毕业生的利益,务必慎重选择、认真履约。

3. 单位无权收取毕业证和担保金

2019 年 7 月,小夏到用人单位报到,人力资源部负责人告诉她,要把毕业证书原件交给单位保存或者交纳 1 万元的就业保证金,双方才能签订劳动合同。小夏问过同事之后发现,大家的毕业证书原件都放在单位的人力资源部,这是单位的传统做法。

《劳动合同法》第九条规定,用人单位招用劳动者,不得扣押劳动者的居民身份证和其他证件,不得要求劳动者提供担保或者以其他名义向劳动者收取财物。第八十四条规定,用人单位违反本法规定,以担保或者其他名义向劳动者收取财物的,由劳动行政部门责令限期退还劳动者本人,并以每人五百元以上两千元以下的标准处以罚款;给劳动者造成损害的,应当承担赔偿责任。劳动者依法解除或者终止劳动合同,用人单位扣押劳动者档案或者其他物品的,依照前款规定处罚。建议毕业生遇到类似情况,可按照《劳动合同法》的相关规定拒绝用人单位,不可盲目将自己的有效证件交给用人单位。

4. 劳动者有择业自主权

小张是 2017 届法学专业毕业生,毕业后应聘到某化工集团公司法务部工作,并与公司签订了 5 年的劳动合同。小张非常喜爱法律事务工作,于 2016 年考取了法律顾问资格证书。2020 年 12 月,公司借口工作需要,未经小张同意变更了他的工作岗位,安排小张到公司统计部门工作。小张认为公司的法务部岗位并未撤销,自己历年工作考核均为合格,没有不胜任工作的表现,公司强行变更工作岗位是违法的。于是他向当地劳动部门提起劳动争议仲裁,要求公司按劳动合同约定履行义务。

显然,该公司的做法侵犯了小张的择业自主权。劳动者的劳动权包括就业权和择业权,劳动者有权根据自己的爱好、能力等自主选择职业、工种。该公司如确实需要变更小张的工作岗位,应与其协商,未经协商即强行变更小张的工作岗位是违法的,应承担相应的法律责任,应按劳动合同约定继续履行义务。

(四) 社会保险法

《中华人民共和国社会保险法》(以下简称《社会保险法》)自 2011 年 7 月 1 日起施行。该法是新中国成立以来第一部社会保险制度的综合性法律,它从法律上明确了国家建立基本养老、基本医疗和工伤、失业、生育等社会保险制度,并对确立基本养老保险关系转移接续制度,提高基本养老保险基金统筹层次,建立新型农村社会养老保险制度、城镇居民养老保险制度和新型农村合作医疗制度等作出了原则规定。

与大学毕业生就业有关的社会保险,主要是就业后涉及的"五险一金"问题。"五险"包括养老保险、医疗保险、失业保险、工伤保险、生育保险;"一金"是指住房公积金。需要注意的是"五险"是法定的,"一金"不是法定的。

> **📧 知识卡片** •⋯⋯⋯⋯
>
> 聘用合同是指事业单位与职工按照国家的有关法律、政策,在平等自愿、协商一致的基础上,订立的关于履行有关工作职责的权利义务关系的协议。只有事业单位和拟聘用人员双方意思表示一致、自愿达成协议时,聘用合同才成立。聘用合同具有一般合同的法律特征,是广义劳动合同的特殊形式。

(五) 税法

税收是指国家为满足社会公共需要,凭借社会公权力,依照法律所规定的标准和程序,参与国民收入分配,强制性、无偿性取得财政收入的一种方式。与大学生就业、创业相关的税法主要有《中华人民共和国个人所得税法》《中华人民共和国企业所得税法》等。

国家鼓励大学毕业生自主创业,并实行税费优惠。各地区相继出台鼓励政策,例如,符合条件可免收行政事业性收费、小额担保贷款享受政府贴息、享受社会保险补贴政策等,具体内容可在当地教育部门的协助下向银行、工商、税务、社保等部门咨询。

二、劳动维权注意事项

(一)毕业生首次就业维权注意事项

(1)端正求职态度,调整良好心态。毕业生在首次就业过程中,往往会出现焦急、急迫和盲目的心态。在求职时,或不惜委曲求全,或不敢"斤斤计较",或被花言巧语诱骗。虽然首次就业不是"一次定终身",但如果首次就业就使得身心受到伤害,势必会给自己未来的职业发展带来不小的负面影响。因此,时刻保持清醒的头脑,了解和掌握就业方面的政策和流程,并严格按照程序办事,将会使自己的合法权益得到充分的保障。

(2)学习法律法规,掌握政策流程。毕业生在求职、择业、签约之前,要全面了解和掌握毕业生就业政策和流程,做好相关法律法规的知识储备。这样才可以做到思路清楚、条理清晰、有的放矢,及早识破不法单位设下的陷阱,懂得通过合法途径解决就业过程中出现的问题,最大限度地保护自己的正当权益。

(3)了解用人单位,查找背景材料。在求职面试的过程中,尽量多方面了解用人单位的行业背景、运营状况、招聘信誉、岗位职责以及企业文化等,还可以去实地考察工作环境。

(4)慎重签订协议,敢于据理力争。在签约时,要仔细阅读就业协议书及其补充条款,重点关注试用期及违约责任条款的约定,尽量不要在协议书中留下空白。对用人单位的口头承诺,要尽可能在补充协议中予以注明,并明确在签订劳动合同时予以确认。如果在求职应聘和签订协议的过程中发现权益受到侵害,不要因为害怕失去就业机会而忍气吞声,要学会运用法律武器力争自己的合法权益。

(5)善于虚心请教,多方征求意见。毕业生在就业的过程中遇到问题,要及时咨询有关专家、老师和家长。大学生求职的过程,也是从学生向社会人转化的过程,大学生的社会阅历还很少,而法律专家的视角、老师家长的指导、往届校友的经验,对于毕业生来说是一笔宝贵的财富。

（二）建立劳动关系后的维权注意事项

进入职场的大学生面对纷繁复杂的社会，在职业适应方面还有很多事情要做，但也不要忽略了自身合法权益的保护，以保障自己的职业生涯发展顺利。

（1）重视学习劳动法规。我国的《劳动法》《劳动合同法》《劳动争议调解仲裁法》以及各地方性的劳动管理规定，是大学毕业生签订劳动合同、调整劳动关系、解决劳动争议的最常用的法律法规。毕业生在就业之前就应对这些法律常识有所了解，不使侵权者有机可乘。

（2）重视劳动合同签订。签订劳动合同，是毕业生在实际工作中合法权益得到充分保障的前提。毕业生在成为职业人的过程中，应当学会依法保护自身的劳动权益。了解劳动合同订立的原则，应当具备的条款，合同变更、解除、终止的情形，以防止合同短期化、滥用试用期、随意设置违约金、不支付解雇补偿金等情况出现。依法签订劳动合同，不仅可以帮助毕业生顺利就业、愉快上岗，还将提高毕业生服务社会的主动性和积极性，并为他们的职业发展提供坚实保障。

（三）劳动安全和劳动保护

劳动安全是指劳动者享有的在职业劳动中人身安全获得保障、免受职业伤害的权利，又称职业安全。狭义的劳动安全涉及人身安全，广义的劳动安全则包括人身安全和健康两部分内容。安全是人类生存与发展的基本要求。安全生产是保护劳动者安全健康、保证国民经济持续发展的基本条件。伴随着经济发展而频繁发生的安全生产事故，不仅造成了国家财产和公民生命的巨大损失，也严重制约了我国经济的平稳发展，还与我国当前构建和谐社会的目标相悖。

劳动保护是指国家和单位为保护劳动者在劳动生产过程中的安全和健康所采取的方法、组织和技术措施的总称。劳动保护的目的是为劳动者创造安全、卫生、舒适的劳动工作条件，消除和预防劳动生产过程中可能发生的伤亡、职业病和急性职业中毒，保障劳动者以健康的劳动力参加社会生产，促进劳动生产率的提高，保证社会主义现代化建设顺利进行。为了减少和解决职工在劳动中因生理特点造成的特殊困难，保护女职工健康，2012 年我国公布实施了《女职工劳动保护特别规定》。

总结案例

试用期的工资标准

2019 年 6 月 1 日，小张与某科贸公司签订了为期一年的劳动合同。其中，约定试用期从 2019 年 6 月 1 日开始，2019 年 8 月 31 日结束。合同中还约定小张试用期工资为每月 2 000 元，转正后工资为每月 3 500 元。入职 3 个月后，小张从该公司辞职。随后，小张向仲裁委员会提起申诉，要求公司支付 2019 年 6 月和 7 月两个月的工资差额共计 1 600 元，以及 2019 年 8 月试用期工资与转正工资之间的工资差额 1 500 元。仲裁裁决支持了小张的申诉请求，判决该公司支付小张 2019 年 6 月至 8 月工资差额共计 3 100 元。

分析：

法院作出如此判决的依据：首先，劳动者在试用期的工资不得低于劳动合同约定工资的 80%；其次，用人单位与劳动者签订的劳动合同期限在一年以上不满三年的，试用期不得超过两个月。本案中，科贸公司与小张约定了转正后每月工资 3 500 元，则科贸公司应按照每月 2 800 元的工资标准支付小张 2017 年 6 月和 7 月的工资报酬；另外，科贸公司与小张在一年期的劳动合同中约定了期限为三个月的试用期，已超过法定期限，科贸公司应该按照 3 500 元的工资标准支付小张 8 月份的工资。

活动与训练

活动 7-3　了解就业准入制度
主题：部分行业准入法律法规的整理

一、活动目标

初识部分行业的准入法律法规，以便了解自己的条件适合哪些行业、不适合哪些行业，为就业做好准备。

二、活动时间

60 分钟（课外）。

三、活动步骤

教师简要介绍我国的就业准入制度，请学生课后通过查阅图书、搜索网络等途径，完成下表。

职业名称	相关法律法规名称	准入资格	职业特殊要求
警　察			
律　师			
教　师			
医　师			
其他（　）			

提示： 就业准入制度是指政府或行业组织对从业者的从业资格提出的明确要求，并实行就业准入控制的一种劳动制度。其关键要素是培训、考核、持证上岗。为规范某些职业的从业人员资格，国家还专门颁布了一些法律法规。例如，为了建立和推行公务员制度，2006 年 1 月 1 日颁布并实施了《中华人民共和国公务员法》，使我国公务员制度建设迈上了法治化、规范化道路。了解行业准入的法律法规，有助于同学们做好就业前期准备，明确资格准入的条件，做到有的放矢。

活动 7-4　企业信息查询
主题：企业我查查

一、活动目标

学会用国家企业信用信息公示系统查询企业的方法。网址：http://www.gsxt.gov.cn。

二、活动时间

5 分钟。

三、活动步骤

1. 查询一下你的未来目标企业或曾经兼职过的企业。

2. 看一下这些企业是否具有经营异常名录、是否是属于严重违法失信企业。

3. 教师点评。

4. 知识介绍：国家企业信用信息公示系统所公示的信息来自工商行政管理部门、其他政府部门及市场主体，政府部门和市场主体分别对其公示信息的真实性负责。该系统提供全国企业、农民专业合作社、个体工商户等市场主体信用的填报、公示、查询和异议问题。

思考与讨论

1. 劳动合同与聘用合同有什么区别？

2. 简述如何防范试用期的法律陷阱？

第八单元
珍惜初次就业

📖 引导语

经过了十余载的寒窗苦读,大学毕业生们即将进入社会,开始职业生涯。我们在踌躇满志、憧憬着美好未来的同时,也迎来了人生中又一次严峻的考验。对于大学毕业生来说,将如何迎接新的挑战、新的发展契机呢? 能否顺利度过职业适应期,早日适应职业环境呢? 为此,毕业生必须清醒地思考和认识学校与职场、学生与职业人之间的差别,尽快完成角色转换,正确地面对社会,稳妥处理好职场中的诸多问题,迎接挑战,创造精彩人生。

学习目标

1. 正确认识校园与职场的区别。
2. 初步了解职场环境。
3. 了解职场相关规则与制度。
4. 了解职场必备的职业素养。
5. 掌握自我管理技能的提升方法和途径。

学习指南

一、学习方法

(1)通过对案例的解读和分析,了解相关知识以及职场中存在的各种问题。

(2)在相关活动中体会校园与职场的区别,了解职场守则和法规,培养团队精神和职业素养,提高自我管理技能。

二、注意事项

(1)在解读案例时,应注重把握问题的实质,从中汲取经验,避免进入职场后出现类似错误。

(2)在参加相关活动时,应积极参与讨论,勇于说出自己的观点,虚心听取别人的意见。

8.1 角色转换

学习目标

1. 正确认识校园与职场的区别。
2. 掌握尽快适应职场环境的要点。

导入案例

小同的经历

张小同从某高职院校药学专业毕业后,进入了昆明一家大型医药连锁企业工作。与她同时进入公司的同事要么学历没她高,要么学的专业没她对口,这使她产生了较强的优越感。面试时她自身表现也非常出色,公司领导也很想将她作为一名骨干来培养。刚参加工作的小张缺乏工作经验,公司领导安排她先从基层做起。小张觉得这实在是大材小用,加之初进公司就得到领导赏识,她在随后的工作中经常自以为是,不听取老员工的建议,与同事关系不好,工作上也出了不少差错。不到一年,小张就被公司辞退了。这让小张很郁闷,在她看来,应该是她"炒公司鱿鱼"才对,可现在却是公司在"炒她鱿鱼"。

分析:

正是由于小张对自己没有清醒的认识,认为自己水平高,理应担任更高的职务,理应受到公司领导的重视和同事的尊重,缺乏必要的谦虚精神,导致被辞退。初入职场不懂得向老员工学习,不懂得团结同事并尊重同事,不能将所学理论知识与实际工作相结合,不能使自身优势与公司文化很好地融合,势必影响自己的发展,甚至被公司所淘汰。由此可见,正确地认识职场,合理地为自己定位是十分重要的。

知识讲解

一、初入职场

毕业生迈出校园走入职场,就迈出了人生至关重要的一步,开始了从学生到职业人的角色转换。成为职业人,就是要利用自己掌握的知识与技能,为社会创造物质财富与精神财富,与此同时获得合理的报酬,满足自身的需求。在职场中,两类人才最受用人单位的重视与青睐,也容易在工作岗位上干出成绩,即通才与专才。通才是指掌握多个领域的知识与技能,能适应多个工作岗位不同的要求,在工作单位能发挥多方面的作用;专才是指在某一方面有出类拔萃的知识与技能,能在该领域的工作中独当一面,发挥重要的作用。不论是通才还是专才,走上工作岗位后都要对自己在职场的角色有清晰的认识,逐步完成向职业人这一全新角色的转变,进而找到自己在工作岗位上的准确定位。

初入职场,毕业生没有太多的工作经验,无论在校期间各方面取得过多好的成绩,都需要从头做起、从零开始。在参加工作之初,就应该对职场与校园的不同之处有清醒的认识。与校园相比,职场的人际关系要更加复杂,利益基础以合作共赢为主,又暗含博弈与竞争,整个工作目标着眼于商业利益,考核指标主要以团队取得的业绩为主。

校园与职场的环境差异分析,如表8-1所示。

除了面临职业环境的变化之外,毕业生还要完成从学生到职业人的角色转变。这二者存在着巨大的差异,在任务、权利、思维、立场等多方面有很大的区别。毕业生参加工作后,就要树立角色意识,主动转变自己的思想,对自己的职责有清晰的理解。

表 8 - 1　校园与职场的环境差异分析

项　目	校　园	职　场
人际关系	简单、稳定	复杂、多变
利益基础	互利、没有冲突	合作共赢，又暗含博弈与竞争
主要目标	学生的成长	商业利益
考核指标	个人学习成绩	团队业绩

二、从学生到职业人的转变

"凡事预则立，不预则废。"职场新人在树立正确的职场认知后，还要积极地调整自己，做好各方面的准备，以适应职场的挑战。

(一) 降低姿态，调整心态

毕业生最忌自视甚高，将学习成绩和学生心态带到工作单位。实际上，不论自己在学校有多么优秀，成绩都只代表过去，在新的平台上还没经过实践检验。因此，应该调整心态，以平常心去工作，以新人的身份虚心请教前辈，以积极的心态面对困难。只要有工作机会，就要全心投入，要相信是金子总会发光的。

(二) 适应环境，融入团队

每个人的职业生涯都是从新人做起的。作为新人，就要主动适应环境，而不能等环境适应自己。每个单位、每个团队、每个领导都有各自的特点，新人都要主动适应，尽快地融入团队，与同事和谐相处。

学生与职业人的角色差异对照如表 8 - 2 所示。

表 8 - 2　学生与职业人的角色差异对照

项　目	学　生	职　业　人
主要任务	理论学习与探索	实践工作
思维方式	被动思考	主动解决问题
担当角色	学生	领导、员工、客户等多个角色
社会权利	接受教育	劳动并获得报酬
工作(学习)方式	单独学习	团队协作
生活内容	简单，寝室—食堂—教室	丰富，多方沟通
立场地位	接受服务	提供服务

(三) 少说多做，树立威信

新员工在新的工作单位，应谨言慎行，不要空谈，立足岗位创造实际成果，让业绩说话。应树立责任意识，在工作中尽职尽责，赢得同事的信任，然后在工作实践中谨慎发表意见，以展示自己的知识与能力。

（四）积极进取，志存高远

走上职场，只是一段全新的人生旅程——职业生涯的开始，前面的道路还很长。当前市场竞争激烈，但成功的机会也很多，要树立进取意识，不断加强学习、充实自己，适应职场的竞争，从一个成功走向另一个成功。

三、明确岗位职责，做好本职工作

不同的工作岗位，有不同的岗位职责。岗位职责是指某一工作岗位的职务所决定的职权范围以及相应承担的责任。规范的岗位职责包括：部门名称、直接上级、下属部门、部门性质、管理权限、管理职能、主要职责等。明确岗位职责，可以规范工作流程，提高工作效率，减少工作中出现的摩擦、推诿与事故，有着十分重要的意义。毕业生初入职场，更应该明确自己的岗位职责，认真履行自己的职权，做好本职工作。

（一）重视岗前培训，尽快进入角色

岗前培训对于新员工是非常重要的，主要包括介绍单位的成长历程、企业文化、发展理念、机构设置、规章制度、工作流程等多方面内容，是了解工作单位的整体情况和具体的岗位职责的最佳途径，有利于新员工尽快进入工作角色。

（二）勤于学习，善于学习

在新的工作岗位上，要学习的知识和技能很多。只有勤于学习、善于学习，才能在较短时间内适应工作的要求。特别是要学习规章制度及与岗位相关的操作规范。

（三）树立责任意识，认真履行职责

既然来到单位，从事这份工作，就要热爱这份工作，树立高度的责任意识，以主人翁的姿态对待自己的工作，这样才能让工作更轻松，也会让事业更成功。

（四）换位思考，尊重同事

同事和同学一样，是我们重要的人生伙伴。工作中我们要能够做到换位思考，经常从别人的角度思考问题，体谅领导、同事的难处。同事们之间应增进理解，学会共享与分担，能使大家都分享到团队的温暖，工作协作也会更融洽。

（五）学会聆听，加强沟通

不论工作多么繁忙，心情多么烦躁，都一定要专心地倾听同事的意见，这样才能做好沟通工作，也才能让同事感觉到自己是被重视的。简单粗暴的交流方式只会制造冲突，不利于团结。

（六）提升执行力，不找借口

执行力是指贯彻战略意图、完成目标任务的实际操作能力。实践胜于空谈，任何企业都非常看重员工的执行力，也就是实践能力，好的设想只有实践完成了才有意义。

四、自觉做到组织认同

组织认同是指组织成员在行为与观念等方面与其所加入的组织具有一致性,觉得自己在组织中既有理性的契约感和责任感,也有非理性的归属感和依赖感,以及在这种心理基础上表现出的对组织活动尽心尽力的行为结果。公司是组织的一种形式,进入一家公司,就是加入一个组织。做好组织认同,既有利于个人的职业发展,也有助于实现公司的长远发展。职业人的组织认同包括以下四个方面。

(1)认同企业的核心价值理念以及经营宗旨,并在实际的工作中,自觉地实践这些价值理念。

(2)积极主动地了解、适应企业文化。

(3)培养主人翁意识,关心企业的成长和发展。

(4)积极主动地与同事交流、沟通,融入团队。

总结案例

勤奋的小梅

艺术设计专业的小梅刚毕业便在一家著名的设计公司找到了一份满意的工作,薪水高,但压力大,工作很辛苦。在刚开始的几个月里,她一直无法适应公司的工作方式。一次在将要下班时,老板突然交代了一项设计任务,要求必须在第二天下午3点前将任务完成。她不能拒绝执行任务,只好硬着头皮答应下来。

当天晚上,小梅熬夜加班,但由于过于劳累,在第二天早上7点终于睡着了。等其他同事来上班时,她才惊醒,继续工作,终于在下午3点之前完成了任务。一年后,小梅成为该公司工作最出色的人,职位也获得了晋升。

分析:

企业很重视执行力,员工应在规定时间内完成任务,不管遇到的困难是什么,都要想办法克服它,而不是找各种借口和不停地抱怨。只有这样,才会在工作中迅速成长,成为成功的职业人!

活动与训练

活动 8-1　角色转换

主题:生涯人物访谈

一、活动目标

进一步明确自己的职业生涯目标,更好地制订职业生涯规划。

二、活动时间

20分钟。

三、活动准备

访谈提纲。

四、活动步骤

1. 寻找并确定访谈对象。拜访一位工作已两年以上的毕业生。

2. 准备访谈资料。

3. 邀约访谈对象。

4. 正式访谈。通过交流，了解他从学生到职业人的角色转换和关于职场适应的感想。

5. 反馈感谢。

6. 整理访谈内容，写出自己的心得体会。

活动 8 – 2　体验真实的职场生活

主题：角色扮演

一、活动目标

通过角色扮演，融入职业情景，对职业产生真实的体验。

二、活动时间

20 分钟。

三、活动准备

职场情景。

四、活动步骤

1. 教师根据学生专业特点准备相应的职场情景。

2. 学生按照真实的职场情景进行角色扮演，出演一场情景剧。例如：园艺师，在校园内摆摊出售自己设计的园艺产品，邀请同学们进行投票点赞。

3. 学生分享自己的感想，教师进行点评。

思考与讨论

1. 毕业后，如果你将踏入职场，你有哪些困惑？

2. 你将如何完成从学生到职业人的角色转换？

8.2　职场素养修炼

学习目标

1. 了解职业素养的含义和内容。

2. 重视职业素养培养的意义。

3. 了解职场必备的职业素养。

导入案例

小美的遭遇

小美刚刚参加工作,在一家通信科技公司担任设计师助理,从事智能手机的研发工作。在小美入职之初,公司曾专门进行过商业保密培训,同时在劳动合同中约定,一旦泄露公司核心商业机密,公司有权解除劳动关系并要求赔偿损失。小美平时爱玩微博,2012年8月,小美将自己在实验室的自拍照片上传至微博,照片背景中有一款公司新研发的智能手机实验模型。照片被大量转发,该款智能手机的实验模型被提前曝光,影响了公司的商业推广计划。为此,公司将小美辞退,并通过诉讼向小美索要赔偿。

分析:

依据《中华人民共和国劳动合同法》的规定,用人单位与劳动者可以在劳动合同中约定保守用人单位的商业秘密和与知识产权相关的保密事项,违反保密义务给用人单位造成损失的,劳动者应当承担相应的赔偿责任。现在的职场新人是伴随着网络技术发展成长起来的一代人,网络技术的普及对企业商业秘密的保护提出了挑战,很多企业的商业信息通过网络被泄露。因此,职场新人要提高保密意识,避免因一时疏忽给用人单位造成损失,同时也给自己的职业生涯带来不利影响。

知识讲解

一、职业素养的含义

职业素养是人类在社会活动中需要遵守的行为规范,是职业内在的要求,是一个人在职业过程中表现出来的综合品质。职业素养具体的量化表现为职商(Career Quotient,CQ),职商体现一个社会人在职场中成功的素养及智慧。职业素养是劳动者对社会职业了解与适应能力的一种综合体现,是劳动者通过不断学习和积累,在职业生涯中表现并发挥作用的相关品质。

二、职业素养的基本内容

人的素养,体现在职场上就是职业素养,它包括专业能力(职业能力)、敬业(职业态度)和道德(职业道德)、职业意识、职业行为、职业技能等方面的内容。在表现形式上,职业素养分为内化素养和外化素养。内化素养是职业素养中最根本的部分,包含个人的世界观、价值观、人生观等范畴;外化素养是指计算机、英语等属于技能范畴的素养,通过学习、培训可以获得,在实践运用中会日渐成熟。

职业素养教育是一种养成教育。有学者认为,职业素养的修炼需要经历以下七道关。

(1)印象关。初入职场形象管理。

(2)心态关。学生向社会人转变。

(3)道德关。职场安身立命之本。

(4)沟通关。打造职场"人气王"。

(5)专业关。从生手变成熟手。

（6）诚信关。取得职场长期居住证。

（7）忠诚关。走进高层核心圈。

打通了这"七道关"，一个人就具备了良好的职业素养，进而能够实现人生价值。

三、培养职业素养的意义

职业素养不是以这件事做了会对个人带来什么利益和造成什么影响为衡量标准，而是以这件事与工作目标的关系为衡量标准。良好的职业素养是衡量一个职业人成熟度的重要指标。从个人的角度来看，个人缺乏良好的职业素养，就很难取得突出的工作业绩，更谈不上建功立业；从企业的角度来看，唯有集中具备较高职业素养的从业人员才能实现既能生存又能发展的目标，才能帮助企业节省成本、提高效率，从而提高企业在市场中的竞争力；从国家的角度看，国民职业素养的高低直接影响着国家经济的发展，是社会稳定的前提。因此，职业素养教育显得尤为重要。

测评：大学生
孤独量表

四、职场必备的职业素养

职场必备的职业素养，主要包括良好的职业道德素质、文化素质、心理素质、身体素质、职业意识、职业能力、职业习惯、职业态度、职业形象等。

（一）职业道德素质

职业道德素质是企业人才最重要的素质之一，越来越多的企业首先看重人才的职业道德素质。职业道德包括爱岗敬业、诚实守信、办事公道、服务群众、奉献社会等方面的内容。在市场激烈竞争的今天，一个有学问、有能力的人，如果道德品质不好，将会对企业造成极大的损害。

职业道德的基本职能是调节职能。一方面，它可调节从业人员内部的关系，即运用职业道德规范来约束职业内部人员的行为，促进职业内部人员的团结与合作；另一方面，职业道德可以调节服务人员和服务对象之间的关系。职业道德还有助于维护和提高本行业的信誉，促进本行业的发展，进而提高全社会的道德水平。

（二）文化素质

文化素质是指人们在文化方面所具有的较为稳定的、内在的基本品质，表明人们在这些知识及与之相适应的能力、行为、情感等方面的综合发展的质量、水平和个性特点。优秀的企业人才必须具备一定的基础理论知识、较深厚的专业知识和广泛的邻近学科知识。良好的文化素质可以加快新员工在职业适应期对企业文化的认同，与企业战略协调一致，更好地为企业工作。

（三）心理素质

心理素质是指以生理素质为基础，在实践活动中通过主体与客体的相互作用，而逐步发展和形成的心理潜能、特点、品质等的总合，即人适应和应对职场生活、学习、工作要求所形成的稳定的个性品质及其发展水平。它包括人的认识能力、情绪和情感品质、意志品质、气质和性格等方面。

社会的高度发展提高了对人们相应心理素质的要求，人们在观看竞技比赛时常感到，高水平的大赛不仅是技能的较量,更是心理素质的比拼。企业也需要具有优异心理素质的人才。在职场中,人们势必会遇到各种各样的困难和阻力,是否具备良好的心理素质,也是一个人能否胜任工作的重要检验标准。通常一个优秀的员工,要具备这些方面的心理素质:强烈的自信心,追求目标实现的必胜信念,积极果断、坚韧不拔、处变不惊等。

(四) 身体素质

员工的身体素质对企业来说是非常重要的。面对繁重的工作、复杂的关系,身体健康的人工作起来精神焕发、精力充沛,而不致因体力不济半途而废。由于社会的发展,经济竞争的日益激烈,人们常常需要在各种关系中周旋,产生过度的疲劳和压力,这就需要人们保持身体的健康,科学地释放压力,注意锻炼身体。

(五) 职业意识

职业意识是人们对职业劳动的认识、评价、情感和态度等心理成分的综合反映,是支配和调控全部职业行为和职业活动的调节器。它包括诚信意识、创新意识、团队协作意识等方面。

职业意识既影响个人的就业和择业方向,又影响整个社会的就业状况。职业意识由就业意识和择业意识构成。就业意识是指人们对自己从事的工作和任职角色的看法;择业意识是指人们对自己希望从事的职业的看法。职业意识的形成不是突然的,而是一个由幻想到现实、由模糊到清晰、由摇摆到稳定、由远至近的过程。

(1) 诚信意识。古人曰:"人无信不立。"市场经济是信用经济,一个企业、一个职业人的市场信誉是可以用价值来度量的,即信誉度。名牌、品牌可以作为无形资产、产权进行交易,就是这个道理。每一个人要想使自己有所成就,首先必须诚信,才可能得到别人的认可,继而实现人生价值,获得职业生涯的成功。

(2) 客户意识。客户是商品的接受者、选择者、购买的决定者。对待客户的态度,实质上就是对待自己"饭碗"的态度。

(3) 团队协作意识。个人与社会、团队、整体的利益是对立统一的。一个企业就是一个独立的社会经营团队,是由所有员工组成的一个利益共同体。它由大家来维护、创造,又给每个人带来经济利益与精神享受。维护团队的声誉和利益,不说诋毁团队的话,不做损害团队的事,是每个成员应尽的义务。一个有凝聚力的团队,各级之间相互支持、通力协作,既有分工,又有合作,充分呈现较强的工作合力。

(4) 自律意识。分清职业与业余的不同,在扮演职业角色时,能够克制自己的偏好,克服自己的弱点,约束自己的行为。

(5) 学习意识。社会发展突飞猛进,新的知识不断出现。每个人都想使自己有所成就,只有具备良好的学习心态、意识,不断学习,才能使自己跟上时代步伐,才有可能实现人生价值,取得职业生涯的成功。

(6) 创新意识。创新是一个组织的灵魂,是组织兴旺发达的不竭动力。只有不断创新,才能有所发展。始终保持与时俱进的精神状态,学习最新的科技创新、管理创新和服务创新理念,掌握新本领,摸索新方法,为事业的发展注入强劲的动力。

（六）职业能力

职业能力是指人们从事某种职业的多种能力的综合能力。例如,一位教师只具有语言表达能力是不够的,还必须具有对教学的组织和管理能力、对教材的理解和使用能力、对教学效果的分析和判断能力,以及对现代化教学手段的驾驭能力等。

职业能力包括关键能力、专业职业能力等。

（1）关键能力。这主要是指一般的学习能力、文字和语言运用能力、数学运用能力、空间判断能力、形体知觉能力、颜色分辨能力、手的灵巧度、手眼协调能力等。此外,任何职业岗位的工作都需要与人打交道,所以人际交往能力、团队协作能力、对环境的适应能力以及遇到挫折时良好的心理承受能力,都是职业活动中不可缺少的。

（2）专业职业能力。这主要是指从事某一职业的专业能力,即是否具备胜任岗位工作的专业能力。

（七）职业习惯

良好职业习惯的养成有利于求职者顺利度过职场适应期,同时为今后的发展和成功打下坚实的基础。良好的职业习惯主要包括以下几点。

（1）计划工作,及时总结。

（2）工作分级,量力执行。

（3）反馈信息,善始善终。

（4）检查验证,不留错误。

（5）不断学习,勤于请教。

（八）职业态度

职业态度是指个人对职业选择所持的观念和态度,包括选择方法、工作取向、独立决策能力与选择过程的观念。

个人的职业态度会对其职业选择的行为产生影响,观念正确、心理健全的人,对职业的选择较积极、慎重,做出正确选择的机会较大;相反地,观念不正确、心理不健全的人,对职业的选择具有推诿搪塞、轻忽草率及宿命论的倾向。因此,养成正确的职业态度非常必要。

（九）职业形象

职业形象要与个人职业气质相契合,与个人年龄相契合,与办公室风格相契合,与工作特点相契合,与行业要求相契合。良好的职业形象是从着装、装扮、言谈、举止等多个方面体现出来的,而这些细节都是职业形象的重要组成部分。社会对于职业人的要求是打扮得体,说话斯文,举手投足适度,外在和内在的统一,也就是我们说的"表里如一"。

职场礼仪是塑造职业形象的重要途径。根据工作场所,大体可将职场礼仪分为办公室礼仪、工厂规范礼仪和公共区域礼仪三大类。

（1）办公室礼仪。在现代社会中,办公室已经成为职业工作的基本场所。人们在办公室要与同事、领导发生各种人际交往。因此,办公室礼仪也就构成了现代职业礼仪的重要组成部分。在办公室里,要按照待人以诚的原则与人相处,不过于谦卑也不倨傲,快乐地融入团队之中。

（2）工厂规范礼仪。在被工厂录用后，需要全面了解工厂的各项规章制度，特别是一些安全事项需要认真牢记，并严格遵守。同时，要积极地了解管理各项业务工作的负责人姓名及职责，在自己有困难的时候，能够直接找到负责人帮助解决问题。在工作过程中，要养成良好的卫生习惯，严禁随意抛物、倒水、吐痰、扔烟蒂，维护良好的生产环境。在下班时，应做到"善始善终"，将工作服放入个人储物箱内，整理好个人用品，为第二天的工作创造美好的环境。

（3）公共区域礼仪。在公共场合，每个人都代表了所从事职业的形象，这就需要我们注意自身的行为。要做到文明言行、尊重他人、与人为善，做到自身发型服饰、气质、言谈举止与职业、场合、地位以及性格相吻合，给人留下美好的"第一印象"。

良好职业形象的基本要求如下。

（1）职业形象要与自己的工作相符。从职业生涯发展的角度来看，一个人的着装不应该仅仅符合当前工作的要求，而应该更进一步。也就是说，在遵守规则的情况下，超前地树立起自己良好的职业形象。例如，当你还是普通职员时，就以主管或经理的职业形象标准来要求自己，让自己在外表和举止上都达到更高的标准，为以后的职业前途作好铺垫，从而更快地实现职业晋升或职业转型。

（2）职业形象应与个人职业和企业文化相符。职业形象具有多元化的特点，不同职业要求的职业形象也不同，这就需要职业人根据岗位和企业文化的不同来设计自身的职业形象。例如，教师的职业形象应该是整洁、庄重、大方。

（3）职业形象应满足和谐的原则。职业形象应与自己的年龄、身份、体形、性格等和谐统一。在人际交往中，职业形象应与场合、交往目的相协调。工作过程中，职业形象要与环境风格、企业文化、行业要求相协调。在展示自我的同时尊重别人，达到整体的和谐统一。

知识卡片

注重职业形象的意义

某著名形象设计公司曾对300位金融公司决策人进行调查，结果显示，成功的形象塑造是获得高职位的关键。职业形象对于人们职业发展的重要意义主要表现在以下三个方面。

第一，职业形象对于人的第一印象的形成非常重要。很多人力资源专员在招聘员工时，对应聘者职业形象非常重视，他们认为实际工作中那些职业形象不合格、职业气质差的员工不可能在同事和客户面前获得高度认可，工作效果也无疑会打折扣。

第二，职业形象不仅可以影响个人的心态和情绪，还会影响到一个人的自信程度和角色扮演。良好的职业形象能够得到客户和他人的尊重，也会使自己表现得从容自信，进而提高个人的工作效率。

第三，职业形象直接影响着企业的工作业绩和个人发展。如果自己的职业形象不能体现出应有的专业性，不能给客户带来信赖感，得不到客户的认可，就会影响企业的发展，同时也会影响个人晋升。

总结案例

大卫的选择

　　大卫担任项目经理助理已经三年了,由于经理年富力强且与老板关系很好,大卫一直没有机会被扶正,能力远不如自己的同事却在另外一个部门担任项目经理,他的内心很不平衡,想要跳槽。他找职业顾问咨询,职业顾问给他的回答是:"你应该首先进行自我提升。"大卫首先把几年来的工作实践作了全方位的总结,提炼出经验与技巧,再从理论上进行了提升,将自己打造成一个有理论、有实践、有经验的项目经理形象。之后,他去应聘一家较大企业的项目经理,结果一举成功。

　　分析:

　　大卫的问题不是没有工作经验,在项目经理助理的位置上,他已经耳濡目染,知道一个项目经理的具体工作是什么,应该怎样处理,只是还没有获得职位提升的机会。机会要靠自己的实力去争取。大卫正是把自己的职位的相关问题都弄清楚了,注意了自我提升,才能够跳槽成功,并有了职位的提升。

活动与训练

活动 8-3　我们离职场还有多远

主题:议一议自己离一名合格的职场人士有多远

一、活动目标

了解分析职场对职场人士的基本要求。

二、活动时间

30 分钟。

三、活动内容

根据职业生涯人物访谈的资料,根据我们现在的专业,以小组为单位,让学生写出行业所需要的行业素质。

四、活动步骤

1. 随机分成 4～6 人一组。
2. 填写下表。

我的目标	职业（会计、电脑维修人员程序人员等）	需要的素质

3. 注意要让学生写出具体素质中的差距。
4. 让学生制订出具体计划来培养自己的素质。

活动 8–4　走一走，秀一秀

主题：看看你的职业形象是否完美

一、活动目标

希望通过练习打领带，化职业妆，规范的站坐走姿势实训，塑造求职形象。

二、活动时间

视人数而定，每人不超过 3 分钟。

三、活动步骤

1. 根据岗位要求，进行个人的职业形象设计。
2. 练习规范仪态，如按标准姿势进行站坐走练习。
3. 采购职业装，下次课程要求穿着职业装。
4. 学生作为评委打分。
5. 教师点评。

8.3　做好第一份工作

学习目标

1. 了解树立良好第一印象的重要性和熟悉职场环境的方法，走好职场第一步。
2. 掌握职场规则、职场制度的内容。
3. 掌握提升自我管理技能的方法。

🕊 导入案例

休闲装惹出的麻烦

　　小江和小郑是某艺术院校表演系的同班同学，一同应聘到一家公司上班。该公司非常重视员工的职业形象。上班的第一天，小江穿着一套崭新的蓝色西装，看起来非常职业。而小郑还是以前学生时的打扮，一套非常休闲的外套，脚上穿一双运动鞋。第一天所有新员工到培训部接受培训，十几名新员工只有小江一人穿了正装。培训经理把新员工打量了一下，就指派小江担任新员工的班长，并让他在员工大会上代表新员工发言。

　　分析：

　　对于刚刚毕业的学生来说，着装细节可能影响职业的发展。上班着正装，是对工作的重视，同时也会给人职业化的感觉。可能小江在能力方面不及小郑，但他注意了职场中的角色要求，给用人单位留下非常好的印象，为今后的发展打好了基础。

知识讲解

一、走好职场第一步

（一）打赢职场第一战

求职者通常会面临新单位的试用期和入职培训。试用期其实就是个人和公司的一个双向选择的过程，新人的入职培训不但能让新人快速融入团队中，而且是企业考量新人的重要途径。对于初入职场的毕业生来说，试用期是"痛苦"的，因为首先要面对职场的"挑战"，要面对很多在学校不会遇到的挫折及障碍，但这也是关键时期，因为它是职业生涯发展的第一步。在试用期和入职培训期间，大学生一定要用良好的心态冷静处理情绪上的波动，一定要摆正自己的位置，明确自己的定位和目标，实现从学生到职业人的顺利转变，培养良好的工作习惯和积极、乐观的合作态度，建立和谐的人际关系，自觉成为企业大家庭的一员。

（1）目标定位。首先要解决目标定位问题，根据职场目标的层次，实现"生存、积累、发展"三个职业阶段的划分。试用期的目标就是生存，更高的目标预期是危险的。有人想要一鸣惊人，这种与新人身份不符的愿望和举动是不合适的。

（2）降低心理预期。许多职场新人，在参加工作前对未来是抱着很大的希望的，对工作期望值较高，但对现实估计不足。而在实际参加工作后，尤其是最初的一段时间，由于对工作不熟悉，老板一般不会安排实质性的或是重要的工作给新人，很多新人最初只是做些"打杂"工作，因此在心理上会形成很大落差，感觉这份工作埋没了自己的才华。职场新人在走上工作岗位后，首先要降低心理预期，根据现实的环境调整自己的期望值和目标，面对角色转换，心态要放平和，目光要放长远，尽快适应新环境，争取厚积薄发。

（3）尽快找到与企业的契合点。"经验和成熟度"是不能催生的。部分新人到了单位之后，才发现"专业不对口""学不到东西"等，于是仅仅工作几个月，就萌发了跳槽的念头。毕业生应把考虑"工作适合不适合"放在求职前面，在选择工作时就要进行考量。职场新人到了工作单位后，最主要的是要尽快地熟悉环境和进入工作状态。此时，不妨多听一些老员工的意见。毕业生若感觉这份工作实在不适合自己，可选择离职，但不建议频繁跳槽。据悉，一些企业在招聘人员的时候，若发现应聘者频繁跳槽，就会放弃此人。

（4）要学会主动。工作单位与学校不同，新人要学会主动，不会的就要主动去问，不要等别人告诉你该怎么做。刚到公司的前几天，很多新人不知道该做什么，其他同事都忙得热火朝天，自己却闲得发慌，不妨主动地去帮同事做一些自己力所能及的工作。

（二）树立良好的"第一印象"

毕业生刚到一个工作单位，往往是同事关注的焦点，因为其他人对新同事还缺乏足够的了解，即使是已经接触过新员工的人事部门员工和个别领导，对新员工的了解和认识多半是浅层次的。因此，同事试图通过观察、接触，更多地了解、认识新来者。在大多数情况下，同事不会直截了当地询问打听，一切都有赖于新员工的自我表现。要树立良好的"第一印象"，必须注意以下六个方面。

（1）衣着整洁，仪态大方。衣着是一个人文化素养的外在表现，一定要和身份相符，不能过于花哨。可适当体现个性,但不能和周围同事反差太大。女士的发型、化妆应简洁大方,切忌矫揉造作。

(2) 待人接物,举止得体。待人热情坦诚,说话做事文明礼貌。与人交谈时,应注意发现别人感兴趣的话题,不要过多地谈论自己,同时要善于倾听别人的言论,尤其注意不要随便打断别人的谈话。与人相处应不卑不亢,并注意倒茶、让座之类的不可少但又容易被忽略的日常礼节。

(3) 工作认真,踏实肯干。切忌懒散、浮躁、漫不经心,做事要善始善终,切忌丢三落四、虎头蛇尾。对必须从事的体力劳动,不能因为太脏、太累、太苦、太单调而加以轻视。

(4) 讲究信用,遵守纪律。自觉遵守各项规章制度和工作纪律,不迟到,不早退。为人处世一定要守信用,答应过别人的事务必要做到,如确实因客观原因而未能做到,一定要通过合适的方式使对方理解,避免发生误会。

(5) 从小事做起,不以事小而不为。主动承担打扫卫生、整理办公室、打开水等琐事,有人说这是毕业生走上岗位的第一课、必修课,这不无道理。往往就是这类看似不起眼的日常小事,给人留下的印象最深。

(6) 注意小节,不要因小而失大。不要长时间地接打私人电话,尽量不要在办公室接待亲友、同学。不要随便串岗,影响他人工作。不要随意翻看他人办公桌上的公文、信件。不传闲话,不随便打听别人的事情,尤其是不能"打破砂锅问到底"。如果住集体宿舍,还应注意遵守作息时间和保持寝室的整洁卫生。

以上要求并不高,但要成为自觉的行为,并非一日之功。实际上,这是一个人的综合素质在日常生活中的反映。因此,尽管"第一印象"在程度上只是暂时的、初步的表面现象,但只要坚持不懈地努力,就能够建立一种更为深层的、更富于实际意义的长期印象。

(三) 熟悉职场环境

在大多数人的一生中,有三分之一的时间是在工作中度过的。从事何种职业,如何从事该职业,对于每一名员工来说,都是要认真考虑的问题。对于初涉职场的新人,他们所面临的社会角色发生了变化,面对新的环境和新的人群,只有尽快地熟悉职业环境,才能让自己适应工作,从平凡变得优秀。

(1) 了解本职工作。进入职场,首先要清楚自己的本职工作是什么,这是融入职场的第一步。详细了解自己具体的工作内容、步骤和过程,争取早日上手。

(2) 了解工作环境。了解公司内部及周围的自然环境。例如,公司各部门办公室的分布情况、卫生间的位置、公司附近的超市、商场、车站情况等。这些也许都是不起眼的小事,但准备工作的好坏会对做事的效率产生很大的影响,当上司让你去某个部门传送文件,你却问他该部门的位置时,上司脸上的诧异表情可想而知。

(3) 了解企业情况。了解并严格遵守公司的规章制度。每个公司都会有员工手册,这是新员工认识公司规章制度最直接的途径。但要想迅速融入这个新环境,得到新同事的认可,了解员工手册上的规定远远不够,还必须多看、多想、多向身边的人请教。例如,有些公司明文禁止办公室恋情,有的公司不允许在上班时间接打私人电话。

(4) 了解同事情况。了解公司的人际关系情况,新人要多观察、多请教,多从同事的谈话中了解同事的基本信息,在别人不经意间给别人惊喜或帮助,从而使自己的职业之路更加顺畅。

✔ **案例**

假病假证明惹的祸

2016 年 7 月毕业后,小夏就职于一家建筑监理公司,他平时酷爱足球运动,经常熬夜看球赛。2016 年 8 月恰逢里约奥运会男子足球比赛,小夏为了看球赛,通过网络购买了一张病假证明,并向单位请病假一周。公司人事部门经核实,发现小夏提交的病假证明是伪造的。考虑到建筑监理工作对员工诚信度的高要求,公司负责人决定依据规章制度与小夏解除劳动关系。

分析:

规章制度是用人单位开展企业管理的重要依据,它包括考勤制度、薪酬制度等。在劳动者入职之初,企业一般会对入职者进行规章制度培训并与其签订遵守协议。职场新人务必重视企业的规章制度,尤其是涉及调岗降薪、辞退、解聘等内容的"红线条款",因为违反这些条款的规定,极有可能导致劳动关系的变更和解除,这关系到劳动者的核心利益。同时,诚实、讲信用是劳动者的基本职业操守,不诚信行为不仅会导致用人单位对劳动者职业素养的消极评价,情节严重时员工还有可能被解聘或辞退。

二、恪守职场规则

俗话说"没有规矩不成方圆",职场上也有职场规则,这是每个职业人都必须遵守的。

(一)职业道德准则

管理企业,实质就是管人,而道德准则是做人的最根本准则。德行职场,才造天下。一个人如果有德,在职场上可以赢得别人的信任和爱戴;一个人如果有德且有才,那么将干出一番事业。诚信、善良、努力、信任、感恩、孝顺、尊重、热情、专注、认同等是多数用人单位重视的职业道德准则。因为人们坚信:诚信是力量的源泉,善良是处世的真谛,努力是提升的捷径,信任是忠诚的基石,感恩是幸福的源泉,孝顺是德行的根本,尊重是交往的前提,热情是卓越的动力,专注是成功的保障,认同是团结的关键。只有遵守职业道德准则,顺利度过职业适应期,才能在职场上有所收获。

(二)职场适应规则

(1)尊敬和服从上级。在职场之中,上下级关系的存在是为了保证一个团队或组织工作的顺利开展。上级开展工作,必须掌握一定的资源和权力,考虑问题往往从一个团队或组织的整体出发,很难兼顾到每一个人。对于下级来讲,在资源允许的情况下,配合上级共同完成自己负责的工作是首先要考虑的。下级尊敬和服从上级是确保一个团队或组织能够实现目标的重要条件。作为员工,不能站在团队或组织的高度思考问题,而只是站在自己的角度去找上级的麻烦,甚至恃才傲物,不服从管理,那么这样的员工将很难在一个团队或组织里生存,更不用谈发展。

(2)如果你的工作暂时还不能达到上级的要求,一定要及时和上级沟通,要让他知道你的工作进度以及努力方向。在实际工作中,有的工作需要较长的时间,可能在一定时期内你的工作还没有让别人看到显著成绩。这时不要和你的上级距离太远,你一定要创造一定的条件去和他进行沟通,让他知道你是在努力工作,并让他知道你的工作进度和计划以及将要取得的成绩。如果你这样做了,上级一般不会责备你,而且他还会利用他所掌握的资源给你提供一些帮助和建议,这样就会加快你工作的进度,使你提前取得良好的工作成绩。

(3)对于团队或组织依照一定程序所作出的决定,一定要服从;如果认为不合理,则可以通过合适的途径去反馈,并给上级留出一定时间。一个团队或组织为了工作的正常开展,会依照一定的程序作出决定。当然这些决定有可能是对的,也有可能暂时不太合理或不尽完善。新员工必须要明白:既然决定是团队或组织依照一定程序作出的,就具备一定的权威性和强制力,就要服从。如果这些决定有不合理的地方或不尽完善的地方,就要依照正常的程序和方式提出,如果可能的话就提出自己的合理化建议,等待回复。在决定还没有得到修改之前,只要这些决定没有触犯法律法规,作为员工还是应该无条件服从的。如果一开始就采取消极的态度或直接与团队或组织的决定进行对抗,则很难融入团队。

(4)切忌煽动同事、公开与团队或组织进行对抗来解决问题。作为一个员工,在一个团队或组织里,受到委屈甚至不公平的待遇并不罕见。此时,员工可以选择通过一定的程序和方式提出,甚至可以选择到相关的执法部门寻求帮助。但是若采取煽动同事闹事、公开对抗来解决问题,往往容易把自己推到一个更加不利的境地,因为这种方式是一个团队或组织绝对不能容忍的,结果可能会是问题没得到解决,自己已经被辞退了。

(5)如果不能为一个团队或组织创造一定的价值,起码不要去制造麻烦而成为不和谐因素。一个团队或组织里,成员的个性各异,这属于正常现象。但有的员工却喜欢耍小聪明、采用小手腕,通过制造麻烦、造谣惑众、煽风点火等方式来达到一些个人目的,结果往往引火烧身。一个人的为人和能力,大家都会有自己的判断,小聪明、小手腕可能能让一个人得到短期利益,但一旦其他成员对他有所了解,他便很难立足了。

(6)对于上级安排的临时性工作,一定要及时反馈。在职场之中,有时上级会安排一些临时性的工作给你,这些工作可能会非常紧急和重要,并且会设置完成和反馈的期限。作为下级,在接到上级安排的临时性工作时,如果能够完成,最好不要推托。另外,不管上级是否要求定时反馈进度,都应该按照工作的性质和紧急程度向上级及时反馈。不可在工作安排后,自己将其抛到九霄云外。如果是这样,不但可能使上级不敢再相信你,而且今后也可能丧失许多的机会。如果感到自己没有能力完成,也应在接到工作时及时向上级提出,以便上级能够找其他人来完成。

(7)成就上级从而成就自己。工作使大家走到了一起,同事之间首先是一种合作关系。如何和上级合作好,对任何一个身在职场之中的人都是极其重要的。这是因为上级手中所掌握的资源和影响力,对一个人在职场的发展会起到至关重要的作用。通过对那些在职场上能够快速发展的人进行分析后,人们发现,这些人无疑都是善于和上级进行合作的人。他们在做好自己本职工作的同时,都会积极去帮助上级分担一些工作,替上级排忧解难。时间一长,上级就会把更多的锻炼机会提供给他们,而且愿意去培养他们,把自己的一些经验传授给他们。另外,由于能够替上级去分担工作,他们自己就会逐步熟悉上级的工作内容和技巧,而这些往往都是一个人能够得到快速发展的重要条件。

(8)把事做好的同时把人做好。一个人一进入职场,就要塑造自己的个人"品牌"。把事做好、把人做好,是一个人品牌塑造的重要条件。

(三)职场交往规则

(1)不批评、不责备、不抱怨、不攻击。批评、责备、抱怨、攻击等行为都不利于沟通,只会使事情恶化。

（2）讲出来，尤其是坦白地讲出自己内心的感受、感情、痛苦、想法和期望，但绝对不是批评、责备、抱怨、攻击。

（3）互相尊重。只有互相给予对方尊重，才能实现沟通。

（4）情绪不稳定时不要仓促地做决定。

（5）耐心。做事情要有足够的耐心。

（6）犯了错要主动承认错误。承认错误是沟通的"柔化剂"，可改善沟通的效果。

（7）不说不该说的话。如果说了不该说的话，往往要花费极大的代价来弥补。

三、遵守职场制度

（一）职场制度简介

纪律是胜利的保证。现代企业从管理的角度出发，日益重视建立健全各项管理制度。高职毕业生们参加工作，成为企业的员工，理应严格遵守企业的各项规章制度。因此，高职毕业生们上岗后一定要熟悉企业的规章制度，并在实际的工作中严守规章制度，自觉培养和增强自律性。要成为一名守法遵规的员工，就必须在工作、学习中坚持做到自省、自警、自励，踏踏实实，尽职尽责，廉洁奉公，纪律严明，敬业爱岗。

规范和制度是组织正常运营的最基本保证。公司的每一个部门，都会依据本部门的职能制订相应的规章制度，以保证本部门工作顺利而高效地进行。生产部门制订的规章制度，是为了提高公司的生产效率和保证产品的质量，以提升公司的形象；人力资源部门制订的规章制度，是为了更好地为公司招募和培训人才，以提高公司的人员素质……所以说，作为企业中的一员，作为一名职业人，都应该严格遵守企业规章制度。在制度面前人人平等，只有这样，才能提升个人的职业素质，企业才能做大做强。

（二）遵守职场制度

要做一名合格的员工，就要严格遵守企业的规章制度。具体来说，就是要做到以下几点。

（1）了解、遵守企业制度。员工进入公司后，首要的任务就是尽快地熟悉公司的各项规章制度，并了解制定它们的目的。每家公司都有自己的规章制度，不同公司的规章制度会存在很大的差异。职场新人应该尽快了解所在公司的规章制度，没有公司欢迎一入职就破坏规矩的人。

（2）快速熟悉每一位同事。进入一个完全陌生的环境，应该花上一番工夫，尽快和同事们熟悉起来，从中找到几位兴趣相投、价值观相近的同事，与之建立友谊，打造自己在公司里的社交圈。这样，一旦在工作中遇到困难，他们就会帮助你。不过要注意，与同事搞好关系应把握一个度，千万不要钻进某个狭隘的小团体里，拉帮结派只会引起"圈外人"对你的对立情绪。

📧 **知识卡片** •┄┄┄┄┄┄┄┄┄┄┄┄

工作中的不良习惯有：① 经常迟到、早退；② 衣冠不整，发式怪异；③ 长时间打私人电话或聊天；④ 上班时间做小动作，如玩笔、玩手机；⑤ 总喜欢盯着别人看；⑥ 发电子邮件不写"主题"，不写姓名；⑦ 客户、领导到访，不主动起立，不打招呼；⑧ 推卸责任，经常为自己找借口。

（3）不要标新立异。有些职员为了引起老板或他人的注意而故意标新立异。要记住的是,中国的文化强调中庸之道,新员工入职后应谦虚谨慎,尽快适应新环境,而不应标新立异,引起他人的反感。

（4）要从小事做起。早到办公室,打扫卫生,擦桌子,甚至倒水,这是很多人不愿干的事。但在有的企业,这些小事是老员工考察新员工的标尺。

四、自我管理技能提升

自我管理是指个体对自己本身,对自己的目标、思想、心理和行为等表现进行的管理。自我管理是一种自己管理自己、自己约束自己、自己激励自己、自己管理自己的手段,是自我奋斗并最终实现目标的过程。它是利用个人内在力量来改变行为的一种策略,可以用来减少不良行为与增加良好行为。自我管理注重的是一个人的自我教导及约束的力量,亦即行为的制约是通过内控的力量（自己）,而非传统的外控力量（教师、家长）。

（一）目标管理能力提升

建立目标的过程使人知道自己要到哪里去,清楚地知道要达到什么目标,应当专注于什么事情。大目标可以增强意志力,小目标可以增强行动力。目标越大,人就会越坚强、越有耐力,所有的艰难困苦与大目标相比,都会变得很渺小。目标越小,人就会越勤奋、越细心,并在已取得的经验和成果的基础上,向下一个目标前进。

（二）时间管理能力提升

1. 时间管理的重要性

时间管理其实就是人生管理。彼得·德鲁克说过:"不会管理时间就不能管理一切。"学习时间管理,目的是希望未来每一天的工作都是有效率的,而每一天的高效率都使自己更接近目标。更重要的是,所有的目标实现都在于两个字——行动。没有行动就没有结果,所以一切的努力来自是否有愿意行动的强烈欲望。

2. 时间管理的策略与方法

（1）确定明确的目标。目标的管理有两个标准:紧要性和重要性。要从最重要和最紧要的任务入手。

（2）坚持 PDCA 循环。

P(plan)——计划。包括三部分:目标(goal),实施计划(plan),收支预算(budget)。

D(design)——设计方案和布局。

C(4C)——4C 管理:检查(check),沟通(communicate),清理(clear),控制(control)。

A(2A)——执行(act,对总结检查的结果进行处理),按照目标要求行事(aim,如改善、提高)。

以上四个过程不是运行一次就结束,而是周而复始地进行。一个循环完了,解决了一些问题,未解决的问题则进入下一个循环。

（3）"日事日毕,日清日高",这是自我事务管理的黄金法则。它实际上有两层意思:一是今日事今日毕;二是每天进步一点点。

（4）有固定的时间作计划、作检查。

（5）每一件事情都要设定期限。

（6）马上行动,不找借口,拒绝拖延。

（7）辨清事情的轻、重、缓、急,进行优先排序。

（8）一段时间专心专注于一件事情——手表法则。

（9）坚持二八法则,学会关键掌控。二八法则是指在任何特定群体中,重要的因子通常只占少数,而不重要的因子则占多数,因此,只要能控制具有重要性的少数因子就能控制全局。

（10）第一次就把事情做对。

（11）留出思考和独处的时间。

（12）学会分工授权。

（三）有效沟通能力提升

沟通是指人与人之间、人与群体之间思想与感情的传递和反馈的过程,以求思想达成一致和感情的通畅。良好的职场沟通技能非常重要,甚至比前者还有用。与人交流,要求巧妙地听和说,而不是无所顾忌地谈话。具体要注意以下几点。

（1）对事实或感受做正面回应,不要有抵触情绪。

（2）比起自己的想法,人们更想听到你是否赞同他们的意见。

（3）即使对方看上去是在对自己发脾气,也不要还击。

（4）记住别人说的和我们所听到的可能会存在理解上的偏差。

（5）坦然承认自己所带来的麻烦和造成的损失。

（6）如果没人问自己,就不要指指点点。

（四）情商管理能力提升

情商是一个人自我情绪管理以及管理他人情绪的能力指数,主要是指人在情绪、情感、意志、耐受挫折等方面的品质。对于个人来说,情商管理主要指管理自己的情绪。

1. 体察自己的情绪

时时提醒自己注意:"我现在的情绪是什么?"有人认为"人不应该有情绪",所以不肯承认自己有负面的情绪。但是,人一定会有情绪,压抑情绪会带来更糟的结果,学着体察自己的情绪,是情绪管理的第一步。

2. 适当表达自己的情绪

适当地拒绝自己不赞成的提议,不用勉为其难。否则,不仅会影响自己的情绪,还会影响其他人。

3. 以合适的方法调节情绪,安排生活

调节情绪的目的在于给自己一个理清想法的机会,让自己好过一点,也让自己更有能量去面对未来。

（五）人脉经营能力提升

要善于经营人脉、使用人脉。经营人脉资源的原则如下。

1. 互惠原则

互惠原则讲求利人利己。利人利己是一种双赢的人际关系模式。利人利己观念以这些品格为基础:诚信、成熟、豁达。

2. 诚实守信原则

在人际交往中,一般人都喜欢与诚实、爽直、表里如一的人打交道。因此,在人际交往中应切记诚实守信的原则。

3. 分享原则

分享是一种最好的建立人脉网的方式,分享得越多,得到的就越多。

4. 坚持原则

坚持不放弃的人,才能赢得更多成功的机遇。

5. 用"心"原则

四通八达的人脉网络需要爱心的浇灌,需要精心的梳理,需要细心的呵护,需要耐心的期待。

(六) 学习创新能力提升

1. 终身学习,拓展职业发展空间

终身学习可防止知识衰减,确保与时俱进。如果停止学习的时间太久,则可用的知识就会陈旧,我们就会与社会脱节而变得没有活力。如果不断学习,则理念越新,个人的生命力越强,社会也会更有活力。

养成终身学习的习惯应做到以下几点。

(1)建立主动学习的意愿。大学生不但要在读书期间有主动学习的意愿,而且在步入社会后也应树立主动学习的意愿。

(2)熟悉多元的学习途径。目前人们处于一个信息爆炸的时代,书刊、广播、电视、计算机网络等,都是大家学习的媒介与途径,尤其是计算机网络,大大加速了信息的传输、流通、交换。在这个时代,选择单一途径学习的人,容易闭塞与孤寂;熟悉多元学习途径的人,则易开放与快乐。

(3)把握各种学习机会。把握好每一次学习的机会,给自己充电,不断提升自己的能力,以便更好地适应社会的快速发展。

(4)重视非学历学习。在学习社会中,学历与文凭已逐渐失去其绝对的价值,社会成员也会重新评估学历与文凭的真正功能。因此,乐于从事非学历学习,是养成终身学习习惯的重要途径。

2. 培养创新能力,拓宽职业发展平台

毕业生步入职场后,一定要在爱岗敬业的基础上,由按部就班的被动型性格转为勇于探索的主动型性格,积极树立创新意识,创造性地开展工作,为单位赢得利益,为个人发展注入活力。

(1)创造性地开展工作的意义。

① 创造性地开展工作是企业发展的需要。企业要生存、要发展,必须要有活力,而活力来自创新。

② 创造性地开展工作是社会发展的需要。社会的进步和发展离不开求新、求变。

③ 创造性地开展工作是个人发展的需要。毕业生在工作岗位上,不能机械性地工作,应化被动为主动,努力学习知识,苦练专业技能。只有将前沿知识和岗位需求结合起来,潜心研究,才能提高岗位工作水平、单位经济效益,同时也提高了个人的工作能力和专业素质,从而为个人发展奠定基础、创造条件。

(2)怎样创造性地开展工作。

① 勤于实践,敢于创新。没有勤于实践、敢于创新的意识和精神,是无法创造性地开展工作的。大凡有建树的人,在平时的工作中都十分注重实践和创新。

② 努力学习,潜心研究。创造性地开展工作,知识和能力是保障。而要具备知识和能力,就得不断学习。

③ 爱岗敬业,执着追求。爱岗敬业,是做好本职工作的基本前提;执着追求,是创造性地开展工作的重要保证。

总结案例

狼 性 追 求

　　小张现任某四星级酒店的客服部经理,说起这样的成就,他全归结于自己的"狼性追求":敢作敢为,勇于争取。刚来部门时,虽然只是普通小职员,但他事事力求尽善尽美。有一次,部门开会讨论一个假期客服计划,有公司高层参加,部门主任汇报了计划后,大家都表示认可,小张却"不知天高地厚"地提出意见,他觉得为了集团利益就要讲出来,是为了把工作做得更好。小张的态度赢得了高层的赞许,在此后的两年里,由于业绩突出,他被提升为客服部经理。

　　小蔡也是这家酒店的员工,是出名的"小绵羊",经常面带微笑,同事请她帮忙,她都是有求必应,人缘也极好。可是,领导却对她的工作颇有微词,感觉她虽然工作中没什么大错,但总体来说处于弱势,缺乏一股冲劲。

分析:

　　每一个企业都有自己独特的风格,不同的企业环境造就不同的企业文化。在企业初创时期,很多企业将"狼文化"作为自己的标杆;可是到了企业的发展时期,则开始倡导比较温和的"羊文化"。因此,在求职时,一定要明白自己的个性特质是否和这家企业的文化相匹配。这家酒店的企业文化是"狼文化",因此,有着"狼性追求"的小张能很快适应这里的企业文化,而"小绵羊"小蔡则明显不适应这家酒店的企业文化。

活动与训练

活动 8-5　职场适应

主题:职场竞争适应程度测试

一、活动目标

初步了解自己的职场竞争适应程度,通过各种努力,提高职场竞争力。

二、活动时间

20 分钟。

三、活动步骤

独立完成如下测试题,然后与同学讨论如何提高自己的职场竞争力。

如今,竞争可以说是无所不在。无论是在学校还是在职场,你都要面对各种各样的竞争。

下面这套测试题,能帮你初步测试自己的竞争指数有多高,能否应对日趋激烈的职场竞争。在下面括号中填入代表选项的字母。

1. 我喜欢和大家一起工作,因为这样可以互相帮助。(　　　)
　　A. 完全不是　　　B. 不太一样　　　C. 一般　　　　D. 很像　　　　E. 完全一样

2. 看到别人开好车,会让我想要超越对方,想要买辆更好的车。(　　　)
　　A. 完全不是　　　B. 不太一样　　　C. 一般　　　　D. 很像　　　　E. 完全一样

3. 我总想比同事穿戴得更好。(　　　)
　　A. 完全不是　　　B. 不太一样　　　C. 一般　　　　D. 很像　　　　E. 完全一样

4. 看到老朋友比我成功,会激励我更加努力。(　　　)
　　A. 完全不是　　　B. 不太一样　　　C. 一般　　　　D. 很像　　　　E. 完全一样

5. 我不会拿自己和别人相比来衡量自己是否成功。(　　　)
　　A. 完全不是　　　B. 不太一样　　　C. 一般　　　　D. 很像　　　　E. 完全一样

6. 有人向我提问时,即使不懂也要装懂。(　　　)
　　A. 完全不是　　　B. 不太一样　　　C. 一般　　　　D. 很像　　　　E. 完全一样

7. 我不希望与比我强的人一起共事。(　　　)
　　A. 完全不是　　　B. 不太一样　　　C. 一般　　　　D. 很像　　　　E. 完全一样

8. 对于我了解的事,最讨厌有人不懂装懂,在我面前班门弄斧。(　　　)
　　A. 完全不是　　　B. 不太一样　　　C. 一般　　　　D. 很像　　　　E. 完全一样

9. 我最得意的是有个工作能力出众的同事与我关系密切。(　　　)
　　A. 完全不是　　　B. 不太一样　　　C. 一般　　　　D. 很像　　　　E. 完全一样

10. 我最讨厌别人说:"凡事不必太要强,不必凡事都争出头。"(　　　)
　　A. 完全不是　　　B. 不太一样　　　C. 一般　　　　D. 很像　　　　E. 完全一样

11. 我认为比我成功的人不会事事都称心如意,所以对他们的成功不以为然。(　　　)
　　A. 完全不是　　　B. 不太一样　　　C. 一般　　　　D. 很像　　　　E. 完全一样

12. 如果能获得特别的肯定,我乐意做个工作狂。(　　　)
　　A. 完全不是　　　B. 不太一样　　　C. 一般　　　　D. 很像　　　　E. 完全一样

13. 即使周围的人都想表现,我也觉得做好本职工作就可以了。(　　　)
　　A. 完全不是　　　B. 不太一样　　　C. 一般　　　　D. 很像　　　　E. 完全一样

14. 当事情变得越来越棘手时,我会考虑争强好胜是否值得。(　　　)
　　A. 完全不是　　　B. 不太一样　　　C. 一般　　　　D. 很像　　　　E. 完全一样

15. 如果觉得不可能获胜,我会选择放弃参与。(　　　)
　　A. 完全不是　　　B. 不太一样　　　C. 一般　　　　D. 很像　　　　E. 完全一样

16. 人生有太多比争强好胜更重要的事情。(　　　)
　　A. 完全不是　　　B. 不太一样　　　C. 一般　　　　D. 很像　　　　E. 完全一样

17. 我不认同把别人踩在脚下而获得成功的做法。(　　　)
　　A. 完全不是　　　B. 不太一样　　　C. 一般　　　　D. 很像　　　　E. 完全一样

计分方法: A＝5分;B＝4分;C＝3分;D＝2分;E＝1分。将以上题目的得分累加,得到总分。

25～35分:你的职场竞争心不强,并强烈地害怕失败。这种害怕和伴随而来的焦虑,很可能就是你不愿意竞争的原因,也将成为你职业发展的最大障碍。建议你放开手脚,从实现眼前的小目标开始,一步步达到最后的成功。

36～49 分:你觉得参与竞争太过辛苦,所以尽可能避免职业上的竞争,这只是你的惰性。你应该把自己的竞争优势拿出来,仔细分析是否有实力参与竞争,你会发现,自己还是有潜力的。

50～65 分:你在职场上不会事事与人竞争。通常视情况来决定是否参与竞争。如果成功足以吸引你,如获得报酬、奖赏、荣誉等,就会让你想参与竞争。参与竞争的原因并不重要,关键在于你如何把握,不要有太多功利心。

66～79 分:你性格开朗,见解独特,好胜心强,喜欢受人关注,喜欢追求成功。对你来说,竞争是一种生活态度。因此,你通常很注意自我形象,有坚定的信心,也愿意为成功而努力,而且成功率较高。

80 分以上:你是竞争爱好者。对你来说,竞争的过程比赢得胜利更为重要。这种好斗的性格,虽然能使你在职场竞争中获得强大的动力,但也容易因此失去朋友。

活动 8-6　了解公司的规章制度

主题:公司的规章制度初探

一、活动目标

初步了解几类公司的规章制度。

二、活动时间

课外加课上,共计 10 分钟。

三、活动步骤

1. 学生在课外通过网络搜索、询问家人和朋友等,了解几类(至少三类)公司的规章制度,找出它们的异同点。

2. 课上交流各自的收获,相互学习。

思考与讨论

1. 到单位报到的时候,需要注意什么?

2. 企业对员工有什么需求?

3. 为尽快适应职业环境,毕业生应该从哪几方面入手?

4. 谈谈你对职业道德准则的认识,并举一些坚守职业道德准则的实例。

5. 职业人为什么要遵守职场制度?

模块三
创业指导

第九单元
储备创业知识

📖 引导语

创业是职业生涯的重大转折,是职业生涯发展过程中一次质的飞跃。这种飞跃,不但是在向社会、向自然挑战的过程中得到的,也是在向自己挑战的过程中得到的。在创业过程中,个人的阅历和经验越来越丰富,能力越来越高,知识越来越渊博,意志越来越坚强,人的发展得到了全方位的体现。当你怀着创业之志,并在创业准备、创业过程中为之付出努力的时候,潜能就有机会得到显示、得到发挥、得到提高,你会惊讶地发现另一个自己。

学习目标

1. 了解创业的基本概念。
2. 理解创业的特征。
3. 认识创业与创新的区别。
4. 大学生创业的现实意义。
5. 理性认识创业者。
6. 掌握创业者必须具备的素质。
7. 认识创业团队的重要性,掌握组建和管理创业团队的基本方法。
8. 了解创业的基本流程。
9. 了解大学生创业的准备。

学习指南

一、学习方法

学习本单元内容的目的是要培养学生创业热情,帮助同学们对创业者、创业的历程形成理性认识。

本单元的学习方法有两个:一是角色代入。把自己的角色转换为创业者,通过案例的代入,思考案例所处的时代背景。二是任务导向。通过学习创业的必备要素,整理假设自己需要创业的话仍将需要学习的知识点有哪些。

二、注意事项

学习者应按照如下步骤学习。

(1)按照学习目标的标准并根据自身的特点,对创业者的素质提出要求。

(2)分析案例并总结出知识点,思考创业失败的案例。

（3）结合身边同学创业的案例，分析其创业准备的程度。

学习者应注意的要点如下。

（1）打破对于创业的狭隘理解，以接受的态度来理解创业。

（2）创业的过程是一个艰难的过程，理性看待教学案例中的成功与失败，并能从中吸取自身能够学习的要点。

（3）即使学习者未来并不打算创业，但今后仍要以创业者的心态去对待工作。

9.1　认识创业

学习目标

1. 了解创业基本概念。
2. 理解创业的特征。
3. 认识创业与创新的区别。
4. 理解大学生创业的现实意义。

导入案例

创业时信心满满，失败时心灰意冷

　　陈想是某设计公司的创始人，大学时代中的风云人物，当过班长，当过学生会主席，也曾应聘过一份不错的职业。在创业的浪潮之下，他凭借着大学时代曾经参加过挑战杯创业赛的经验，信心满满地成立了一家设计公司。他的合伙人是他大学时代的好朋友，也可以称为战友，在 2017 年 10 月份，他们共同出资 20 万元，成立了一家以设计创意、文化策划、会展服务的公司。公司成立之初，陈想信心满满。这家设计公司招聘了十几名员工，大多数都是在校大学生，他们凭借敢想敢做的风格，开始在商海中检验自己的所学之才。

　　经营公司和上学完全不能相提并论，短短几个月，陈想就感觉到层层压力，而且当初承诺办理注册手续的公司在拿了他 1 万元的代理记账、注册费用之后就杳无音信。几个月下来的房租和人工费用，对于初创公司而言都是很大的压力。陈想开始了跑业务、跑学校、跑银行的生活。虽然现在对于大学生创业也存在很多利好政策，陈想和他的合伙人毕竟没有房产、汽车，刚成立的公司也没有企业愿意为他担保，就这样，公司资金链断了。辛苦支撑了一年，公司还是没有摆脱困境，另一方面，由于公司注册没有成功，陈想的首次创业在公司没有成立的情况下便宣告失败了。

　　分析：

　　创业不是教科书，学校里优秀的毕业生却不一定能在创业的道路上做出成绩。陈想将创业的过程过于理想化了，凭借十几个学生，没有做过市场调研，也没有尝试了解是否有客户喜欢他们的设计风格，在市场的痛点都没有精确掌握的情况下就成立公司。代理记账公司的卷款潜逃透露了陈想他们根本没有法律风险意识，失败也是必然的。

知识讲解

一、什么是创业

创业究竟是什么？根据《辞海》中的解释，创业即开创基业。汉·张衡《西京赋》："高祖创业，继体承基。"现代社会对创业的解释有很多种，最简单的理解就是创办企业。但此种定义容易使创业的企业管理的内涵变得狭隘，创业应当是灵动的、创新的、有活力的、创造价值并能承担风险的过程。

创业应当包括以下几方面含义。

（1）创业是一个创造的过程，身在其中的创业者都要付出努力和劳动。

（2）创业的本质在于整合资源，在于商业价值的发掘与利用，在于要创造和认识新的商业途径；

（3）创业是追求价值实现的过程，包括个人价值的满足和实现，也包括社会价值的满足与实现。

知识卡片

　　创业是不拘泥于当前资源条件的限制下对机会的追寻，将不同的资源组合，以利用和开发机会并创造价值的过程。

　　——（霍华德·斯蒂文森，美国创业学专家、哈佛商学院工商管理学教授）

　　创业是一种思考、推理和行为方式，它为机会所驱动，需要在方法上全面考虑并拥有和谐的领导能力。

　　——（杰弗里·蒂蒙斯，美国百森商学院富兰克林·欧林创业学教授）

创业过程如图 9-1 所示。

寻找机会　→　整合资源　→　价值创造

图 9-1　创业过程

案例

"华为"的创业过程

　　1987 年，43 岁退役的团级干部任正非，与几个志同道合的中年人，以凑来的 2 万元人民币创立了华为公司。当时，可能谁也没有想到，这家诞生在一间破旧厂房里的小公司，即将改写中国乃至世界通信制造业的历史。

　　总结华为的快速发展，任正非这样说："公司高级管理团队夜以继日地工作，有许多高级干部几乎没有什么节假日，24 小时不能关手机，随时随地都在处理随时发生的问题。现在，更因为全球化后的时差问题，总是夜里开会，我们没有国际大公司积累了几十年的市场地位、人脉和品牌，没有什么可以依赖，只有比别人更多一点奋斗，只有在别人喝咖啡和休闲的时间努力工作，只有更虔诚对待客户，才能拿到订单"。

分析：

面对激烈的竞争局面，面对技术及市场壁垒，在中国，华为没有任何经验可以借鉴，只有通过勤奋弥补。

二、创业的特征

（一）创业的自发性

创业的前提是"想创业""敢创业""能创业"，即创业者具备创业意识、创业精神、创业能力，有进行创业实践活动的欲望、信念和目标，具有内在的动力机制、自我生存和自我发展的能力。

（二）创业的风险性

创业是一种"无中生有"的财富现象，是一种对新事物的独立探索，所以，也是一种风险性极大的冒险。创业者要有风险意识，要有冒险精神，要能够承担风险和失败，只有这样，才能在未知的创业征途中"笑到最后"。

（三）创业的创新性

创业是一个创造的过程，本质上就是一种创新活动，它需要创业者不断大胆创新。具体包括引入新的产品、新的标准、新的生产方式、新的市场、新的原料、新的概念、新的组织形式或在原有的基础上有新的突破等，都可视为创业创新性的表现。

下面的案例能给你启发：

"饿了么"——创新也需要实践和等待

"饿了么"是中国最大的O2O餐饮平台之一。它的创新性在于向用户传达一种健康、年轻化的饮食方式和生活方式，通过整合线下的餐饮品牌和线上的网络资源，用户可以方便通过手机、电脑搜索周边餐厅，在线订餐、享受美食。

"饿了么"的点子并不算很新颖，但张旭豪真实地做了起来，从上海交通大学周边的饭店做起，在宿舍设一个电话，两个人同时当接线员、调度员，聘请10多个送餐员。创业从身边开始，从参加创业大赛开始、申请融资不断调整商业模式。

分析：

"饿了么"创立于2009年4月，获得A轮融资是两年后，获得千万美元投资是2014年5月，经过漫长的等待，大多数创业企业在此过程中可能都已经转行到其他行业，但"饿了么"却坚持了下来，其真正崛起的原因在于手机移动端使用和支付功能的广泛使用。

三、创业与创新

创业是开创新的事业，它一定是能够创造出一种新的满足而取代旧的生产经营方式。

党的二十大报告指出："坚持创新在我国现代化建设全局中的核心地位。"创新是一种思维方式，它不是一种工具，也不是一种专业技能，因此它存在于任何一个流程中，它需要想象力、开脑洞,需要从实践中不断发现问题解决问题,也需要不断挑战自己的极限,去试错,去开发。

创新包括:在经济和社会领域生产或采用、同化和开发一种增值新产品;更新和扩大产品、服务和市场;发展新的生产方法;建立新的管理制度。

创新是创业过程中的重要组成部分,有很多技术、流程开发的过程都需要以创新为基础进行创业。没有创新,创业就失去了其本身的魅力;没有创业,创新就失去了存在的土壤。所以,很多教材都将创业和创新合并在一起,统称"创新创业"。

四、大学生创业的意义

创业教育被联合国教科文组织称为教育的"第三本护照",和学术教育、职业教育具有同等重要的地位,创业对于社会的作用如图 9-2 所示。自 1998 年清华大学举办"创业计划竞赛"后,大学生自主创业这一提法逐步在高校中兴起。近年来,国务院办公厅及有关部门制订了一系列政策,鼓励大学毕业生通过各种渠道、各种形式就业,支持毕业生自主创业。2010 年教育部首次明确将大力推进高等学校创新创业教育和大学生自主创业工作。各地为支持大学生创业纷纷出台各种优惠政策,如免收行政事业性收费、落实税收优惠、提供小额贷款及贴息贷款、提供职业培训补贴、提供一次性的优秀创业项目补贴等。同时,将创新创业教育列入必修课,在所有的专业课程中强调创新意识,在创业孵化基地锻炼创业能力,为有创业意识的大学生提供创业培训、开业指导,毕业后提供跟踪辅导等已经成为各类高校就业工作的重点之一。这是因为大学生创业具有以下特殊的现实意义:

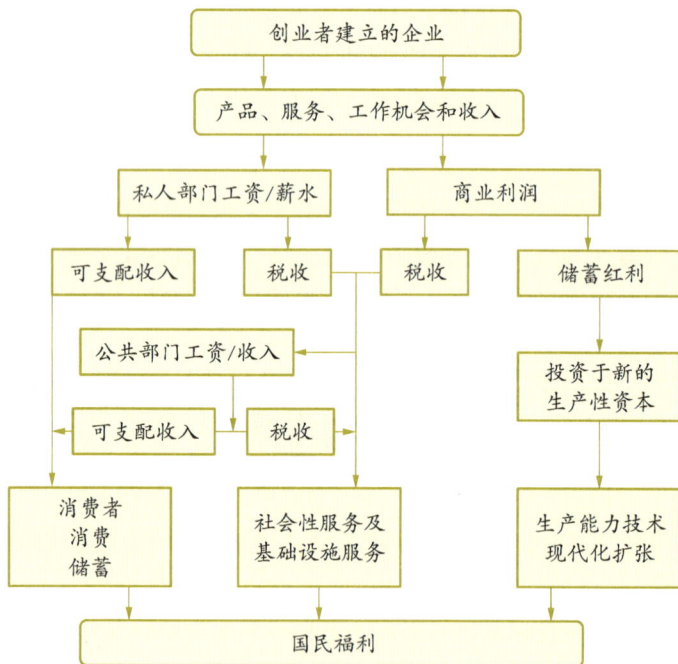

图 9-2　创业在社会中的作用

(一) 有利于缓解国家的就业压力

在当前的社会和经济形势下,不能单纯地靠政府、高校解决就业问题,大学生自主创业不但能解决自身的就业问题,而且还能为社会创造新的就业机会,解决他人的就业问题。自主创业无疑是解决目前大学生就业难的一种有效的途径,无论是对个人还是对全社会都具有重要意义。

(二) 有助于大学生实现人生价值

因为创业有自发性的特点,所以大学生可以专心从事自己最感兴趣、最愿意做、最有能力做和自己认为最值得做的事情。通过自主创业,大学生可以将职业和兴趣紧密结合起来,不但可以谋求生存,而且可以最大限度地发挥自己的才能,实现自己的人生价值。

(三) 有助于实现社会价值

创业者建立企业,能够生产产品、提供服务、工作机会和收入,提高了工资水平,促进商业利润,进而增加了税收。私人部门工资和薪水的提高,可支配收入的增加,提高了消费者的消费和储蓄水平,进而增加了国民福利。公共部门的工资和收入的增加,基础服务和基础设施的完善,也增加了国民福利。商业利润的增加,增加了税收和储蓄红利,进而投资于新的生产性资本,生产能力和技术得到现代化提升,归根到底也增加了国民福利。

文本: 新公司
登记注册流程

(四) 大力促进高校人才培养模式的改革

传统的人才培养模式重点在于传承、适应,专业学习强调的是掌握技能。而以创业为目的的创新教育对当前的高校人才培养模式而言无疑是一场变革性的调整,它更强调的是创新、变革,创新精神、创业意识、创业能力是专业教育的三大核心。高校人才培养模式的改革将为中国培养出更多具有顽强品格、具有独特的创新意识和创业能力的高水平创业者。

(五) 有助于促进各地经济的发展,尤其是含金量高的高新科技企业的快速发展

自主创业越多必定为当地带来更多的经济效益和社会效益,同时,大学生比一般的创业者更具有投身高新技术行业的素质和前瞻性,大学生自主创业者知识扎实、善于思索,优势明显,许多大学生在校期间的科技发明在毕业后直接转化为科技产品,这对国家经济的转型也具有积极的意义。

总结案例

红红火火的婚庆公司

小强是某高职电子计算机专业的学生,相比于其他人创业的盲目,他显得更有目标。他认为创业应该发挥自己的专业优势,让创业的过程能够在手机媒体或网页中显示出来。因此他创业选定的项目为婚庆策划,他会将模拟婚庆的场景在手机中媒体或网页中显示出来,达到宣传的效果。

小强认为创业应该是要靠自己,而不是等待学校和社会的扶持。基于这种出发点,他总是忙得不亦乐乎,带领着自己的婚庆团队一起研究业务:如何安排婚庆舞台和婚礼仪式,针对不同性格的人如何安排婚庆流程,如何解决婚庆中的突发事件等。在创业的过程中凝聚了一种团队精神。

小强的创业公司创立不久后还和当地几家大酒店、婚庆用品商店签订了长期合作协议。

分析:

小强的成功在于他能够明确自己创业的目标,明白创业的实质是什么。而且,他从来不寄托理想化的创业目标,而是踏踏实实研究他能干什么,怎么样才能把身边的事情做到最好。

🔗 活动与训练

活动 9-1　创业辩论赛

主题：一毕业就创业还是毕业后 5 年再创业

一、活动目标

复习创业知识，深入思考大学生创业的意义，正确看待创业。

二、活动时间

30 分钟。

三、活动方法

由教师将学生分成正反两方（学生自由组合也可以），结合所学内容，通过搜寻信息等做准备，开展辩论赛。

四、评比

由若干教师组成评审团，以论据正确、有力，资料和数据的丰富为标准评出胜负。

9.2　做好创业准备

学习目标

1. 理性认识创业者。
2. 掌握创业者必须具备的素质。
3. 认识创业团队的重要性，掌握组建和管理创业团队的基本方法。
4. 了解创业的基本流程。
5. 了解大学生创业的准备。

📋 导入案例

"学子食府"的命运

李铭，某职业技术学院艺术设计专业毕业生，他所在的高校位于城市东郊，由于城市发展迅猛，校园周边的环境从原来的冷冷清清逐渐变成闹中带静的旺地。毕业后，李铭和几位同乡兼校友打算一起创业。原来他们在学院东门边上的一条巷子那里开了个饭馆，这条巷子是学院的美食街之一，因为租金便宜、成本低廉、客源丰富，不到一百米的地方足足开了二十多家的小饭馆。

李铭的搭档有两位，一位是学市场营销的阿原，另一位是学财务管理的阿君，他们负责经营和管理，李铭负责出钱，因为三个人中只有他对经商一窍不通，但他父母是企业家，家境殷实。李铭向父母借了 20 万后，顺利地盘了一个小铺面，一个"高端大气上档次"的"学子食府"在 2017 年 9 月份开张了，靠着源源不断的入校新生，生意火红得不得了。在那个学期里,他们憧憬着要在五年内把"学子食府"开成品牌连锁店,在省内所有高校的旁边都开一家分店。开分店,需要大量的资金。阿原和阿君一个主张迅速扩张,另一个主张稳打稳扎,这是两人第一次产生分歧。自诩最懂得经营的阿原盯上了边上的几家店,不顾阿君反对,游说了李铭向家里又借了 10 万,用高昂的转租费将它们盘下了。这时候,奇怪的事情发生了,街上其他店找上门来主动把店盘给他们,阿原压了压价,高兴地接了下来。负责财务的阿君不满阿原擅自主张,推说父母要他回家乡发展,把利润结算后分了三份,拿了一份走了。面积比原来大了好几倍的"学子食府"生意却突然间一落千丈,美食街的饭馆也大多歇业了,原来这条街上都是违章建筑,计划在明年年初就拆了,怪不得那么多饭馆把店铺转租给了不知内情的李铭他们。同时,学校因为东门的美食街过于吵闹,鱼龙混杂,治安不好,规定每天晚上 10 点后准时关闭东门,这令同学们出入很不方便,很多人干脆就到其他地方就餐了。

　　阿原安慰李铭,并把一部分利润抽走,说要到其他高校旁边寻找机会。他一走,就剩下李铭一个人独撑大局,但不懂经营、饮食的他完全招架不住工商、卫生、消防、税收、城管几个部门的稽查,很快就入不敷出了。在倒闭清算时,李铭傻了眼,原来折腾了大半年,一分未出的阿君和阿原都挣到了钱,偏偏是出了钱的李铭分文未挣,还欠了 3 万元的水电费和服务员的工资。而阿君和阿原这两个昔日的好友,再也联系不上了。但就算联系上,他们之间也没有任何的书面合作协议,即使负了债,李铭也只能自认倒霉。就这样,"学子食府"轰轰烈烈地开张了,半年后就草草地倒闭了。

　　分析:

　　从以上案例分析可知,李铭第一次创业失败的原因有三:① 李铭自己不懂经营、管理、财务等知识,对所从事的饮食行业也没有经验,创业仅凭冲动;② 李铭他们几个在创业资金和未来的发展上没有规划,很盲目,尤其在选址上不够谨慎,没有做充分的调查;③ 合作创业没有协议,对合作者的权利和义务没有规定,导致出现债务的时候要李铭一人承担。

文本:成功创业者的五大特征

知识讲解

一、创业者与创业团队

(一)什么是创业者

狭义的创业者是指参与创业活动的核心人员,广义的创业者是指参与创业活动的全部人员。

创业者应当是具有创新精神、能够承担风险、创造新的价值,并以追求利润和价值为主要目的的人。

(二)创业者的素质

创业作为一种极具挑战性的社会活动,需要创业者运用自身所有的专业知识和个体素质进行完成。创业者素质是指创业者在创业过程中所表现出来的自身独特的品质和能力,它是随着创业活动的深入而不断提高和逐步完善的。

◤ 知识卡片 •┄┄

美国哈佛大学教授麦克兰教授谈特质

在工作中,一个人潜在的品质和特质,要比表面的智力和技能更重要,它是一个人能否取得重大成就的关键所在。一个人具有的某些特质,能够影响一个企业的建设、管理和经营绩效,这些特质就是他的创业素质。

1. 创业意识和激情

要想取得创业的成功,创业者必须具备自我实现、追求成功的强烈的创业意识和激情,同时具备竭力追求获得最佳效果和优异成绩的心理动力。它们能帮助创业者克服创业道路上的各种艰难险阻,将创业目标作为自己的人生奋斗目标。创业者一旦瞄准自己感兴趣的目标,就会激发起深厚情感和坚强意志,对从事创业实践活动的未来奋斗目标产生较为稳定和持久的向往和追求。

2. 心理素质

创业是一个人去面对变化莫测的激烈竞争,遇到问题需要正确的解决方法和方案,需要创业者有很强的心理调控能力。古语常说:"吃得苦中苦,方为人上人。"这里所说的"苦",实际就是一种心理素质。自信、冒险、创新、压力释放、抗压、坚持等,是常见的优秀的心理素质。新东方创始人俞敏洪就是一个能坚持的创业者,他的励志故事用事实说明新东方从一家小辅导机构成为民营企业直到美国上市企业,在创业的过程中经历过那么多的痛苦与喜悦,他是一个非常能坚持的创业者。

3. 技能素质

技能素质主要是指将专业技术能力转化成为产品的实际操作的能力。技能素质的锻炼主要来源于实践。像腾讯公司创始人马化腾就是技术取胜的创业者。他在大学时代是计算机系的学生,对数据结构、算法都很感兴趣,他整天泡在机房研究问题,还对一些计算机病毒的样本进行分析,也积极跟着做项目,全面锻炼自己各方面的能力。他在早期创业的过程中不断开发新的系统,将技能转化成为生产力。

4. 能力素质

能力素质影响创业活动的效率和成功率,创业能力包括决策力、执行力、交际协调能力、创新能力、团队协作能力、社会责任感等。能力素质是综合实力的比拼。

5. 知识素质

创业者的知识素质对创业起着举足轻重的作用。创业者要进行创造性思维,要作出正确决策,必须掌握广博的知识,具有一专多能的知识结构。创业知识素质主要包括:开业知识,即创业者创办企业必须具备的基本知识;行业知识,即掌握与本行业本企业相关的科学技术知识;法律知识,即了解与创业活动相关的国家法律法规及相关制度;营销知识,即科学的经营管理知识和方法;市场经济知识,即掌握如金融投资和财务管理等知识。

6. 职业道德素质

职业道德是指人们在职业活动中所遵守的道德行为规范的总和。职业道德的基本要求有爱岗敬业、诚实守信、遵纪守法、诚信等。尤其是诚信,乃创业之本,创业者在创业过程中,要言出必行、讲质量、以诚信动人;不讲信誉,就无法开创事业;失去信誉,则寸步难行。

7. 身体素质

身体素质是指创业者要身体健康、体力充沛、精力旺盛、思路敏捷。创业是一件艰苦而复杂的事情,几乎所有的企业家都认为良好的身体素质是成功创业的重要前提。创业者要不断地思考来改进经营,加上工作时间长、巨大的风险与压力,特别是在创业初期,凡事需亲力亲为,若无充沛的体力、旺盛的精力、敏捷的思路,必然力不从心,难以承受创业的重担。小马奔腾是业内信誉较高的影视文化公司,《月光宝盒》《武林外传》《建党伟业》《将爱情进行到底》《黄金大劫案》等都是小马奔腾公司的作品。但是,自从 2014 年后小马奔腾就没有出过公认的优秀的作品,原因就是其 CEO 李明在 2014 年 1 月 2 日突发心肌梗死去世。

📧 知识卡片

创业者素质清单

适应能力——应付新情况的能力,并能创造性地找到解决问题的方法。

竞争性——愿意与其他人相互竞争。

自信——相信自己能做成计划中的事。

纪律——专注并坚持计划原则的能力。

动力——有努力工作实现个人目标的渴望。

诚实——讲实话并以诚待人。

组织——有能力安排好自己的生活,并使任务和信息条理化。

毅力——拒绝放弃,愿意明确目标,并努力实现,哪怕有障碍。

说服力——劝说别人明白你的观点并使他们对你的观点感兴趣。

冒险——有勇气使自己面临失败(性格决定命运)。

理解——有倾听并同情他人的能力。

视野——能够在努力工作实现目标时,看清最终目标并知道努力方向。

(三)创业团队

创业团队是指在创业初期,由一群才能互补、责任共担、愿为共同的创业目标而奋斗的人所组成的特殊群体。关于创业团队的相关知识在本书第十一单元中还会详细讲述。

二、创业的基本流程

创业的基本流程包括机会识别与项目选择、团队建立、产品设计、财务规划和融资、办公室设立、撰写创业计划书、公司登记、项目执行 8 个步骤(图 9-3)。当然,并不是每个创业活动都要经历这 8 个步骤,有可能会跳过其中某些步骤。

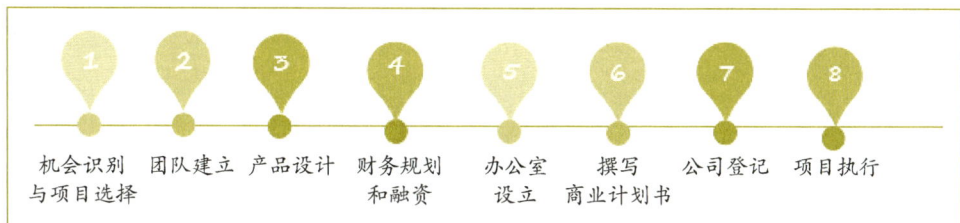

图 9-3　创业的基本流程

三、大学生创业准备

(一) 掌握创业活动所需的基本知识

认知创业的基本内涵和创业活动的特殊性,辩证地认识和分析创业者、创业机会、创业资源、创业计划和创业项目。

在基本素养中,关键是创业思维的培养。在创业过程中,即使大学生不能全部掌握所有的创业知识,但是如果能够运用创业思维去激发创造力,创造价值,也可能获得成功。创业思维的培养可以通过学校的创业教育来实现,或者通过创业导师分享创业案例来实现,也可以通过阅读有关的创业书籍,与创业成功者进行交流而实现。创业思维主要有以下内容:

1. 敢于试错的思维

敢于尝试,敢于挑战,敢于分享。创业本来就是一个风险很大的事情,大学生要敢于试错,如果连试错的勇气都没有,是很难找到前进方向的。联想公司的柳传志就说过“创业型企业就应该是敢于试错的”。国家有关于休学创业的规定,就是说明在国家层面也允许大学生在校创业,给予创业者更多的实践可能性。

> 📧 **知识卡片** ⬤‧‧
>
> **休 学 创 业**
>
> 2015 年国务院办公厅《关于深化高等学校创新创业教育改革的实施意见》指出:“实施弹性学制,放宽学生修业年限,允许调整学业进程、保留学籍休学创新创业。”
>
> 2016 年教育部《普通高等学校学生管理规定》,明确“学生享有获得就业创业指导和服务的权利”,鼓励学生创新创业的具体制度一是将创新创业折算学分、计入成绩;二是建立休学创业的弹性学制;三是设置休学创业复学学生转专业制度。

2. 创新思维

腾讯公司在个人电脑互联网行业中用 QQ 首次把通信、社交、平台化三位一体联系起来,这是中国互联网企业在亚洲的一次创新。同样是腾讯公司的微信在移动互联网行业中,首次把朋友圈和轻 App 的模式结合在一起。这些都属于创新思维。创新思维从实践中来,从发现问题和解决问题中来。新的挑战会带来新的机会,需要同学们发现生活中随处可见的灵感。

(二) 具备必要的创业能力

掌握创业资源整合与创业计划撰写的方法,熟悉新企业的开办流程与管理,提高创办和管理企业的综合素质和能力。

在创业能力的培养过程中,关键是创业技能的培养。学校对学生进行创业教育,但很多时候学生需要的是历练,特别是通过参加创业大赛等创业实践活动来提高技能,在创业大赛的过程中能融入真实的创业情境。另外,参加社会实践活动,与成功人士学习经营管理能力,到创业公司去实习,接受培训班的培训等,都是实战历练的一部分。

(三) 树立科学的创业观

主动适应国家经济社会发展和人的全面发展需求,正确理解创业与职业生涯发展的关系,自觉遵循创业规律,积极投身创业实践。

大学生要认清自己是否适合创业,是否拥有可以承受创业失败与风险的各种能力,避免凭借自己的一腔热血就急于开始创办企业,进而导致其创业失败。

充分的个人准备是创业的前提,创业教育并不是要求所有的学生都去创业,但是希望所有的学生都能以创业精神投入工作和生活,在竞争的环境中开创属于自己的一席之地。

总结案例

没毕业的女老板

傅某是某高职未毕业的大三女学生,她在校园招聘会上的身影格外引人注目,因为她是一个太年轻的老板。年轻老板成立的年轻公司,目前已获得 400 万元风投资金。她的公司是一家集互联网产品开发、运营、服务于一体的,侧重于互联网＋传媒服务业的文化产业公司,目前已经和多家地产企业集团有合作。创业之路起源于自己唱歌跳舞的爱好,一次兼职校外经历让她萌发了是否可以将娱乐传媒业线上操作的创业想法,加上她平时谦虚好学,乐于向人请教,不懂图像处理技术,学着做;不懂策划活动,尝试合作;不懂互联网中的微信公众号平台,尝试自己设立;不懂 App,也尝试向人请教。经过一步一步的努力,她终于开始以 App 为核心探讨利用互联网平台整合信息,提供便捷操作、交易透明等辅助演艺行业服务,同时可以为大型企业提供长期传媒活动外包服务、提供婚庆发布会、影视等定制服务,演艺设备、场地、服饰等租赁服务等。

分析:

傅某在校期间出于对娱乐传媒的喜爱,在老师和学院的支持下创业成功。她有想法,敢于实践,敢想敢做,敢于尝试,不怕失败,大学期间就经常抱着自己的创业计划书到处参赛,遇到具有挑战性的项目也勇于尝试完成策划。

活动与训练

活动 9-2　了解固定成本

主题:办公司一年固定成本是多少

一、活动目标

探索创业前期的准备。

二、活动时间

20 分钟。

三、活动步骤

1. 教师引导语:请你调研一下你所在的城市开公司一年需要的最低基本费用,开设一家公司需要花费的清单如下表所示(公司固定成本开销统计表),请填写。

公司固定成本统计表

一次性固定投入成本	开 销 金 额
工商注册代办成本（包括办理银行基本户＋刻公章费用）	
公司基本户银行年管理费用（含购买 U 盾费用）	
一年办公场地的房租（含办公环境装修和设备购置）	
按月支付的固定成本	
月办公费用（物业费、水电通信费）	
员工工资＋五险一金开销（含创业者自己）	
会计代理记账费	
年固定成本开销汇总	

2. 假设你创业成立一家有限责任公司，零资本注册，一年时间，请计算你至少得挣多少钱才能抵消你运营公司的固定成本。

假设：（1）公司只雇佣 1 个人，按当地最低工资线发工资和缴纳五险一金。

（2）雇佣 1 个兼职会计

3. 4～6 人一个小组，组内讨论，后选择其中一组总结。

活动 9-3 积累人脉

主题：什么样的朋友能为自己未来创业积累人脉

一、活动目标

根据材料，了解创业伙伴应具有哪些品质和特点。

材料：小伍是学校创业协会的会长，在校期间便有志于创业，因而加入创业协会。在校期间，她举办过校园街市、创业商业计划书等活动，并与学校的学生会主席小李是好拍档。小李敢说敢做，亲和力强，写得一手好文案。校外拓展方面，她认识了所在市的创业联盟中的一些人，寒暑假一有空就过去兼职，认识了各高校有志于创业的同学和创业投资人等。

毕业之后，小伍和小李一拍即合，成立了广告策划公司。因为两人在学校工作积累下的良好口碑，老师和同学都很关注他们这对"黄金搭档"，希望他们的企业发展越来越好。

二、活动时间

10 分钟。

三、活动步骤

根据材料，进行课堂讨论，然后写下你所期望的创业团队的人员构成。

思考与讨论

请同学们思考以下问题，并以小组的形式进行讨论和评价：

1. 思考并讨论有什么途径能够提高创业者素质，并列出时间表，做出任务清单。

2. 观看创业电影《中国合伙人》，从其中一句台词"究竟是世界改变了我们，还是我们改变了世界?"中思考创业改变个人的历程,并举出案例进行说明。

3. 你能找出国内一些知名的创业成功人士的创业故事吗? 你能从他们身上找到什么创业成功的素质吗?

4. 腾讯创始人团队能够保持长期稳定的合作,有哪些不可或缺的因素?

第十单元
把握创业机会

引导语

在现代城市化进程加快的环境下,创业机会无处不在。机会就是指未明确的市场需求或未充分使用的资源或能力。机会具有很强的时效性,甚至转瞬即逝,一旦错过也就不存在了。而机会又总是存在的,一种需求得到满足,另一种需求又会产生;一类机会消失了,另一类机会又会产生。大多数机会都不是显而易见的,需要我们去发现和挖掘。

创业与创新往往是一脉相承的,培养创业意识,掌握创业的基本模式,借鉴他人的创业经验,避免重蹈他人失败的覆辙,都有助于我们对创业机会的把握和选择。

创业是指在不拘泥于当前资源条件的限制下对机会的追寻,将不同的资源组合以利用和开发机会并创造价值的过程。经过产生创意、开发商业概念、市场测试、设计商业模式等环节后,创业者就可以把握创业机会并开始着手创业了。

学习目标

1. 了解创新与创新意识的基本概念,掌握创新的方法。
2. 掌握创业意识的内容,掌握评估自己创业潜质的方法。
3. 了解几种典型创业模式。
4. 了解选定创业项目应考虑的因素。

学习指南

一、学习方法

(1) 通过搜索互联网、查阅期刊等方式,了解典型的创业故事,结合相关知识,分析其属于何种创业模式。

(2) 认真阅读案例,并结合相关知识进行分析,学习他人的成功经验。

二、注意事项

了解创业相关知识,并不是说每个学生都应该去创业,应结合自己的实际情况,通过评估自己的创业潜质,选择适合自己的职业道路。

10.1　创新意识与创新方法

学习目标

1. 了解创新与创新意识的基本概念。

2. 了解创新意识的基本特征。
3. 了解创新意识产生的环境因素。
4. 了解培养创新意识的途径。
5. 掌握创新的方法。

导入案例

晓明的食品杂货店

小区食品杂货店的生意一直不错，张晓明颇为心动。他想，如果自己开的食品杂货店里的商品和其他店的一样，那就没有什么特色，还会形成恶性竞争。他想到自己在上大学时，学校里有好几家食品杂货店，其中有一家生意最好，因为这家店里除了卖柴米油盐酱醋茶等大众商品外，还卖一些颇有特色的奶酪、芝士、果酱等西餐调味品。于是，张晓明征得父母的同意，筹集了六万多元钱做启动资金，租了小区内一个库房作为店面，开了一家食品杂货店，将所售商品范围集中在西餐调味品。但是仅仅经营了两个月，张晓明的食品杂货店就撑不住了，不得已而关门了。为什么同样是食品杂货店，邻居可以干得红红火火，张晓明的店就经营惨淡呢？难道是因为过于强调了小店的特色？

分析：

张晓明想自食其力的想法和创新意识是值得肯定的，他创业失败的原因主要是创新的方法不正确，他并没有深入地了解小区中居民的需求，导致他的食品店的特色和小区居民的实际需要并不匹配，所以小店的关门也就不奇怪了。我们鼓励大家的创新精神和创新意识，但同时要注意掌握创新的方法。

知识讲解

一、创新意识简介

（一）创新意识的概念

创新是一个涉及所有人类活动领域的概念，界定的角度不同，对它的理解就不同。就一般意义来说，创新是指个体为达到一定目的，创造某种符合国家、社会或个人价值需要的具有革新性或独创性产品的行为。创新不但是一种技术过程，而且是一种激情，更是一种不满足现状的追求。美国著名管理学家彼得·德鲁克认为，创新是一种态度和实践，它能为人们的创造性实践确立稳定的价值取向。创新的内涵是突破和超越，是否定和发展。

创新意识是指人们根据社会和个体生活发展的需要，引起创造前所未有的事物或观念的动机，并在创造活动中表现出的意向、愿望和设想。它是人类意识活动中的一种积极的、富有成果性的表现形式，是创造活动的出发点和内在动力，是创造性思维和创造力的前提。

创新意识由创新动机、兴趣、情感和意志等方面组成，是对创新活动有重大影响的各种精神因素构成的一种稳定的精神状态。创新意识包括以下三个层级：第一层级是以人的心理状态存在的创新意识，也可以称为人的创造性精神品质；第二层级是以理论形态存在的创新意识;第三层级是以扩展形态存在的创新意识。

（二）创新意识的基本特征

只有具备强烈的创新意识,才能敢想前人没想过的事,敢创前人不曾创成的业。只有敢于突破前人历史的窠臼,敢于打破经验的桎梏,才能提出新的见解,创造新的理论,研发出新的产品,为人类作出重要的贡献。创新意识的基本特征如下。

（1）独创性。创新意识必定独立于前人或他人,具有填补空白的首创价值和意义,历史地位不可小觑。

（2）超越性。创新即突破、超越,创新意识是对过去、传统、理念、空间、具体事物等的超越。

（3）新颖性。创新意识或是为了满足新的社会需求,或是用新的方式更好地满足原来的社会需求,创新意识是求新意识。

（4）社会历史性。创新意识是以提高物质生活和精神生活水平需要为出发点的,而这种需要很大程度上要受到具体社会历史条件的制约。人们的创新意识激起的创造活动和产生的创造成果,应为人类进步和社会发展服务,因此,创新意识必须考虑社会效果,承担社会责任。

（5）个体差异性。个人的创新意识与个人的社会地位、环境氛围、文化素养、兴趣爱好、情感志趣等方面都有一定的联系,这些因素对创新意识的产生起到重大影响作用。而这类因素也是因人而异。因此,对于创新意识,既要考察社会背景,又要考察其文化素养和志趣动机。

（三）创新意识的作用

（1）创新意识是决定一个国家、民族创新能力最直接的精神力量。在今天,创新能力实际就是国家、民族发展能力的代名词,是一个国家和民族解决自身生存、发展问题能力大小的最客观和最重要的标志。

（2）创新意识促成社会多种因素的变化,推动社会的全面进步。创新意识根源于社会生产方式,它的形成和发展必然进一步推动社会生产方式的进步,从而带动经济的飞速发展,促进上层建筑的进步。创新意识进一步推动人类的思想解放,有利于人们形成开拓意识、领先意识等先进观念;创新意识会促进社会政治向更加民主、宽容的方向发展,这是创新发展需要的基本社会条件。这些条件反过来又促进创新意识的发展,更有利于创新活动的进行。

（3）创新意识能促成人才素质结构的变化,提升人的本质力量。创新实质上确定了一种新的人才标准,代表着人才素质变化的性质和方向,输出着一种重要的信息:社会需要充满生机和活力的人、有开拓精神的人、有新思想道德素质和现代科学文化素质的人。创新客观上引导人们朝这个目标提高自己的素质,使人的本质力量在更高的层次上得到认同,激发人的主体性、能动性、创造性的进一步发挥,从而使人自身的内涵获得极大丰富和扩展。

路是靠自己走出来的,跟着别人的脚步永远走不到最前面。只有具备超前意识,才能走出属于自己的一片天地,未来才能有出路,模仿别人的东西迟早会被社会大众淘汰。

二、创新意识产生的环境因素

（一）家庭环境因素

安逸舒适的生活往往能抑制人们创新的自觉性和能动性。俗话说"穷则思变",很少有人愿固守贫穷与落后,稍有点进取心的人都不会被动地维持现状。为了改变家庭穷困落后的面貌，人们都会主动想办法，积极出主意，利用一切可以利用的地理、资源优势和条件，突破观念和制度的藩篱，走出一条新路来，从而创业致富，改变家庭的境况。

即便是小有成就的家族企业，也不能有小富即安的满足与陶醉，"逆水行舟，不进则退"的道理无人不知、无人不晓。要把企业做大做强，也是需要创新意识的。

（二）社会环境因素

党的十九大报告指出："创新是引领发展的第一动力，是建设现代化经济体系的战略支撑。要瞄准世界科技前沿，强化基础研究，实现前瞻性基础研究、引领性原创成果重大突破。加强应用基础研究，拓展实施国家重大科技项目，突出关键共性技术、前沿引领技术、现代工程技术、颠覆性技术创新，为建设科技强国、质量强国、航天强国、网络强国、交通强国、数字中国、智慧社会提供有力支撑。加强国家创新体系建设，强化战略科技力量。深化科技体制改革，建立以企业为主体、市场为导向、产学研深度融合的技术创新体系，加强对中小企业创新的支持，促进科技成果转化。倡导创新文化，强化知识产权创造、保护、运用。培养造就一大批具有国际水平的战略科技人才、科技领军人才、青年科技人才和高水平创新团队。"

创新是推动社会发展的力量之源，是推动经济增长的核心要素，是提高党的执政能力的关键举措，是建设我国社会主义和谐社会的必然选择，是我们跻身世界强国之林、担当负责任大国的必由之路。

（三）国际环境

在我国综合国力日益上升的大背景下，某些心怀不轨的国家尝试联手打压，企图缩小我国的生存空间，企图遏制我国的上升势头，如果我们缺乏创新意识，不能实现制度创新、观念创新、技术创新，必将受制于人。我们不仅要韬光养晦，还要敢于"亮剑"，争取和平发展的国际环境。

"不创新，就灭亡。"中国的企业界要时刻保持创新意识，发展绿色环保经济，不能富了当代、贻害子孙。要坚守起码的道德底线，不发昧心财，通过技术创新，发展民族工业，富民强国。

三、创新意识的培养

虽然知识是新创意的材料，但是知识本身不会使一个人具有创造力。创造力的关键是活用知识、活用经验来培养新点子、新创意。你可以用这种态度去尝试各种新方法；你也可以用疯狂的、看似不切实际的点子当垫脚石，以激发实用的新点子；你也可以偶尔打破既有规则，并在专业领域之外寻找新创意。总之，只有具有创新意识，持有创造性态度，才能接受新机会并适应这种改变。

创新，是求知欲、创造欲、质疑欲的综合反映。创新意识的培养，可从以下几方面入手。

（一）拥有热情、勇气与自信心

创新离不开探索，探索需要热情、勇气和自信心。培养创新意识，包括创新热情的激发、创新勇气的鼓励和自信心的树立。热情的激发，可以首先从业余爱好和兴趣中寻找切入点，然后实现从业余兴趣到专业兴趣的转移，最终实现从专业兴趣到创新热情的升华。勇于创新，重要的环节是敢于怀疑和发问，重视各种疑问。除此之外，自信心的树立也很重要。对自己的能力有自信，对自己的质疑有自信，才能找到更多解决问题的方法。

(二) 提升综合实力

综合实力主要包括知识结构、实验和动手技能以及思维方法等。在知识结构方面,除了必修科目外,还要注重新学科、边缘学科和跨学科知识的学习。这种学习可以以选修课、专题讲座、学术报告、自学和教师专门辅导等方式进行。在实验和动手技能方面,实验设计、最佳方案的选择、实验操作、撰写研究报告等都是必需的。在一系列的实验当中,发现问题,并在问题的基础上提出自己的新见解,已经成为许多学生创新意识的重要体现。思维方式的培养既是综合实力培养的主线,也是创新意识和创造能力培养的关键。

(三) 改变思维方式

随着年龄的增长和知识的积累,大学生的思维十分活跃,但已具有某种定式。在分析、综合、演绎、想象、灵感和直觉中的固定逻辑模式,尤其是"先入为主"的意识定式、"轻车熟路"的知觉定式,再加上"师道尊严"的尊师定式等,都是对创新意识的严重约束和阻碍。大学生应排除思维定式的干扰,及时调整思路、拓宽思路。

总之,创新意识的培养是一种严肃、严密、严格的创造活动,也要按客观规律办事;不能把创新意识培养简单化、表象化和庸俗化,降低创新精神的科学性和严肃性。在培养创新意识的过程中一定要注意树立科学的创新理念,要有创新思想和创新实践,明确创新的真实含义,允许在创新过程中犯错误,增强培养创新意识的信心、勇气和能力,只有大胆地试、大胆地闯,才会尽快成长起来。

四、创新的方法

创新的方法通常可分为逻辑的创新方法和非逻辑的创新方法。

(一) 逻辑的创新方法

逻辑的创新方法是指通过对各种事物的认识、推理和联想等有序的组合进行再造的方法。其显著特点是科学性和严密性。逻辑的创新方法主要包括转移法、组合法、想象法、综合法等。

(1) 转移法。即将属于某一事物的规律或特征运用到其他事物上,进而实现创新活动的一种创新方法。例如,仿生学家根据蛙眼的视觉原理,研制成功了电子蛙眼,能够准确无误地识别出特定形状的物体。

(2) 组合法。即将几种事物的优越性用一定的形式"组合"起来,从而形成超越原来事物的创新方法。例如,水陆两栖坦克的发明等,就是人们将传统的坦克和船进行"组合"。

(3) 想象法。即在对原有事物的认识基础上,构思得出前所未有的事物的一种创新方法。

(4) 综合法。即针对具有相同或相异特点以及不同历史条件下的事物,按照一定的思路进行观念和形象的抽象,由此产生新的事物的一种创新方法。例如,系统论、控制论等学科的创立,就是使用了综合法。

(二) 非逻辑的创新方法

非逻辑的创新方法主要是运用形象思维或灵感思维进行创新的方法。其主要特点是在创新的关键部分不用逻辑思维方法(如推演、归纳、综合等),而是运用形象思维方法加以实现。非逻辑的创新方法主要包括以下几种。

(1) 形象创新法。即直接运用形象的知识进行创新的方法。例如,绘画、雕塑等均属于用形象思维的方式进行的创作。

（2）直觉创新法。即采用人脑中猜测、洞察力等非逻辑功能进行创新的方法。例如，居里夫妇发现镭的过程，除了坚持不懈的努力之外，直觉也在过程中起到了重要作用。

（3）灵感创新法。这是一种突然产生新形象、新概念、新思想的方法。需要注意的是，只有经历了长期的创新性活动，才可能产生这种"突如其来"的成果，可以说是一个"量变到质变"的过程。

总结案例

李惠月的"时尚草鞋"

李惠月来自西安农村，1998 年，19 岁的她高中毕业以后一直留在家里。第二年初夏，她的爷爷得了脚气病，想穿早年的草鞋，可是草鞋早已绝迹了。父亲听说后就为爷爷编了双草鞋，爷爷穿上一试，开心地笑了。李惠月脑海中闪过一个念头，如果把草鞋改造成工艺品，岂不是赋予了其更高的价值？

说做就做，她和父亲将传统草鞋进行了一番改造，加进了一些可爱的小饰件，将首批100 双"时尚草鞋"以每双 10 元钱的价格在西安的小商品市场进行出售，结果没多久就卖完了。随后，她回家招工赶货，将"时尚草鞋"卖进城市里的鞋店。

经过十多年的努力，李惠月的草鞋已经拥有麦秆棉鞋、彩色鞋、情侣鞋、励志鞋和漫画鞋等众多系列，不但销往全国各地，而且还远销日本、韩国、新加坡等国家，每月销售额达数百万。李惠月这个之前名不见经传的农村姑娘，成了远近闻名的"草鞋富姐"。

分析：

从这个案例中，不难看出正是李惠月的创新意识，帮助她最终开拓了一片新天地。

活动与训练

活动 10 - 1　生活中的"微"创新

主题：现实生活中的创新

一、活动目标

认识到创新其实离我们并不遥远，并深入理解创新意识的内涵。

二、活动时间

20 分钟。

三、活动步骤

1. 教师语言铺垫："在我们的生活中，经常会遇到一些不够便捷或者还可以改善、提高的地方，而创新设计恰好可以改变现状。"然后介绍几个改变了人们日常生活的小的创新设计（例如透明胶、拉链等）。

2. 请学生以"创新可以使生活更美好"为题，关注自己的现实生活，举手发言，畅谈自己的创新设想。

活动 10 - 2　打破常规解决问题

主题：案例讨论

一、案例呈现

右图有九个点,能用 4 条线段一笔画完将这九个点连接起来吗?

二、结论

用常规思想无法解决这个问题,若能打破常规,利用新颖独创的创新思维思考问题,就能迎刃而解。

思考与讨论

1. 如何理解创新?
2. 创新意识有哪些基本特征?
3. 在汽车发展的历史进程中,劳斯莱斯等名车为什么还要不断发展创新?

10.2　创业机会的识别

学习目标

1. 了解寻找创业机会的途径。
2. 了解选定创业项目应考虑的因素。
3. 熟悉评估创业机会的方法。

导入案例

曲彤的"树叶画"

2010 年曲彤刚刚大学毕业,因为工作没有落实就去山里游玩散心。他的家乡有漫山遍野的枫树林,来这里看红枫、赏秋色的游人络绎不绝。这时,有一个游人赞不绝口:"这么好的秋色真是赏心悦目,遗憾的是无法带回家。"曲彤大学学的是美术专业,他想就地取材用枫叶做成树叶画,不就可以实现吗?他说服父母,带了 3 000 元钱,前往南京一家做树叶画的公司拜师学艺。三个月后,他学会了树叶作画的技术并回到家乡,精心做出三幅枫叶画,每幅卖了 100 元钱。

看到了这一行业的美好前景,他开始潜心制作枫叶画。一个人作画速度太慢,于是他发动全家人一起干。现在,曲彤创办了一家公司,并在县城开设了一家门店。他把村里 20 多个青年招进来,带着大家一起发家致富,现在公司的年销售额达到几百万元,生意越来越好。

分析：

俗话说:"靠山吃山,靠水吃水。"曲彤大学毕业后,没有找到合适的工作,百无聊赖之际,家乡游客的闲谈让他发现了商机。家乡特有的物产可以和自己所学的专业来个完美的结合,通过枫叶作画,不仅独辟蹊径、学以致用、实现个人创业,还可以带动周围的群众一起致富,是一个理想的创业项目。

一、认识创业机会

对创业过程来说,真正的创业过程开始于商业机会的发现。如何从繁杂多变的市场环境中找到富有潜在价值的商业机会,进而开发并最终转化为新创企业,是创业研究的重要内容。

(一)创业机会的含义

创业机会也称商业机会或市场机会,是指有吸引力的、较为持久的和适时的一种商务活动空间,并最终表现在能够为消费者或客户创造价值或增加价值的产品或服务之中。

(二)创业机会的类型

创业机会一般分为技术机会、市场机会和政策机会。

1. 技术机会

技术变化带来的创业机会,是最为常见的创业机会。具体表现形式主要有以下三类。

(1)新技术替代旧技术。

(2)实现新功能、创造新产品的新技术的出现。

(3)新技术带来的新问题。

2. 市场机会

市场变化产生的创业机会主要有以下四类。

(1)市场上出现了与经济发展阶段有关的新需求。

(2)当期由于市场供给缺陷产生的新商业机会。

(3)先进国家(或地区)产业转移带来的市场机会。

(4)从比较中寻找差距,差距中隐含着商机。

3. 政策机会

政府政策变化所赐予创业者的商业机会,主要有以下两类。

(1)政策变化可能带来新的商业机会。

(2)政府可能的政策变化。

(三)创业机会的特征

1. 客观性和偶然性

创业机会是在特定条件下产生的,它是客观存在的。但是,机会的识别具有一定偶然性,例如,导入案例中的主人公曲彤就是从游客的一句话中发现了商机。

2. 时效性和不稳定性

创业机会的持续时间受众多因素影响,例如,专利保护、先占优势、学习曲线等都会增加持续时间。此外,我们在创业过程中进行机会选择的时候需要注意以下几点。

(1)伴随着社会进步和科技的发展,会产生很多新的市场机会,但这些机会具有时效性,随着市场环境的变化,新产生的市场机会可能会很快消失和流失。

(2)创业者必须具有勇于创新、勇于突破的素质,还要具有冒险精神和战略思维。

(3)创业者既要积极把握外部资源和环境机会,也要选择好目标顾客并做好市场的定位。

二、寻找创业机会的途径

现在想创业的人很多,可是不知道要做什么项目,这不仅仅是初次创业的大学毕业生面临的难题,也是所有创业者面临的难题。那么,如何才能找到适合自己的创业机会呢?

大学生需要通过有效的途径寻找创业机会。由于创业项目选择范围广,所以需要通过科学可行的方法来发现适合自己的创业项目,有以下几种途径可供参考。

(一)实验及研究成果转化

实验及研究成果是指高校或各大研究机构自主研究开发的成果。选择这些成果作为创业机会将大大推进研究、教学和企业生产的衔接,加快实验及研究成果的转化进程。

(二)大学生创业构思及创业计划大赛成果转化

大学生的创业构思是创业机会的重要来源。现阶段许多机构都在举办大学生创业计划大赛,不但有利于激发大学生们的创业意识、培养他们的创新能力,而且促进了一些创业构思的诞生,还有利于大学生创业计划的实施。当前,一些大学生创业公司的前身便是大学生创业计划大赛参赛团队。

(三)各种发明和专利

发明和专利也是创业机会的重要来源。发明和专利都具有独创的设想,将其开发出来进行产业化生产将会带来巨大的社会财富。现在,各个国家为了激励发明创造,都制定了专利法来保护发明者,并取得了较好的成效。当然也并不是说所有的发明和专利都能顺利地转化为实际的大规模生产,因为要实现产业化还受到许多客观条件和环境的制约。

此外,通过朋友介绍以及网络、创业咨询公司等途径,也是寻找创业机会的有效途径。

三、选定创业项目应考虑的因素

创业者的成功和失败案例揭示,创业项目选定得合适与否在很大程度上决定了创业的成败。在选定创业项目时,应考虑的因素包括:个人的兴趣和特长,对行业的熟悉程度,能否进行充分的市场调研,能够承受风险的程度,相关政策和法规是否允许等。

(一)个人的兴趣和特长

一个人只有选择了他喜欢做又有能力做的事情,他才会自觉地、全身心地投入到工作中去,并忘我地工作,才有可能在遇到困难和挫折时百折不挠、勇往直前,千方百计克服困难,实现创业目标。所以,选择自己感兴趣、擅长的项目是创业成功的基础。

(二)对行业的熟悉程度

选择创业项目不仅要考虑自己的兴趣和特长,还要考虑自己对行业的熟悉程度。通常,创业者在自己熟悉的行业中进行创业,成功的概率要比在陌生的行业中创业的成功概率高得多,比如开饭店、开茶馆、经营服装鞋帽商店、开办文化娱乐公司等,创业者必须深入地了解、熟悉,总结出行业的规律,才可以找到成功的窍门,再加上勤奋和信心,才能够取得创业的成功。

(三)能否进行充分的市场调研

创业者初步选定创业行业后,就需要仔细调查、分析市场。选择创业项目在考虑了个人的兴趣与特长和对拟选项目是否熟悉之后,要认真调查分析拟选项目是否有市场机会以及自己是否有能力利用这个市场机会。国内有些市场相对封闭,凭借创业者个人无法进行充分的市场调研,所以建议尽量选择能够进行充分市场调研的行业,以降低创业风险。进行市场调研的方法有很多,包括观察法、询问法、比较法等,甚至可以在某个自己感兴趣的行业中担任学徒,深入了解企业的经营、管理和运作方式。

(四) 能够承受风险的程度

创业是有风险的,因为创业过程中存在着许多不可控因素的影响。一旦投入人力、物力、财力资源,就意味着开始承担风险。因此,在创业之初就应该对风险进行评估,而不能只看到项目的预期回报。我们既不能畏惧风险而裹足不前,也不能忽视风险,而应该把创业风险控制在可承受的范围之内。

(五) 相关政策和法规是否允许

选定创业项目时必须考虑政府的相关政策和法规。一方面,拟选项目是否属于国家政策和法律禁止或限制的范围;另一方面,拟选项目是否属于国家政策和法律鼓励的范畴。

四、评估创业机会的方法

大学生寻找创业机会的方法多种多样,应该结合自己的实际情况,对创业机会进行评估。具体评估标准如下。

(一) 是否适合自己

俗话说:"隔行如隔山。"因此,应尽量选择与自己的经验、兴趣、特长相关的创业机会。可以通过以下一些问题来评估这个创业机会是否适合自己。

(1) 个人的经验、知识和能力与创业机会的要求之间是否匹配?

(2) 未来的企业有可以保持和发展的竞争优势吗?

(3) 这个创业机会有多大的利润空间? 创业机会会有增长的潜力吗?

(4) 有明确和具体的目标客户吗? 会带给他们什么具体的好处? 投资的时机恰当吗?

(5) 有没有致命的弊端或限制因素(内、外部)可能令创业项目失败?

(二) 所选项目或产品的市场前景如何

对于创业者来说,要多考察当地市场,项目要有可观的利润。有些产品需求很大,但成本高、利润低。针对项目或市场的前景,建议选择处于成长期的项目,避免选择刚开发的新项目和完全成熟的老项目。大学生创业者一般都是 20 岁出头的年轻人,喜欢新东西,在创业时也往往会去选一些刚开发出来的、毫无市场基础的项目,这样做会有很大的风险。只有当一个项目处于市场已经开发,但是现有的供应能力不足的时候,才应该及时介入,这样成功的概率就会大很多。选择这些处于成长期的项目,不但能有效降低风险,而且可以获得相对较大的利润空间。完全成熟的项目虽然稳当,但缺乏诱人的利润。

(三) 是否从实际出发

瞄准某个创业机会时最好适量介入,以较少的投资来认识市场,等到较有把握时,再大量投入,放手一搏。为此,应注意以下两点。

（1）尽量选择初始投入资金较少、资金周转期短的创业项目。由于大学生创业的融资渠道较少，大部分创业的大学生都是利用父母亲友的资助和自己的一些积蓄作为启动资金开始创业的，加上大部分学生都来自工薪家庭，能够获取的创业资金也有限，因此，大学生刚开始创业时，应尽量选择初期投入少、资金周转快的创业项目，这样才能有充足的流动资金维持企业的正常经营。同时，大学生也要避免选择一些需要大量库存的创业项目。库存一多，资金周转速度必然变慢，这不是小资本所能维持的，如果加上市场不稳定的因素，可能会导致资金周转不灵，陷入倒闭的困境。

（2）避免技术要求过高的创业项目。在创业初期，大学生如果没有十足的把握，尽量避免一开始创业就进入高科技行业，因为高科技行业需投入大量的研发成本，对于大学生这样资金较少的创业者是一项很重的负担。因此，大学生可以先选择一些相对比较容易进入的行业，在积累了一定的资本后再考虑转入高科技行业。

（四）创业项目的潜力是否较大

我们可以从以下几个方面来寻找和评估创业机会。

（1）针对现有的产品与服务，重新设计改良。改进现有商业模式比创造一个全新的商业模式要容易。许多创业者可以从过去任职公司的经验中，发现大量的机会或是可以改进的地方。

（2）紧跟新趋势、新潮流。当一个新兴的产业出现之际，必然能够提供许多创业机会，引发创业热潮，同时产生连锁反应。例如，个人电脑的出现，引发大量的上下游相关产品与配套服务的创业机会。

（3）重点考虑有特色的创业项目。别人没有的，先于别人发现的，与别人不同的，比别人强的创业项目都可以归类为有特色的创业项目。特色创业项目除了可以避免陷入与同类型的竞争者同质化的困境，还可以提升产品的辨识度和认知度，拥有更高的定价空间。立志于自主创业的大学生，应该对市场的动态变化保持敏锐的嗅觉，时刻了解市场需求变化的方向，这样可以发现一些市场的空白，开发独具特色的创业项目。

（4）时机合适。创业者平时的感受与观察是产生创意的原动力，所以，要在时机合适之时抓住创业机会，特别注意观察以下三个要素：① 新市场：用原来的产品或服务满足新的市场需求；② 新技术：创造人们需要的新产品，提供新服务；③ 新利益：使产品质量更好，功能更多，成本、价格更低。

五、如何评估创业机会

识别和评估市场机会是创业过程中一个具有关键意义的阶段。许多很好的机会并不是突然出现的，而是对"一个有准备的头脑"的一种"回报"，或是当一个识别市场机会的机制建立起来之后才会出现。不同的创业者会识别不同的创业机会。虽然大多数情况下并不存在正式的识别市场的机制，但是通过某些来源往往可以有意外的收获，这些来源包括消费者、营销人员、专业协会成员或技术人员等。

值得注意的是，发现了商业机会并不意味着就有创业机会，更不意味着成功就在眼前。商业机会分为两类：一类是昙花一现的商机，这是一般性商机；另一类是会持续一段时间，且不需要较多起始投入的商机，这才是适于创业的商业机会，即创业机会。创业机会有三个重要特点：一是会持续一段时间；二是市场会成长；三是创业者有条件利用。因此，对创业者来说，关键在于如何能够从众多商业机会中寻找有价值的创业机会,并采取有效而快速的行动来把握机会。一般来说,有价值的创业机会具有吸引力、持久性、及时性、客观性四大特点,应把握好以上四点,再对创业机会进行评估。

(一) 创业机会辨识

面对创业机会,创业者需要进行机会辨识。所谓机会辨识,就是指要借助职业经验和商业知识,再加上理性的分析与思考,去了解特定机会的方方面面,进而判断创业者利用特定机会的商业前景如何。

在对某一创业机会进行辨识之前,首先需要进行"机会界定"。对一个无法明确界定的创业机会,是无法进行具体分析和筛选的。所谓机会界定,就是指界定特定机会的商业内涵和商业边界。在此基础上才能对该机会进行分析,进而判断该机会与特定的创业者是有关的,还是无关的;是有利的,还是无利的;利大还是利小。

对某一创业机会进行辨识,通常需要就四个方面内容进行分析:一是特定机会的起始市场规模有多大;二是特定机会将存在的时间跨度有多长;三是特定机会的市场规模将随时间变化而增长的速度与规模上限;四是特定机会对于特定创业者的有利程度。

(二) 借助"机会选择漏斗"筛选出"好机会"

在现实经济生活中,适于创业的机会并不是很多。创业者需要借助"机会选择漏斗",经过一层又一层筛选,在众多机会中筛选出真正适合自己的创业机会。

1. 好的创业机会

第一层要筛选出较好的创业机会。一般来说,较好的创业机会有以下五个特点。

(1) 在前景市场中,前五年的市场需求会稳步快速增长。

(2) 创业者能够获得利用该机会所需的关键资源。

(3) 创业者不会被锁定在"刚性的创业路径"上,而是处于可以中途调整的"技术路径"上。

(4) 创业者有可能创造新的市场需求。

(5) 特定机会的商业风险是明朗的,且至少有一部分创业者能够承受相应风险。

2. 利己的创业机会

第二层要筛选出利己的创业机会。面对较好的创业机会,特定的创业者需要回答以下四个问题。

(1) 创业者能否获得自己缺少但被他人控制的资源?

(2) 在遇到竞争时,自己是否有能力与之抗衡?

(3) 是否存在该创业者可能创造的新增市场?

(4) 该创业者是否有能力承受该创业机会的各种风险?

(三) 创业机会的市场评估

创业机会的市场评估包括以下内容。

(1) 是否具有市场定位?是否专注于具体的顾客需求?是否能为顾客带来新的价值?

(2) 依据创业机会的市场结构作出评估。

(3) 分析创业机会所面临市场的规模大小。

(4) 评价创业机会的市场渗透力。

（5）预测可能取得的市场占有率。

（6）分析产品的成本结构。

（四）创业机会的效益评估

创业机会的效益评估包括以下内容。

（1）税后利润率至少高于5％。

（2）达到盈亏平衡的时间应该低于2年。

（3）投资回报率应该高于25％。

（4）资本需求量较低。

（5）毛利率应该高于40％。

（6）能否创造新企业在市场上的战略价值。

（7）资本市场的活跃程度。

（8）退出和收获回报的难易程度。

📋 **知识卡片** •--

创业选址的技巧

如果你已经选定了创业项目，那么店址的选择就要提上议事日程了。常用的选址技巧如下。

1. 跟随竞争者选址。在竞争者的店址附近选址。

2. 在业态互补者附近选址。例如，在体育场附近开设冷饮店。

3. "搭车"式选址。即与和自己业务有密切联系的公司结成战略合作伙伴关系，在其附近选址。

4. 自己实地考察选址。

5. 通过职业中介选址。

6. 通过发布广告选址。

7. 利用供应商资源选址。

8. 通过开发关系网络选址。

9. 通过与房地产开发商合作选址。

10. 通过在互联网上搜索等方式，获取地址资源信息选址。

总结案例

赵红霞的"医学美容店"

赵红霞是某医学高职院校高级护理专业的毕业生，她在找工作的过程中一直不是很顺利。一次，几个阿姨来家里找母亲聊天，她们都抱怨现在的美容行业不规范。"说者无心，听者有意"，她想与其苦于找不到合适的工作，何不自己尝试着创业呢？

在此后的一段时间，赵红霞进行了详尽的市场调研，最后她得出结论，虽然本市的美容店不少，但却存在各种问题，她相信自己能够在美容行业立足。她首先考取了医学美容师资格证,然后在家人的支持下,开办了自己的第一家医学美容店。由于她有医学背景,再加上严格的卫生条件和温馨的美容环境,这家美容店逐渐赢得了消费者的口碑。

分析:

赵红霞从一个找工作屡屡受挫的毕业生,成为业界的成功人士,并不是一个意外。首先,她能从别人的聊天中捕捉到商机,选对了创业项目;其次,她创业的领域——医学美容与自己所学的专业密切相关;再次,对美容行业进行了充分的市场调研;最后,美容行业的发展前景十分广阔。

活动与训练

活动 10-3　我的创业项目

主题:构思创业项目

一、活动目标

通过自我经验总结,产生创业项目的构思。

二、活动时间

10 分钟。

三、活动步骤

1. 教师组织同学们思考以下问题:① 你的兴趣爱好是什么? ② 你在学校期间积累了哪些经验? ③ 你在工作生活中积累了哪些经验? ④ 你的亲戚朋友是否和你分享过他们的经验? ⑤ 亲戚朋友的经验对你有帮助吗?

2. 思考这些经验是否可以帮助人们产生创业项目的构思呢?

3. 教师点评总结。

活动 10-4　评估我的创业项目

主题:创业项目选定与评估

一、活动目标

能够选定与所学专业相关的创业项目,并能结合自己的情况,对该创业项目进行评估。

二、活动时间

40 分钟。

三、活动步骤

1. 将学生分成若干小组,每组 4~6 人。

2. 组员根据所学专业,结合前面介绍的选定创业项目应考虑的因素,选定自己的创业项目。

3. 组员各自介绍自己的创业项目,并结合自己的情况,从多个方面对该创业项目进行自评。自评结束后，小组其他成员进行点评。

4. 每个小组选出一个最好的创业项目进行汇报，全班同学进行点评，教师进行总结。

思考与讨论

自己选择一个创业项目，根据下列内容进行可行性评估，然后进行交流。

序号	项目评估内容	优势	劣势	对项目影响的重要程度排名	结论
1	与专业契合度				
2	创业资金来源				
3	家庭背景				
4	合作团队				
5	创业环境				
6	创业前景				
7	风险评估				
8	营销模式				
9	受益群体				
10	创业政策				
11	店址选择				
12	……				

10.3　创业模式的开发

学习目标

1. 了解创业模式的概念。
2. 了解几种典型创业模式。
3. 了解工作室创业应该注意的问题。

导入案例

升学还是创业

2012 年 11 月，复旦大学国际关系学院的刘虹和丰蓓即将被保送研究生，升学无忧的两人开始盘算：在毕业前的这一段空余时间能做点什么呢？思考之后，开一家小店这个曾经在她们心头盘桓了许久的想法，开始逐渐清晰。于是两个女孩拉上好友朱晨，正式启动了"生活色拉"的创业。

"最初我们也不知道要卖些什么。"与大多初次创业的大学生一样，三个女孩也曾有过这样的困惑，但在进行市场调查和价格比较之后，三人很快决定小店以礼品、饰品为主，辅以鲜花服务。此外，她们还找到了一个十分有利的资源——一位已经工作的朋友答应为她们提供稳定的货源。至于资金，三个人分别拿出自己的奖学金和家里资助的一些钱，每人入股 15 000 元。小店的人力资源、网站建设、市场营销、财务管理等事务都有专人负责，看似很简单的小店，也开始采用现代公司的管理模式。虽然有些家长对她们的做法未必完全赞同，但毕竟，她们已经开始"实践自己的想法"了。

分析：

"生活色拉"的创业模式因其低投入、低风险的特点而被大学生创业者广为接受，但这并非创业的唯一方式，更不是接近成功的不二法门。那么，对大学生创业者来说，选择哪一种创业模式更有可能接近成功呢？

选择合适的创业模式，是创业成功的关键。准确判断自己的优势和劣势，选择最适合自己的创业模式，可以少走许多弯路。

一、创业模式简介

创业模式是指创业者为保障自身的创业理想与权益，而将各种创业要素进行合理搭配的方式。具体包括：创业者在创业开始时采取的初创期模式、在发展过程中形成的成长期模式，以及成熟期或定型期模式。创业模式在一定时期内保持相对稳定，但也具有明显的时代特征。随着技术发展和社会变迁，成熟、稳定的创业模式必然会被淘汰，或被改造，或被新的模式所取代。在创业者决定要创业后，第一个重要选择就是寻找一个适合自己的创业模式。对一个创业者来说，最重要的不是一个创业模式是否能带来最大的效益，而是这个模式是否真正适合自己。一个合适的创业模式，未必需要投入一大笔资金，也未必需要具有很大的规模，甚至未必需要一个办公场所或店面。只要勇于创新开拓，就能有所突破，从而形成质的飞跃。

二、创业模式分类

美国戴尔电脑公司创始人戴尔曾说"创业没有准则"，的确没有哪一种固定的创业模式可以保证我们创业成功。生活有多种可能，成功也并非只有一种途径，邯郸学步、东施效颦从来都只能被传为笑谈。创业者只有避免盲从，根据自身的实际情况选择适当的创业模式，才有可能取得成功。下面介绍创业模式的三种分类方法。

📇 知识卡片

创业要趁早

英国 17 岁的高中生达洛伊西奥设计的 Summly 阅读软件被雅虎以 3 000 万美元高价收购，又一位少年创业英雄诞生。国内也有成功案例，季逸超年仅 21 岁，一人包揽美工、开发、测试、运营等工作，开发设计的猛犸浏览器曾是 iPhone 上个人开发浏览器里下载量最大的产品，并获得风险投资。

（一）根据创业动机的不同划分

根据创业动机的不同，可以将创业模式分为机会拉动型创业和生存推动型创业。

（1）机会拉动型创业是指个人创业行为的动机出于抓住现有机会的强烈愿望，即通常意义上的创业动机。在出现的商业机会可能带来的巨大利润与抓住机会创业的个人强烈愿望的共同作用下，个人虽然会承担一定的风险，但也常表现出超常的创业进取心。对这类创业者来说，创业活动是一种个体的偏好，并将其作为实现某种目标（如自我价值、追求理想等）的手段。

（2）生存推动型创业是指个人创业行为的动机出于没有其他更好的选择，即不得不依赖创业活动来解决其所面临的困难。机会的存在不是这类创业者进行创业活动的关键因素。生存推动型创业的核心在于这类创业活动是一种相对被迫的选择，而不是个人的自愿行为。

（二）根据创业主体的不同划分

根据创业主体的差异，可以把创业模式划分为个人独立创业和公司附属创业。

（1）个人独立创业是指创业者个人或创业团队白手起家进行创业。个人独立创业是由创业者独自出资、独自经营的。个人独立创业在外在行为上体现为创业者的个体活动，即无论企业中的从业人员有多少，真正承担创业风险并享有创业利益的人只有创业者一个人（或一个创业团队），其他人都仅仅是员工，并不承担创业的风险，当然也无法享有创业的收益。

（2）公司附属创业是指一个公司为了更好地促进创新产品的市场化，从而创建新公司的创业模式。附属新公司的资金、人力等，主要来自原公司。

（三）根据创业中生产要素类型的不同划分

按照创业中生产要素的不同，即根据是否主要依靠技术创新获取价值增值和竞争优势这一标准，创业模式还可分为以技术创新为主的创业和以非技术创新为主的创业。

前者的特点在于对技术的独占性，通过对新技术进行商业化开发，将技术专利转变为商业用途而获取利润；后者则是运用现有的资源（包括现成的技术、方法等），通过新奇的创意成功创业，如分期付款制的诞生。以非技术创新为主的新兴创业模式正成为人们研究的重点。

三、典型创业模式

（一）互联网创业——网中自有黄金屋

互联网自创立以来，在走向商业化的十多年时间内取得了惊人的发展，其主要指标几乎每隔几年就以几何级数的速度在增长。它作为信息时代的标志，不但改变了世界的诸多领域，同时又创造出许多新的创业机会。21世纪的创业者可以选择互联网创业，这使得创业者通向成功的道路大大缩短，可能在短短几年的时间内就可以快速实现目标。

互联网创业主要有以下优点：门槛低，成本少，风险低，方式灵活，特别适合初涉商海的创业者。像京东、淘宝等知名购物网站，拥有较为完善的交易系统、交易规则、支付方式和成熟稳定的客户群，加盟这些网站，可谓"近水楼台先得月"。此外，互联网创业还得到了政府的重视和支持，政府在政策和服务上给予了诸多的优惠和帮助。例如，上海市已经在普陀区、静安区建立了电子商务创业园，为创业者提供优质的创业环境和服务。

初次尝试互联网创业，事先要进行多方调研，选择既适合自己产品特点又具有较高访问量的电子商务平台极为重要。相对来说，网上加盟的方式可能更适合大学生，这样能在较少的投入下启动创业项目，既能帮助大学生尽快熟悉经营规则，又能依托成熟的电子商务平台发展壮大自身力量。

(二) 加盟创业——站在巨人的肩上

加盟创业是指创业者通过与主导企业签订合同,主导企业将有权授予他人使用的商标、商号、经营模式等经营资源,授予创业者使用;创业者按照合同约定,在统一经营体系下从事经营活动,并向主导企业支付特许经营费。牛顿有句名言:"如果说我比别人看得更远些,那是因为我站在了巨人的肩膀上。"对于大学生创业者来说,加盟创业即是一种"站在巨人肩膀上"的创业模式。

加盟创业以其分享品牌、分享经营、分享资源等诸多优势,而逐渐成为备受青睐的创业新方式。目前,连锁加盟有直营、委托加盟、特许加盟等形式,投资金额根据商品种类、店铺要求、技术设备的不同而不同,可满足不同需求的创业者。

加盟创业的最大特点是利益共享、风险共担。创业者只需支付一定的加盟费,就能借用加盟商的品牌优势,利用现成的商品和市场资源,并能长期得到专业指导和配套服务,分享总部提供的培训、管理、广告、促销等支持,而不必"摸着石头过河",从而大大降低了创业风险。

选择所要加盟的企业是加盟创业中最重要的一环,为此,应注意以下几方面。

(1)加盟店的品牌。选择一个成熟和有名的加盟店品牌,可以较大地降低创业风险。当创业者决定进入加盟店行列时,应该选择市场上有一定知名度,并且有一定经营年限和规模的加盟体系,这样就可以享受品牌效应带来的优势,并且很快能进入正常的经营状态。

(2)具有一定的特色。有特色的加盟店可以降低恶性竞争的风险,提高成功的概率。加盟店的特色,包括经营特色、产品特色、销售特色、管理特色等,只有选择颇具特色的加盟店,才能迅速地取得成功。

(3)具有成熟的管理系统。成熟的加盟体系有着良好的管理系统,可以降低经营上的失误。成熟的加盟体系至少要有数年成功的经营历史,否则不可能有较完善的统一管理系统。这个系统包括前期培训和持续性培训,经营管理系统和执行过程的强力监督系统,市场推广和客户管理的持续性和有效性,人力、物力和财力等日常运作方面的系统支援等。成熟的加盟系统,都会有一套完整的加盟企划、加盟章程、管理制度、经营原则、运营手册、培训手册和稳定规范的供货渠道等。

📧 **知识卡片** ●┄┄┄┄┄┄┄┄┄┄┄┄┄┄┄┄┄┄┄┄┄┄┄┄┄┄┄┄┄┄┄

提防加盟陷阱

初次创业的大学生选择加盟创业务必慎重,小心提防以下加盟陷阱。

1. 贩卖机器

这类项目通常集中在洗衣店、咖啡店等依赖专用设备的加盟项目中。这类加盟店,表面上是特许加盟,实际上是在卖机器,或者只是为了收取加盟费,这是目前特许加盟展会上屡见不鲜的现象。

2. 交纳定金

正规的加盟总部为了要求商品与服务品质一致化,对加盟者的资格审核极为严格,包括加盟资金门槛、履约担保、进货渠道等。如果"盟主"对加盟者不加考察,只表示当场交加盟金,就可以立马加盟,此时便要小心了。在筛选加盟企业时,加盟者可以要求总部提供相关信息,如果总部不能提供的话,就要特别注意了。因此,千万不要在调查研究之前就草率地交纳加盟费或定金。

3. 短期收回成本

同其他经营一样,一个加盟项目也有一个投资回收过程,有的加盟企业"盟主"承诺只需交一点点加盟费,就可以帮助加盟者提供业务培训,负责广告投放和店面装修,并承诺凭借这个搭建好的"平台",只需半年就能收回成本,每年还有数万元的纯利。但加盟商一旦加入该加盟体系之后,却发现投资成本远不止原先所说的金额,"盟主"事前的承诺根本难以实现,可能折腾两三年后仍不能收回成本。

4. 参观样板店

这是最常见的,也是最隐蔽的圈钱陷阱。有的特许加盟授权方做几个样板店,再通过前期包装、造势之后就开始圈钱,只顾收取加盟费、管理费,别的什么事都不管了。因此,加盟者在作出加盟决策之前,最好多看看同一品牌的多家加盟店的经营情况,不要只看"盟主"推荐的那几家,因为那很有可能就是"盟主"特意营造的"样板"。创业者需要进行随机调查之后,从中找出具有一定开店经验、连锁店数量达一定规模或发展两年以上的项目加盟,这样就比较有保障。

5. "很美"的合同

某些特许加盟授权方承诺可以收购加盟方的产品,但会在合同上注明要达到一定的产品标准,这种标准通常很模糊。加盟商生产出产品后,授权方可以以产品不符合要求为由拒收,加盟者只能吃哑巴亏。因此,在参与加盟连锁的项目时,合同是保障自己权益的关键,必须将所有与自己切身利益相关的条款落到细处,如果自己并不了解,请一名律师是非常有必要的。

(三)兼职创业——鱼和熊掌或可兼得

孟子说:"鱼,我所欲也,熊掌,亦我所欲也;二者不可得兼,舍鱼而取熊掌者也。"但就创业而言,未必不可以尝试一种"鱼与熊掌兼得"的方式——兼职创业。

兼职创业可分为以下四种类型。

(1)爱好型兼职。即把平时的爱好特长在兼职中发挥出来,在固定工作(学习)与个人爱好之间"切换频道",兴趣与工作(学习)的结合不仅可以调整工作(学习)心态,还可以发现和开辟新的发展空间。

(2)自由型兼职。即避免了来自老板的压力,自己说了算,相当于"自己当老板",灵活支配时间,自主安排工作量和工作进度。这种个性自由的工作方式,非常适合那些有一技之长、不愿受人约束、个性较强的人。

(3)项目型兼职。即围绕一个独立项目展开工作。双方约定完成项目期间的报酬、工作方式等,项目结束了,工作也就结束了。这类兼职选择雇主有较大的灵活性,可以同时与多个雇主或多个劳动市场建立联系,获得更多的项目工作。

(4)短工型兼职。即小时工,以小时为工作"单元",按小时计算收入,从业者可对工作和休息时间作灵活安排,可根据市场需求的变化和个人情况来安排工作的"淡季"或"旺季",还可以在有限的时间内身兼数职。

对于大学生和上班族来说,兼职创业的优势在于既无须放弃本职工作,又能充分利用在工作中积累的商业资源和人脉关系创业,实现鱼和熊掌兼得的梦想,而且不必面对背水一战、进退维谷的窘境,大大减小了创业风险。但是,兼职创业需要在几条战线上同时作战,对创业者的精力、体力、能力、耐力都是极大的考验,因此要量力而行。此外,兼职创业者最好选择自己熟悉的领域,分清事业发展的主次,在重点做好本职工作、不损害所在单位利益的前提下开展创业活动。

(四) 团队创业——众人划桨开大船

团队创业是指具有互补性或者有共同兴趣的成员合伙组成团队进行创业。美国硅谷流传着这样一条"规则":由两个 MBA 和 MIT 博士组成的创业团队,几乎就是获得风险投资的保证。虽然这种说法有些夸张,却揭示了这样一种事实:创业已告别个人英雄主义时代,团队创业渐入佳境。一个由研发、技术、市场、融资等各方面组成的优势互补的创业团队,更有可能获得创业的成功。团队创业有将资本、人力化零为整的优势,使一些有着相似经历、背景的创业者们因为某个项目而聚集在团队创业的大旗之下,共同开创一番事业。

需要注意的是,由于没有人会拥有创立并运营企业所需的全部技能、经验、关系或者声誉,因此,如果想要创业成功,往往需要组成一个核心团队。在组建创业团队时,最重要的是要考虑成员在知识、资源、能力或技术等方面的互补性,充分发挥个人的知识和经验优势,这种互补将有助于强化团队成员间的相互协作。一般来说,团队成员的知识、能力结构越合理,团队创业成功的概率就越大。

(五) 概念创业——从点子中挖掘金矿

概念创业,顾名思义就是凭借创意、点子、想法创业。当然,这些创业概念必须标新立异,至少在打算进入的行业或领域内是个创举,只有这样才能抢占市场先机,才能吸引风险投资商的眼球。同时,这些超常规的想法还必须具有可操作性,而非天方夜谭。概念创业适合本身没有很多资源的创业者,需要通过独特的创意来获得各种资源,包括资金、人才等。

四十多年前,美国人史密斯凭着一个想法——"隔夜传递",被风险投资家看中,创办了"联邦快递"。比尔·盖茨在总结自己的成功经验时曾说:"是什么使微软公司从小人物一跃而起呢?我们拥有当时巨人没想到的点子。我们总是在思考,曾经遗漏过什么可以使我们保持胜利的东西。"这与美国视算科技公司董事长艾德·麦克肯的感触如出一辙:"我觉得我真正擅长的是当我有了一个点子,然后和一个真正的企业家一起去做,在形成小团队后,愈做愈大,一路发展下去。"

一个点子固然能够成就一项事业,但要实现概念创业的成功,把脑中概念变为财富,还要经过以下三个步骤。

(1) 科学分析。当产生了创业灵感之后,创业者应对创业点子进行冷静而细致的分析,了解自己的创意是否独具匠心,是否具有广阔的市场需求,是否具有可操作性,在推行过程中有无防止"克隆"的保护措施等,在此基础上选择最有发展前途并且风险相对较小的创业方案。

(2) 多方咨询。很多时候,人们总是在别人的目光里认识自己。因为"当局者迷",所以创业者除了要对自己的创业灵感自我审视之外,最好在行动前多听听各方面的意见和建议,如成功的创业者、风险投资家、创业咨询机构等。他们提供的宝贵经验和专业指导,不仅能起到拨云见日的作用,还可以避免个人意见可能导致的片面性。

(3) 积极行动。创业不等于幻想,创业是实干家的实践活动而非空想家的思维过程,因此,概念创业最终还是要落实在积极行动上。一个新颖别致而又切实可行的创业想法只有落实在一些具体的实践活动中才有获得成功的可能性,其中技术、资金、人才、市场经验、管理方法等各种资源的获得都必不可少。

（六）内部创业——员工到老板的轻松起跳

内部创业是指一些有创业意向的企业员工,在企业的支持下通过承担企业内部某些业务内容或工作项目进行创业,并与企业分享成果的一种创业模式。作为一种激励方式,内部创业不仅可以满足员工的创业欲望,同时也能激发企业内部活力,改善内部分配机制,成为员工和企业双赢的一种管理制度。

内部创业源于企业的人才流失问题。人才流失是许多企业面临的最为棘手的问题之一,于是很多企业主或管理者开始以高薪酬和高福利为筹码,希望解决人才流失的难题。但不断提高的薪酬和福利待遇水平并没有成为留住员工的制胜法宝,依然有不少优秀人才相继离开。

美国行为科学家赫茨伯格对这种现象进行充分调查后,提出了著名的"激励因素-保健因素"理论。保健因素就是指那些类似于工资、福利、良好的工作条件等有利于员工安心工作的必要因素。对于一个优秀的企业员工来说,他们不甘于在为企业创造大量财富的同时,却无法满足自身的创业欲望。当传统的保健因素达到一定程度,如工作待遇、福利等环境因素对员工的吸引力不再起决定性的激励作用时,企业的成长速度往往落后于这些精英分子的成长速度。久而久之,这种状况将导致两种后果:自我消沉和跳槽离职,而这两个结果都是企业主或管理者所不愿意看到的。此时能够对员工产生积极效果的只有"激励因素",也就是那些能够满足自我实现需要的因素,包括成就、赏识、更加富有挑战性和成长发展机会的新工作等。于是,"内部创业"概念应运而生。

相对于另立山头、自力更生的创业方式,内部创业在资金、设备、人才等各方面资源利用的优势显而易见。由于创业者对于企业环境非常熟悉,在创业时一般不存在资金、管理和营销网络等方面的问题,可以将精力集中于新市场领域的开拓。同时,由于企业内部提供的创业环境较为宽松,即使创业失败,创业者也只需承担较小的责任,从而大大地减小了创业风险。

但是内部创业的受惠人群比较有限,一般只有大型企业的优秀员工才有机会一试身手。此外,因为这是一种以实现"双赢"为目的的创业方式,创业者要做好周密的前期准备,选择合理的创业项目,保证最大化的利润回报,才能引起企业高层的关注与支持。同时,要想获得创业成功,需要创业者和企业两方面共同努力。

（七）工作室创业——"躲进小楼成一统"

工作室不是一个空间概念,而是一种新的工作状态。工作室是创造、独立、自由、个性等精神的完全张扬,是一个更人性、更具效能、更先进的工作状态。录音工作室、形象设计室、摄影工作室、服装设计室等如雨后春笋般不断涌现。据报道称,工作室创业正在引发新一轮创业热潮,而大学生以其观念新、魄力大、技术强的优势,已经成为工作室创业的主力军。

门槛低、易操作是工作室创业优于公司创业的最大特色。在工作室创业之初,创业者不需要注册,不需要办理各种烦琐的手续,甚至不需要办公场地,在家即可。由于工作室几乎没有其他成本,因此其产品和服务的价格具有相当强的竞争力。这也是工作室在短短几年内迅速兴起的重要原因。

工作室创业要求个人拥有较新的创意或较强的专业技能,因为大部分工作室都是以创意或技术为产品,性价比是市场上制胜的关键。在创业初期,必须通过各种关系主动开展业务,积极联系有产品需求的客户。

工作室创业应该注意以下几点。

（1）团队组建。有人认为一个比较活跃的工作室团队应当包括2～5名专职人员、3～8名兼职人员以及2～3个业务过硬的"核心人物"，这样才能给工作室带来较多的业务，并保证工作室的顺利发展。

（2）业务开展。工作室成立初期的业务开展应该采用主动出击的方式，努力利用各种关系，向市场推介产品，争取尽可能多的客户并与之建立合作关系。此外，工作室可以在媒体上刊登广告或在互联网上发布帖子，等待有需求的客户上门合作。

（3）经营策略制订。创意或技术是工作室创业的"本钱"，创业者只有保持自己在创意或技术上的优势，创业之火才能经久不息，成燎原之势。由于创业方式的特殊性，工作室创业的宣传推广工作必不可少。首先，要立足地方、面向地方做好宣传工作，努力在一定地域形成知名度；其次，要与各类媒体建立广泛的联系，利用媒体渠道扩大影响；最后，还要充分利用互联网来宣传自己。

总结案例

伍林的创业之路

伍林是某职业技术学院艺术设计专业的学生。刚入学时，他和朋友们去参加了一个大型的动漫展，正是这个展览改变了他的就业观。在这个展览上，他发现有些优秀的漫画作品并不是出自著名的动漫公司，而是出自小的漫画工作室。于是，他萌发了创办自己的漫画工作室的想法。经过一番调研和准备，他的漫画工作室终于在大一下学期成立了。他先在网上申请了一个个人主页，然后不断增加自己的漫画作品和一些自己感兴趣的漫画界的动态消息。通过网络，他不仅结识了很多志趣相投的朋友，还收到不少报纸、杂志的约稿函。伍林每天起床的第一件事就是进入自己的网上漫画工作室，收集各种动漫新闻和自己喜欢的漫画作品与网友分享。现在他已在国内多家报刊上开设了漫画专栏，并且会不定期地发表漫画作品和漫画评论，平均每个月能获得4 000多元的稿费。

分析：

当前的就业形势日益严峻，国家、社会、学校都制定了各项政策，鼓励和支持大学生自主创业。大学生要充分挖掘自身的潜力，在充分调研的基础上，可以尝试适合自己的创业模式。本案例中的伍林就发挥了自己的特长，结合自己的专业，选择了创办工作室这一创业模式，最终走出了适合自己的一条创业之路。

活动与训练

活动 10-5　如何选择我的创业模式

主题：在校大学生的创业模式探讨

一、活动目标

复习前面介绍的几种创业模式。

二、活动时间

30 分钟。

三、活动步骤

1. 教师将学生分成若干小组,每组 4~6 人。

2. 每组组员讨论的问题:

(1) 上面所述的几种创业模式中,适合在校大学生的创业模式有哪几个?

(2) 针对适合在校大学生的创业模式,各举一个例子。

(3) 如何做到学业和创业两不误?讨论之后选出本组代表统一意见并记录。

3. 每个组的代表进行汇报,教师进行点评和总结。

活动 10‑6 成功创业故事分享

主题:创业模式案例分析

一、活动目标

查找现今创业成功企业最初的创业模式。

二、活动时间

30 分钟。

三、活动步骤

1. 教师将学生分成若干小组,每组 4~6 人。

2. 每组组员讨论的问题:

本单元学习过的创业模式,现今创业成功的企业有哪些?举出知名的品牌、企业等,最好能够找到他们在校期间创业成功的故事。

3. 每个组的代表进行汇报,教师进行点评和总结。

思考与讨论

1. 你有过创业的冲动和想法吗?最后你是怎样做的?

2. 从 CCTV 经济年度人物中选择两位,说说你和他们的创业起点有多少差距?

3. 如果选择创业,你会选择哪个领域开展创业活动?为什么?

4. 如果选择创业,你会首先选择哪种创业模式?为什么?

5. 如果创业遇到挫折,你会如何面对?

第十一单元
实施创业计划

引导语

　　创业是很多人的梦想,但是要实现这个梦想并不容易。如果想要实现创业梦想,就需要充分准备、精细的计划,并努力付诸实践。本单元通过对创业计划书制订、创业团队组建、创业法律法规、创业融资和创业计划实施的介绍,帮助学生梳理创业思路,明确创业规划,降低创业风险,最终实现创业梦想。

学习目标

1. 掌握创业计划书制订的相关步骤。
2. 了解组建创业团队的原则和流程。
3. 了解创业过程中涉及的相关法律法规。
4. 了解创业融资、融资策略、融资流程的相关知识。
5. 了解企业注册登记的相关事项,熟悉企业的开办流程。

学习指南

一、学习方法

　　(1)针对上一单元选定的创业项目,根据本单元所学知识,制订相应的创业计划。
　　(2)在制订计划时,可通过搜索互联网等途径,深入了解同行业公司的经营情况,以便借鉴。

二、注意事项

　　创业计划书的制订不可能一蹴而就,需要在学习和实践中进行修改。

11.1　创业计划书的制订

学习目标

1. 了解创业计划书的制订流程。
2. 掌握创业计划书的撰写原则。

导入案例

创业的困惑

　　小王学的是生物工程专业,毕业于某职业技术学院。毕业后,他顺利进入一家以新型农业技术开发为主的公司工作,因为专业对口且勤奋努力,小王很快就成为所在部门的骨干,但是他一直怀揣着自己的创业梦想。他发现新型农业技术非常有发展前景。在公司工作两年后,小王辞去工作,开始创业。但是,小王很快就发现创业并没有想象中的那么容易,在交过房租、完成企业注册、购买相应设备后,小王发现手中的资金已经所剩无几,但是还有很多事情没有做,比如招聘人员、宣传促销等。所以小王就想到吸引风险投资,但是经过多次与风险投资机构和个人洽谈后都没有实质性的进展。每次会谈,小王只是凭借三寸不烂之舌强调技术的广阔前景和自身技术的优势。不过,当对方问到市场需求量、每年的预期销售额、盈亏平衡点、投资回报率等问题的时候,小王就无言以对了。

　　分析:

　　小王的创业经历代表很多创业者的困惑,风险投资机构和个人之所以不愿意投资给小王,原因就是小王没有将企业的自身情况和创业者的综合能力有效地展示给对方,而创业计划书恰恰就能解决这样的问题。

一、创业计划书简介

　　创业计划书是指创业者计划创立的业务的书面摘要,是一份全方位的商业计划。融资过程中的创业计划书通常是递交给投资商的,以便于他们能对企业或项目作出评判,从而使企业获得融资。

　　创业计划书的核心主题是介绍企业,而不是介绍单一的技术或项目,所以创业者一定要注意计划书撰写的主体角色。在融资过程中,使用创业计划书的重要目的是突出企业的投资价值。而这个目的需要贯彻在创业计划书的每一个部分当中,整个计划书也需要围绕这个中心思想展开。企业的投资价值简单来说就是企业的成长空间、成长能力以及成长效率,所以创业者在创业计划书的撰写过程中,一定要突出企业自身的生存和发展能力——在市场、产品、竞争、管理、销售、财务等方面的掌控能力和增长能力。

　　总的来说,创业计划书的本质是创业者对自身经营情况和能力的综合分析和展望,是企业全方位战略定位和战术执行能力的体现。融资是触发创业者撰写创业计划书的动因之一。善于思考和总结的创业者,即使不融资,也会经常按创业计划书的规划和要点来反思自身的经营情况,从而提高创业者的创业能力。

二、创业计划书的制订流程

　　对于大多数创业者来说,撰写创业计划书是一件耗时长、令人困惑又苦恼的事情。创业计划书分步骤撰写会使创业过程轻松、简单。综合来说,可从以下几个方面循序渐进地进行。

(一) 第一阶段:创业计划构思具体化

创业者对将要开创的事业给予细致的思考,并确定创业项目以及相关时间进度表和工作进程。

(二) 第二阶段：市场调查和建立客户联系

创业者要准备一份客户调查纲要，了解潜在客户的数量、他们愿意支付的价格、产品或服务实现的客户价值。此外，收集竞争对手的信息、产品的定位、目标客户的消费特征、哪些方面得到客户的较好的认可、哪些方面还需要改进、了解对于客户来说可能导致他们拒绝本产品或服务的原因。在调研过程中，与至少三个潜在客户建立联系，其中至少有一个是创业者将选做自己的销售渠道的客户。

(三) 第三阶段：创业计划文档制作

（1）市场目标和策略。这是创业计划的一个重要组成部分，建立在创业者所进行的客户调查和竞争者调查的基础之上。文档内容包括量化市场机会、如何把握这个机会、细化赢得目标收入的策略。

（2）实施。创业企业的运营，哪些是要达到目标最关键的成功因素，如何在创业计划中反映这些优势，并且在所创办的企业中体现这些优势，是撰写过程的核心内容。

（3）小组成员情况。创业小组成员具备在本创业企业中所需的哪些能力，并说明在企业发展过程中所需人员的情况。

（4）财务。创业企业在一定时间段内较为完整的财务预测与分析。财务分析要量化本企业的经营目标和企业生存发展所需的资金状况。

三、创业计划书的撰写原则

(一) 把握基本框架

创业计划书的表现形式是多种多样的，其常见的基本框架包含内容如图 11-1 所示。

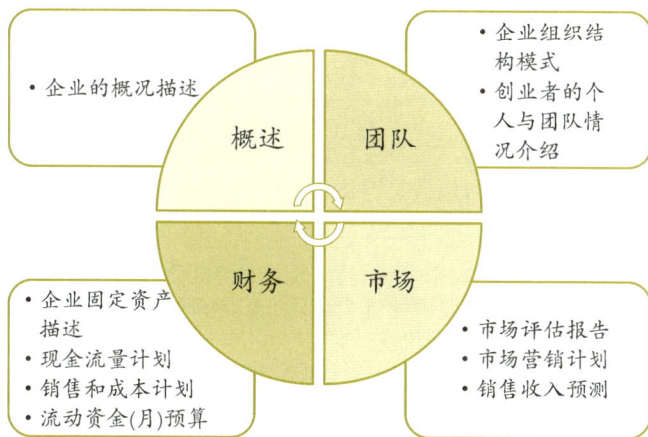

图 11-1　创业计划书常见基本框架

(二) 突出要点

一份好的计划书是能够吸引投资方并获得融资的材料，是能够帮助创业者理清逻辑和思路、整合资源的计划。因此，在撰写创业计划书时，要明确计划书撰写的目的。在撰写计划书时,创业计划书需要注意的要点如表 11－1 所示。

表 11－1　创业计划书撰写要点

序　号	撰　写　要　点
1	突出核心价值,不要过度包装
2	写明目标市场规模,让投资人看到预期销售收入
3	分析竞争对手,阐明自己居于竞争态势中的位置
4	企业运营模式,如何对产品营销推广
5	明确描述企业的盈利模式
6	小组状况,投资人最看重创业小组的情况
7	融资金额与计划,融资的目的是什么
8	企业经营中的风险预测,把问题和解决方式告诉投资人

四、创业计划书的撰写指导

(一)企业基本概况

企业基本概况可以说是整个创业计划书的精华,包含了企业的现状和企业的发展计划。

(1)摘要。创业计划书摘要既要涵盖计划书的要点,又要做到一目了然,以便读者在最短时间内对计划书作出评审和判断。摘要部分必须涵盖以下内容:公司介绍、管理者及其组织、主要产品和业务范围、营销策略、生产管理计划、销售计划、投融资计划、财务预算等。

(2)项目概况。项目概况是另一种形式的摘要,主要介绍创业项目的基本情况、创业机会、技术创新点、技术发展的现状以及技术可行性分析、技术特色分析等,把侧重点直接放在基本概念上,明确说明企业发展的目标以及取得成功的关键,具体撰写要点如表 11－2 所示。

表 11－2　项目概况撰写要点

序　号	撰　写　要　点
1	对项目总体情况的描述,包括关键技术、技术的创新点、权威部门的技术鉴定情况和环保评价等内容
2	从项目产品的先进性及应用发展前景、进入市场机会(如市场现实需求处于萌芽、起步、成长、成熟、饱和、衰退阶段中的哪个阶段)及市场发展空间、小组实施项目的现有能力及发展潜力等方面描述创业机会
3	项目的主要技术,目前该技术的发展现状、技术的创新点
4	技术的可靠性分析、可行性分析
5	企业未来服务的市场
6	企业属于哪个行业领域
7	产品的特色
8	项目的技术小组和运营小组

序　号	撰　写　要　点
9	企业的经营地点选择
10	企业的法律形态

(二) 创业者个人与小组情况介绍

创业小组中的人是推动项目整体向前发展的主要因素,这也是投资方关注的要素之一。创业者个人条件是本次创业能否取得成功的一个关键因素,创业者与其小组的默契和激情直接影响创业的效果。没有合适的人,再好的想法也没有办法落实,只有小组成员互相合作、优势互补,才能将创业工作落到实处,具体应包括以下内容。

(1) 创业者个人及小组成员的学习、工作经历,并简要叙述他们取得的成绩。

(2) 创业者个人的资源及其资金、精力投入的承诺。

(3) 小组成员的创业动机及热情。

(4) 小组成员合作的优势和劣势。

(5) 小组成员的权责分工情况。

(三) 市场评估报告

(1) 行业背景。在行业背景这一部分,创业者应该让读者了解该行业的规模、发展趋势以及关键特征。撰写市场评估报告需要注意的关键点如下。

① 定义现有的产品和服务。

② 估算行业的规模。

③ 确定行业主要发展趋势。

④ 预测进入行业的壁垒。

(2) 竞争分析。竞争者除同行业生产同一类型产品或提供相同服务的企业外,还有一类竞争者的存在,就是属于不同行业但是能够提供替代产品或服务的企业。例如,摩托车企业的竞争者不仅是摩托车制造商,还有可能是汽车制造商。只有确定企业的竞争对手,才能深刻分析客户的需求,降低投资的风险。市场竞争分析报告撰写要点如表 11 - 3 所示。

表 11 - 3　市场竞争分析报告撰写要点

序　号	撰写要点	主　要　内　容
1	确定创业者的竞争对手	确定主要竞争对手,对方的产品和服务,以及对方的优势和劣势。每一个主要竞争者占有多大的市场份额? 他们的市场营销策略是什么
2	分析企业与竞争对手之间的差异性	要能够对满足客户需求的独特性作出回应,例如,创业者的产品是实用性强还是外观美? 创业者的服务是帮客户节省支出,还是提高他们的工作效率
3	估计来自竞争对手的威胁	创业者的竞争对手会给创业者的投资带来多大的威胁? 例如,市场品牌认知度,技术可复制性,以及竞争对手是否会抵制一个新企业进入市场

(四) 营销计划

市场营销计划既是创业计划中最复杂的一部分,同时也是最重要的一部分。它需要从全行业出发,再具体到目标市场的客户个体,通过分析,逐步细化和深入目标群体,制订本项目相应的计划。营销计划是企业长远战略目标和短期销售目标的结合体,必须在二者的联系和冲突中寻找出最适合企业的营销组合。营销计划撰写要点如表 11 - 4 所示。

表 11 - 4 营销计划撰写要点

序 号	撰 写 要 点
1	明确企业的目标客户群,确定产品进入市场的方式
2	制订产品的推广计划、销售计划以及执行这些计划所应采取的各种策略
3	分析企业在竞争中的优势与不足,确定适合企业的最佳获利方式
4	在销售中,可能存在的各种营销组合策略
5	企业在未来 5 年内的定位及发展规划、各阶段性的目标,明确了解每个阶段的销售目标
6	展示企业在销售中已经具有或可能具有的营销优势资源

(五) 企业组织结构描述

在创业计划书中要明确企业的法律形态,例如,是有限责任公司、个人独资企业或者合伙企业,还是其他类型的企业。在描述企业组织结构时,可以采取组织结构图与工作事项描述结合的形式,这样较为简洁,一目了然。

如果企业是合伙企业,对于企业的出资方式、出资金额、利润分配和亏损分摊、经营分工、权限和责任等相关内容,要在合伙人协议中体现出来。

(六) 企业固定资产阐述

企业的固定资产包括生产设备、交通工具、办公设备、厂房、家具、土地等,对每项内容都进行完整的叙述,表现形式以表格为佳。

(七) 财务计划

财务计划的主要内容是计算资产的流动性、企业收益预测、企业资产负债预测。资产的流动性包括现金的流入和流出、筹资安排和现金储备。企业收益预测的内容有销售收入预测、成本费用预测、净利润预测。资产负债表示公司在某一时间点上资产与负债的状况。

这个部分是整份创业计划书比较专业的部分,对写作有较高的要求,也是需要花费相当多精力的地方。如果缺乏财务知识,这部分就需要请求专业人士的协助。

财务部分一般以各种表格显示,一般评委看创业计划书主要关注以下三点。

(1) 企业财务状况运营如何?

列表说明创业或项目过去一段时间内的基本财务数据(主营收入、主营成本、主营利润、管理费用、财务费用、净利润、补贴收入、总资产、总负债和净资产,主营产品的盈亏平衡点、毛利率和净利率)。

（2）企业未来盈利点在哪里？

可列表说明未来 3～5 年的营业额预测、未来 3～5 年的市场份额预测、未来 3～5 年的平均年回报率及有关依据。

（3）可否对企业进行融资？项目的盈利模式是什么？如何的回报能够支撑企业的盈利期望？

（八）风险分析

企业在发展过程中，风险是不可避免的。世界上没有一家企业不存在风险，创业本身就是一项与风险相伴的事业。创业者需要知道风险的存在并能够准确判断，才能够及时做好应对措施，做到规避风险。企业发展中常面临四大风险：市场风险、竞争风险、管理风险、环境风险。企业风险分析如表 11-5 所示。

表 11-5　企业风险分析

风险类型	分　析　内　容
市场风险	分析可能产生的市场风险因素对产品市场的影响，例如，客源流失、市场疲软、价格波动等带来的市场影响，并针对具体的因素，阐述控制风险的应对措施
竞争风险	分析主要竞争对手带来的竞争风险因素对竞争力的影响，例如，经济实力、产品价格优势、市场认可度等，针对竞争对手的优势、创业企业目前的瓶颈，阐述控制风险的应对措施
管理风险	分析企业管理活动中可能产生的管理风险因素对产品开发和生产的影响，例如，人事变动、人员流动、关键雇员依赖等造成企业不稳定的因素，针对这些因素要采取相应的措施，消除不利影响
环境风险	分析企业外部环境风险因素对产品的开发和生产产生的影响，例如，国家产业政策调整、行业规章变化、商业环境变化等因素给企业带来的不利影响，阐述控制风险的应对措施

（九）附录

附录是附在创业计划的后面，其主要目的是在不影响计划主体部分的情况下，向读者提供一些补充信息。前面提到的市场分析报告的调研资料和分析材料可以作为附录，以示创业者对于创业的重视。同时，也是信息是否准确、是否有实效的重要参考。创业者和创业小组的正规履历、创业相关经历及其获得的一些成就的表彰内容，也是附录的重要内容。创业项目如果是科技型项目，具有相关的知识产权和专利，也应放入附录中。

（十）封面制作

制作封面是为了给读者留下好的第一印象，封面的风格应该是专业、整洁、大气的。封面包含的内容：企业或者项目的名称、公司负责人的名字和联系方式、公司的 Logo（徽标或商标）等。

📧 **知识卡片**

创业计划书撰写常见的问题

　　在撰写创业计划书的过程中,基于创业者缺乏经验、过度保护商业机密、创业思路不清晰等原因,创业小组在创业计划书中常出现过分保密、逻辑混乱、商业价值描述不清的情况,具体有如下常见问题。

1. 商业模式不清晰。
2. 不写企业存在的风险,没有风险规避意识。
3. 没有明确指出企业的营收平衡点、投资回报率等关键数据。
4. 数据过时或不准确。
5. 没有展现小组创业激情、分工和权责。

总结案例

事半功倍的创业计划书

　　前面案例中的小王,在困惑许久之后,突然想起在学校读书的时候,有一位总是讲授创业课程的赵老师。于是小王抱着试试看的想法,回到学校向赵老师请教,为什么没有机构和个人愿意投资给他。赵老师听了小王的经历,问了小王三个问题:"人家凭什么相信你说的行业真的会有发展前景? 凭什么认为你一定会把企业做好? 凭什么觉得你说的都是真实而正确的呢?"这让小王恍然大悟。接下来,小王在赵老师的指导下,开始查阅资料,走访市场客户,详细分析和论证市场容量和顾客需求,初步完成了一份创业计划书,然后又请教了多位老师和专家,反复修改,最终完成了一份翔实又完整的创业计划书,不久就和一家风险投资机构达成协议,公司资金匮乏问题终于迎刃而解。

　　分析:

　　小王从资金匮乏到融资成功的过程,告诉大家创业计划书对于每个创业者来说都是至关重要的,创业计划书的制订和撰写是创业者必须掌握的创业技能。在现实社会中,虽然有了创业计划书未必一定成功,但是对于想要成功创业的人来说,没有创业计划书就会困难重重。

🔗 活动与训练

活动 11‑1　我的创业计划书

主题:创业计划书的制订流程

一、活动目标

帮助学生厘清创业计划书制订的关键步骤,做好必要的准备工作。

二、活动时间

40 分钟。

三、活动步骤

1. 依据学生在上一单元选择的创业项目,将学生分成若干个小组,请各小组派代表以演讲的形式简单介绍该项目。教师在此环节可就各小组汇报内容提出若干针对性问题,请小组成员回答。

2. 教师引导学生探讨完成创业计划书应补充和完善的内容。

3. 要求每一位学生课后针对自己的创业项目,参照本节学习的创业计划书制订流程,独立完成一份创业计划书,并在规定时间内(下次上课时)提交。

活动 11-2　绘制我的创业梦想

主题:把你的创业计划书画出来

一、活动目标

帮助学生思维转化,让学生能够用海报形势,把创业计划书的核心内容表述出来。

二、活动准备

海报白纸、彩笔。

三、活动时间

30 分钟。

四、活动步骤

1. 为创业项目想一个名称。

2. 为创业项目想一句广告。

3. 将你的创业项目用海报说明:包括宣传、核心竞争力、营销模式等。

4. 以小组为单位,每个小组展示 5 分钟。

5. 教师点评。

思考与讨论

1. 创业计划书的构成要素有哪些?

2. 创业计划书的制订流程包括哪些?

11.2　创业团队的组建

学习目标

1. 了解创业团队的类型、特点及组建原则。

2. 掌握创业团队的组建流程。

3. 熟悉创业团队管理的相关知识。

导入案例

小李的困惑

　　小李在大学阶段学习的是英语专业,一次和几个同学交谈的时候,萌生了创业的想法。大家一致认为,现在的学校课程并不能满足所有学生学习外语的需求。于是小李和几个英语专业的同学组成了一个创业团队,利用学校的大学生活动中心开起了英语交流俱乐部。他们选择热门的电影作为培训素材,采用语言沙龙、化装舞会、演讲比赛等学生喜闻乐见的形式开展外语学习交流活动。因为贴近学生需求,很快就有很多学生报名。一个学期过后,几个人算了一下,扣除成本后俱乐部竟然盈利六万元左右。但是这六万元如何使用和分配,小李和几个伙伴有了分歧,小李认为自己是发起人,工作最多,应该多分一些,剩余的钱应该投入到俱乐部以后的经营上。有的人认为大家都很辛苦,应该把钱平均分了。因为成立俱乐部之前大家并没有签署协议,没有明确约定权责利关系,最后所有人的意见统一不了,俱乐部也没有再开下去,大家不欢而散。

　　分析:

　　本来是一个很好的创业项目,因为创业团队没有明确、清晰的协议和制度,最终没有继续发展下去。由此可见,一个优秀的团队需要清晰的权责利关系。此外,无论怎样的团队,都应该有一个核心人物——团队的领导者。在创业初期,创业团队的领导者是成功与否的关键,他的眼界、思维、性格、能力和决策直接影响团队的发展。

一、创业团队简介

(一)创业团队的概念

　　创业团队是指在创业初期,由一群才能互补、责任共担、愿为共同的创业目标而奋斗的人所组成的特殊群体。创业团队通常是由两个或两个以上具有共同创业目标和一定利益关系的、共同承担创办新企业责任的、处在新企业主要管理位置的人共同组建而形成的有效工作群体。与个人创业者相比,创业团队往往对创业机会的识别、开发、利用能力更强。

　　通常,创业者在注册公司前就开始着手组建自己的创业团队,从企业发展和规范化管理的角度选择合适的创业团队成员。尤其对于新办的科技型企业、风险企业、创新型企业、现代服务企业等,更需要具有团队凝聚力、合作精神,立足企业长远发展的创业团队。创业团队成员之间的互补、协调以及与团队领导者之间的良好关系,有助于企业降低风险、增强竞争力。

(二)创业团队的类型和特点

　　创业团队可以分为三类:星状创业团队、网状创业团队和虚拟星状创业团队。如表 11-6 所示,不同的创业团队各有其优缺点。

表 11-6　不同创业团队的优缺点

类　型	概　　念	优　点	缺　点
星状创业团队	有一个核心成员,充当领军角色	1. 决策程序简单,效率较高 2. 组织结构紧密 3. 稳定性较好	1. 容易形成权力过分集中的局面 2. 当核心成员和其他成员产生严重冲突时,其他成员往往选择离开
网状创业团队	由志趣相投的伙伴组成,共同认可某一创业想法,共同进行创业	1. 成员的地位较平等,有利于沟通和交流 2. 成员关系较密切,较容易达成共识 3. 成员不会轻易离开	1. 结构较为松散 2. 决策效率相对较低 3. 整个团队组织容易出现涣散的状况 4. 容易形成多头领导的局面
虚拟星状创业团队	有一个核心成员,其核心地位的确立是团队成员协商的结果	1. 核心成员具有一定威信 2. 既不过度集权,又不过于分散	核心成员的行为必须充分考虑其他成员的意见,不像星状创业团队中的核心成员那样有权威

二、创业团队的组建原则

在创业团队组建中,创业者希望能够找到志同道合、相互配合的团队成员,以实现更高的团队能效。

虽然创业团队的组建因行业、项目的不同而有所不同,但也具有一些共同的组建原则,如表 11-7 所示。

表 11-7　创业团队的组建原则

原　则	主　要　内　容
目标统一	创业团队成员需要达成共识,要有共同的目标。大家虽然分工和责任不同,但都需要认识到共同的奋斗方向,相互配合
能力互补	团队成员的合作应实现能力的互补,通过相互的协作,使团队成员在知识、技能、经验、资源等方面都能发挥出最大的效能,达到更好的效果
精简高效	为了实现高效率和低成本的目标,创业团队人员构成应在保证企业能够高效运作的前提下尽量精简
学习改进	团队学习既是创业团队成员之间互相沟通和交流思想的过程,也是寻求共识的过程,还是产生团队"创造性张力"的过程。团队学习既要分享成员成功的经验,也要总结成员失败的教训
优化调整	创业过程是一个充满不确定性的过程,因为能力、观念等多种原因,会不断有人离开,也有人加入。因此,在组建创业团队时,应注意保持团队的动态性和开放性,使真正合适的人员被吸纳到创业团队中来

三、创业团队的组建流程

创业团队的组建流程并不完全相同,不同创业项目对创业团队的要求也有一定差异,组建流程如图 11-2 所示。其中,建立内部融合机制是团队组建过程的多个步骤中都会涉及的。

图 11-2　创业团队的组建流程

(一)明确创业目标

创业团队的总目标就是企业要在创业过程中实现的有关市场、管理、发展等方面的目标。在总目标确定之后,要将总目标分解为若干不同项目、不同时间段的可以实现的子目标。

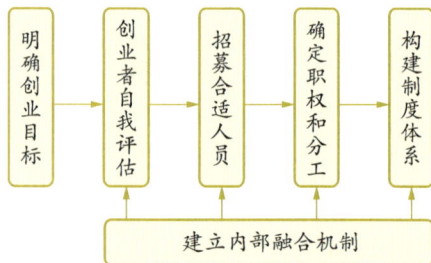

(二)创业者自我评估

创业者自我评估主要有如下内容。

(1)知识基础。即创业者能够给新企业带来的知识和信息。

(2)专门技能。即胜任某些任务的能力,例如营销能力、策划能力、沟通能力等。

(3)创业动机。思考如下问题:为什么创业? 是否喜欢挑战? 是否相信自己的新产品? 是否想获得巨大财富?

(4)承诺。即完成任务以及实现与新企业相关的个人目标的意愿。

(5)个人特性。创业者的个人特性包括五个维度:尽责性、外倾性、友好性、情绪稳定性、经历开放性,如表 11-8 所示。

表 11-8　创业者的个人特性

维　度	说　　明
尽责性	个体表现出来的工作状态、可靠性、坚韧性程度
外倾性	个体表现出来的喜欢聚会、自信、善于交际的程度
友好性	个体表现出来的合作、谦恭、可信、易于相处的程度
情绪稳定性	个体表现出来的平静、理性、稳定的程度
经历开放性	个体表现出来的创造性、好奇、兴趣广泛性的程度

(三)招募合适人员

创业团队成员的招募主要从岗位工作、技能等方面的互补性和企业的规模来考虑,兼顾高效率和经济性。

(四)确定职权和分工

创业团队只有职权清晰、分工明确,才能使团队成员高效地执行计划,顺利完成各项工作。创业团队通过明确职权和分工,可以避免职权不清而导致的工作冲突,也能避免分工不明确而造成的工作疏漏。

（五）构建制度体系

创业团队的制度体系是对团队成员进行有效激励和控制的体系,通过设定奖罚机制,使团队成员意识到企业及团队的成功是个人成功的重要保障,同时个人的努力和成员之间的协作也是团队实现目标的前提条件。通过充分调动成员的积极性,创业团队能最大限度地发挥各成员的作用。通常创业团队的制度体系应以规范化的书面形式确立,并在成员间获得一致认同。

（六）建立内部融合机制

在创业过程中,创业团队不可避免地存在一定的分歧,甚至存在一些矛盾。因此,有效的沟通、开放的交流、团队领导者的调解等,对于创业团队来说是非常重要的。创业团队建立内部融合机制,就是要及时发现问题和处理问题。

四、创业团队成员的选择

创业团队一般由创业者、合伙人、其他团队成员（例如员工等）以及顾问等组成。

许多新企业是由两个或更多的人创建的,创业者选择一位好的合作伙伴（或多个合作伙伴）是非常重要的。为了作出正确的选择,创业者需要了解三个方面的基本信息,如图 11-3 所示。

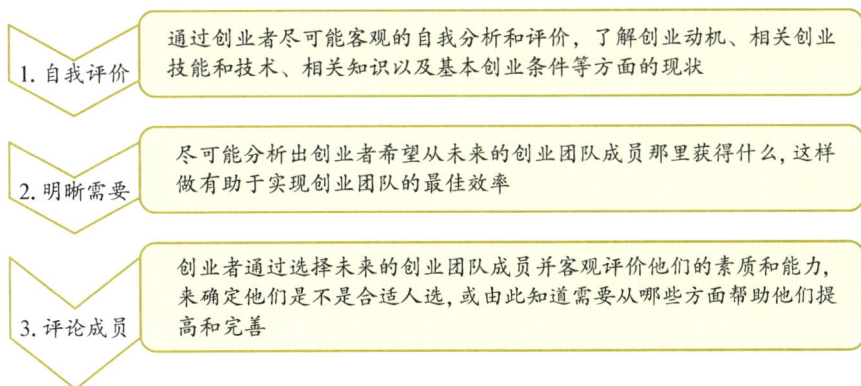

1. 自我评价	通过创业者尽可能客观的自我分析和评价,了解创业动机、相关创业技能和技术、相关知识以及基本创业条件等方面的现状
2. 明晰需要	尽可能分析出创业者希望从未来的创业团队成员那里获得什么,这样做有助于实现创业团队的最佳效率
3. 评论成员	创业者通过选择未来的创业团队成员并客观评价他们的素质和能力,来确定他们是不是合适人选,或由此知道需要从哪些方面帮助他们提高和完善

图 11-3　创业团队成员选择流程

📧 **知识卡片** ┄┄┄┄┄

高科技企业通常以技术创新为主,因此,对人力资源最突出的要求是高素质。对于项目核心技术人员,要舍得投资,聘请最优秀的专业人才。一个企业创办的时候需要在许多方面节俭,但是对于技术人员要舍得投入。曾经有人说,一个优秀的程序员可以抵得过一百个普通的程序员,对于这种数量极少的人才,应当在薪酬、员工期权等方面尽可能给予优厚待遇。

五、创业团队的管理

（一）树立创业团队的愿景

创业团队的愿景是指创业团队领导者及团队成员所想要创造的、创业团队可能实现的、对

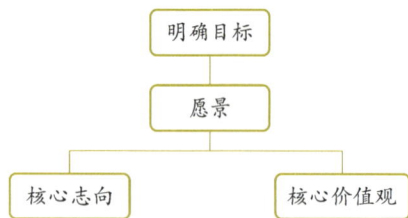
图 11-4　愿景的三个要素

短期内未来的发展情形和结果的描述,进而形成创业团队统一的价值观。简单来说,愿景就是最终结果的描述。共同的愿景会使团队成员的价值观形成统一的共识,使得成员可根据他们的价值观来做合适的决定。愿景的三个要素如图 11-4 所示。只有当三个要素都被清晰地描述和理解时,愿景才是有力的、持久的。

(1)核心志向是创业团队存在的意义。创业团队要弄清为什么要创办企业,要创办什么样的企业,服务于哪些顾客。

(2)核心价值观是创业团队的指导原则。创业团队需要设计或设立具体的价值评价指标。例如,顾客满意度、员工满意度等。

(3)明确的目标是实现愿景的具体体现。创业团队需要有具体的目标要求。例如,企业成立多久可以实现收支平衡,年销售额是多少,市场占有率上升到多少等。

(二)管理创业团队的目标

目标管理的概念是管理学大师彼得·德鲁克于 1954 年在其名著《管理的实践》中最先提出的。目标管理的相关要素如表 11-9 所示。

表 11-9　目标管理的相关要素

要　素	主　要　内　容
明确目标	明确目标比只要求成员尽力去做会创造更高的业绩,高水平的业绩是和高层次的目标相联系的
参与决策	以参与的方式确定目标,上级与下级共同参与设定各对应层次的目标,即通过协商,逐级制订出整体组织目标、经营单位目标、部门目标直至个人目标。创业团队的目标转化过程既是"自上而下"的,又是"自下而上"的,也可以是"横向"的
规定时限	创业团队需强调时间性,制订的每一个目标都要有明确的时间期限要求,例如一个月、一个季度、一年等。在大多数情况下,目标的完成期限可与年度预算或主要项目的完成期限一致。通常情况下,组织层次的位置越低,为完成目标而设置的时间期限往往越短
评价绩效	团队成员承担为自己设置具体的个人绩效目标的责任,并具有同其他成员和团队领导者一起评价绩效目标实现情况的责任。团队领导者要努力吸引团队成员对照预先设立的目标来评价业绩,积极参加评价过程,用这种鼓励自我评价和自我发展的方法,提高创业团队成员对工作的投入程度,并创造一种良好的激励氛围

(三)提高协作能力

创业团队的协作能力,是指建立在创业团队的基础之上,发挥团队精神、互补互助以达到创业团队最佳工作效能的能力。提高创业团队的协作能力包括加强全局观念、提高沟通能力、获得支持与认可、共享创业资源四个方面,如表 11-10 所示。

表 11 - 10　创业团队的协作能力

项　目	主　要　内　容
加强全局观念	创业团队成员要有整体意识、全局观念,考虑企业整体发展的需要。在创业团队中,不能总是强调个人能力和表现,既要完成个人的任务,还要配合其他成员以实现总体工作目标
提高沟通能力	创业团队良好的内部沟通是创业团队高效运作的要点,采用合适的语言沟通或非语言沟通,是创业团队成员间消除误会、提高效率、相互激励、合作互助的前提
获得支持与认可	创业团队成员间的相互支持与认可、互相支援与鼓励,对创业总体目标的实现非常重要。在工作中想要得到他人的支持与认可,就要参与一些团队活动,以加深彼此的了解和信任
共享创业资源	创业团队成员之间是否共享资源是评估创业团队的凝聚力和协作能力的重要标准。提高创业团队的资源共享度是促使创业团队健康发展、稳定发展的基础

知识卡片

创业团队分崩离析的常见原因

1. 利益冲突

利益冲突是创业团队分崩离析的最常见原因,甚至是人类冲突活动中最常见的诱因。解决创业团队成员间的利益冲突既要有智慧,又要有胸怀。这就要求团队有利益分配的制度,成员有互相包容的气度。

2. 理念不同

在企业运营中,是走多元化道路还是走专业化道路? 是机会优先还是安全优先? 是长期利益为重还是短期利润为重? 日常管理中是情理法排序还是法理情排序? 而给创业团队成员意见分歧提供指导方针的方法就是建立并恪守团队价值观与团队文化。道不同不相为谋,道同则齐心协力。所以,团队价值观与团队文化不仅是"旗帜"问题,更是"立场"问题!

3. 性格不合

性格不合是创业团队成员间起摩擦的常见原因。创业团队成员性格相同时应避免"放大"性格缺陷,走极端;性格不同时应互相理解,理性、下意识地进行性格互补。性格不合虽是"小"摩擦,但也是影响安定团结的不利因素。

4. 另攀高枝

创业合作往往缘于创业团队成员当前共同的、暂时的需要,人们嘴里的"共赢"往往仅是手段而不是目的。所以,组建创业团队时是"天下熙熙皆为利来",而当创业团队中有成员另有"成功捷径"时,则是"天下攘攘皆为利往"。要想避免这种"人往高处走"的情况很难,主要是要做好以下几项工作:① 让团队愿景深入团队成员内心;② 提升团队的核心竞争力——团队凝聚力;③ 最重要的也最有效的是"以利制利",也就是要让创业团队运营的企业不断发展,有盼头,让打算离开的创业团队成员在"两利相衡取其重,两害相衡取其轻"之时,能看到企业发展壮大后的长远利益。正如一句名言:"以发展吸引人、以事业凝聚人、以工作培养人、以业绩考核人。"

5．能力不等

每个创业团队成员的能力是不相等的，同样的能力在不同的创业阶段的重要性也是不同的。因此，在组建创业团队时，互相倚重的能力、互补资源的聚合在当前创业阶段已不再重要，对"历史功臣"的正确评价和妥善安排尤为重要。"论功行赏"只能解决一半的问题，另一半恐怕得靠"牺牲精神"来解决。

6．信任缺失

有些人天性多疑，有些人做事欠妥导致容易让人怀疑，当这两种人汇合在一起时，要建立信任关系是比较困难的。无法想象信任缺失、互相猜忌的团队成员能齐力将合伙事业推进。而要让合作伙伴信任的唯一的办法就是：开诚布公的沟通，做让对方觉得你值得信赖的事，并经受得住时间的考验。互相信任是合作的基础，但完全信任却是安全的隐患。换句话说，合作伙伴之间要互相尊重、互相信任，但必须让制度来防范道德风险以保证合伙事业的顺利发展。

7．信心丧失

当灾难照进现实，只有梦想却没有经过风雨洗礼的创业者很容易因信心丧失而导致战斗力丧失殆尽。其实，创业者都明白创业的过程就是遭遇困难、解决困难的过程，但当创业者真正遭遇到那些当前无法解决却又事关成败的重大困难时，往往因为心理准备不足，在强烈的挫败感之下心灰意冷而放弃创业梦想。

8．另有恩怨

"创业"仅仅是创业者社会活动的一部分，在其他的社会活动或社会关系中，创业团队成员之间可能另有一些无法释怀的摩擦或恩怨。当矛盾双方既没有诚意，又没有胸怀解决此类问题时，分道扬镳就不可避免了。创业者应当谨记林则徐的名联："海纳百川有容乃大；壁立千仞无欲则刚。"

9．资源不足

英雄末路不是因为雄心已逝，而是因为弹尽粮绝。当资源耗尽，创业团队得以延续的客观条件已不复存在时，是无法解决生存问题的——失败从不以人的意志为转移，只因人的实力而转变。不懂珍惜资源的后果是严重的，不会撬动资源的结果是失去机会。记住，既要珍惜资源更要善用资源，善用资源才是最好的珍惜资源。

团队——你不是一个人在战斗；团伙——你和一群人在内斗。

总结案例

李宁及其经理人

1998年，李宁在广东佛山成立了中国第一家运动服装和鞋的设计开发中心。对大多数当时还满足于贴牌生产的中国制造商来说，这是难能可贵的决定——不是所有人都愿意做如此巨大的投入，更不是所有人都能承受回报期如此之长的煎熬。这是李宁向耐克等跨国体育运动品牌学习修炼内功的开始，在此之前，他的更多的学习仅限于广告和市场营销。这个中心最重要的意义在于，李宁已经决定将这个以自己名字命名的品牌，当作一个品牌来经营,而不仅仅是生产的产品。

1998 年,李宁卸下李宁公司总经理的职务,将重任交给一起创业的陈义红,自己选择去北大读书。这个决定在很长一段时间里,被认为是李宁在清除企业家族化痕迹后对陈义红的妥协。在做出这个决定之前,李宁劝退了所有在李宁公司工作的亲戚,甚至是当年体操队的战友,同时要求陈义红的亲朋好友离开公司。现在看起来,李宁做这个决定时体现出来的魄力无人能及,一个家族企业向现代企业的转变从那时开始初现端倪。陈义红是非常合适的创业者,在他带领下的李宁公司在成立的头几年内,以每年超过 50％ 的速度增长,并在 1996 年实现了 6.5 亿元人民币的销售额。

但是 1998 年以后的几年,却是李宁公司发展历程中的一段低潮,公司业绩始终没能超越 10 亿元人民币的关口。

李宁开始重新思考品牌和公司的未来。两个基本的原则并没有变——创造全球化的体育品牌,构建职业经理人管理的现代企业制度。要变的只能是人。

2001 年,35 岁的张志勇接替陈义红出任李宁公司的总经理,这个从毕业就一直在李宁公司工作的财务总监,稳重,被认为"对系统和制度有执着的追求"。张在未来两年多的时间里让公司年销售额突破了 10 亿元——这曾经是让李宁头疼多年的销售瓶颈。

分析:

李宁公司是中国家喻户晓的"体操王子"李宁先生在 1990 年创立的专业体育品牌公司。作为中国领先的体育品牌公司之一,拥有完善的品牌营销、研发、设计、制造、经销及零售能力。李宁公司能走到这一步的一个关键原因就是李宁知人善任,善于发掘能为公司指引方向的掌舵人。

活动与训练

活动 11-3　组建我的团队

主题:探讨组建创业团队需考虑的因素

一、活动目标

了解组建创业团队的原则,探讨创业团队组建时需考虑的因素。

二、活动时间

40 分钟。

三、活动步骤

1. 开放式提问。创业者需要组建创业团队吗? 如果需要,组建创业团队时要考虑哪些因素?

2. 收集信息。对学生提供的信息进行收集,在黑板上归类、分析。

3. 小组讨论。将学生分成若干小组(每组 4～6 人),在小组内部展开讨论,找出组建创业团队时要考虑的主要因素。

4. 分组阐述。各个小组选派代表说明各组观点。

5. 教师总结。教师分析、给予评价。

活动 11-4　最佳的团队

主题：组建最佳团队

一、活动目标

运用所学知识寻找合适的团队成员。

二、活动时间

20 分钟。

三、活动步骤

1. 制作广告

假设你想寻找合伙人共同创办一家快餐连锁企业，请拟一份征集合伙人的广告。

注意以下几个方面。

（1）你是召集人，不一定是领导者；

（2）创业的初始目标、计划；

（3）你掌握的资源及你需要的资源；

（4）所需伙伴的数量和特点；

（5）你对股权分配、团队管理的设想；

（6）有吸引力的回报及可能的风险；

（7）其他你认为需要说明的问题。

2. 三分钟演讲

（1）张贴你的广告，并用三分钟演讲宣传你的优势，吸引同学加入你的团队。

（2）同学共同评估，选出几位同学做团队创建者，并自愿加入一个团队。

3. 评估团队结构

从以下四个方面，分析哪个团队组成结构更好？以下四个方面每项 25 分，据此计算出哪个团队的分数高？也请落后的团队谈谈将如何赶超对方？

（1）团队成员加入的目的。

（2）团队成员的知识结构。

（3）团队成员的性格和兴趣。

（4）团队成员的价值观念。

4. 确定团队成员

团队创建者可以根据同学对下面五个问题的解答情况，决定其去留。

（1）团队中唯一权威主管问题。

（2）团队成员间的相互信任问题。

（3）妥善处理不同意见和矛盾。

（4）合理分配股权问题。

（5）妥善处理团队成员间的利益分配问题。

然后请团队中的一个成员，对本团队作出最后调整（增人或减人）。

5. 团队展示

各团队经过讨论，完成下表，并进行集体展示。

团队名称	
设计 Logo	
团队口号	
团队愿景	
创业项目	
团队领导者	
团队成员及分工	
团队管理制度	

6. 推选最佳团队

重新评估这几个团队，推选出最佳团队。

思考与讨论

1. 创业者通常会采用怎样的创业团队组建步骤？
2. 创业者的创业团队需要由哪些人组成？他们分别负责哪些工作？为什么这样设置？

11.3　创业法律法规

学习目标

1. 了解与创业相关的主要法律法规。
2. 熟悉创业所需的法律知识。

导入案例

怎样着手开办公司

小刘是一家国企的下岗职工，他认为自己是艺术设计专业出身，又在企业里负责设计工作多年，并且已经熟悉这个行业的规律和需求，掌握了一些资源。于是，他决定自己创业开一家广告公司。小刘先进行了一段时间的市场调查，并制订了创业计划，信心满满地准备创业。但是刚开始他就遇到很多难题，因为没有创业经验，办理"三证合一"登记就让他一头雾水，应该登记成哪种企业？需要什么手续？他一无所知。想到企业开办之后还要面临很多合同的签订、员工的招聘和管理、公司制度的制订，小刘顿时觉得无从下手，才发现自己要学习的东西还有很多。

分析：

小刘碰到了一些与创业相关的法律及手续问题，只有熟悉了这些法律知识和手续办理流程，才能结合自身的情况去开展后续工作。

一、创业相关的主要法律法规

根据我国现行法律法规，企业的类型有个人独资企业、合伙企业、有限责任公司、股份有限公司等。创业者可以根据自己的实际情况及各种类型的法律特征,选择不同的企业类型。下面对适用于创业企业的主要的法律法规进行介绍。

(一) 公司法

广义上讲,公司法是规定公司的设立、组织、运营、变更、解散、股东权利与义务和其他公司内部、外部关系的法律规范的总称。狭义的公司法指《中华人民共和国公司法》,它的调整对象主要是指在公司设立、组织、运营或解散过程中所发生的社会关系,具体包括公司内部财产关系、公司外部财产关系、公司内部组织管理与协作关系、公司外部组织管理关系。

(二) 合伙企业法

从法律行为的角度讲,合伙是指两个及以上的民事主体共同出资、共同经营、共负盈亏的协议;就组织的角度而言,合伙是指两个以上的民事主体共同出资、共同经营、共负盈亏的企业组织形态。由此可知,无论是从法律行为角度还是从组织形态角度,都强调合伙的主要特征是共同出资、共同经营、共负盈亏。

我国目前调整合伙的法律规范:一是《中华人民共和国民法通则》中有关个人合伙及法人联营的规定,二是《中华人民共和国合伙企业法》。

(三) 个人独资企业法

个人独资企业是指由一个自然人投资,全部财产为投资个人所有,投资人以其个人财产对企业债务承担无限责任的经营实体。《中华人民共和国个人独资企业法》包含个人独资企业在投资主体、企业财产、责任承担、主体资格等方面的规定和特征。

(四) 农民专业合作社法

农民专业合作社的主要功能,是在农业的某些生产或经营环节上通过合作来取得规模效应,降低成本,以提高中小农户的市场竞争力。

《中华人民共和国农民专业合作社法》主要从三个方面给予农民专业合作社生存的必要条件:第一,准予工商法人登记;第二,准予承担有限经济责任;第三,国家承诺给予财政金融支持和税收优惠。

(五) 个体工商户条例

根据法律有关政策,有经营能力的城镇待业人员、农村村民以及国家政策允许的其他人员,可以申请从事个体工商业经营,经核准登记后为个体工商户。由于个体工商户是以公民个人财产或家庭财产为经营资本的,所以财产所有者与经营者和劳动者不分离,其性质属于个体经济的范畴。

二、合同法

《中华人民共和国合同法》(以下简称《合同法》)第一章第二条规定:本法所称合同是平等主体的自然人、法人、其他组织之间设立、变更、终止民事权利义务关系的协议。根据这一定义,合同具有以下法律特征:其一,合同是一种民事法律行为;其二,合同以设立、变更、终止民事权利义务关系为目的;其三,合同是当事人意思表示一致的协议。

(一) 合同的分类

(1) 双务合同与单务合同。依双方当事人是否互负给付义务,合同可分为双务合同和单务合同。

双务合同是指当事人双方互相承担对待给付义务的合同。在双务合同中,当事人双方均承担合同义务,并且双方的义务具有对应关系,一方的义务就是对方的权利,反之亦然。双务合同是合同的主要形态,《合同法》所规定的多数合同均为双务合同。

单务合同是指只有一方当事人承担给付义务的合同。在单务合同中,当事人双方不存在对待给付关系,一方仅承担义务而不享有权利,另一方则相反。单务合同有两种情况:一种是只有单方承担义务的情况,如在借用合同中,只有借用人负有按约定使用并按期返还借用物的义务,出借人不负合同义务;另一种情况是一方承担合同的主要义务,另一方只承担附属义务,双方的义务不存在对待给付关系。例如,《合同法》允许赠与附义务,但赠与人交付赠与财产与对方的附属义务之间不存在对价关系,因而赠与合同仍属于单务合同。

(2) 有偿合同与无偿合同。这是依合同当事人之间的权利义务是否存在对价关系所作的分类。

有偿合同是指当事人一方享有合同规定的权益,须向对方当事人偿付相应代价的合同。有偿合同是商品交换最典型的法律形式,实践中常见的买卖、租赁、运输、承揽等合同,均属有偿合同。

无偿合同是指一方当事人向对方给予某种利益,对方取得该利益时不支付任何代价的合同。无偿合同不是典型的交易形式,实践中主要有赠与合同、无偿借用合同、无偿保管合同等。在无偿合同中,一方当事人不支付对价,但也要承担义务。例如,无偿借用他人物品,借用人负有正当使用和按期返还的义务。

(3) 诺成合同与实践合同。这是从合同成立条件的角度对其所作的分类。

诺成合同是指以缔约当事人意思表示一致为充分成立条件的合同,即一旦缔约当事人的意思表示达成一致即告成立的合同。

实践合同是指除当事人意思表示一致以外尚需交付标的物才能成立的合同。在这种合同中仅有当事人的合意,合同尚不能成立,还必须有一方实际交付标的物的行为或其他给付,才能成立合同关系。

(4) 要式合同与不要式合同。以合同的成立是否须采取一定的形式为标准,合同可分为要式合同与不要式合同。

要式合同是指法律规定必须采取一定形式的合同。

不要式合同是指法律不要求采取特定形式的合同。

(5) 有名合同与无名合同。根据法律是否赋予特定名称并设有规范,合同可分为有名合同与无名合同。

有名合同又称典型合同,是指在法律上已设有规范并赋予名称的合同。

无名合同又称非典型合同,是指在法律上尚未确立一定的名称和规则的合同。

(6) 主合同与从合同。根据合同相互间的主从关系,可将合同分为主合同与从合同。

主合同是在两个关联合同中,不依赖其他合同的存在即可独立存在的合同。

从合同是以其他合同的存在为前提而存在的合同。例如,借款合同与保证合同之间,前者为主合同,后者为从合同。

（7）束己合同与涉他合同。以订约人是否仅为自己设定权利义务为标准，合同可分为束己合同与涉他合同。

束己合同是指严格遵循合同相对性原则，当事人为自己设定并承受权利义务，第三人不能向合同当事人主张权利，当事人也不得向第三人主张权利的合同。

涉他合同是指突破了合同的相对性原则，合同当事人在合同中为第三人设定了权利或约定了义务的合同，包括涉及第三人利益的合同和由第三人履行的合同。

（二）合同的订立

合同订立的一般程序须经过要约和承诺两个阶段。

（1）要约。要约又称发盘、出盘、发价、出价、报价，是订立合同的必经阶段。从一般意义上说，要约是一种订约行为，发出要约的人称为要约人，接受要约的人称为受要约人或相对人。

（2）承诺。《合同法》第一章第二十一条规定：承诺是受要约人同意要约的意思表示。

（三）合同的内容

合同的内容，在实质意义上是指合同当事人的权利义务，在形式意义上即为合同的条款。

《合同法》第十二条第一款规定：合同的内容由当事人约定，一般包括以下条款：① 当事人的名称或者姓名和住所；② 标的；③ 数量；④ 质量；⑤ 价款或者报酬；⑥ 履行期限、地点和方式；⑦ 违约责任；⑧ 解决争议的方法。

三、劳动法和劳动合同法

《中华人民共和国劳动法》自 1995 年 1 月 1 日起施行后，随着社会的发展和客观情况的变化，一些新的用工主体、用工形式不断出现，要求劳动合同制度进行相应的改革。

第十届全国人民代表大会常务委员会第二十八次会议于 2007 年 6 月 29 日通过并颁布了《中华人民共和国劳动合同法》，自 2008 年 1 月 1 日起施行。《中华人民共和国劳动合同法》扩大了《劳动法》的适用范围：

（1）规定中华人民共和国境内的企业、个体经济组织、民办非企业单位等组织与劳动者建立劳动关系，订立、履行、变更、解除或者终止劳动合同，适用本法。这是在适用范围中增加了民办非企业单位等组织及劳动者。

（2）规定事业单位与实行聘用制的工作人员订立、履行、变更、解除或者终止劳动合同，法律、行政法规或者国务院另有规定的，依照其规定；未作规定的，依照本法有关规定执行。这明确了事业单位与实行聘用制的工作人员之间也应订立劳动合同，但考虑到事业单位实行的聘用制度与一般劳动合同制度在劳动关系双方的权利和义务方面、管理体制方面存在一定的差别，因此允许其优先适用特别规定。

知识卡片

劳动合同的签订及注意事项用人单位自用工之日起即与劳动者建立起劳动关系。建立劳动关系，应当订立书面劳动合同。订立劳动合同，应当遵循合法、公平、平等自愿、协商一致、诚实信用的原则。劳动合同应当具备以下条款。

1. 用人单位的名称、住所和法定代表人或者主要负责人。

2. 劳动者的姓名、住址和居民身份证或者其他有效身份证件号码。

3. 劳动合同期限。

4. 工作内容和工作地点。

5. 工作时间和休息休假。

6. 劳动报酬。

7. 社会保险。

8. 劳动保护、劳动条件和职业危害防护。

9. 法律、法规规定应当纳入劳动合同的其他事项。

此外，用人单位与劳动者可以约定试用期、培训、保守秘密、补充保险和福利待遇等其他事项。同时，在法律责任中规定：用人单位自用工之日起超过一个月但不满一年未与劳动者订立书面劳动合同的，应当向劳动者每月支付两倍的工资。

（3）规定国家机关、事业单位、社会团体和与其建立劳动关系的劳动者，订立、履行、变更、解除或者终止劳动合同，依照本法执行。这表明除公务员和参照公务员法管理的人员，以及事业单位中实行聘用制的工作人员外，国家机关、事业单位、社会团体与其他劳动者均应当建立劳动关系，并执行本法。

四、企业和个人所得税法

（一）企业所得税法

2007 年 3 月 16 日，第十届全国人民代表大会第五次会议审议通过并颁布了《中华人民共和国企业所得税法》（以下简称《企业所得税法》），自 2008 年 1 月 1 日起施行。到目前为止，该法已进行了两次修订。

《企业所得税法》实现了五个方面的统一，并规定了两类过渡政策。"五个统一"具体是：统一税法并适用于所有内外资企业；统一并适当降低税率；统一并规范税前扣除范围和标准；统一并规范税收优惠政策；统一并规范税收征管要求。两类过渡优惠政策：一是对新税法公布前已经批准设立、享受企业所得税低税率和定期减免税优惠的老企业，给予过渡性照顾；二是对法律设置的发展对外经济合作和技术交流的特定地区内，以及国务院已规定执行上述地区特殊政策的地区内新设立的国家需要重点扶持的高新技术企业，给予过渡性税收优惠。同时，国家已确定的其他鼓励类企业，可以按照国务院规定享受减免税优惠政策。

为了保证新企业所得税法的可操作性，实施条例按照新企业所得税法的框架，对新企业所得税法的规定逐条逐项细化，明确了重要概念、重大政策以及征管问题。主要内容有：一是明确了界定新企业所得税法的若干重要概念，如实际管理机构、公益性捐赠、非营利组织、不征税收入、免税收入等；二是进一步明确了企业所得税重大政策，具体包括收入、扣除的具体范围和标准，资产的税务处理，境外所得税抵免的具体办法，优惠政策的具体项目范围、优惠方式和优惠管理办法等；三是进一步规范了企业所得税征收管理的程序性要求，具体包括特别纳税调整中的关联交易调整、预约定价、受控外国公司、资本弱化等措施的范围、标准和具体办法，纳税地点，预缴税和汇算清缴方法，纳税申报期限，货币折算等。

（二）个人所得税法

个人所得税法是指调整征税机关与自然人（居民、非居民人）之间在个人所得税的征纳与管理过程中所发生的社会关系的法律规范的总称。1980年9月10日，第五届全国人民代表大会第三次会议通过了《中华人民共和国个人所得税法》。2007年12月29日第十届全国人大常委会第三十一次会议表决通过了《关于修改〈中华人民共和国个人所得税法〉的决定》，这是自1980年个人所得税法颁布以来的第五次修正。该法自2008年3月1日起施行。2008年2月18日，时任国务院总理温家宝签署国务院令公布《国务院关于修改〈中华人民共和国个人所得税法实施条例〉的决定》，自2008年3月1日起施行。

（1）征税对象。纳税人凡在中国境内有住所，或者无住所而在境内居住满一年的个人，从中国境内和境外取得的所得，依照本法规定交纳个人所得税；在中国境内无住所又不居住或者无住所而在境内居住不满一年的个人，从中国境内取得的所得，依照本法规定交纳个人所得税。

（2）征税内容。具体征税内容包括：工资、薪金所得；个体工商户的生产、经营所得；对企事业单位的承包经营、承租经营所得；劳务报酬所得；稿酬所得；特许权使用费所得；利息、股息、红利所得；财产租赁所得；财产转让所得；偶然所得；其他所得。

（3）征税管理。我国个人所得税的征收方式实行源泉扣缴与自行申报并用法，注重源泉扣缴。个人所得税的征收方式可分为按月计征和按年计征。个体工商户的生产、经营所得，对企业事业单位的承包经营、承租经营所得，特定行业的工资、薪金所得，从中国境外取得的所得，实行按年计征应纳税额，其他所得应纳税额实行按月计征。

📧 **知识卡片**

免纳个人所得税的个人所得具体内容如下。

1. 省级人民政府、国务院部委和中国人民解放军军以上单位，以及外国组织、国际组织颁发的科学、教育、技术、文化、卫生、体育、环境保护等方面的奖金。

2. 国债和国家发行的金融债券利息。

3. 按照国家统一规定发给的补贴、津贴。

4. 福利费、抚恤金、救济金。

5. 保险赔款。

6. 军人的转业费、复员费。

7. 按照国家统一规定发给干部、职工的安家费、退职费、退休金、离休金、离休生活补助费。

8. 依照我国有关法律规定应予免税的各国驻华使馆、领事馆的外交代表、领事官员和其他人员的所得。

9. 中国政府参加的国际公约、签订的协议中规定免税的所得。

10. 经国务院财政部门批准免税的所得。

与创业企业相关的其他法律还有民法通则、会计法、产品质量法、消费者权益保护法、反不正当竞争法、环境保护法、保险法、商标法等。

总结案例

合理选择企业的法律形式

　　小刘通过向专业人士咨询、查阅相关法律法规，渐渐厘清了头绪。根据他想开办的广告公司的经营范围和理念，小刘决定注册一个有限责任公司。小刘还根据《中华人民共和国合同法》《中华人民共和国劳动法》《中华人民共和国产品质量法》等法律法规制订了公司章程、员工的劳动合同以及与客户签订的合作合同等文件。随后，办理了"三证合一"。这么多曾经棘手的问题一件件迎刃而解，小刘又重拾创业的信心了。

　　分析：

　　开办企业不可避免会遇到一些专业的法律法规问题，这个时候就需要创业者根据自身情况去了解相关内容，让自己开办的企业合理、合法。

✦ 活动与训练

活动 11–5　创业法律大搜索

主题：创业法律法规掌握

一、活动目标

掌握创业法律法规的相关知识要点，熟悉创业法律环境和创业者自身的责任。

二、活动时间

30 分钟。

三、活动步骤

　　1. 教师介绍案例：赵某是一家以生产钢化玻璃为主业的合伙企业股东。2013 年 12 月，他与一家房地产开发公司谈成一笔业务：赵某的企业将负责这家公司 2014 年开发的购物广场所有钢化玻璃门窗的供应，现需要签订一份合同。

　　2. 教师将学生分成若干小组（每组 4～6 人），小组讨论，每组制订出一份合同模板。

　　3. 每个小组派一名代表进行发言，介绍自己小组拟订的合同，其他学生进行点评。

活动 11–6

主题：案例评析——夭折的创业梦想

一、活动目标

掌握合同相对性的法律知识。

二、活动时间

15 分钟。

三、活动步骤

　　1. 教师展示如下案例。

　　案例：陈某是一名在校大学生，看着别人创业致富，他的心里也痒痒的。经过一段时间的市场调查,他决定和同学一起在学校附近开一家饰品店。说干就干,上半年他和同学一起筹集了 2 万元资金,向一个姓王的老板租了一间店面,在签订店面租赁协议的时候,双方说好租期三年,每年租金 1 万元,先付后用,一年一付,协议签订后陈某付清了第一年的 1 万元租金。接下来,陈某他们开始对店面进行装修,为了不影响学业,他们都是每天晚上干活,一直装修到凌晨,虽然很辛苦,但想到能实现自己的创业梦想,所有的辛苦都变得微不足道了。

正当陈某他们准备开始营业时,一位不速之客突然找到他们,说自己是店面的房东,要求他们停止装修,并且告诉陈某,他们和王老板签订的店面租赁合同是无效的,因为王老板无权将店面转租。这对陈某他们来说,无疑是晴天霹雳,因为和王老板签完协议至今,他们已经交了房租 1 万元,装修投入 5 000 元,加上进货的钱,大家凑的 2 万元创业资金已经花得差不多了。这个时候不让他们开业,意味着 2 万元的投入将血本无归。

2. 学生以小组为单位发表自己的观点。

3. 教师评析:根据我国《合同法》规定,未经房东同意,承租人是无权转租房屋的。案例中的王老板作为承租人,擅自将店面转租给陈某他们的行为是无效的,因此陈某他们不能用这个店面开店。现在陈某他们只能找王老板理论,要求王老板赔偿损失。如果王老板不肯赔偿,陈某他们只有通过诉讼,才能尽可能地减少自己的损失。

思考与讨论

1. 合同的内容主要有哪些?
2. 哪些个人所得需要交纳个人所得税?

11.4　创业融资

学习目标

1. 掌握创业融资、融资策略、融资流程的相关知识。
2. 了解大学生创业融资存在的问题。

导入案例

"六味面馆"的教训

2018 年,成都一所高职院校食品科学系的两名学生自筹资金 10 万元,在学校附近开起了"六味面馆"。等到店面转让、交付租金、店面装修等完成后,他们的资金所剩无几,连前期市场推广、员工培训等工作都没有完成就开业了。开业不久,隔壁又有一家面馆开业,导致他们的面馆客源锐减。面对激烈竞争,他们需要资金来为餐馆进行市场营销。由于他们缺乏融资知识与能力,餐馆没有融资成功,仅经营了 3 个多月,就不得不草草收场。当他们到处去借钱时,他们连融资计划是什么、回报率是多少这些问题都不清楚,最终创业失败了。

分析:

这个案例涉及创业融资、融资策略、融资方法、融资流程、融资计划书等概念,还涉及前期预算、市场估计等方面的知识。应该说,掌握必要的创业融资概念和融资方法与流程,有助于解决大学生创业资金不足的问题。

一、创业融资的概念

融资是指一个企业或组织资金筹集的行为与过程,其定义有广义与狭义之分。广义的融资是指资金由资金供给者向需求者运动的过程。狭义的融资是指资金的融入,而通常意义的资金来源,具体是通过一定的渠道、采用一定的方法、以一定的经济利益付出为代价,从资金持有者手中筹集资金,组织对资金使用者的资金供应,满足资金使用者在经济活动中对资金的需要。创业融资是指在持续的生产经营活动中,创业企业谋求自身生存和发展而筹措和运用资金的活动。

动画:风险投资上的一些套路

在一般情况下,企业融资能力的影响因素主要包括企业的盈利记录、信用记录、未来预期的现金流量及可供抵押的资产等。资金提供者根据企业融资能力的大小,确定其可以提供的信用额度。但对创业企业来说,特别是处于初创期的企业,其信用记录、盈利记录尚不可得。因此,对创业企业的融资能力的评价标准不能等同于一般传统大型企业的常规指标,需要作出一些修正。

二、创业融资的方式

(一) 创业企业的融资方式

创业融资方式,主要是指创业企业筹措资金所采取的具体形式,体现着资金的属性。认识融资方式的种类与每种融资方式的属性,有利于处于创业期的企业选择适宜的融资方式与融资组合。创业企业融资方式一般有以下七种:吸收直接投资、商业信用、银行贷款、发行股票、发行融资券、发行债券、租赁筹资。

(二) 适合大学生创业的融资方式

下面介绍几种大学生自主创业常用的融资方式。如图 11-5 所示。

(1) 银行贷款。目前,银行贷款主要有抵押贷款、信用贷款、担保贷款、贴现贷款等。银行贷款的优点是利息支出可以在税前抵扣,融资成本低;借款弹性好,运营良好的企业在债务到期时可以续贷。缺点是限制条款较多,财务风险较大。银行借款一般要供给抵押(担保)品,还要有不低于 30% 的自筹资金,由于要按期还本付息,如果企业经营状态不好,就有可能导致财务危机。需要注意的是,创业者从申请银行贷款起,就要做好打"持久战"的准备,因为申请贷款并非与银行一家打交道,而是需要经过工商管理部门、税务部门、中介机构等一道道"门槛",而且手续烦琐,任何一个环节都不能出问题。

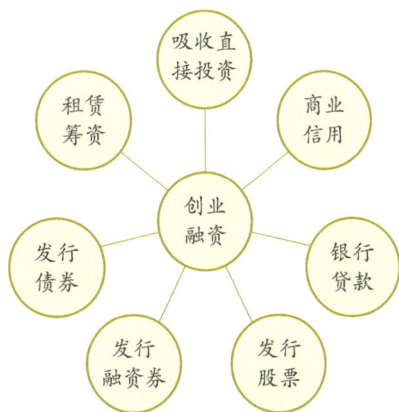

图 11-5　创业企业融资方式

(2) 典当融资。与银行贷款相比,典当融资成本高、规模小,但融资速度快,门槛也较低,因为典当行只重视典当物品是否货真价实,对客户的信用请求几乎为零,所以适合小额创业筹资。

(3) 吸收直接投资。吸收直接投资是指按"共同投资、共同经营、共担风险、共享利润"的原则,直接吸收法人或个人投资、合伙创业的一种筹资道路和方法。需要注意的是,创业者必须做好投资人的选择。在创业初期,大学生创业者应注意引入一些真正有实力、能供给增值性服务、与创业者经营理念相近的投资者。另外,大学生创业者不宜对眼前的利益过多计较,这样才能有效地支撑企业的成长。

(4)风险投资。风险投资是一种融资和投资相联合的全新投资方法,是指创业者通过出售自己的一部分股权给风险投资者而获得一笔资金,用于发展企业、开辟市场,当企业发展到一定规模时,风险投资者出卖自己拥有的企业股权获取收益,再进行下一轮投资。大学生创办高新技术企业可以争取风险投资基金的支持,但能否争取到,主要取决于个人信用情况以及项目发展远景,因为风险投资家非常关注创业企业的盈利模式和创业者本人。

(5)融资租赁。融资租赁是指企业根据自身设备投资的需要向租赁公司提出设备租赁的请求,租赁公司出资购置相应的设备,并交付承租企业应用的信用业务。这种方法通过"融物"来达到融资的目的。它具有以下优势:不占用创业企业的银行信用额度,创业者支付第一笔租金后就可以应用设备,而不需在购置设备上大量投资,这样资金就可以调往最急需用钱的地方。缺点是资金成本较高,租金比举债利息高,企业的财务负担重。

大学生自主创业的融资方式还有许多种,以上仅仅是常用的几种,具体选择哪一种融资方式,应结合投资的性质、企业的资金需求、融资成本和财务风险、投资收益率以及企业的举债能力等进行综合考虑。

三、创业融资策略的内容

融资就是对资金的配置过程。融资策略是企业在融资活动中,为实现融资战略目标而采取的具体对策及方法手段。

在市场经济中,企业一般通过两种方式获取资本,即外源融资和内源融资。从融资策略形式来看,融资策略具体包括融资方式的选择和融资渠道的选择。其中,融资方式是指创业企业筹措资金所采取的具体形式,体现着资金的属性。

> 📧 **知识卡片**
>
> **一些特别的融资策略**
>
> 无形资产(知识产权或专利技术)资本化策略、回购式契约策略、特许经营融资策略、行业资产重组策略等也都属于融资策略。一般来说,企业不会选择单一的融资策略。在不同的阶段,企业可以选择不同的融资策略;即使在同一阶段,企业也可以同时选择几种融资策略。因此,在运用不同的融资策略时,应特别注意融资策略的组合。另外,企业经常会采用负债融资策略,而负债不但有财务杠杆的效应,还会引起较高的财务风险,因此,对负债规模的控制和结构的选择也很重要。

四、大学生创业融资存在的问题

(一)融资需求上急功近利

在创业初期,大学生创业者的创业热情高涨,但因为受资金短缺的困扰,急于得到启动或周转资金,即使手中有技术、有创意,也可能为了"小钱"而转让"大股份",贱卖自己的一些技术或创意。因此,在制订融资方案时应该准确评估自己的有形和无形资产的价值,不要妄自菲薄,低估了自己的价值。

（二）融资对象的选择上存在盲目性

在当前的大学生创业融资环境中，对于大多数大学生创业者来说，在创业早期要找到合适的能提供资金的融资对象是一件很不容易的事情。一旦有投资者出现，有的大学生创业者就像发现了救命稻草一样，而不管对方的业务或能力是否能够为投资项目提供渠道或指导，是否能有效支撑公司的成长。因此，大学生创业者一定要加强对融资市场信息的收集与整理，在掌握大量情报资料的前提下作出最优的融资对象选择。

（三）融资心态上不成熟

融资心态上不成熟主要表现为大学生创业者缺乏对公司、员工、投资者负责的责任感，在对所融入资金的使用上，存在不负责任地使用等问题；缺乏风险意识，不注意风险的控制。而在事实上，每一轮融资中的投资者都将影响大学生创业企业后续融资的可行性和价值评估，能为投资者创造价值的大学生创业者才能得到更多的融资机会与成长机会。

（四）融资方式较单一

受融资知识、经验和环境等各种条件的限制，目前大学生创业者的融资方式较为单一，内源融资主要还是向亲朋好友借钱、自己积累，外源融资主要依靠银行贷款来实现。实际上，创业融资要拓展思路，多渠道融资，除了自筹资金、银行贷款、民间借贷等传统途径外，还要充分利用风险投资、大学生创业基金等融资渠道，要多管齐下。

拓展阅读

争取获得亲友的借款，是一种含有情感因素的特殊融资方式，包括向父母、亲戚、同学、朋友等借款，进行创业融资。由于亲情或友情因素的存在，可以在无信用记录而又不需要抵押的情况下获得借款。

五、大学生创业融资的对策

作为企业的血脉，资金必不可少，融资问题对初创企业来说尤为重要。大学生要想凭借自己的技术或创意获得应有回报，就必须解决好融资问题。创业者在融资的过程中需要做好以下几方面的工作。

（一）正确评估自身价值

在制订融资方案之前，要准确评估自己的有形和无形资产的价值，不要妄自菲薄，低估了自己的价值。

（二）合理选择融资方案

融资过程中要做好融资方案的选择。当前融资渠道比较多，主要有银行及金融机构贷款、政府贷款、风险投资、发行债券、发行股票、转让经营权、BOT（建设—经营—转让）融资等。进行多融资渠道的比较与选择可有效降低融资成本，提高效率。通过上述途径得到的发展资金可以分为两类：资本金和债务资金。其中，债务资金（如银行贷款等）不会稀释创业者股权，而且可以有效分担创业者的投资风险，推荐优先选择。

（三）选好投资人

如采用出让股权的方式进行融资,则必须选择好投资人。只有同自己经营理念相近,其业务或能力能够为投资项目提供渠道或指导的投资人,才能有效支撑企业成长。

（四）确保投资保值增值

创业不仅是实现理想的过程,更是使投资者(股东)的投资保值增值的过程。创业者和投资者是一个事物的两个面,只有通过企业这个载体,才能达到双赢的目标。"烧投资者的钱,圆自己的梦"的问题,说到底是企业家的信用问题,怀有这种思想的人不会成为一个成功的创业者。能为股东创造价值的企业家才能得到更多的融资机会和成长机会。

六、创业融资流程

创业融资的知识准备包括以下内容。

（一）创业融资知识准备

创业融资的流程如图 11-6 所示。创业融资的知识准备包括以下内容。

资金需求分析 → 融资风险分析 → 制订融资计划 → 实施融资计划 → 签订融资合同 → 资金到位管理 → 融资财务处理

图 11-6　创业融资流程

（1）掌握融资管理的理论知识。
（2）掌握融资的方法、途径及操作要点。
（3）熟悉与国家筹资相关的法律法规。

（二）创业融资执行要点

创业融资执行要点如表 11-11 所示。

表 11-11　创业融资执行要点

序号	创业融资关键点	内　　容	细化执行
1	资金需求分析	创业团队根据项目的战略发展规划、生产经营状况、投资计划以及当前的资金状况,对公司的资金需求进行预测和分析	资金需求分析表
2	融资风险分析	创业团队进行融资成本和风险分析,如信用风险分析、市场风险分析、金融风险分析、政治风险分析等	融资风险变动分析表

序号	创业融资关键点	内　　　容	细化执行
3	制订融资计划	创业团队在融资风险分析的基础上,选择合适的融资方式、融资对象等,并编制融资计划。融资计划经团队讨论通过后生效,并传达给相关人员执行	融资计划书
4	实施融资计划	团队融资实施人员执行融资计划,与融资的相关单位进行谈判,或者向银行等金融机构提出融资申请	融资申请书
5	签订融资合同	公司融资人员与融资对象进行商谈,签订融资合同,确定融资的金额、利率、偿还时间、偿还方式等内容。融资合同经主管领导审批通过后生效	融资合同
6	资金到位管理	公司财务部门根据融资计划和公司资金需求状况对筹集到的资金进行合理的分配和运用	资金筹集运用报告表
7	融资账务处理	公司财务部门根据融资人员提交的相关凭证,进行融资账务处理,明确每一笔融资资金的到位情况、分配情况和收益情况	

总结案例

成功的融资

　　小罗是某高等职业院校 2021 届市场营销专业的毕业生,在北京卖过房子,到俄罗斯做过外贸,积累一定经验后邀请三个同学回到家乡创业。从自筹资金 30 万元开办养猪场开始,他们一边销售自己的产品,一边帮助同村的村民销售生猪,并与国内知名肉类加工企业签约,获得创业的第一桶金。随着企业规模逐步扩大,小罗与团队一起着手寻找专业的融资服务机构,最终找到一家专业的融资顾问公司。通过专业人员的帮助,他们梳理好了企业的融资需求、融资风险、融资途径与融资方法等,并设计了一套优秀的融资方案,最终成功获得 800 万元的风险投资。

分析:

　　小罗对于企业的发展判断很好,在企业规范逐步扩大的同时,开始借助专业机构来为企业融资。通过融资,小罗在与融资顾问团队的合作过程中学习到了系统的融资知识、技巧、流程,为企业的进一步发展提供了充足的资金。

活动与训练

活动 11-7　融资大家谈

主题:熟悉创业融资执行流程

一、活动目标

熟悉规范的创业融资流程,并能灵活运用。

二、活动时间

30 分钟。

三、活动步骤

1. 教师将学生分成五个小组。

2. 教师介绍案例：张某是 2021 届的大学毕业生，随着移动互联网的兴起，他准备在家乡做生鲜农产品 O2O（线上到线下）销售创业项目，但移动互联网销售平台建设、供应商收集、前期品牌宣传推广、物流配送、市场营销等工作需要近百万资金，请根据创业融资执行要点做一次模拟创业融资。

教师在黑板上绘出（或通过投影仪展示）如下表所示。请各组讨论后，填写表格。

创业融资关键点	活 动 内 容	具体方案关键点
资金需求分析	第一组讨论资金需求	
融资风险分析	第二组讨论融资风险	
制订融资计划	第三组讨论融资计划	
拟订融资合同	第四组拟订融资合同	
资金使用分配	第五组讨论资金分配	

3. 每个小组选出一个代表进行汇报，其他同学可进行点评，最后由教师进行总结。

活动 11‑8　融资的代价

主题：你愿意牺牲什么而获得融资？

一、活动目标

请思考：是否能够以创业者的身份来决策融资事项？什么是你不能舍弃的？你能否预测到你舍弃某一项的风险呢？

二、活动时间

15 分钟。

三、活动步骤

1. 调查校园内的超市、食堂、休闲场所等固定资产，大概需要多少流动资金才能维持这些企业的正常运转？

2. 作为这些固定资产的创业者，你拥有多少可以利用的筹资来源？

3. 你是否会让渡自己对企业的控制权？

4. 你是否能够接受别人检查自己的机密财务信息？

5. 你是否能要求投资者提供他们的信息？

6. 你是否乐意将辛苦赚来的利润分给投资者？

思考与讨论

1. 如果项目没有找到合适的目标投资人,创业团队应该怎么办?
2. 如果投资方提出的投资条件苛刻,应该如何调整融资策略?

11.5　创业计划的实施

学习目标

1. 掌握新企业各种法律形态的概念。
2. 熟悉新企业选址、命名、登记注册等有关知识与流程。

导入案例

刘峰的前车之鉴

2019 年 4 月,毕业于长沙某高等职业技术学院国际贸易专业的刘峰开始创业。因为创业初期工作量很大,刘峰自己也在一线忙着销售,导致一直没有时间完成企业注册。7 月份公司接到一宗业务,需要双方签订正式的销售合同,刘峰不顾团队的劝阻,私刻公章与客户签订合同。结果供货公司没有按期交货,交货时间拖延了两个月,导致客户起诉刘峰的公司,法院判决刘峰涉嫌商业欺诈和私刻公章罪,需赔偿损失。经过这一番折腾,刘峰的公司最终也没开起来。

分析:

刘峰私刻公章瞒骗客户的行为显然是违法的。应该说,学习必要的企业法律形态知识,做到诚信经营,能够保证新创企业的正常运作,避免产生法律纠纷,也能很好地帮助大学生在创业中保障自身权益。

一、企业法律形态选择

企业法律形态是指由法律规定的企业形态。在创办企业时,只能选择法律规定的企业组织形式。创业是一项充满挑战的事业,进行创业实践是提高能力走上成功创业之路的好方法,同时也是一个不断探索的过程。在这个过程中需要了解公司登记、初创企业管理等知识和技能。企业的法律形式有多种,但对于大学生创业来说,登记注册的企业法律形式应以个人独资企业、合伙制企业、公司制企业为主。三者在法律特征、设立条件、登记管理以及利润分配、风险管理等方面,均有不同之处,具体差异如表 11-12 和表 11-13 所示。

表 11-12　企业法律形式比较

项　目	有 限 公 司	合 伙 企 业	个人独资企业
法律依据	《中华人民共和国公司法》	《中华人民共和国合伙企业法》	《中华人民共和国个人独资企业法》
法律基础	公司章程	合伙协议	无章程或协议

续　表

项　目	有 限 公 司	合 伙 企 业	个人独资企业
责任形式	有限责任	无限连带责任	无限责任
投资者	无特别要求,法人、自然人皆可	完全民事行为能力的自然人,法律、行政、法规禁止从事营利性活动的人除外	完全民事行为能力的自然人,法律、行政法规禁止从事营利性活动的人除外
注册资本	1元起,无最低额限制	协议约定	投资者申报
章程或协议生效条件	公司成立	合伙人签章	无
财产权性质	法人财产权	合伙人共同所有	投资者个人所有
财产管理使用	公司	全体合伙人	投资者
出资转让	股东过半数同意	一致同意	可继承
经营主体	股东不一定参与经营	合伙人共同经营	投资者及其委托人
事务决定权	股东会	全体合伙人或遵从约定	投资者个人
事务执行	公司管理层,一般股东无权代表	合伙人权利同等	投资者及其委托人
利亏分担	投资比例	约定,未约定则均分	投资者个人
解散程序	注销并公告	注销	注销
解散后义务	无	5年内承担责任	5年内承担责任

表 11-13　各种企业形式的优缺点

企 业 形 式	优　　　点	缺　　　点
个人独资企业	1. 企业设立、转让和解散等行为非常简单,仅需向登记机关登记即可; 2. 企业主独资经营,制约因素少,经营方式灵活,能迅速应对市场变化;利润归企业主所有,不需要与其他人进行分享; 3. 在技术和经营方面易于保密,利于保护在市场中的竞争地位;若企业因个人努力而使企业获得成功,则可以满足个人的成就感	1. 当个人独资企业财产不足以清偿债务时,企业主将依法承担无限责任,必须以其个人的其他财产予以清偿,因此经营风险较大; 2. 一般来说,个人独资企业受信用限制不易从外部获得资金,如果企业主资本有限或者经营能力不强,则企业的经营规模难以扩大; 3. 一旦企业主发生意外事故或者犯罪、转业、破产,则个人独资企业也随之不复存在

企 业 形 式	优　点	缺　点
合伙企业	1. 由于出资人较多,扩大了资本来源和企业信用; 2. 由于合伙人具有不同的专长和经验,能够发挥团队作用,增强了企业的管理能力; 3. 资本实力和管理能力的提高,增强了企业扩大经营规模的可能性	1. 在合伙企业存续期,如果某一合伙人有意向合伙人以外的人转让其在合伙企业中的全部或部分财产时,必须经过其他合伙人的一致同意; 2. 当合伙企业以其财产清偿合伙企业债务时,其不足部分,由各合伙人用其在合伙企业出资以外的个人财产承担无限连带清偿责任; 3. 尽管合伙企业的资本来源及信用能力比个人独资企业有所增加,但其融资能力仍然有限,不易充分满足企业进一步扩大生产规模的资本需要
有限公司	1. 公司的股东承担有限责任,与个人的其他财产无关,因而股东还可以自由转让股票而转移风险; 2. 通过公开发行股票,提高了公司的社会声望,因而融资能力很强; 3. 公司在独立存续期间,除非因经营不善导致破产或停业,不会因个别股东或高层管理人员的意外或离职而消失; 4. 个人独资企业和合伙企业相比,公司的所有权与经营管理权分离,可以聘任专职的经理人员管理公司,因而管理水平高,能够适应竞争激烈的市场环境	1. 公司设立的程序比较复杂,创业费用有点高; 2. 按照相关法律要求,股份有限公司需要定期披露经营信息,公开财务数据,容易造成商业机密的外泄; 3. 由于公司是从社会吸纳资金,为了保护利益相关者,政府对公司的限制较多,法律法规的要求也较为严格

(一) 个人独资企业

1. 设立条件

(1) 独资企业的投资人为自然人。

(2) 有合法的企业名称。

(3) 由投资人申报出资。

(4) 有固定的生产经营场所和必要的生产经营条件。

(5) 有必要的从业人员。

2. 融资难易度

难以筹集大量资金。因为一个人的资金终归有限,以个人名义借贷款难度也较大。因此,个人独资企业限制了企业的扩展和大规模经营。融资渠道比较少,可以通过吸收新的合伙人、向银行贷款等途径融资。

3. 税收负担

税收负担较低,企业无须交纳法人所得税,大学生创业者只需交纳个人所得税即可。个人独资企业每一纳税年度的收入总额减除成本、费用以及损失后的余额,作为投资者个人的生产、经营所得,按照个人所得税法的"个体工商户的生产经营所得"应税项目,适用 5%～35% 的五级累进税率,计算征收个人所得税。

4. 管理效率

经营管理灵活自由。企业主可以完全根据个人的意志确定经营策略，进行管理决策。企业资产所有权、控制权、经营权、收益权高度统一。企业的外部法律法规等对企业的经营管理、决策、进入与退出、设立与破产的制约较小。企业内部的基本关系是雇佣劳动关系，劳资双方利益目标的差异构成企业内部组织效率的潜在危险。

（二）合伙企业

1. 设立条件

（1）合伙人数应不少于两人。

（2）合伙人必须具有相应的民事行为能力，即为完全民事行为能力人且能承担无限责任。

（3）法律、行政法规禁止从事盈利性活动的人，不得成为合伙企业的合伙人，具体包括国家公务员、法官、检察官及警察。

（4）根据新修订的《合伙企业法》的规定，除自然人外，法人和其他组织均可以成为合伙企业的合伙人，自然人之间可以设立合伙企业，法人或其他组织之间可以设立合伙企业，自然人和法人或其他组织之间也可以设立合伙企业。

（5）有合伙企业的名称。合伙企业作为市场主体之一，应有自己的名称。

2. 融资难易度

融资难度较大。由于中小企业的特点，使其很难从银行获得全部担保公司的贷款，这时合伙人可通过扩大合伙人队伍来筹措资金，但风险较大。

3. 税收负担

根据我国税法的规定，对合伙企业不征收企业所得税，而是分别对各合伙人从合伙企业分得的利润征收个人所得税。合伙企业以每一个合伙人为纳税义务人，按照合伙企业的全部生产经营所得和合伙协议约定的分配比例确定应纳税所得额，合伙协议没有约定分配比例的，以全部生产经营所得和合伙人数量平均计算每个投资者的应纳税所得额。对合伙企业的各合伙人征个人所得税时，同个人独资企业一样，按照个体工商户生产、经营所得征收。

4. 管理效率

合伙企业管理效率高低与合伙人关系的远近密切相关。合伙企业的合伙人共同承担债务风险，共同参与企业经营，有利于合伙人优势互补，共同把企业做大。不过合伙人之间的权责利应清晰，否则合伙人之间容易产生矛盾，给企业发展带来隐患。

> **拓展阅读**
>
> 　　合作双方签订的合作协议要明确说明股份分配、利益分配、分工安排等，还要为可能出现的情况提出假设，并安排好后路。例如，如果公司经营不好，一方要退股，能不能退出？怎么退出？或者公司倒闭，固定资产等如何结算给每个人？如果没有按规定做好协议中的内容，如何赔偿或处罚？这些都需要写进双方签订的合作协议里。

（三）公司制企业

1. 设立条件

（1）拟定公司名称（预先核准的公司名称有效期为 6 个月）。

（2）前往工商局提出公司设立申请。

（3）银行开户。

（4）提供银行回单、注资人身份证及复印件、公司章程等，由公司创办者网上申报验资。

（5）将验资报告等资料交给工商局，办理营业执照等。

2. 融资难易度

融资较难。一般公司常用贷款等间接融资方式。间接融资的速度快、过程简单，但门槛高、成本高。也可以通过风险投资、私募股权进行直接融资。直接融资过程复杂，专业性强。小额资金最好通过间接融资的方式解决。

3. 税收负担

税收负担较高。作为具有独立法人资格的公司制企业，我国税法规定，对公司及其股东都要征税：一方面对公司征收企业所得税；另一方面还要对股东从公司分得的利润征收个人所得税。由于股息是税后利润，因此会产生双重征税的问题。

4. 管理效率

管理效率较高。由于股东的人数较少，公司的内部和外部关系比较简单，是否设监察人由公司自行决断，股东会议的召集方式及决议方法也简便易行。股东之间的关系比较亲密，有利于彼此沟通情况、协调意见。

二、创业地址选择

对于创业者来说，选择自己的经营地点是很重要的。一般来说，工厂、仓储等企业以减少中间环节、降低生产成本、提高运行效率为原则，一般选在开发区。若公司以交通便利、商务交流迅捷、商务服务完善为原则，办公地点一般选择商业圈或者邻近商业圈的写字楼。下面以商店的选址为例，介绍创业地址选择的注意事项。

（1）注意路面与地势。通常商店地面应与道路处在一个平面上，有利于顾客出入。如果商场位置在坡路上或与道路的高度相差很多的地段上，就必须考虑商场的入口、门面、台阶及招牌的设计等，一定要方便顾客，并引人注目。

（2）选择方位与走向。方位是指商店正门的朝向，一般商业建筑物坐北朝南是最理想的。人们普遍有右行的习惯，商店在设置入口时应以右为上。如果街道是东西走向，客流主要从东边来时，以东北路口为最佳；如果街道是南北走向，客流主要从南向北运动，以东南路口为最佳。如果是三岔路口，最好将商场设在路口正面，这样店面最显眼；如果是丁字路口，应将商场设在路口的"转角"处。

（3）留意潜在商业价值。留意一些不引人注目但有潜力的地段，主要从以下几方面评价：

① 拟选的商场地址在城区规划中的位置及其商业价值。

② 是否靠近大型政府机关、单位、厂矿企业。

③ 未来人口增加的速度、规模及其购买力提高度。

三、企业名称确定

（一）公司起名的规范

公司起名要注重公司名称的合法性、专业性、品牌战略、行业特点，同时，从与现代市场紧密结合的角度看，还要注意企业名称的"国际性"，不能违反其他国家的法律。为公司起个好名称需要注意以下几点：

（1）合法性。毋庸置疑，公司起名后需要经过工商注册机构审核。公司起名一般有 8 个备选方案，可供工商部门审核通过。合法性是公司起名的首要条件，要引起重视。

（2）品牌唯一性。新成立的公司一般没有什么品牌优势，但是一旦企业发展起来，就会树立起自己的品牌地位。这里需要注意以下三点：

① 新成立公司的名称不要与现有的公司名称或市场品牌相重音或近形。这主要是因为一旦涉及侵权纠纷，不仅白白地给别人作了宣传，还将企业的人力、资金投入浪费掉了。

② 新成立公司的品牌一旦打响，有可能被别的公司所利用。如果企业的品牌信息不具有独特性、唯一性，很容易让他人获得"打擦边球"的机会，这在市场非常常见。

③ 反映公司品质与文化。一些起名单位有时要求公司名称一定要大气，一定要像通用、中国移动等那样响亮。事实上，名字也是信息，名字要因人而异，企业名称也要根据企业发展的阶段状况而定，名不副实是一大忌讳。

（二）公司名称核准的流程

（1）领取并填写《企业名称预先核准申请书》（含指定代表或者共同委托代理人授权委托书），同时准备相关材料。

（2）递交名称登记材料。如果工商人员审核通不过，当场会告知；如果企业名称预查通过，领取《企业名称登记受理通知书》，等待名称核准结果。

（3）按《企业名称登记受理通知书》确定的日期领取《企业名称预先核准通知书》。

四、企业登记注册

（一）公司注册需要准备的材料

（1）确定要注册的公司类型。

（2）拟定 3～5 个公司名称备选。

（3）法定代表人、股东身份证明资料。

（4）注册资金和占股比例。

（5）具体的经营范围。

（6）法定代表人的手机号码和电子邮箱。

（7）以下列出的资料：① 公司法定代表人签署的《公司设计登记申请书》；② 全体股东签署的《公司章程》；③ 全体股东签署的《指定代表或者共同委托代理人的证明》以及代表或代理人的身份证件复印件；④ 法定代表人、监事、全体股东的资格证明文件；⑤ 场所使用证明文件；⑥《企业名称预先核准通知书》。

（二）企业登记注册的一般流程

（1）核名：企业名称审核。到工商局网站或者工商局窗口审核。

（2）提交资料，实名认证：主要包括相关资料的审核和法定代表人、股东等的身份审核。审核结果有两种：一种允许注册，一种不允许注册。

（3）领取执照：资料提交审核通过后领取。

（4）刻章：领取好执照以后，前往公安局备案定制地点刻章，包括公司章、法人章、财务章、发票章等。

（5）银行开户：法定代表人持身份证件前往银行开立对公基本账户。开户一般都需要提前预约的，各大银行的收费标准不一样，可事先自行询问。

（6）签三方协议：公司、银行、国地税签署三方协议书。该三方协议现在正常情况下都是电子商务局直接网签，无须跑到实地签订。

（7）核定票种：三方协议签署以后进行核定税种。税务局专管员会根据企业的经营特点和经营范围，正确核定企业应纳税种（主要有增值税、企业所得税、个人所得税、城市建设税、教育附加税、印花税）。只有经过核定税种，注册的公司才能正常申报缴税，才能正常开票经营。

（8）购买发票：购买领取税控盘以后，税务局大厅填写单子领取发票。

五、注册中的其他知识

创业者在公司注册过程中还需要掌握一些相关知识，例如，什么是法人、企业法人、企业法定代表人、企业的经营范围、注册资本、公司章程等。

（一）法人、企业法人及法定代表人的定义及区别

1. 法人

法人是指在法律上人格化了的、依法具有民事权利能力和民事行为能力并独立享有民事权利、承担民事义务的社会组织。根据我国民法通则的规定，法人必须具备四项条件：① 依法成立；② 有必要的财产或者经费；③ 有自己的名称、组织机构和场所；④ 能够独立承担民事责任。从法人的设立性质上看，法人主要包括：企业法人、事业法人、机关法人等。

2. 企业法人

企业法人是指具有国家规定的独立财产，有健全的组织机构、组织章程和固定场所，能够独立承担民事责任、享有民事权利和承担民事义务的经济组织。确立企业法人制度的好处是：使具备法人条件的企业取得独立的民事主体资格，真正成为自主经营、自负盈亏的商品生产者和经营者，在法律上拥有独立的人格，像自然人一样有完全的权利能力和行为能力。

3. 法定代表人

按《民法通则》规定："依照法律或者法人组织章程规定，代表法人行使职权的负责人，是法人的法定代表人。"这就是说，作为法定代表人必须是法人组织的负责人，能够代表法人行使职权。法定代表人可以由厂长、经理担任，也可以由董事长、理事长担任。

4. 法定代表人与法人之间的关系

法定代表人的权力，是由法人赋予的，法人对法定代表人的正常活动承担民事责任。但是，代表人的行为超出法人授予的权利范围，法人就可能为其承担责任。

（二）企业法人住所、经营场所

1. 企业法人住所

企业法人住所是指企业法人的主要办事机构所在地。主要办事机构是指首脑机构或主要管理机构。

2. 经营场所

经营场所是指企业法人主要业务活动、经营活动的处所。企业法人住所和经营场所的法律意义是不同的，但在实际工作中，企业法人住所和经营场所往往是同一地点。

（三）经营范围

经营范围是指国家允许企业法人生产和经营的商品类别、品种及服务项目,反映企业法人业务活动的内容和生产经营方向,是企业法人业务活动范围的法律界限,体现企业法人民事权利能力和行为能力的核心内容。

我国《民法通则》规定:"企业法人应当在核准登记的经营范围内从事经营"。这就从法律上规定了企业法人经营活动的范围。经营范围一经核准登记,企业就具有了在这个范围内的权利能力,企业同时承担不得超越范围经营的义务,一旦超越,不但不受法律保护,而且要受到处罚。核定的企业经营范围是区分企业合法经营与非法经营的法律界限。

（四）注册资本和实收资本

1. 注册资本的概念

注册资本也叫法定资本,是指公司制企业章程规定的全体股东或发起人认缴的出资额或认购的股本总额,并在公司登记机关依法登记。

2. 实收资本

实收资本是指投资者按照企业章程,或合同、协议的约定,实际投入企业的资本。它是投资者作为资本投入企业的各种财产,是企业注册登记的法定资本总额的来源,它表明所有者对企业的基本产权关系。

（五）营业执照

1. 营业执照的概念

营业执照是指企业或组织合法经营权的凭证。《营业执照》的登记事项为:名称、地址、负责人、资金数额、经济成分、经营范围、经营方式、从业人数、经营期限等。营业执照分正本和副本,二者具有相同的法律效力。正本应当置于公司住所或营业场所的醒目位置,营业执照不得伪造、涂改、出租、出借、转让。根据创办企业不同的法律形态,企业的营业执照分别为《个体工商户营业执照》《个人独资企业营业执照》《合伙企业营业执照》《企业法人营业执照》等。

2. 电子执照

电子执照是指各类经济组织的营业执照副本(网络版),是根据《中华人民共和国公司法》《中华人民共和国企业登记管理条例》《中华人民共和国公司登记管理条例》等有关登记注册法律、法规,由依法成立的具有认证资格的认证机构认证,以数字证书为基础,由工商行政管理部门制作、核发,载有企业注册登记信息的电子信息证书。

电子执照的用途有以下两个方面:

（1）身份认证。利用PKI数字证书技术的身份认证,依靠非对称加密算法中密钥对匹配,确保企业在互联网上的合法身份。

（2）电子签章。"企业数字证书"的电子签章功能可在电子文档上加上起到防伪、防抵赖作用的电子签名,符合《电子签名法》的相关规定,与手写签字、物理盖章具有同等法律效力。

（六）企业年度检验

企业年度检验是指工商行政管理机关依法按年度对企业进行检查,确认企业继续经营资格的法定程序,凡领取《中华人民共和国企业法人营业执照》《中华人民共和国营业执照》《企业法人营业执照》《营业执照》的有限责任公司、股份有限公司、非公司企业法人和其他经营单位,均须参加年度检验。当年设立登记的企业,自下一年起参加年度检验。

原国家工商总局发出通知,自 2014 年 3 月 1 日起正式停止企业年度检验工作,年检改为年度报告公示制度。

(七) 公司章程

1. 公司章程的概念

公司章程是指关于公司组织和行为的基本规范。公司章程不但是公司的自治法规,而且是国家管理公司的重要依据。

2. 公司章程的作用

(1) 公司章程是公司设立的最主要条件和最重要的文件。公司的设立程序以订立公司章程开始,以设立登记结束。我国《公司法》明确规定,订立公司章程是设立公司的条件之一。审批机关和登记机关要对公司章程进行审查,以决定是否给予批准或者给予登记。公司没有公司章程,不能获得批准;公司没有公司章程,也不能获得登记。

(2) 公司章程是确定公司权利、义务关系的基本法律文件。公司章程一经有关部门批准,并经登记机关核准即对外产生法律效力。公司依章程,享有各项权利,并承担各项义务,符合公司章程的行为受国家法律的保护;违反章程的行为,有关机关有权对其进行干预和处罚。

(3) 公司章程是公司对外进行经营交往的基本法律依据。由于公司章程规定了公司的组织和活动原则及其细则,包括经营目的、财产状况、权利与义务关系等,这就为投资者、债权人和第三人与该公司进行经济交往提供了条件和资信依据。凡依公司章程而与公司经济进行交往的所有人,依法可以得到有效的保护。

(4) 公司章程是明确股东之间权利义务关系的基本依据。由于新公司法规定得不是很具体,也没有公司内部的相关规定,这样对于公司股东之间,能够约束双方权利义务关系的文件就只能靠公司章程了。所以,公司股东在成立公司时一定要尽量在公司章程中将几方的权利义务都写清楚、详尽。例如,出资问题,不出资的惩罚问题,分红问题,股东的退出问题,以保证出现纠纷时能够顺利地解决。

(5) 公司章程是唯一也是最主要的解决股权纠纷问题的证据。随着新公司法的实施,公司股东之间的股权纠纷将进一步增加,而股权争议最有力的证据就是公司章程。

3. 怎样制定公司章程

鉴于公司章程的上述作用,必须强化公司章程的法律效力。这不仅是公司活动本身需要,也是市场经济健康发展的需要。公司章程与《中华人民共和国公司法》一样,共同肩负调整公司活动的责任。这就要求公司的股东和发起人在制定公司章程时,必须考虑周全,规定得明确详细,不能做各种各样的理解。公司登记机关必须严格把关,使公司章程做到规范化,从国家管理的角度,对公司的设立进行监督,保证公司设立以后能够进行正常的运行。

有限责任公司章程由股东共同制定,经全体股东一致同意,由股东在公司章程上签名盖章。修改公司章程,必须经代表三分之二以上表决权的股东通过。有限责任公司的章程,必须载明下列事项:公司名称和住所;公司经营范围;公司注册资本;股东的姓名和名称;股东的权利和义务;股东的出资方式和出资额;股东转让出资的条件;公司机构的产生办法、职权、议事规则;公司的法定代表人;公司的解散事由与清算办法,股东认为需要规定的其他事项。

总结案例

杨华的成功之路

杨华是某职业技术学院 2016 届毕业生,大学期间从摆地摊、发传单、做家教做起,积攒了一定的资金。毕业后,他利用自己在大学掌握的修车技术,在汽车保有量最大的区域开了一家"全心汽车服务店",并注册了个体工商执照。随着修车与服务水平的逐渐提高,凭着细心、耐心、热情的服务和专业修车技术,杨华的生意也越来越好,小店聘请了更多的帮手。2020 年年底,杨华将小店重新注册成为"全心汽车服务有限责任公司",很多老顾客对杨华的高品质服务赞不绝口,建立了良好的信任,还愿意投资给杨华的新公司,"全心汽车服务有限责任公司"开始走上公司化、连锁化经营的发展轨道。

分析:

毕业生杨华创业初期选择了合适的企业法律形态,选择了适合企业发展的地址,并一直努力提高企业的服务水平。随着企业逐步成长,杨华不但累积了经营管理经验,及时升级了企业的法律形态,而且获得了客户的信任与投资,实现了创业成功。

活动与训练

活动 11-9　给企业一个响亮的名号

主题:确定企业名称

一、活动目标

运用公司特征和经营范围,为企业确定公司名称。

二、活动时间

10 分钟。

三、活动步骤

1. 划分小组,采用随机的方式进行分组,每组 4~6 人为宜。

2. 各小组按照不同类型的公司模拟设立至少五个公司,综合运用公司特征和经营范围讨论企业名称。

3. 小组讨论时重点考虑以下问题:① 应根据注重公司特征和经营范围选择企业名称。② 不同类型的公司注册制度也各不同,区别有限公司与其他公司的要求。

4. 教师随机选择小组成果进行分享。

活动 11–10　给小刘支支招

主题：创建新企业

一、活动目标

掌握企业注册的相关事宜,熟悉企业注册相关流程。

二、活动时间

40 分钟。

三、活动步骤

1. 教师将学生分成三个小组。

2. 教师介绍案例:刘某是 2020 届人力资源管理专业毕业生,他准备注册一家人力资源服务公司,主营人才中介与劳务输出。请问这家公司采取哪种企业法律形态是最合适的? 选址怎么定位? 给这个公司取一个好记的名字。

3. 教师在黑板上绘出(或通过投影仪展示)如下表格:

企业注册关键点	活 动 内 容	方 案 申 述
法律形态	第一组讨论公司最佳的法律形态	
企业选址	第二组讨论公司的合适地址	
企业命名	第三组讨论公司命名	

请各组讨论后,填写以上表格。

4. 每个小组选出一个代表进行汇报,其他同学可进行点评,最后由教师进行总结。

思考与讨论

1. 小企业常见法律形态有哪些?

2. 注册新成立的公司一般流程包括哪些?

第十二单元
关注网络创业

引导语

同学们，当你合上本书，回顾这一门就业指导课程，就会感受到我们讲的职业发展、就业指导、创业的所有内容，都离不开当今中国发展的时代脉络。中国的改革开放已走过了第40多个年头，如今是经济转型升级和创新驱动发展的新时代，如果想创业，有一种思维或方法你必须具备，就是"互联网＋"的思维；有一种商业模式你不可能不去触摸，就是"互联网＋"的商业模式，"00后"的学生更是互联网时代的学生，

这是一场时代的革命，当然我们希望每一位学生都能从这场革命中获得人生的价值。

或许你会思考"互联网＋"为什么是"＋"，加什么？是否凡是"＋"一个行业或企业，就能飞上天？其实怎么跨界交流、连接一切资源，发挥其最大作用才是最值得我们思考的。

通过本单元的学习，你将近距离接触"互联网＋"创业，从中习得各种思维方式、商业模式等知识。

学习目标

1. 知道"互联网＋"创业基本概念。
2. 深入理解"互联网＋"思维。
3. 善于发现"互联网＋"机遇和挑战。
4. 了解大学生"互联网＋"创业的基本特征。
5. 掌握大学生常用"互联网＋"商业模式并能运用到创业计划书。
6. 深刻挖掘"互联网＋"、共享经济的背后内涵，理性对待创业风险、发现适合自己的独特的创业模式、融资模式等。

学习指南

一、学习方法

本单元内容的教学目的是要激发学生的"互联网＋"思维，一是宜在讨论中学习，二是宜在小组中学习。首先，可以通过讨论当今时代创业遇到的瓶颈问题；其次，可以通过任务导向，激发同学们对于创业比赛的兴趣，共同合作，解决一些公司运营实际的问题，从而将创新创业共享的思维贯穿于日后学习生活中，成为一个常思常新、不断创新的新青年。

二、注意事项

学习者应按照如下步骤学习：
（1）明确"互联网＋"概念提出的时代背景。
（2）针对商业案例讨论思考，并总结。
（3）针对之前所学的创业知识，思考自我的创业计划书中能否加入互联网思维，能够评判加入"互联网＋"后可能出现商业风险并能进行调整。

学习者应注意的要点如下。

（1）本单元的学习应当是思维训练为主，案例讨论为辅。

（2）尽管不同的行业、企业、岗位对求职者或创业者的要求是不同的，但要更多地关注这些要求之间的共性，这也是学习和训练的基础；

（3）尝试将所有的点评和总结用互联网思维扩大其影响力，取其精华，去其糟粕，巩固、改善、提高自己的创业成功率。

12.1　认识"互联网＋"创业

学习目标

1. 了解"互联网＋"基本概念。
2. 理解"互联网＋"思维。
3. 发现"互联网＋"机遇和挑战。

导入案例

为什么加入了互联网思维，我还是创业失败了呢？

小蔡是一名某高职院校英语专业的毕业生，在校期间他就喜欢旅游，一到周末就出去兼职；也喜欢搞聚会，在学校附近租了一个房子，拉上一群志同道合的朋友自己装修自己搞小清新的悠闲会所；还喜欢编辑公众号，一有空就会自己发一些人生感慨，也有几千名粉丝。虽然在学校知名度不高，但是在网络的知名度确实很高，是一些公众大号常年的"御用"作者。小蔡完全不担心找工作的问题，他打算自己创业。小蔡是一个个性突出的人，大学期间他靠着写文章，赚了 20 万。

也不知道是否因为这几年《舌尖上的中国》热播的原因，小蔡爱上了做菜，一有时间就研究菜谱。临近毕业的那两个月，小蔡是一个说干就干的人，他索性在学校附近租了一个门面，自己掌勺，开始了面馆创业，并把自己在校期间所赚的 20 万元资金投入到自己的面馆里面。

在面馆开业之初，小蔡就开始了公众号的各种宣传，每天晚上熬夜开始写推文，也开通了网上预订送餐服务。前一个月的盈利还不错，但由于开面馆需要早起，而写推文经常是晚上熬夜。一个月过去，小蔡的身体熬坏了，无暇研究面的质量，原先雄心壮志在周边学校各开一个店面的目标也放弃了。最后，创业的结果当然是失败了。小蔡最后在他公众号遗憾地写道："花了那么多工夫，有不舍，但更多的是不甘心。"

分析：

从以上的案例可知小蔡创业失败的原因：一是对饮食行业捉摸不透就开始创业，面馆成功与否的关键还是在于味道，自己煮一碗面和开面馆做生意完全是两回事，吃过面的同学普遍表示：面的味道一般，分量不足，吃不饱；二是互联网思维的应用其实本质还是离不开面馆的味道，因为人们不可能对着手机就能感受到一碗面的味道。互联网是一种思维，但是如何应用还是离不开商业的本质，创业的开始也是风险和机遇并存，如果无法掌握，错误的互联网的思维也会导致创业的失败。

一、什么是"互联网＋"创业

(一)"互联网＋"的来龙去脉

2015 年,李克强总理在十二届全国人大三次会议上的政府工作报告中首次提出"互联网＋"行动计划。2018 年在十三届全国人大一次会议闭幕后,李克强总理在回答中外记者提出的问题谈及"互联网＋"时,再一次肯定中国经济这艘巨轮这几年能够行稳致远,其中一个重要原因就是在世界科技革命中成功挂上了"互联网＋"的风帆。

"＋"为加号,意义是添加、组合、搭配。"互联网＋"是通过信息通信技术以及互联网平台(包括且不限于 QQ/微信/App/公众号等),让互联网与各行业进行深度融合,创造新的商业发展形态。

📩 **知识卡片** •――――――――――――――――――――――――――――――――

我国《国家创新驱动发展战略纲要》(2016 年 5 月公布)

建成世界科技创新强国"三步走"战略目标:

(1) 2020 年进入创新型国家行列,基本建成中国特色国家创新体系,有力支撑全面建成小康社会目标的实现。

(2) 2030 年跻身创新型国家行列,发展驱动力实现根本转换,经济社会发展水平和国际竞争力大幅提升,为建成经济强国和共同富裕社会奠定坚实基础。

(3) 2050 年建成世界科技创新强国,成为世界主要科学中心和创新高地,为我国建成富强、民主、文明、和谐的社会主义现代化国家、实现中华民族伟大复兴的中国梦提供强大支撑。

(二)"互联网＋"的特征

"互联网＋"的本质是共享经济,其有以下特征。

1. 跨界融合

"互联网＋"通过搭建平台以完成资源配置,是一种跨界的融合,使得所有的资源能动起来,通过跨行跨界,集最大的智慧达到共同创新。例如,乡村的土特产葛根粉,通过互联网的平台为更多公众所熟悉,而搭建互联网的人由客户消费转化成为投资方,然后共同创业创新。

2. 创新发展

近几年,网络购物已经向纵深发展,运用互联网的思维实现创新驱动,改革产业结构、消费模型,从而达到创新发展。

3. 开放生态

"互联网＋"是一种开放的生态系统,"互联网＋"的思维可以通过共享将更多的信息连接到不同的资源、不同的消费体系;是一种开放生态下的竞争关系,平台越大,竞争越大。不同的"互联网＋"在平台搭建中寻找商机,优胜劣汰。

(三)"互联网＋"的思维方式

"互联网＋"的思维方式应该是利用互联网思维进行一种深度的资源配置(即用互联网搭建平台),以优化生产要素、更新业务体系、重构商业模式等来完成经济的转型或升级,其本质是一种共享经济。

有人说"改变世界，不如从转换思维开始"。"互联网＋"思维的定义就是在（移动）互联网、大数据、云计算等科技不断发展的背景下，对市场、用户、企业价值链乃至对整个商业生态进行重新审视的思考方式。互联网思维涉及以下词语：共享经济、参与感、免费共享、大数据、快速迭代思维、平台思维等。

（四）"互联网＋"创业的概念

创业在词典中被定义为开创事业。创业是指某个人发现某种信息、资源、机会或掌握某种技术，利用或借用相应的平台或载体，将其发现的信息、资源、机会或掌握的技术，以一定的方式转化、创造成更多的财富、价值，并实现某种追求或目标的过程。"互联网＋"创业的概念就是某个人发现某种信息、资源、机会或掌握某种技术，利用互联网相关的平台或载体，将其发现的信息、资源、机会或掌握的技术，以一定的方式转化、创造成更多财富、价值，并实现某种追求或目标的过程。

（五）互联网创业方式

创业者在选择创业项目的时候，关键在于整合资源，综合考量专长、兴趣爱好、资金实力、经验积累等各个方面。

基于互联网创业的类型主要有以下六种。

（1）电子商务创业。主流有跨境电子商务、移动电子商务、社交电子商务、农村电子商务、O2O 电子商务等。

（2）劳务技术创业。例如，利用自己的技能进行文案写作、外语翻译、创意、设计等技术创业；做网商的末端服务，如文案策划、网点维修、代理快递、家政装修等；或软件开发在网络进行一些定制性服务，如网页制作、小程序开发等。

（3）以微博、微信等为平台的自媒体创业。例如，公众号的开发、课堂培训等，比如秋叶大叔的 ppt。

（4）基于移动互联网的 App 创业、微信公众号的应用开发等。

（5）传统商家的网络代理商。例如，美团、大众点评等。

（6）创立自己的网站。

二、"互联网＋"创业的机遇与挑战

（一）"互联网＋"创业下的机遇

互联网世界的机遇很多，可以思考传统行业如何加上互联网的思维，"互联网＋"创业的机遇可以理解为更多"互联网＋"创业的未来发展趋势。

1. "互联网＋衍生服务"

"互联网＋衍生服务"即在互联网下的一些数据处理、线上及线下的活动，从事双方对接工作，通过增值服务来收取一定的增值服务。例如，纯互联网模式下的平台型的整理如大数据分析、云系统资料储存、O2O 服务商、智能设备商、3D 打印等。

2. "互联网＋营销平台"

"互联网＋营销平台"即能够根据在企业战略和关键流程选择必要的互联网平台，数据整合，利用企业内外部的资源，达成共享的状态。表现形式有：互联网广告（百度广告）、微信公众号平台(利用新闻报道和宣传推送)、微博营销等。

3. "互联网＋服务创新"

移动支付的迅速普及,随处可见的菜场、小贩、店铺等在支付上都会摆出支付宝和微信支付的牌子。更有典型的是互联网与金融的配合,阿里巴巴、京东、腾讯等纷纷推出互联网理财、信贷等产品,与之相对的是各大银行也纷纷推出手机银行支付业务。

4. "互联网＋技术创新"

体现为互联网前沿技术创新,国家大数据战略、卫星导航应用领域等核心技术的研发等。具体表现为无人驾驶汽车,2018 年 3 月,上海率先发布了国内首批自动驾驶测试牌照。无人驾驶汽车的技术核心是定位感知和人工智能的模拟人脑。

5. "互联网＋生态生活"

互联网和绿色建筑、生活家居等相结合,通过新技术、互联网、云计算、大数据等,提高生活的质量,让未来生活更生态健康。

案例

"互联网＋生态生活"

陈先生最近买了一部小米空气净化器二代,只要插上电源,手机装上 App,手机中的"智能家庭"应用就出现了路由器、设备、电视盒子、电饭锅……凡是小米统一品牌的智能硬件构成了他家的生态系统,即使他不在家也能遥控各类电器的开关。

(二)"互联网＋"创业的挑战

1. 创新创业教育改革仍然在路上

中国传统的教育理念是循规蹈矩,惯性思维较为盛行。近年来,虽大力宣传大众创业、万众创新,但校园内的创新创业教育仍需加强。虽然如今大学毕业生创业率已达到 3％,超过发达国家,但是各校的小班化、参与式教学、启发式、讨论式等教育形式仍有改进的空间,各校专职创业导师的培训仍需强化。

2. 更为残酷的创业实践

"互联网＋"创业的门槛降低,使更多的创业者如雨后春笋般出现,但相比于传统的创业,它更具有残酷性,特别是对初出茅庐的大学生。据相关数据显示,近五年来,大学生毕业即创业的人数持续增加,但创业成功率也只有 3％～5％。

3. 滞后的政府监管

"互联网＋"创业衍生出来很多以个人体验为特征的服务业,如家政、中介、美容、理发等,其标准的制定难度很大,而且在个人体验上因人而异,所以行业规则常常滞后于行业发展。

总结案例

三只松鼠——"互联网＋"下的品牌创新

"三只松鼠"是由它的创始人兼 CEO 章燎原先生带领一批来自全国粉丝组成的创业团队创始的互联网食品品牌,成立于2012年。"三只松鼠"以互联网技术为依托,利用 B2C 平台实行线上销售,迅速开创了快速、新鲜的新型食品零售模式。这种商业模式缩短了商家与客户的距离,确保客户享受到新鲜完美的食品。2012 年"双十一"当天,销售额在淘宝天猫坚果行业跃居第一名,日销售近 800 万元。其发展速度之快创造了中国电子商务历史上的一个奇迹。

　　创始人章燎原回答为什么起"三只松鼠"这个品牌谈道:"互联网这个销售行为和销售方式,对品牌产生了一定的变化,更要求这个品牌有记忆性和互动性。在互联网时代,每天接触信息太多了,一闪而过记不住。而互联网的主流群体是 85 后,非常年轻。所以互联网化的品牌要好记忆,并且好玩些。这两者合为一体,我们就想到动物,这就是三只松鼠的由来。"

　　分析:

　　"互联网+"形式下的创业非常流行,我们在创业的过程中需要加入互联网的元素,但是为什么有的企业即使加入和互联网元素还是失败了呢? 归根到底,还是没有明确互联网的本质就是创新,是不断创造。三只松鼠正是抓住了本质,能够在互联网的形势下迅速把品牌优势确立在市场当中。

活动与训练

活动 12-1　"互联网+"创业

主题:"互联网+"下的创业营销平台比一比

一、活动目标
盘点"互联网+"的创业营销平台,并加以对比。

二、活动内容
填写以下表格。

"互联网+"的创业营销平台	优　点	缺　点	如何改善
App			
网页			
公众号			
小程序			
……			

思考与讨论
请同学们思考以下问题,并以小组的形式进行讨论和评价:

1. 常见的"互联网+"创业营销平台有哪些? 你认为哪种"互联网+"创业营销平台更有发展潜力?

2. "互联网+"常见的创业方式有哪几种?

3. 相比传统企业的营销模式,你认为"互联网+"企业营销模式有什么创新之处?

4. 当今时代"互联网＋"有什么创业的机遇和挑战？

12.2　大学生"互联网＋"创业

学习目标

1. 了解大学生"互联网＋"创业的基本特征。
2. 掌握大学生常用"互联网＋"商业模式并能应用于创业计划书。
3. 深刻挖掘"互联网＋"、共享经济的背后内涵,理性对待创业风险、发现适合自己的独特的创业模式、融资模式等。

导入案例

"互联网＋"创业成功,融资进入后反而失败了

刘同学是一名某高职院校电子商务专业的学生,个性热情、胆大。大学期间组建社区电子商务团队,专注校园市场,卖学生用品,简而言之就是"网上大学集市"。由于在大学校园圈内很有影响力,项目被某老板看中并给以投资,但是投资方的建议是将网上大学集市转向广州发展。在创业之初,刘同学的团队最缺的就是钱,拍了一下脑袋,没有分析市场,就把市场逐渐投到广州高校。大学生的稚嫩碰上财大气粗的融资商,有碍于资金窘境,缺少与融资商谈判的经验,唯唯诺诺,合作之初,团队处于被动地位,在融资方急功近利的推动下,业务并没有按照原来市场的预计实施,钱花了不少,导致资金链断了,最后团队解散了,项目也失败了。

分析:

刘同学的这个案例说明:不要随意放弃一个市场而投向一个新的市场,哪怕因为缺少资金。即使新旧市场都是高校,但是高校也具有地域性,每一个地区高校的文化也存在差异。创业团队永远是项目是最熟悉的人,不能让融资方掌握项目决策权,给钱不懂经营而盲目经营,结果项目也失败了。刘同学对本地高校比较熟悉,无论从文化宣传还是互联网、公众号建设,本地学生都具有极大的推动作用,而异地高校市场则不然。"互联网＋"固然重要,但更重要的是何为创业的经营之道。

知识讲解

一、大学生"互联网＋"创业的基本特征

大学生"互联网＋"创业成功的初创企业是已见雏形的企业,创业主体均为"90""95"后,甚至很多初创企业连全公司的整体运营都是清一色的年轻人。本单元选取的案例属于"互联网＋"大学生创新创业赛的获奖作品,这些作品深受评委青睐。

(一)市场面向学生群体

大学生最了解学生的需求,特别是校园情境下的消费领域、兼职领域、商务服务等。大学生

创业中,常常首选校园类项目并以此作为主战场,并进行项目延伸。

> **案例**
>
> "巅峰购"
>
> 　　江苏大学材料学院大四学生王阳阳的创业项目叫"巅峰购","我要让大学生在上面买任何商品都能够享受学生价。"他说。王阳阳来自河南农村,刚进入大学,王阳阳就以大一新生的身份参加学校组织的创业计划竞赛,通过比赛,王阳阳结识了一帮有创业意向的小伙伴,先后尝试过鑫马兼职团队、江大小淘、占座宝、学府 1 号网上商城等创业项目。小打小闹的试水过程中,王阳阳意识到,大学校园其实是特别有市场潜力的地方,大学生人群密度高,生活习惯和消费习惯比较固定,但是大学校园也具有一定的封闭性,品牌商想要进入大学校园并不容易。2015 年 6 月起,王阳阳投入全部的精力打造针对大学生市场的品牌推广特卖平台"巅峰购",为大学生在电商领域争取学生价。这一新颖的项目刚一推出就顺利拿到了 100 万人民币的天使投资,先后和泊客行者、上海凤凰自行车、望客眼镜、海航通信等品牌商有了合作。王阳阳家庭贫困,进入大学后他获得了"江苏陶欣伯助学金",并担任伯藜学社社长。正因为这段经历,他认为有社会责任感的品牌商除了在学校设立助学金外,还可以通过电商平台定向向大学生群体释放福利,产品的美誉度和扩散度会更加持久。"我可能是个爱较真的人,认定的事情就会一直坚持去做。"王阳阳说,出于想要为社会创造点价值的想法,他选择了创业。有冲劲闯劲的同时,王阳阳还想走一条可持续发展的创业路,稳扎稳打地把一所所大学市场做透,他推出 App 开设校园体验店,同时探索线下加盟店的模式。
>
> 　　分析:
>
> 　　这一创业项目有其独到之处。该项目为品牌商,尤其是新业态、新物种品牌商在大学生市场提供品牌推广的服务,帮助品牌商打开大学生市场,培养大学生的品牌消费习惯;同时作为品牌商对大学生这一特殊群体的第三方差异化定价平台,使得品牌商在这一群体中达到利润最大化,同时又不扰乱正常市场价格。

(二)与所学专业相关性大

　　大学生进入大学学习,通过 3～4 年的学习,无论兴趣使然或是耳濡目染,最熟悉的还是自己的专业。选择在自己的专业领域创业容易驾轻就熟,也有专业老师提供指导,对创业所需要的专业知识准备更为充分。现今大学孵化器、创业学院的大力发展,很多创业项目和学校产学研的项目相关,可以说与自己的专业相结合是一种最经济的创业模式。比如下面案例中的创业。

> **案例**
>
> 同驭汽车——线控制动系统行业领导者
>
> 　　第六届中国国际"互联网+"大学生创新创业大赛高教主赛道金奖——"同驭汽车"是由同济大学的成果孵化项目"线控电子液压制动系统"发展而来。团队创始人是同济大学汽车学院的校友舒强。2016 年,他以在校大学生的身份成立了上海同驭汽车科技有限公司。近年来,依托同济大学汽车学院科研实力与万安科技产业资源支撑,同驭汽车迅速成长为我国智能驾驶与新能源汽车关键零部件领域的最具潜力的新锐企业之一,也是全球

极少数具备线控制动系统量产能力的公司之一。

分析:

该项目能获得成功与同济大学"创业谷"建成国际一流、国内领先的同济大学创新创业人才培养新理念和新模式,优化"共生型创新创业教育生态系统"等举措息息相关。

(三)融合当地人文产业特色居多

互联网创业的本质就是跨界融合,将不为人知的地方产业特色通过网络的宣传介绍为人所知,主要表现为结合本地特色,服务区域产业经济。

二、大学生常用"互联网十"商业模式

哈佛商学院教授克里斯滕森认为,商业模式是创造和传递客户价值以及公司价值的系统。目前,大学生创业过程中常用的商业模式有:O2O 商业模式、平台商业模式、"工具 + 社区 + 变现"模式、免费商业模式。

📧 知识卡片

中国国际"互联网十"大学生创新创业大赛

为全面落实习近平总书记给中国"互联网 +"大学生创新创业大赛"青年红色筑梦之旅"大学生回信重要精神,深入推进大众创业、万众创新,推动高等教育高质量发展,加快培养创新创业人才,教育部自 2015 年起,已举办了七届中国国际"互联网 +"大学生创新创业大赛。

大赛采用校级初赛、省级复赛、总决赛三级赛制(不含萌芽赛道以及国际参赛项目)。校级初赛由各院校负责组织,省级复赛由各地负责组织,总决赛由各地按照大赛组委会确定的配额择优遴选推荐项目。

2021 年的第七届中国国际"互联网 +"大学生创新创业大赛的总体目标——更中国、更国际、更教育、更全面、更创新,传承跨越时空的伟大的井冈山精神,聚焦"五育"并举的创新创业教育实践,推进赛事组织线上线下相融合,打造共建共享、融通中外的创新创业盛会。

主体赛事包括高教主赛道、"青年红色筑梦之旅"赛道、职教赛道和萌芽赛道。包括高教主赛道、"青年红色筑梦之旅"赛道、职教赛道和萌芽赛道,增设产业命题赛道。

历届大赛主题如下:

第一届:"'互联网 +'成就梦想,创新创业开辟未来",参赛项目 36 508 个,参赛院校1 878 所,参与学生超过 20 万人;

第二届:拥抱"互联网 +"时代,共筑创新创业梦想,参赛项目 12 万个,参赛院校2 110 所,参与学生超过 55 万人;

第三届:搏击"互联网 +"新时代,壮大创新创业主力军,共有 25 个国家和地区,参赛项目 37 万个,参赛院校 2 241 所,参与学生达 150 万人,116 个国际大学团队。新增青年红色筑梦之旅活动;

第四届：勇立时代潮头敢闯会创，扎根中国大地书写人生华章，参赛项目 64 万个，参赛院校 2 278 所，600 支国际队伍，参与学生 265 万人，50 个国家，1 000 + 企业和投资机构；

第五届：敢为人先放飞青春梦，勇立潮头建功新时代，共有来自 124 个国家和地区，参赛项目 109 万个，参赛院校 4 093 所，参与学生 457 万人；

第六届："我敢闯、我会创"，共有国内外 117 个国家和地区，参赛项目 147 万个，参赛院校 4 186 所，参与学生 631 万人；

第七届："我敢闯、我会创"。如表 12 - 1、表 12 - 2 所示。

表 12 - 1　第七届中国国际"互联网＋"大学生创新创业大赛参赛项目类型

	项 目 名 称	内 容
1	"互联网＋"现代农业	包括农林牧渔等
2	"互联网＋"制造业	包括先进制造、智能硬件、工业自动化、生物医药、节能环保、新材料、军工等
3	"互联网＋"信息技术服务	包括人工智能技术、物联网技术、网络空间安全技术、大数据、云计算、工具软件、社交网络、媒体门户、企业服务、下一代通信技术、区块链等
4	"互联网＋"文化创意服务	包括广播影视、设计服务、文化艺术、旅游休闲、艺术品交易、广告会展、动漫娱乐、体育竞技等
5	"互联网＋"社会服务	包括电子商务、消费生活、金融、财经法务、房产家居、高效物流、教育培训、医疗健康、交通、人力资源服务等

表 12 - 2　第七届中国国际"互联网＋"大学生创新创业大赛"职教赛道"参赛项目类型

	项 目 类 别	内 容
1	创新类	以技术、工艺或商业模式创新为核心优势
2	商业类	以商业运营潜力或实效为核心优势
3	工匠类	以体现敬业、精益、专注、创新为内涵的工匠精神为核心优势

（一）O2O 商业模式

O2O 即 Online to Offline（在线离线/线上到线下），将线下实体店与互联网结合，通过 O2O 平台进行下单付款，然后线下进店消费。从广义上来说，基本上现在中国只要一个商店拥有二维码（支付宝或微信），都属于这种模式。O2O 模式是所有传统行业进入互联网的首选模式，是非常好的切入口。最早的时候，电商的做法就是把书店、专卖店、小商小贩等搬到网上去。例如携程网，有线上线下两部分业务，线上提供旅游攻略，景区和景点的住行吃穿等全方

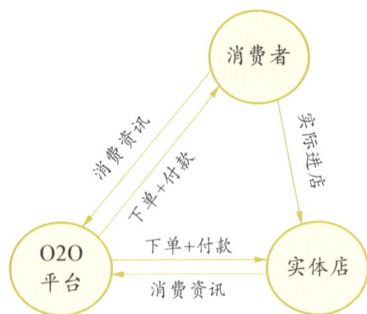

图 12 - 1　O2O 商业模式

位信息,线下提供各种酒店预订、机票预订等。如图 12 - 1 所示。

O2O 商业模式是大学生创业的最常用的商业模式,像宅米、8 天在线等以便利店为切入口的校园 O2O 平台就有很大的借鉴意义。

下面列举一个大学生"互联网＋"创业的案例。

O2O 商业模式是大学生创业的最常用的商业模式,像俺来也、8 天在线等以校园服务为切入口的校园 O2O 平台就有很大的借鉴意义。下面列举一个大学生"互联网＋"创业的案例。

上海小懒猫环保科技有限公司是上海电机学院大四学生郁恒伟和他的团队创立的。2018 年他们的飞蚂蚁智能环保回收项目正式启动,打造互联网＋回收箱这样一个集线下智能分类回收、线上互联网运营、后台大数据平台管理为一体的新型智能化有偿垃圾分类回收项目。通过在校园、小区、写字楼、闹市区等场景设立废弃可回收物品智能回收箱,用户可以通过微信小程序扫码开箱,以有偿的方式接收用户投放的纸类、塑料瓶、废旧纺织品等废弃物,并结合物联网、大数据、人工智能识别等高新科技打造一套完整的废品回收生态链。

(二)平台商业模式

平台商业模式是平台作为连接供给和需求市场的中介,将市场中各方资源整合起来,提升买卖双方的关系,从而促进交易的达成。平台型商业模式的核心就是打造足够大的平台,更加重视用户体验和产品的闭环设计。这里常用的大学生创业模式常常涉及学生在校平台。

(三)"工具＋社区＋变现"模式

"工具＋社区＋变现"的三位一体模式是移动互联网催生的新模式。工具作为入口,通过工具属性、社交属性、价值内容等核心功能来满足用户的痛点需求,从而过滤得到大批目标用户。它主要通过社交属性培养出自己的社群,形成社区沉淀,留存用户,之后足部开始变现业务,从而进行商品买卖、生活服务、二手物品交换等,以实现盈利。

微信就是一个非常典型的案例,它从一个社交工具开始,加入朋友圈点赞、好友评论等社区功能,继而逐步添加了微信支付、抢红包、电影票、充值等功能。

> **案例**
>
> #### 俺 来 也
>
> "俺来也"——中国校园领先的全生态链生活服务平台,全面覆盖校园学生生活场景及服务,形成了以四大业务版块构成的校园生态整合行销闭环:校园云订餐,内容＋社交,校园传媒,校园综合服务。具体业务包括:校园云订餐、校园支付、O2O 校园超市、社交电商、教育、招聘、社交、创业服务等大学生活的方方面面。
>
> 每个月的 27 日,都是俺来也与银联云闪付合作的"爱吃节":银联云闪付提供资金补贴,俺来也负责线上订餐、线下送餐,而参与活动的高校学子享受的则是活动福利——订餐满 10 元立减 7.3 元,相当于只要 2.7 元就能吃一顿美食。如此优惠的价格,得益于俺

来也的闭环运营：与跟学校深度合作，把学校的餐厅通过俺来也的系统线上化，可以简单地理解为"校园的大众点评和美团"。同时把学校餐厅这种质量可以保证的产品，通过学生兼职提供给有需要的学生，也搭建了一个大学生勤工俭学就业平台。

2017年俺来也的业务板块还只包括电商O2O、社交＋内容与校园综合服务。为了降低大学生的创业成本以及使高校毕业生继续留存在其平台内，2019年俺来也创立麦店，增加了社交电商业务。麦店是聚焦大学生及青年群体的会员制社交电商平台，主要针对学生群体，提供零食饮料、美妆个护、服饰箱包、鞋类配饰、家电数码等商品。其依托俺来也原有业务，共享俺来也现有的650万用户资源，尝试类云集的分销电商模式。但麦店真正想做的是"线上版的Costco"，其商业模式是通过为会员提供超低价格的精选商品以提高会员吸引力。

小红书——让品牌更有温度

"小红书＝亚马逊＋Instagram"，这是《人民日报》对小红书"社区化＋商业化"营销模式的总结。

和其他电商平台不同，小红书是从社区起家。2013年，小红书作为"女性出境游购物攻略工具书"出现在大众视野中，填补了境外购物的空白，但跨境电商的优势在大资本的操作下很快就被挤到了市场边缘。之后小红书调整定位为"女性海外购物社区电商平台"将"社区"概念首次植入电商平台中，但单项输出内容且缺乏深度以及用户参与感不足的营销模式在市场仍然是优势不足。最后，当以兴趣消费、社区种草为核心的小红书一步一步地拓宽受众维度和内容维度，终于成功打造出一个内容社区类的代表性产品。

小红书从"社区、用户以及品牌"入手，用丰富的内容以及多样化、趣味化的形式打造专属社区保持原有女性用户的粘性；其次，小红书在平台转型期还纳入了旅游、健身、教育等内容，原有的护肤品种草种类也越来越细化，用户的细分从年龄层转为兴趣层或者需求层，泛化的内容吸引了男性用户开始入场，实现了用户突破；最后，小红书借助平台属性强化品牌种草力，从2018年明星＋KOL带动品牌营销到2019年KOC打造种草环境，再到近两年的品效结合，小红书用精准的算法推荐进行数据赋能以及场景营销，实现"千人千面"的内容匹配，打造专属于中国市场的"未来品牌"。

截至2020年11月，小红书的月活用户为1232.19万人，在中国消费者导购电商平台中占首位。2021年6月，为保证内容质量，小红书发布了《社区公约》，提倡用户真诚分享，友好互动，并宣布启动"饭圈乱象"专项整治行动，进一步打造优质的内容社区。

从"把旅行装进你的购物袋"到"标记我的生活"。"精准推荐内容，节省挑选时间"成为小红书的优势。小红书的成功说明了优质的产品不仅仅要针对用户的底层心理需求和社会需求来设计，还要在商业化的同时担负起一定的社会责任，才能占领行业高地。

（四）免费商业模式

免费商业模式是最常用的商业模式。它是通过向用户提供免费的服务或者产品来积累流量，再以流量为基础构建自己的盈利模式。最常见的免费商业模式包括纯消费、直接交叉补贴、免费加收费及第三方市场四种模式。"互联网＋"的免费模式并不是真正的免费，而是扩大流量，吸引用户的注意力。例如，Office办公软件一开始免费，过一段时间则提醒用户时间到了，可以续费了。杀毒软件360在推出之后一直采用免费商业模式，通过打造免费杀毒平台来发展搜索平台,打破瑞星杀毒和金山毒霸对中国杀毒行业的垄断地位,利用其他边际的服务和广告收费。

案例

百度地图

　　百度地图通过让用户免费使用手机导航,再向 B 端收费的模式来实现盈利。核心服务免费是互联网企业的普遍模式,之所以能做到免费,一是因为有海量用户,可以通过广告获得收入;二是由于互联网缩短了产品和用户的距离,削减了中间环节的成本;三是价值链再造,改变原有成本结构和收入方式。例如,百度地图的盈利模式就是竞价排名模式,同百度的搜索引擎一样,百度地图将各种餐饮、住宿、搭车等都接入百度地图中。

　　它的用户为两种:一是互联网创业企业,二是传统行业转型企业,运营场景是 App 过程和产品决策的过程,解决市场痛点是:"用户留存"率不高,用户质量堪忧,产品迭代靠经验、猜测,缺乏用户行为数据支持,专业人员成本高或缺乏专业分析工具。

　　在商业模式上,无论是应该付费的条件、创意还是从页面分析找到用户痛点、挖掘用户的兴奋点、渠道的使用等,都采取免费试用的方法,希望能最后留住用户。

　　不同的创业项目会有不同的商业模式,大学生创业也不可能采用所有常见的商业模式,可以采用其中的一种,也可以综合运用几种共同的商业模式,但"互联网+"的商业模式最本质的特点就是商业模式互联网化,利用互联网的平等、开放、协作、共享来重构商业链。要使大学生"互联网+"商业模式更接地气,可以通过分析不同的商业模式引导学生在创业过程中作出进一步的选择。

总结案例

有文化的咖啡厅

　　陈某、王某、徐某是某高职院校的大三学生,陈某有着青春文学的梦想,王某有着营销的口才,在高中时代就开始在校园内买卖小商品,徐某则是勤奋老实的孩子。快毕业的时候,他们希望能够创业成立一家集文化交流、阅读、讲座、休闲为一体的咖啡厅。这家咖啡厅,并非开在闹市,而是开在学校附近,可以对校园的同学提供外卖服务,同时线上通过自己的网站、公众号等虚拟空间进行粉丝交流,线下可以做活动,也可以外包给其他公司作为拓展活动场所。由于线上线下服务一体,也在某种程度上成为公司招聘学生的一个固定的场所,偶尔还可以举办一些校园和企业的交流和互动活动。成立之后,该咖啡厅受到校园附近广大学生的欢迎,运营良好。

　　分析:

　　该案例能取得成功的主要原因有:第一,线上线下联系实体店和虚拟世界,既可以享受咖啡的外卖,又可以享受虚拟空间的粉丝聊天。第二,共享经济的思维模式。咖啡店的开放给青年提供了聚会聊天的场所,也可以成为公司招聘大学生的一个固定的面试场所。咖啡店的模式充分满足了痛点中的商机,能面向校园进行创业,有点类似"疯狂芒果城"案例。

活动与训练

活动 12 – 2　商业画布

主题：绘制精益商业画布

一、活动目标

每一种创业都会有不同的商业模式,大学生创业也必采取所有常见的商业模式,也可能综合运用几种共同的商业模式,但"互联网＋"的商业模式最本质的一点就是商业模式互联网化,利用互联网的平等、开放、协作、共享来重构商业链。大学生的"互联网＋"的商业模式也更接地气,通过分析不同的商业引导学生在创业过程中进行进一步的选择。

二、活动时间

30 分钟。

三、活动步骤

利用本单元所介绍的各种"互联网＋"项目,选择其中一个你感兴趣的互联网企业,特别选择你所喜欢的专业领域,判断该互联网企业的商业模式属于互联网典型商业模式中的哪一类,从问题、客户群体分类、独特卖点、解决方案、渠道、收入分析、成本分析、关键指标、门槛优势等方面分析项目的商业模式,并画出所有的画布,并参照如图 12 – 2 所示的画布进行标明。

问题 最需要解决的三个问题	解决方案 产品最重要的三个功能 4	独特卖点 用一句简明扼要但引人注目的话阐述为什么你的产品与众不同值得购买 3	门槛优势 无法被对手轻易复制或者买去的竞争优势 9	客户群体分类 目标客户 2
	关键指标 应该考核哪些东西 8		渠道 如何找到客户 5	
1				
成本分析 争取客户所需花费 网站架设费用 人力资源费用等		收入分析 盈利模式 客户终身价值 收入 毛利		
	7		6	

图 12 – 2　精益商业画布

思考与讨论

请同学们思考以下问题,并以小组的形式进行讨论和评价:

1. 谈谈你对"互联网+""大学生创新创业训练计划项目"和"大学生创新创业大赛"的理解。

2. 简述"互联网+"行动的创新创业机遇。

3. 如果你和同学准备去参加创业比赛,你会选择哪个领域? 为什么?

4. 如果你准备参加创业比赛,用户为校园大学生,你会选择哪个领域? 采取何种商业模式?

主要参考文献

［1］熊苹.职业生涯规划［M］.北京：清华大学出版社,2014.

［2］殷智红,邱红.职业生涯规划［M］.北京：北京大学出版社,2010.

［3］张再生.职业生涯规划［M］.天津：天津大学出版社,2007.

［4］闫岩.职业生涯规划［M］.北京：北京师范大学出版社,2012.

［5］瞿立新,孙爱武.职业生涯规划［M］.北京：高等教育出版社,2016.

［6］施恩.职业锚［M］.北森测评网,译.北京：中国财政经济出版社,2004.

［7］孙宗虎.人力资源管理职位工作手册［M］.北京：人民邮电出版社,2005.

［8］况志华,张洪卫.人员素质测评［M］.上海：上海交通大学出版社,2006.

［9］柯晓扬,沈宝衡.大学生就业与创业指导［M］.苏州：苏州大学出版社,2011.

［10］顾雪英.当代大学生职业生涯规划［M］.北京：高等教育出版社,2011.

［11］曲振国.大学生就业指导与职业生涯规划［M］.北京：清华大学出版社,2008.

［12］张丽艳,赵彦生.高职学生职业生涯设计与就业指南［M］.北京：清华大学出版社,2010.

［13］方伟.大学生职业生涯规划咨询案例教程［M］.北京：北京大学出版社,2008.

［14］吴余舟.大学生职业生涯规划与就业创业指导［M］.北京：机械工业出版社,2010.

［15］程社明.你的船你的海——职业生涯规划［M］.北京：新华出版社,2007.

［16］国家职业分类大典修订工作委员会.中华人民共和国职业分类大典(2015 年版)［M］.北京：中国劳动社会保障出版社,2015.

［17］陈浩明,孙晓虹,吕京宝.大学生职业生涯规划［M］.上海：复旦大学出版社,2012.

［18］金环.职业生涯规划［M］.北京：清华大学出版社,2013.

［19］钟谷兰,杨开.大学生职业生涯发展与规划［M］.上海：华东师范大学出版社,2008.

［20］刘斌,宋专茂,戴馥心.大学生职业生涯规划与就业指导［M］.大连：东北财经大学出版社,2010.

［21］邰葆清.大学生就业与创业指导［M］.北京：高等教育出版社,2010.

［22］龚乃志,李石友.职业生涯设计与就业创业指导［M］.北京：地质出版社,2011.

［23］肖克奇.大学生就业与创业指导案例教程［M］.北京：北京交通大学出版社,2007.

［24］中国科学院.2013 科学发展报告［M］.北京：科学出版社,2013.

［25］何平.大学生职业生涯规划与就业创业指导［M］.北京：现代教育出版社,2011.

［26］陈光耀,苗茂.大学生职业发展与就业创业指导［M］.北京：北京师范大学出版社,2016.

［27］息颖,刘晓青. 就业指导［M］. 北京：化学工业出版社,2012.

［28］张云,延凤宇. 求职择业指导［M］. 武汉：武汉大学出版社,2012.

［29］梁雪松,梁辰浩. 大学生择业与初入职场指导［M］. 北京：北京大学出版社,2013.

［30］许湘岳,邓峰. 创新创业教程［M］. 北京：人民出版社,2011.

［31］张兵仿. 大学生就业指导教程［M］. 北京：时事出版社,2016.

［32］何小姬. 就业指导——理论、案例与实训［M］. 北京：中国人民大学出版社,2015.

［33］陈捷. 大学生职业发展与就业指导［M］. 北京：清华大学出版社,2012.

［34］王琳娜. 黄昭彦. 大学生就业指导［M］. 北京：北京理工大学出版社,2010.

［35］周湘浙. 大学生就业指导［M］. 杭州：浙江大学出版社,2006.

［36］吴汉德. 大学生就业指导［M］. 3 版. 南京：东南大学出版社,2015.

［37］雷五明,李坚评. 大学生就业指导［M］. 北京：中国人民大学出版社,2010.

［38］陈宇,姚臻. 就业与创造指导［M］. 北京：外语教学与研究出版社,2014.

［39］李怀康,瞿立新,李天雨. 职业生涯规划［M］. 北京：外语教学与研究出版社,2014.

教学资源服务指南

高等教育出版社

感谢您使用本书。为方便教学，我社为教师提供资源下载、样书申请等服务，如贵校已选用本书，您只要关注微信公众号"高职素质教育教学研究"，或加入下列教师交流QQ群即可免费获得相关服务。

最新目录
样书申请
资源下载
写作试卷
线上购书

师资培训　教学服务　教材样章

"高职素质教育教学研究"公众号

资源下载：点击"**教学服务**"—"**资源下载**"，或直接在浏览器中输入网址（http://101.35.126.6/），注册登录后可搜索下载相关资源。（建议用电脑浏览器操作）

样书申请：点击"**教学服务**"—"**样书申请**"，填写相关信息即可申请样书。

样章下载：点击"**教材样章**"，可下载在供教材的前言、目录和样章。

师资培训：点击"**师资培训**"，获取最新直播信息、直播回放和往期师资培训视频。

联系方式

职业素养和创新创业教师交流QQ群：310075759
联系电话：（021）56961310　电子邮箱：3076198581@qq.com